MOSAIK

DER GESCHICHTE AUF DER SPUR

D1 VON DER VORGESCHICHTE BIS ZUM MITTELALTER

Herausgegeben
von Joachim Cornelissen • Martin Ehrenfeuchter • Christoph Henzler • Michael Tocha • Helmut Winter

Erarbeitet
von Herwig Buntz • Joachim Cornelissen • Martin Ehrenfeuchter • Gisbert Gemein • Christoph Henzler • Heike Hessenauer • Jan Koppmann • Wolfgang Opel • Wolfgang Petz • Stefan Schipperges • Reinhold Schmid • Manfred Tobisch • Michael Tocha • Sabine Wierlemann • Helmut Winter

Beraten
von Peter Funke • Miriam Sénécheau • Stefan Weinfurter

Oldenbourg

VORGESCHICHTE	A L T E R T

3000 v. Chr. — 2000 v. Chr. — 1000 v. Chr.

vor ca. 7–6 Mio. Jahren
Vormenschen in Afrika

vor ca. 1,5 Mio. Jahren
Frühmenschen

vor ca. 40 000 Jahren
vernunftbegabter Mensch
(Homo sapiens sapiens)
in Europa

Altsteinzeit
seit ca. 80 0000
bis ca. 8000 v. Chr.
Jäger und Sammler
Nomaden

Jungsteinzeit in Mitteleuropa
ab ca. 5500 v. Chr.
Bauern und Viehhirten
Sesshaftwerdung

Ägypten –
eine frühe
Hochkultur

2600 v. Chr.
Cheopspyramide

Hochkulturen auch in: Alt-China,
Mesopotamien, Alt-Indien, Kreta

ab ca. 1550 v. Chr.
Aufstieg Ägyptens zur
Großmacht
Tempel von Karnak
Abu Simbel
Gräber im Tal der
Könige

ab 8. Jh. v. Chr. Gründung
von griechischen
Stadtstaaten (Poleis)

ab 776 Datierung
nach Olympiaden

753 v. Chr. Gründung
Roms der Sage nach

ab 750–550 v. Chr.
griechische Kolonisation

490–480 v. Chr.
Perserkriege

ca. 450 v. Chr.
Vollendung der
attischen Demokratie

336–323 v. Chr.
Alexander der Große

4. Jh.–1. Jh. v. Chr.
Zeitalter des
Hellenismus
Rom auf dem Weg
zur Weltmacht

221 v. Chr. Reichseinigung Chinas
unter Kaiser Qin Shi Huangdi

M | M I T T E L A L T E R

0	500 n. Chr.	600	700	800	900	1000 n. Chr.	1100	1200	1300	1400	1500 n. Chr.

um 500
Reichsbildung der Franken

496 Taufe des Frankenkönigs Chlodwig

Missionierung im Frankenreich

Kaiser Karl der Große (800–814)

843 und 870
Teilung des Frankenreichs

Otto der Große
936 König
962 Kaiser

Stilepochen Romanik und Gotik

Städtegründungen in Europa

Verbesserte Techniken in der Landwirtschaft

1 v. Chr.–14 n. Chr.
ugustus
eginn der Kaiserzeit

117 n. Chr.
Römisches Reich
größte Ausdehnung unter Kaiser Trajan

ab 375 n. Chr.
Vorstoß der Hunnen und Germanen/Völkerwanderung

476 n. Chr.
Ende des Weströmischen Reichs

Entstehung des Rittertums

Investiturstreit zwischen Papst und Kaiser

Worum geht es in diesem Buch und wie ist es aufgebaut? In deinem neuen Fach Geschichte erfährst du in diesem Schuljahr Interessantes zum Leben der frühen Menschen, zu den Griechen und Römern, zu den Kontakten der Kulturen im Altertum und Wissenswertes zum Mittelalter. Lehrerinnen und Lehrer haben darstellende Texte verfasst. Es gibt dazu Materialien wie Bild- und Textquellen, Karten und Schaubilder sowie Arbeitsaufträge, mit deren Hilfe du die am Anfang eines jeden Kapitels genannten Fähigkeiten (Kompetenzen) zur Bearbeitung der Inhalte erwerben kannst. Hier einige Hilfen, damit du dich im Buch zurechtfindest und dir das Lernen erleichtern kannst:

Wenn du „Mosaik – Der Geschichte auf der Spur" durchblätterst, begegnen dir unterschiedlich gestaltete Seiten:

Auftaktdoppelseiten bringen großformatige Bilder und führen dich in das jeweilige Thema eines Großkapitels ein. Sie sollen deine Neugier auf das kommende Thema wecken, oft wirst du aber auch schon einiges darüber wissen und davon berichten können. Die **nachfolgende Doppelseite** greift die Inhalte dieser Bilder auf und bietet zusätzliche Informationen. Außerdem erhältst du auf diesen Seiten eine kurze **Vorschau** auf die Inhalte dieses Großkapitels. Dies geschieht meist in Form von Fragen, die du dir vielleicht auch selbst schon gestellt hast und auf die du eine Antwort erwarten darfst.
Die einzelnen Themenbereiche sind in der Regel auf einer **Doppelseite** dargestellt, damit ein Problem möglichst im Zusammenhang gelesen und untersucht werden kann. Die **darstellenden Texte** ① findest du meist auf der linken Seite. Sie sind durch **Abschnittstitel** ② noch einmal untergliedert, die zur leichteren Übersicht Unterpunkte einer Einheit hervorheben. Bildquellen ③ oder Karten können dort ebenfalls zu finden sein. Begriffe, die besonders wichtig sind, werden mit einem ▸ vor dem Wort gekennzeichnet und auf den Seiten 216–219 erläutert. Auf der rechten Seite finden sich Materialien ④. Das sind Texte und Dokumente, die aus der behandelten Zeit stammen. Sie sind mit einem **M** versehen und werden durchnummeriert. Wenn es sich um Aussagen aus unserer Zeit handelt, steht vor dem **M** ein ▬. Diese Auszüge erklären einen Sachverhalt. Manchmal geben sie auch die Meinung von Historikern wieder, die geschichtliche Ereignisse oft sehr unterschiedlich beurteilen. Schließlich haben die Autoren auch Erzähltexte verfasst (**Geschichte erzählt**), weil diese oft spannender zu lesen sind als Sachtexte. Die **Arbeitsaufträge** ⑤ wollen dazu anregen, die vorgestellten Materialien näher zu erschließen, sie verweisen auf ergänzende Stellen im Buch oder auf Fragen, die bis in unsere Gegenwart von Bedeutung sind.

Im Kasten **GESCHICHTE AKTIV/KREATIV** findest du Anregungen für Projekte, die etwas mehr Zeit in Anspruch nehmen und insbesondere deine/eure Kreativität und Initiative erfordern. Hier arbeitet ihr in Gruppen an der Lösung der Aufgaben.
Eine Besonderheit sind die **Methodenseiten**. Hier wird Hilfestellung gegeben, welche Arbeitstechniken du bei einzelnen Materialien (z. B. Karten, Vasenbildern, Texten) anwenden sollst, damit du möglichst viele Informationen aus ihnen ableiten kannst.
Schließlich gibt es noch am Ende eines Großkapitels ein bis zwei Doppelseiten **Kompetenzen trainieren, sichern und vertiefen.** Anhand der auf diesen Seiten angebotenen Materialien und der Zeittafel kannst du die wichtigen Inhalte der Einheit wiederholen und prüfen, ob du die am Anfang des Kapitels ▶ beschriebenen Kompetenzen erworben hast.
Am Ende des Buches findest du eine **Erläuterung wichtiger Begriffe;** mithilfe des **Namen- und Sachregisters** kannst du rascher nachschlagen.
Auf der nächsten Seite geht es los – dort findest du alle Themen im Überblick.

Viel Spaß mit „Mosaik – Der Geschichte auf der Spur"!

Ein sensationeller Fund: die Himmelsscheibe von Nebra

München. Raubgräber haben im Jahre 1999 bei Nebra (Sachsen-Anhalt) eine grünliche Blechscheibe mit Sonne, Mond und Sternen entdeckt und sie über einen Mittelsmann verscherbelt. Der neue Besitzer bot die sogenannte Himmelsscheibe von Nebra dann dem Landesmuseum für Vorgeschichte in Halle an. Bei der Übergabe in einem Hotel in Basel klickten die Handschellen. Seitdem untersuchen Wissenschaftler die älteste bekannte Darstellung des Sternenhimmels.

Was die Wissenschaftler zu erzählen haben, ist ebenso spannend wie die Geschichte des Fundes. Von Anfang an hat vor allem eine Frage Polizei und Wissenschaftler gleichermaßen beschäftigt: Handelt es sich bei der zwei Kilo schweren Bronzescheibe mit einem Durchmesser von 31 cm um eine Fälschung? Die chemische Zusammensetzung der Bronze deutet auf ein sehr hohes Alter hin, weil sie Proben aus der Bronzezeit gleicht. Drei Untersuchungsverfahren haben dies bestätigt.

In weiteren Untersuchungen beschäftigten sich die Forscher mit dem Gold auf der Bronzescheibe. 32 Goldbleche zeigen verschiedene Himmelskörper. Auffällig ist das Boot auf der Scheibe, das den Sonnenschiffen des alten Ägypten ähnlich sieht. Wurde die Scheibe von einem Reisenden als Souvenir mitgebracht oder ist vielleicht nur eine religiöse Idee aus dem Mittelmeerraum eingewandert?

Die Antwort wäre eindeutig, wenn die Wissenschaftler den Herstellungsort der Scheibe oder den Herkunftsort der Materialien kennen würden. Eine Analyse des Metalls weist auf Kupfergruben in den Ostalpen im heutigen Österreich hin. „Weil es sich nicht um das Kupfer aus Ägypten oder Zypern handelt, können wir ausschließen, dass es aus dem Mittelmeerraum kam“, erläutert Professor Pernicka von der Bergakademie in Freiberg. Das Gold stammt aus Siebenbürgen im heutigen Rumänien, wie eine Untersuchung mit Röntgenstrahlen in Berlin ergab.

Der Aufwand bei der Herstellung der Scheibe war enorm. Deshalb war sie wohl nicht nur ein Bauernkalender für die Bestimmung von Winter- und Sonnenwende, sondern auch ein heiliges Objekt. Unter dem Mikroskop zeigt sich, dass die Scheibe mehrfach auf 400 bis 500 Grad erhitzt und in Form gehämmert wurde. Beim Glühen wurde sie schwarz, was aber den Schmied nicht störte: Denn schon die Menschen in der Bronzezeit wussten, dass sich die Schwärzung mit Essig entfernen lässt. Erst in die fertige Bronze wurden nacheinander Sonne, Sterne, Horizont und Schiff eingearbeitet.

Michael Lang: Gelöste Rätsel von Nebra. In: Süddeutsche Zeitung vom 7. November 2003, S. 11 (sprachlich vereinfacht).

M1 Die älteste Sternwarte Europas: Goseck bei Halle *(Sachsen-Anhalt). In unmittelbarer Nähe des Fundortes der Sonnenscheibe entdeckten Luftbildarchäologen vom Flugzeug aus den kreisrunden Graben. Sowohl das Observatorium als auch die Scheibe sind Belege für eine Jahrtausende alte Tradition früher Himmelskunde (2003).*

M2 Archäologen bei Grabungsarbeiten *(2003)*

M3 Die Himmelsscheibe von Nebra und weitere Fundgegenstände

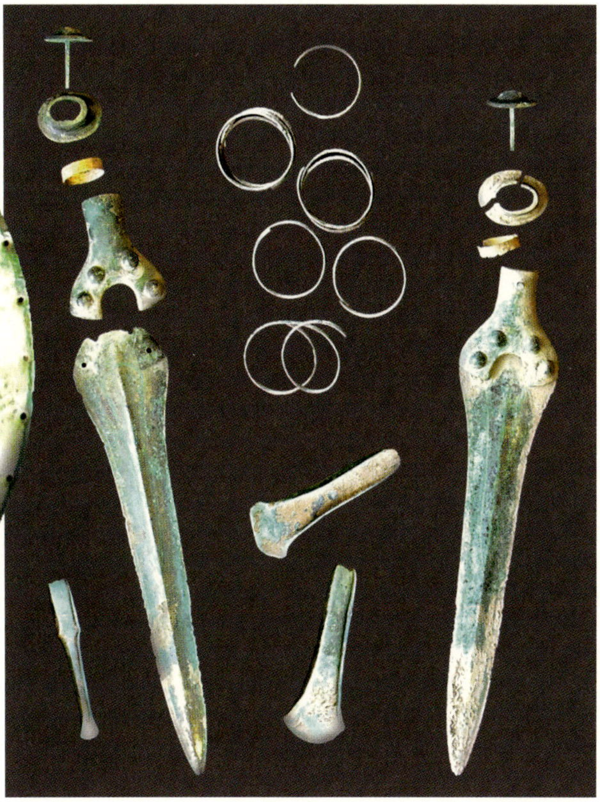

Die Fundstücke befinden sich im Landesmuseum für Vorgeschichte in Halle (Sachsen-Anhalt). Zur genauen Altersbestimmung der Scheibe halfen den Wissenschaftlern die Bronzeschwerter, die zusammen mit der Scheibe gefunden wurden. Ähnliche Schwerter datierten Experten auf ein Alter von 1600 Jahren v. Chr.

M4 Werkzeuge der Archäologen

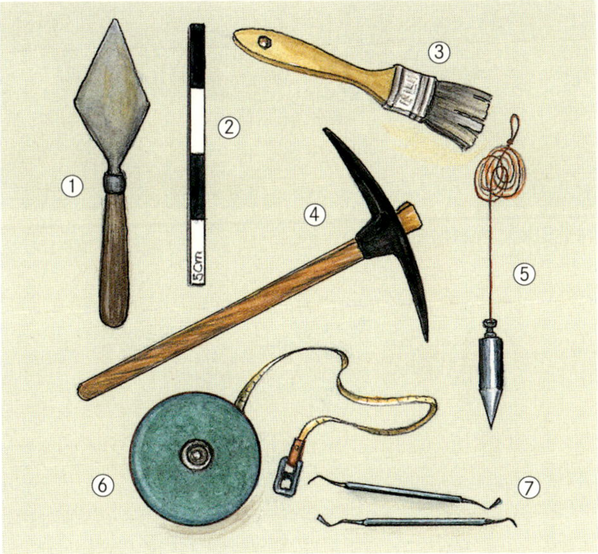

1 Beschreibe genau das Aussehen der Scheibe und der Schwerter (M3).

2 Nenne Fachwissenschaften, die an der Erforschung der Scheibe beteiligt sind (Zeitungstext und M1–M3). Welche Fragen möchten die Wissenschaftler beantworten?

3 Rufe die Internet-Seite des „Landesamtes für Archäologie in Sachsen-Anhalt" auf (www.archlsa.de) und klicke den Begriff „Himmelsscheibe" an. Beantworte folgende Fragen mithilfe eines Stichwortzettels: Was ist auf der Scheibe zu sehen? Wie wird diese älteste Darstellung des Himmels heute gedeutet? Vergleiche mit deinen Ergebnissen zu Frage 1.

4 Mit welchen Gerätschaften arbeiten Archäologen (M4)? Suche aus der nachstehenden Liste den richtigen Namen für die Geräte Nr. 1–7 heraus: Spitzhacke, Senkblei, Bandmaß, Maßstab, Pinsel, Zahnarztinstrumente, Maurerkelle. Finde heraus, wozu die einzelnen Geräte den Archäologen dienen.

Was war früher? – Spuren suchen, sichern und auswerten

Schriftliche Quellen und Überreste. Jeder von euch besitzt eine ganze Menge „geschichtliches Material" über seine Person: Fotos oder Videofilme, die Geburtsurkunde, das erste Zeugnis und vieles mehr. Alle diese Materialien nennen die Geschichtsforscher „historische" oder ▸ Geschichtsquellen. Aus ihnen entnehmen wir Informationen über die Vergangenheit. Alle geschriebenen Überlieferungen gehören zu den schriftlichen Quellen (z. B. Urkunden, Briefe, Tagebücher, Inschriften, Verträge, Gesetzestexte und Zeitungen). Schriftliche Quellen gibt es je nach Kultur und Zeit in vielfacher Form: gedruckt, auf Pergament, Tierfellen oder Papier von Hand geschrieben, als Hieroglyphen eingemeißelt, in weichen Ton oder Wachs geritzt. Der Vorteil dieser Überlieferung liegt darin, dass man ihre Botschaft immer wieder nachlesen kann – vorausgesetzt man kennt die Schriftzeichen und deren Bedeutung.
Neben den schriftlichen Quellen finden sich noch die Überreste oder auch nichtschriftliche Quellen. Dazu gehören alle Bildquellen wie Gemälde, Zeichnungen, Comics, Fotos und Filme, aber auch Bauwerke, Denkmäler, Bodenfunde, Waffen, Münzen, Schmuckstücke und Alltägliches wie Haushaltsgeräte oder Kleidungsstücke aus früheren Zeiten.

Die Vergangenheit muss erklärt werden. Archäologen und Geschichtsforscher sind bemüht herauszufinden, was früher einmal war. Dazu müssen sie aus der Fülle des Materials Wichtiges von Unwichtigem trennen und in sinnvolle Zusammenhänge stellen. Oft liegen Dokumente in einer noch nicht entzifferten Schrift oder unvollständig bzw. nur in Teilen lesbar vor. Wenn Alter und Echtheit der Quellen feststehen, müssen die Aussagen der Quellen durch Vergleich und Überlegung geprüft werden. Diesen oft komplizierten Vorgang nennt man Quellenkritik. Es kommt immer wieder vor, dass Forscher aus den gleichen Quellen unterschiedliche Schlüsse ziehen. Das führt dann zu fachlichen Auseinandersetzungen. Unerwartete Funde oder neue Quellen können ein bis dahin akzeptiertes Bild von vergangenen Zeiten wieder völlig umwerfen.

Bibliotheken, Archive und Museen. Wenn ihr bestimmte Informationen sucht, greift ihr in der Regel auf Lexika, Bücher oder das Internet zurück. Die Verfasser der Lexika z. B. stützen sich auf alle für das Thema wichtigen Veröffentlichungen von Fachwissenschaftlern. Bibliotheken sammeln und verwalten Bücher und Medien. Die Aufbewahrungsorte für Quellen heißen Archive. Es gibt sie in Ländern, Städten, Gemeinden und Kirchen, aber auch in Firmen und Vereinen. Archive sind eine wichtige Forschungsstätte für die Menschen, die sich mit Geschichte befassen: die Historikerinnen und Historiker. Museen wiederum sammeln Funde und stellen sie aus.

1 Überlegt, wo ihr auf eurem Schulweg auf Geschichte stoßt (z. B. alte Gebäude, Straßennamen).
2 Gestalte in deinem Geschichtsheft eine Seite mit deiner persönlichen Geschichte (z. B. mit Kopien alter Fotos oder Erinnerungsstücke). Schreibe dazu kurze Erläuterungen für Leser, die dich nicht kennen.
3 Lass dir deine Geburtsurkunde heraussuchen. Welche geschichtlich wichtigen Informationen stehen darin?
4 Erläutere die Unterschiede von schriftlichen Quellen, Überresten und Bildquellen (M2–M4). Gib für jede Gruppe mehrere Beispiele an. Beziehe M1 und den Autorentext mit ein.

M1 Blick in ein Archiv

5 Beschreibe die Entwicklung eines Fundes zum Ausstellungsstück (M2). Welche Stationen durchlief der Kessel bis zur Präsentation im Museum?
6 Stellt die wichtigsten Daten über die Geschichte eurer Schule zusammen. Fügt Bildmaterial bei.
7 Heutige Feste und Feiern gehen oft auf historische Traditionen zurück. Welches Beispiel aus deiner Gegend kannst du nennen?

M2 Vom Überrest zum Ausstellungsstück

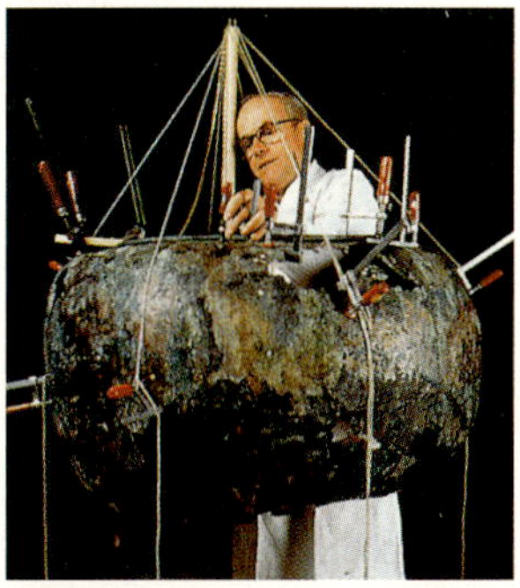

Durchmesser: 104 cm

Fassungsvermögen: 500 l

Im 2 500 Jahre alten Grab eines keltischen Fürsten entdeckten Archäologen im Jahre 1978 bei Stuttgart die Überreste dieses prunkvollen Kessels.

M3 Eine Bildquelle

Wisent (Höhlenmalerei zwischen 21 000 und 13 000 v. Chr., Altamira/Spanien)

M4 Eine schriftliche Quelle

Stein von Rosette *(Ägypten, 2. Jh. v. Chr., heute im British Museum, London). Der Stein wurde 1799 von französischen Soldaten gefunden und lieferte den Schlüssel zum Verständnis der ägyptischen Hieroglyphen-Schrift (**vgl. S. 48f.**). Der Text ist dreisprachig eingemeißelt: in ägyptischer Hieroglyphenschrift, in ägyptischer Alltagsschrift und in Griechisch. Ausgehend von dem in allen drei Sprachen umrandeten Königsnamen Ptolemaios gelang es dem französischen Gelehrten Champollion mithilfe des Griechischen die Hieroglyphen zu entziffern.*

M5 Geschichtstraditionen

Römerfest im Archäologischen Park Xanten (2007)

Geschichtete Geschichte

So könnte ein Schnitt durch (d)eine Stadt aussehen. Jede Stadt wird natürlich eine andere „Stadt-Untergrund-Geschichte" haben. Sie zu entdecken ist eine interessante Aufgabe.

M1 Schnitt durch die „historischen" Schichten einer Stadt

GESCHICHTE AKTIV/KREATIV

Projektidee: „Spurensuche in unserem Ort oder einem Ort unserer Region“

Die Zeichnung der gegenüberliegenden Seite zeigt einen Schnitt durch verschiedene Schichten einer Stadt. Wie könnte denn ein solcher Schnitt durch die Erdschichten für euren Schulort oder einen ausgewählten Ort eurer Region aussehen? Wie gehen wir vor? Natürlich unterstützt euch eure Lehrerin oder euer Lehrer bei dieser Spurensuche.

Erster Schritt: Wir planen, die Geschichte unserer Stadt zu erforschen. Dazu überlegen wir uns Fragen, wie wir dieses Projekt sinnvoll umsetzen können.

- Was wollen wir über unseren Ort herausfinden?
- Wie alt ist unsere Stadt? Welcher Zeitraum soll bearbeitet werden?
- Wie gehen wir bei der Informationssuche vor? Wo erhalten wir Informationen?
- Was machen wir mit dem gesammelten Material?
- Wer übernimmt innerhalb der Gruppe welche Aufgabe?
- Welcher Zeitraum steht uns für dieses Projekt zur Verfügung?

Zweiter Arbeitsschritt: Wir gehen auf Spurensuche.

- Informationen einholen und Hinweise sammeln (Schulbibliothek, städtische Bücherei, Heimat-, Stadtarchiv, Pfarramt, Internet, Stadtplan)
- Fotos oder Skizzen von Funden machen (z. B. im Heimatmuseum), in der Stadt alte Gebäude fotografieren

Dritter Arbeitsschritt: Wir werten das gefundene Material aus.

- Kurzer Bericht vor der Klasse, welches Material gefunden wurde
- Wie umfangreich soll die Dokumentation sein?
- Welche Gruppe bearbeitet welchen Zeitraum?
- Wer in der Gruppe hält die Ergebnisse fest?

Vierter Arbeitsschritt: Was machen wir mit dem gefundenen Material?

- Entwurf eines Plakats, Ausstellung in der Schule, Veröffentlichung auf der Homepage der Schule
- Wer zeichnet gerne? Wie viele Zentimenter sind ein Jahrhundert? (Steht vielleicht der Kunstraum mit größeren Tischen zur Verfügung?)
- Wer besorgt Papier, Stifte und sonstige notwendigen Hilfsmittel wie Kleber etc. Wer macht Kopien? Sollen Fotos verwendet werden? Wer kann Vorlagen einscannen?

Fünfter Schritt: Präsentation der Ergebnisse vor der Klasse

- Die jeweilige Gruppensprecherin oder der -sprecher stellt den Verlauf der Arbeiten vor. Was war bei der Spurensuche besonders schwierig und was hat sehr gut geklappt?
- Was soll mit dem gefundenen bzw. ausgewerteten Material geschehen (in der Klasse aufhängen, im Jahresbericht der Schule veröffentlichen)?

M2 In der Stadtbücherei

M3 Bei der Internetrecherche

Wir orientieren uns in der Zeit

M 1 Die Geschichte unserer Erde

Auf der Erde entstanden vor ca. vier Milliarden Jahren die Meere und das Festland. Zur gleichen Zeit bildeten sich Bakterien als erste Formen einfachsten Lebens. Über die weitere Entwicklung informiert die große Grafik:

Zeit und Zeitrechnung. Über Zeit reden wir ständig: Eine Unterrichtsstunde dauert eine bestimmte Anzahl von Minuten oder wir fragen „Hast du heute Zeit für mich?“ Wollen wir angeben, wann ein geschichtliches Ereignis in der Vergangenheit stattgefunden hat, benutzen wir ein bestimmtes Schema der Zeitrechnung und sprechen in Jahren vor und nach Christi Geburt. Nach jüdischem Glauben wurde die Welt 3761 v. Chr. erschaffen. Die islamische Zeitrechnung beginnt mit dem Jahr des Auszugs des Propheten Mohammed von Mekka nach Medina. Das war im Jahr 622 der christlichen Zeitrechnung.

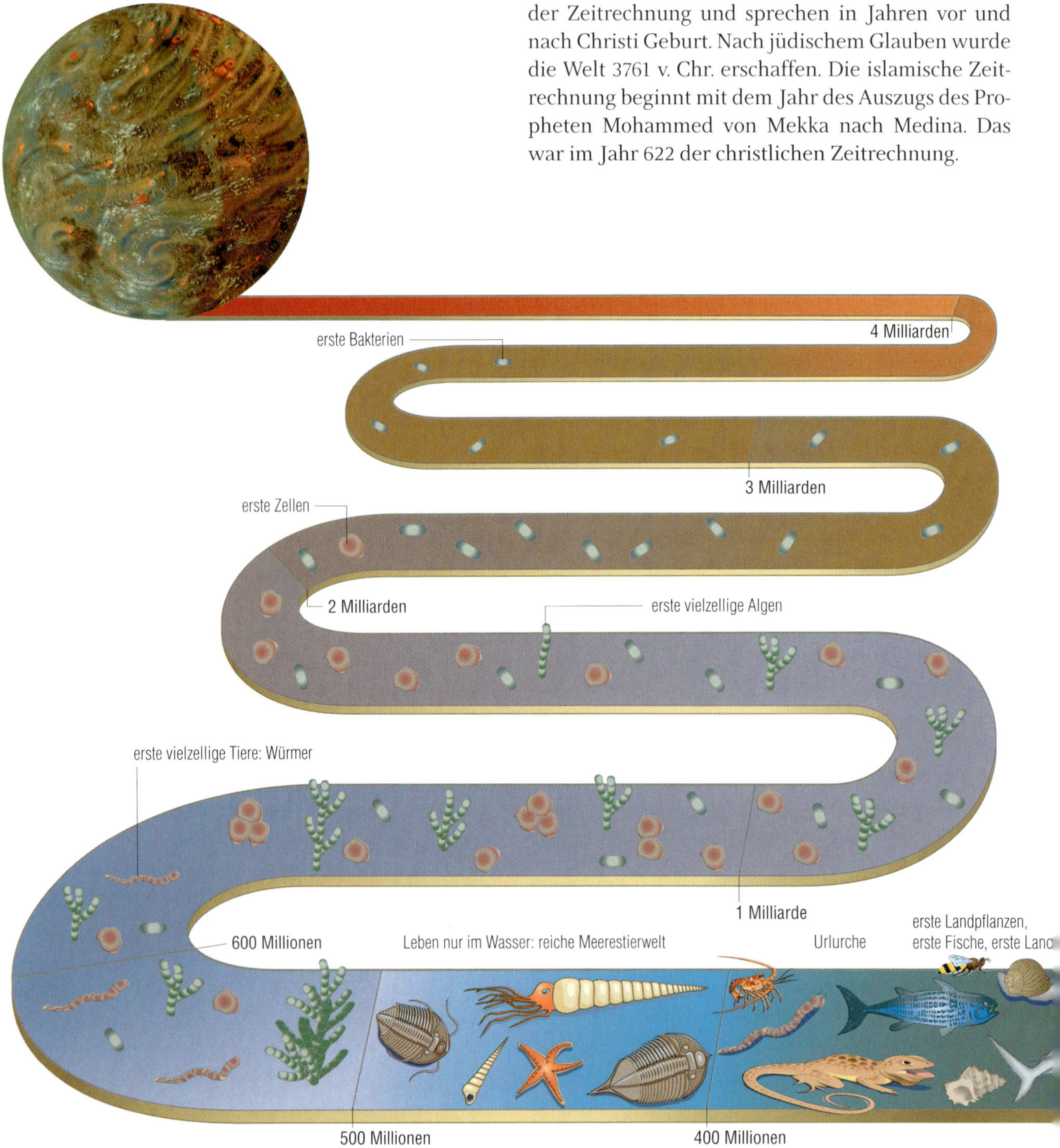

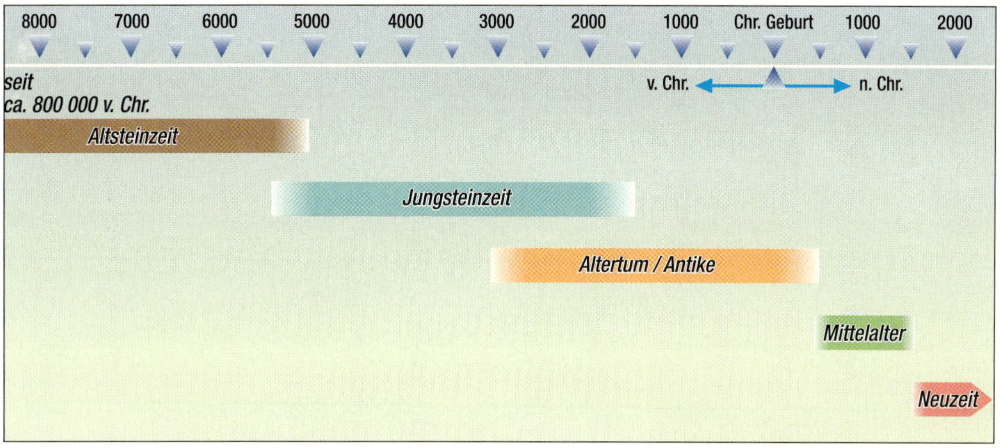

M2 Überblick über die großen zeitlichen Abschnitte der Weltgeschichte (Epochen) in Form einer Zeitleiste

Die Arbeit mit der Zeitleiste. Zeiträume können in Zeitleisten oder in Tabellen wiedergegeben werden. Mehrere Millionen Jahre der Erdgeschichte können so vereinfacht dargestellt werden (M1). Doch unser neues Fach Geschichte beschäftigt sich nur mit den letzten Millimetern dieser großen Übersicht, nämlich mit der Geschichte seit dem Auftreten des Menschen. Daher findest du in M2 eine Zeitleiste, in der die großen Zeiträume oder Epochen der Menschheitsgeschichte in ihrer zeitlichen Dauer dargestellt werden.

1 Welche Zeiträume zeigen die beiden Zeitleisten zur Erdgeschichte (M1) und zur Menschheitsgeschichte (M2)?

2 Versuche folgende Begriffe den in M2 genannten Epochen zuzuordnen: Ritter, Faustkeil, Mondlandung, griechischer Tempel.

GESCHICHTE AKTIV/KREATIV
Projektidee: „Eine Zeitleiste zu meiner Familiengeschichte erstellen"

In deinem neuen Fach Geschichte wirst du immer wieder Ereignisse und Entwicklungen von längerer Dauer zeitlich einordnen müssen. Dabei können dir Zeitleisten helfen, den Ablauf der Zeit zu veranschaulichen: Auf einem Blatt in deinem Schulheft oder auf großen Plakaten wird ein Pfeil von links nach rechts eingezeichnet und du schreibst Jahreszahlen als Orientierungshilfe darunter. Stelle einmal mittels einer Zeitleiste in deinem Heft die Geschichte deiner Familie über die letzten 100 Jahre dar. Beginne damit, die Geburtsjahre von dir, deinen Geschwistern, Eltern und Großeltern einzutragen. Was gehört deiner Meinung nach noch alles in solch eine „Familien-Zeitleiste"?

Der Mensch der Vorgeschichte

Die ersten Menschen

Wissenschaft und Schöpfungsmythen. Das Bild der vorangehenden Doppelseite veranschaulicht wichtige Stationen der Menschheitsgeschichte. Zwischen den einzelnen Stationen liegen sehr lange Zeiträume: Vor schätzungsweise sieben bis sechs Millionen Jahren existierten erstmals Vorfahren des Menschen, die sowohl gut klettern als auch aufrecht gehen konnten. Äußerlich ähnelten sie wohl eher Schimpansen als den heutigen Menschen. Für uns ist es schwer vorstellbar, dass diese haarigen Vormenschen mit einer Größe von ungefähr 1,50 m, einem Gewicht von 30 bis 50 kg und einem vergleichsweise kleinen Gehirn unsere Vorfahren sein sollen! Die Zeichnung (s. S. 16f.) fasst einen gewaltigen Zeitraum von Millionen Jahren bis zur Entwicklung des aufrecht gehenden Menschen zusammen. Die Grafik rechts (M2) nimmt diese Inhalte nochmals auf und gibt die weiteren Stationen bis zum modernen Menschen wieder. Auch heute noch streiten sich die Experten darüber, ob es eine durchgängige Entwicklung zum heutigen Menschen gab. Verschiedenste Arten von Vor- und Urmenschen existierten in den tropischen Wäldern und Savannen Afrikas wohl nebeneinander und starben teilweise wieder aus.

Überall auf der Welt haben sich Menschen darüber Gedanken gemacht, woher sie stammen und wie menschliches Leben begonnen hat. Nicht nur die Schöpfungsgeschichten der Weltreligionen, sondern auch die heute noch lebenden Naturvölker, seien es die Inuit (Eskimos) oder die afrikanischen Buschleute, besitzen ihre jeweils eigene Erklärung über den Ursprung der Menschheit. In diesen ▸ Mythen handeln oft Gottheiten, die wie ein Töpfer Menschen aus Ton formen, ihnen Leben einhauchen oder sie auf andere Weise zum Leben erwecken.

M1 Die christliche Sicht der Entstehung des Menschen
(Buchmalerei aus einer Bibel, um 840 n. Chr.)

Aufregende Entdeckungen. In den letzten Jahren haben Forscher mit immer feineren Methoden Knochenteile aufgespürt. Fast alle Funde stammen aus dem Grabenbruch, der den Osten Afrikas von Nord nach Süd durchzieht. An den teilweise viele hundert Meter steilen Bruchkanten liegt vor den Forschern die geologische Erdgeschichte wie ein offenes Buch. Dort wurden die aufregendsten Skelettfunde unserer ältesten Vorfahren gemacht. Mittlerweile gilt es als sicher, dass die ersten Menschen aus Afrika kamen und die übrigen Kontinente in mehreren Wellen besiedelt wurden. Man geht davon aus, dass durch die Entstehung des Grabenbruchs die Affen westlich dieser Linie weiterhin auf den Bäumen lebten. Östlich dieses Grabens passten sie sich dem Leben in den Savannenlandschaften an, indem sie sich zunehmend aufrichteten und auf zwei Beinen gingen. Diese Theorie wurde anhand zahlreicher Skelettfunde bestätigt. Zu den berühmtesten Funden gehören die Knochen einer Frau, die man „Lucy" nannte.

Was lernst du in diesem Kapitel? Am Ende dieser Einheit wirst du folgende Fragen beantworten können:
- Wie haben die Menschen in der ▸ Steinzeit gelebt?
- Wie verlief die geschichtliche Entwicklung zum vernunftbegabten Menschen?
- Worin unterscheiden sich Kulturen der Jäger und Sammler von denen der Ackerbauern und Viehzüchter? Welche technischen Erfindungen erleichtern das Leben der Menschen?
- Welche Bedeutung hatte die ▸ neolithische Revolution für die Geschichte der Menschheit?

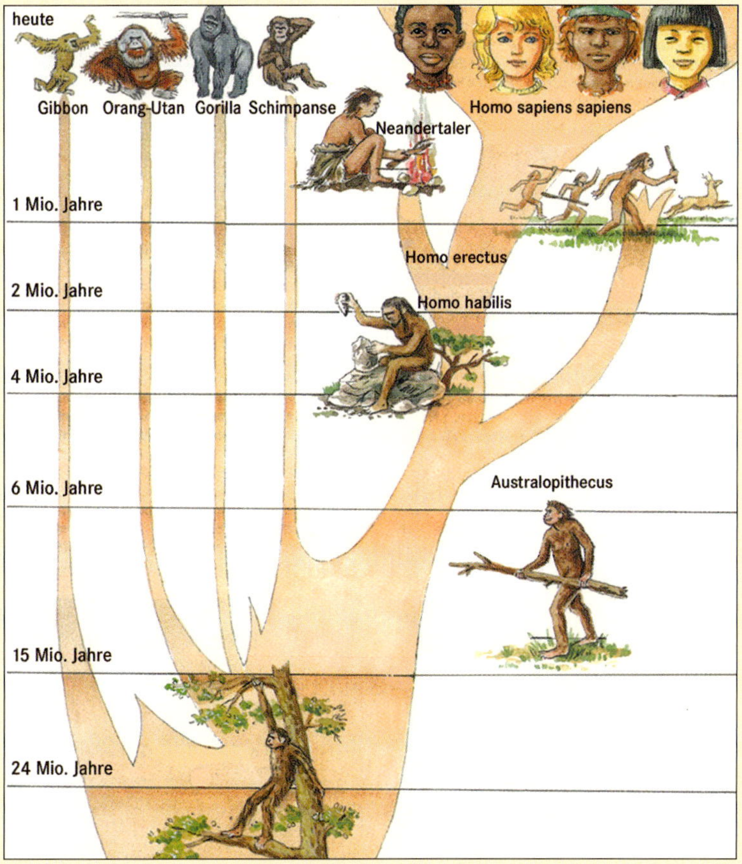

M2 Die Entwicklung des Menschen

M3 Fundorte der ersten Menschen

M4 3,6 Millionen Jahre alte Fußspuren
In der Vulkanasche eines Ausgrabungsfeldes in Tansania haben sich diese alten Fußspuren erhalten. Sie belegen, dass der Australopithecus bereits aufrecht ging. Zu dieser Menschengruppe gehörte auch „Lucy".

1 Lies in der Bibel (Genesis 2,4-22) die jüdisch-christliche Schöpfungsgeschichte und erzähle sie nach. Welche Abschnitte der Schöpfungsgeschichte sind auf dem Bild M1 dargestellt?

2 Beschreibe das Bild der vorhergehenden Doppelseite. Wie sieht die Landschaft aus, wie die Tierwelt? Beschreibe die dargestellten Vormenschen. Welchen Tätigkeiten gehen die einzelnen Gruppen nach?

3 Viele der Bezeichnungen des Schaubildes (M2) kommen aus dem Griechischen oder Lateinischen. Übersetze die Angaben mithilfe der Vokabelliste: griech./lat. pithecus = Affe; lat. homo = Mensch; lat. australis = südlich; lat. erectus = aufrecht; lat. habilis = geschickt; lat. sapiens = weise, vernunftbegabt, intelligent. Versuche die einzelnen Gruppen des Auftaktbildes den Abbildungen und den Namen in M2 zuzuordnen.

4 Die Forschungen von Charles Darwin über die „Entwicklung der Arten" bewiesen im 19. Jh. erstmalig die gemeinsame Abstammungslinie von Affen und Menschen. Diese Forschungsergebnisse lösten bei der Veröffentlichung überwiegend Ablehnung und Empörung aus. Stelle Vermutungen an, weshalb die Menschen damals auf diese Thesen schockiert und aufgebracht reagierten.

Die Ausbreitung des Menschen

Wichtige Entwicklungsstufen. Bereits der Vormensch (Australopithecus) vor vier Millionen Jahren ging auf zwei Beinen. Durch den aufrechten Gang wurden die Hände für andere Aufgaben frei. Erste einfache Werkzeuge kennen wir vom Homo habilis. Durch Abschlagen von Steinen entstanden einfache Klingen und Schaber. Als erste dem heutigen Menschen ähnelnde Menschenform gilt der Homo erectus. Die stete Vergrößerung des Gehirns als Zentrum für Denken und Sprechen, Planen und Handeln wurde so zum Hauptunterschiedsmerkmal zwischen Affen und Menschen.

Die Besiedlung Europas. Die ältesten Knochenfunde von Urmenschen in Europa stammen von Arten des Homo erectus und sind zwischen 1,5 Millionen und 800 000 Jahren alt. Auf der nördlichen Erdhalbkugel lösten sich immer wieder Kaltzeiten und Warmzeiten ab. Daher war es für eine dauerhafte Besiedlung in Europa während langer Zeitabschnitte viel zu kalt. Aus dem Homo erectus entwickelten sich allmählich die Menschenarten des Neandertalers (s. S. 22) und des frühen Homo sapiens. Diese Menschentypen passten sich mit viel Erfindungsgeist und Anstrengungen den klimatischen Bedingungen in Europa an.

M1 Vormensch *(Australopithecus) aus Afrika; ca. vier Millionen Jahre alt; Hirnvolumen: 400–500 ccm; Größe: 100–150 cm; keine Steinwerkzeuge, kein Feuer; Pflanzenesser*

M2 Homo habilis *(der geschickte Mensch); ca. zwei Millionen Jahre alt; Hirnvolumen: 500–650 ccm; Größe: ca. 145 cm; einfache Steinwerkzeuge, Pflanzen- und Fleischesser; kannte vermutlich Feuer; konnte Laute erzeugen*

M3 Homo erectus *(der aufrecht gehende Mensch) trägt diesen Namen, weil man zum Zeitpunkt seiner Entdeckung noch keine Funde von aufrecht gehenden Vormenschen gemacht hatte; trat vor 2–1,5 Millionen Jahren erstmals auf. Hirnvolumen: 750–1250 ccm; Größe: ca. 165 cm; konnte Faustkeile herstellen; seine Steinwerkzeuge waren wirkungsvoller als die seiner Vorfahren; einfache Sprache; besiedelte als erster Menschentyp von Afrika aus auch Asien und Europa*

M4 Homo sapiens sapiens *(der vernunftbegabte Mensch); vor 120 000 Jahren als Homo sapiens in Afrika entstanden; nach einem französischen Fundort auch Cro-Magnon-Mensch genannt. Daraus entwickelte sich unser direkter Vorfahre, der um 40 000 v. Chr. in Europa heimisch wurde. Hirnvolumen: 1200–1700 ccm; Größe: 165–185 cm; artikulierte Sprache; stellte Kunstwerke her (Höhlenmalereien), bestattete seine Toten und verbreitete sich nach und nach auf allen Kontinenten*

M5 „Out-of-Africa“: Die Besiedlung der Kontinente

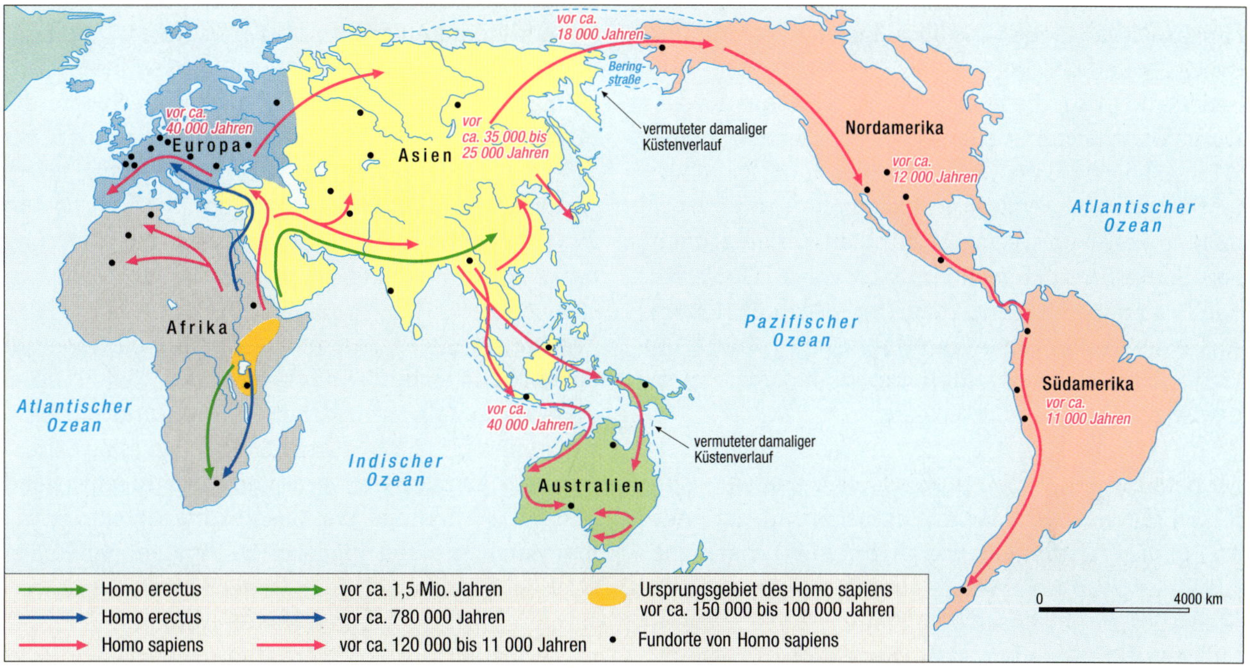

Homo erectus stieß in menschenleere Räume vor, Homo sapiens setzte sich gegen ältere Menschenformen (Nachkommen des Homo erectus oder Neandertaler) durch. Unter den Wissenschaftlern ist umstritten, ob Sapiens ältere Menschenarten wie die Nachkommen des Erectus und den Neandertaler verdrängte oder ob es Vermischungen der Menschenarten gab. Zur Zeit der letzten Vereisung vor 20 000 Jahren lag der Meeresspiegel um ca. 130 Meter niedriger als heute.

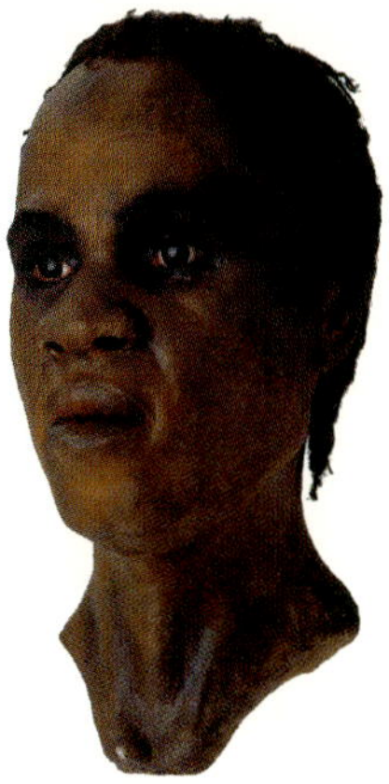

M6 „Eva“

(vor ca. 150 000 Jahren, Rekonstruktionsversuch nach Knochenfunden). So sah nach Meinung der Genforscher die afrikanische Urmutter der heutigen Menschheit aus.

M7 Höhlenmalerei *(Westaustralien, ca. 20 000 v. Chr.)*

Nach Australien kamen erste Menschen von Indonesien her über das Meer. Ab 10 000 v. Chr. brach die Seeverbindung ab und der Kontinent blieb bis zur Wiederentdeckung vom Rest der Welt abgeschnitten.

1 Schreibe in einer Tabelle die Unterschiede zwischen den vier dargestellten Menschenformen auf. Berücksichtige dabei Größe, Ernährung, Hirnvolumen, Fähigkeiten und Verbreitung auf der Erde.

2 Durch die Nutzung des Feuers unterschied sich der Mensch grundlegend vom Tier. Zähle einige Vorteile auf, die das Feuer für den Menschen hatte.

3 Suche aus der Karte M5 heraus, wann der Home sapiens die einzelnen Kontinente erreichte. Über welche Wege kamen diese Menschen nach Amerika und Australien?

Jäger und Sammler

Leben und Umwelt. Bis vor 12 000 Jahren wechselten sich Kalt- und Warmzeiten bei uns ab. Während der Eiszeiten lagen große Teile Europas unter einer dicken Eisschicht. Im Sommer wurde es selten wärmer als 10 Grad, die Winter waren lang und eiskalt. Durch die riesigen Graslandschaften zogen Rentiere, Wollnashörner, Wildpferde und Mammuts, Eisfüchse und Schneehasen. Jagen und Sammeln war eine geeignete Lebensform, um auch in kalten Klimazonen zu überleben. In kleinen Gruppen von 20–30 Personen folgten die Menschen den Tierherden. Sie lebten als ▸ Nomaden in zeltartigen Hütten, aber ohne feste Wohnplätze und verweilten nur so lange, wie es in der Gegend genug zu essen gab.

Menschentypen begegnen sich. Ab 120 000 v. Chr. lebten die Neandertaler in Europa. Sie waren etwa 1,60 m groß, hatten einen kräftigen Körperbau, eine fliehende Stirn und Wülste über den Augen. Dieser Menschentyp wird nach dem Fundort eines Schädelknochens im Neandertal bei Düsseldorf so genannt. Sie begruben ihre Toten. Als um 40 000 v. Chr. der Cro-Magnon-Mensch (Homo sapiens sapiens) auftauchte, lebten in Mitteleuropa zwei Menschenarten nebeneinander. Beide stellten Werkzeuge und Waffen her. Im Unterschied zu den langen Holzspeeren der Neandertaler, deren Spitzen aus Holz, Feuerstein oder Knochen waren, verfügte der Cro-Magnon-Mensch am Ende der Eiszeit zusätzlich über kurze Speere, die mithilfe einer Speerschleuder geworfen wurden. Mit ihr konnten Tiere aus größerer Entfernung erlegt werden. Der Neandertaler starb bis 25 000 v. Chr. aus. Die Forscher haben noch keine eindeutige Erklärung für sein Verschwinden gefunden.

Männer- und Frauenarbeit. Nur die Gruppe bot ausreichend Schutz und Versorgung. Daher teilte man alle anfallenden Arbeiten. Aufgrund der Beobachtung der Lebensweisen heutiger Jäger und Sammlerinnen können wir vermuten, dass überwiegend Männer Waffen und Werkzeuge anfertigten und gemeinsam zur Jagd gingen. Die Frauen halfen bei Großwildjagden vielleicht als Treiberinnen mit, versorgten sonst die kleinen Kinder, sammelten Essbares, erlegten kleinere Tiere und gruben nach Wurzeln. Diese Art, das Angebot der Natur für die eigene Ernährung und das Überleben zu nutzen, nennen wir ▸ aneignende Lebensweise.

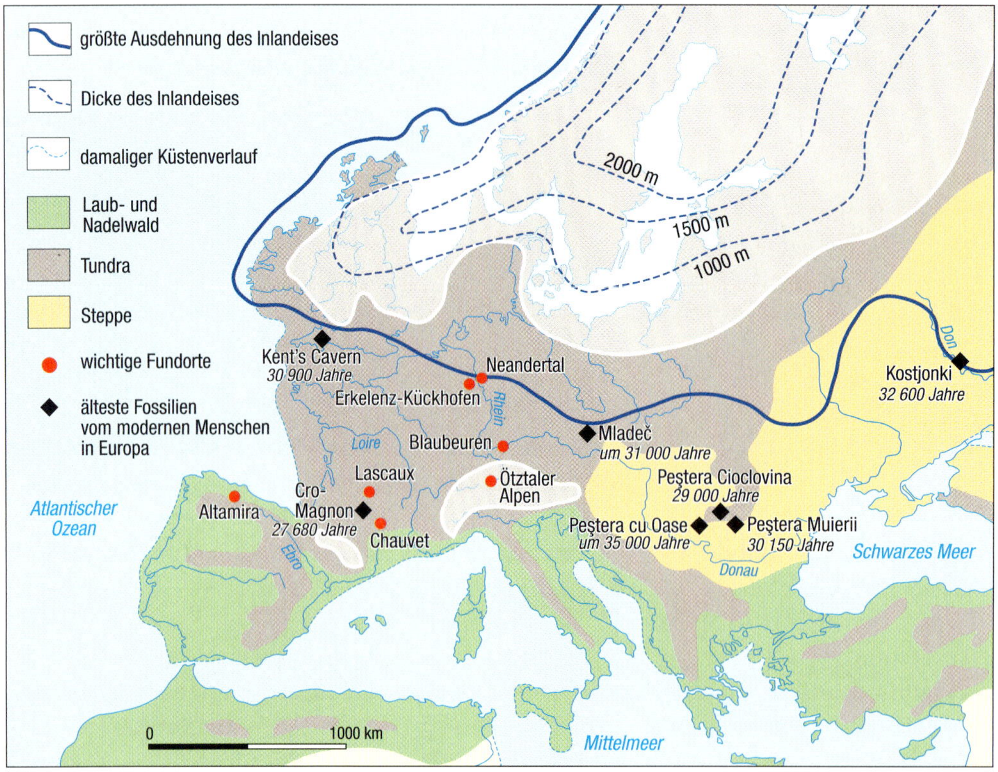

M1 Eiszeit in Mitteleuropa

M2 Künstler der Eiszeit

Als Meisterwerke der Höhlenmalerei gelten die 1994 gefundenen über 30 000 Jahre alten Darstellungen von Tieren und Fabelwesen in der Grotte Chauvet. Die Umrisse wurden mit Feuerstein eingeritzt. Die Künstler zeichneten mit Holzkohle und Tonerde in Braun- und Rottönen.

M3 Die wichtigsten steinzeitlichen Waffen

M4 Geschichte erzählt

So lebten die ersten Mitteleuropäer

Vorsichtig nähern sich die beiden Jäger – Vater und Sohn – mit ihren Eibenholzspeeren dem unter dem Steilufer in der warmen Abendsonne dösenden jungen Flusspferdbullen. Der fühlt sich sicher, denn sogar mit jedem angreifenden Löwen würde er im Wasser leicht fertig. Da treffen ihn plötzlich zwei rasche gleichzeitige Würfe von schlanken Speeren: einer ins linke Auge, der andere links hinter die Rippen. Das fast schon ausgewachsene Tier brüllt auf, die Speere splittern. Der Blutverlust ist sofort groß, das Tier versucht zu entkommen. Die beiden Jäger folgen ihm und töten mit einem letzten Lanzenstoß ins Herz das völlig ermattete Tier. Das bedeutet für sie mehr Fleisch, als ihre Gruppe in den nächsten warmen Tagen verzehren kann. Um möglichst viel davon zu profitieren, wird das nur einen kurzen Sonnenweg entfernte Lager zum Beuteplatz hin verlegt.

Zitiert nach: Hansjürgen Müller-Beck: Die Steinzeit, München (Beck) [2]2001, S. 51f.

1 Welche Gebiete Europas lagen unter einer dicken Eisschicht? In welchen Ländern wurden die Funde der bislang ältesten Spuren des Homo Sapiens entdeckt? (M1)

2 Welche Vorteile bot der Speer gegenüber der Lanze, welche die Speerschleuder gegenüber dem Speer, welche Pfeil und Bogen gegenüber der Speerschleuder (M3)? Beziehe die Jagderzählung mit ein (M4).

3 Wissenswertes über die Neandertaler erfährst du nicht nur beim Besuch des Neanderthal Museums in Mettmann, sondern auch aus zahlreichen Büchern oder aus dem Internet. Erkundige dich über die Lebensbedingungen und das Ende der Neandertaler.

Aus Jägern und Sammlern werden Ackerbauern und Viehzüchter

Das Klima erwärmt sich. Vor etwa 12 000 Jahren ging die Eiszeit in Europa allmählich zu Ende. Die Rentierherden zogen in den kühleren Norden, zahlreiche Tierarten wie das Mammut starben aus. Ausgedehnte Waldgebiete traten an die Stelle der Graslandschaften. Sie boten deutlich mehr Nahrung. Die vertraute ▸ Lebensweise wurde durch die Jagd auf kleinere Tiere und den Fischfang abgelöst.

Gräser machen sesshaft. Viele Millionen Jahre lebte der Mensch als Nomade vom Jagen und Sammeln. Er nutzte die Natur ohne sie auszubeuten. Als die Menschen im Vorderen Orient vor etwa 10 000 Jahren begannen, Wildgetreide und Wildgerste nicht nur zu sammeln, sondern von den Körnern einen Vorrat anzulegen, war der Schritt zur gezielten Aussaat nicht mehr weit. Die wahrscheinlich eher zufällig gezüchteten, neuen Pflanzen mussten gepflegt, geerntet, gelagert und wieder ausgesät werden. Diese Wirtschaftsform setzte sich allmählich durch und machte aus den umherziehenden Jägern und Sammlern des fruchtbaren Halbmondes (s. Karte unten, dunkles Grün) sesshafte Bauern mit dörflichen Siedlungen. Es dauerte auch nicht lange, bis geeignete Wildtiere durch die Aufzucht von Jungtieren zu Haustieren wurden.

Die neolithische Revolution. Der Übergang von der aneignenden Lebensweise der ▸ Altsteinzeit zum bäuerlich sesshaften Dasein (produzierende Lebensweise) ab 9000 v. Chr. wird wegen seiner weit reichenden Folgen als neolithische Revolution bezeichnet. Ackerbau und Viehzucht sicherten nun die Lebensgrundlage. Die Menschen bedienten sich nicht mehr nur in der Natur, sondern beuteten sie durch Rodungen und immer neue Felder für sich aus. Die Form der Selbstversorgung bot große Vorteile. Jetzt konnten mehr Menschen ernährt, Hungerzeiten durch Vorratshaltung leichter überbrückt werden. Mit der ▸ Sesshaftigkeit nahm das Bevölkerungswachstum zu. Bauerngesellschaften entstanden unabhängig voneinander in verschiedensten Teilen der Welt. Richtige Berufe bildeten sich erst allmählich heraus. Die Ackerbauern und Viehzüchter stellten alles selbst her, was sie brauchten. Die neue Lebensweise brachte jedoch auch Nachteile mit sich. Ratten und andere Schädlinge machten den Menschen die Vorräte streitig. Das enge Zusammenleben größerer Gruppen führte zur schnelleren Ausbreitung von Krankheiten. Die Dörfer mussten nun befestigt und oft mit Waffengewalt gegen Angriffe von außen geschützt werden. Die Vorräte der Bauerngesellschaften bildeten ein begehrtes Angriffsziel von Nomadenvölkern.

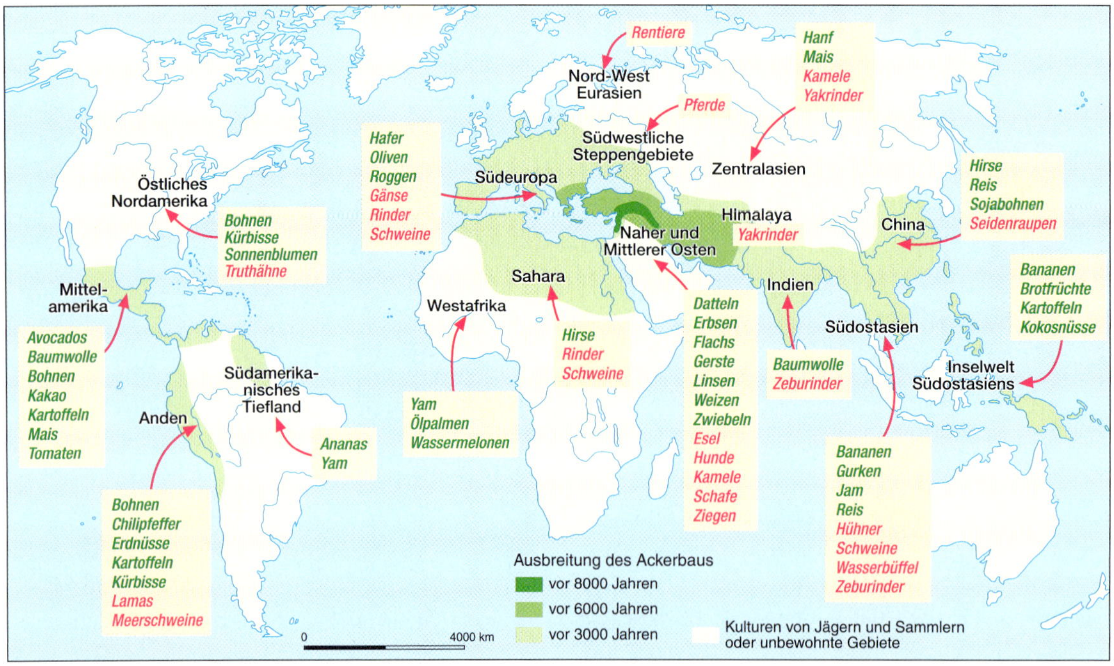

M1 Ausbreitung des Ackerbaus weltweit *(9000–3000 v. Chr.)*

M2 Menschen beim Bau eines Langhauses *(Rekonstruktion aus dem Rheinischen Landesmuseum, Bonn)*
Die Häuser waren etwa 5 m breit, 25 m lang und 7 m hoch. Sie dienten als Wohnung für eine Familie. In einem Dorf gab es bis zu 20 Häuser, die eng beieinander standen. Ein Graben oder ein Zaun konnten zusätzlich das Dorf schützen.

M3 Blick ins Innere eines Langhauses
(Rekonstruktion aus dem Archäologischen Freilichtmuseum Oerlinghausen)

1 In welchen Teilen der Welt entstanden zu welchen Zeiten Kulturen von Bauern und Viehzüchtern? Erstelle eine Liste mit typischen Nutzpflanzen und Nutztieren unterschiedlicher Kontinente.

2 Stelle dir vor, ein Junge aus der Jäger- und Sammlerkultur beobachtet den Hausbau. Was sieht er? Was denkt er (M2)?

3 Die Bauern und Viehhirten veränderten auch die Umwelt. Gib Gründe dafür an (Autorentext).

4 Schreibe aus dem Autorentext die Vor- und die Nachteile der bäuerlichen Lebensweise heraus. Vergleiche nun die aneignende Lebensweise der Jäger und Sammler mit der produzierenden Lebensweise der Bauern und Viehzüchter.

Das Alltagsleben von Ackerbauern und Viehzüchtern

Neue Geräte und Werkzeuge. Die neue Lebensweise des Menschen erforderte auch neue Geräte und Werkzeuge. Anfangs ritzten die Bauern den Boden mit Stöcken auf, um die Saatkörner in die Erde zu bringen, bald verwendeten sie Haken. Der Pflug erleichterte die Arbeit sehr. Damit konnten auch größere Flächen bearbeitet werden.
Um Bäume für den Hausbau zu fällen oder durch Waldrodung neue Ackerflächen zu gewinnen, brauchte man Beile aus hartem Gestein. Felsgesteine wurden durch Schlag-, Spalt- und Sägetechniken bearbeitet und auf einem Schleifstein glatt geschliffen. Entweder setzte man die Beilklinge direkt in eine hölzerne Schäftung ein oder man verwendete Zwischenfutter aus Hirschhorn, die die Wucht des Schlages dämpften. Versuche haben gezeigt, dass diese Steinbeile fast genau so wirkungsvoll waren wie moderne Werkzeuge.

M1 Nachbau steinzeitlicher Werkzeuge
Schüler probieren in einem Museum für Vorgeschichte aus, wie Werkzeuge hergestellt wurden und wie sie funktioniert haben (rechts: eine Steinbohrmaschine).

Haushaltgeräte erleichtern den Alltag. Eine der wichtigsten Neuerungen der ▸ Jungsteinzeit war die Töpferei, die man im Vorderen Orient bereits um 7 000 v. Chr. kannte. Seit der Sesshaftigkeit dienten Gefäße aus Ton der Vorratshaltung und Nahrungszubereitung im Alltag des Menschen. Nach den Formen und Verzierungen des Geschirrs unterscheiden Archäologen verschiedene Kulturen und Gruppen. Man töpferte die Gefäße, indem man Tonwulst auf Tonwulst schichtete – die Töpferscheibe wurde in Mitteleuropa erst ab der Eisenzeit (ca. 800 v. Chr.) genutzt. Nach dem Brand in offenen Gruben oder in Brennöfen hatte man ein haltbares und nützliches Keramikgeschirr. Schalen, Tassen, Krüge und Vorratsgefäße entstanden.

Gekleidet in Bast und Linnen. Die Webkunst steckte zu Beginn der Jungsteinzeit noch in den Kinderschuhen. Weit verbreitet waren jedoch Knüpf- und Flechttechniken mit Gräsern, Lein (Flachs) und Bast. Wolle wurde gesponnen und zu Geweben verarbeitet. Von den Webstühlen kennt man bis heute nur die Webgewichte aus Ton, die sich in den Siedlungen erhalten haben. Lein gehörte zu den Kulturpflanzen, die schon früh den Weg aus dem Vorderen Orient in das jungsteinzeitliche Europa gefunden haben. Diese Pflanze war nicht nur wegen ihrer ölhaltigen Samen für die tägliche Breimahlzeit beliebt, sondern die Stängel wurden für die Faden- und Gewebeherstellung genutzt. Auch die fasrige Schicht zwischen Holz und Rinde von Eichen und Lindenbäumen wurde zu den besten Fäden und Schnüren aus Baumbast verarbeitet.

Selbstversorger und Händler. Die Einwohner einer Siedlung stellten vermutlich alles her, was sie brauchten: Feuerstein und Felsgesteine wurden zu Waffen und Werkzeugen verarbeitet, Ton zu Keramikgeschirr. Man spann mittels einer Spindel Flachs oder Schafwolle zu einem Faden und verarbeitete diesen auf einem Webstuhl zu Stoffen und Tüchern. Die Ackerbauern und Viehzüchter versorgten sich und ihr Dorf mit den nötigen Nahrungsmitteln, Fellen und Knochen der Tiere, die als Werkstoff dienten. Die Menschen handelten mit Rohstoffen und den gefertigten Waren. So tauschten sie ihre Produkte gegen andere Waren, Getreide oder Vieh ein.

M2 Die ältesten Räder der Welt

Im moorigen Gelände Baden-Würtembergs fand man solche Räder. Sie waren aus Holzscheiben zusammengesetzt. Hier: Eine Nachbildung aus dem Niedersächsischen Landesmuseum in Hannover.

M3 Das älteste erhaltene Holzbauwerk der Welt

Ein 7100 Jahre alter Brunnen aus Erkelenz-Kückhoven, der 1990 in einer Kiesgrube entdeckt wurde. Er besteht aus drei ineinander gesetzte Holzkästen.

M4 Töpfereiprodukte

Nach ihren mit Mustern verzierten Tontöpfen nennen Archäologen die Menschen „Bandkeramiker" oder „Glockenbecherleute" (Funde aus dem Voralpenraum).

M5 Werkzeuge der Eisenzeit

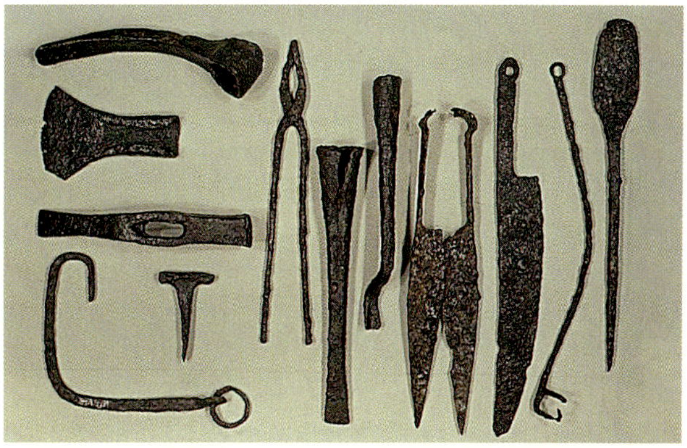

Die Hethiter in Kleinasien stellten zwischen 2000 und 1500 v. Chr. erstmalig Eisen her. In Mitteleuropa wurden ab 800 v. Chr. Gegenstände wie diese geschmiedet.

1 Lege eine zweispaltige Tabelle zu den Erfindungen der Jungsteinzeit an. Schreibe in die linke Spalte das erfundene Gerät, in die rechte, was man damit machen konnte.

2 Du willst ein von dir angefertigtes Gerät/Werkzeug gegen Getreide tauschen. Auf welche Vorzüge würdest du hinweisen?

3 Versuche anhand von Beispielen darzulegen, wie sich die Lebensweise der Menschen in der Jungsteinzeit veränderte. Beziehe auch die Informationen auf der vorhergehenden Doppelseite mit ein.

4 Archäologen fanden folgende Gegenstände: Knochen von Hirschen, Kerne von Haselnüssen, Äxte und Beile aus Stein, Schmuck aus Muscheln und Schneckenhäusern, Holzbalken, Tonscherben, Knochen von Schafen. Ordne diese Funde nach Alt- und nach Jungsteinzeit; manchmal wirst du auch keine Unterscheidung treffen können. Begründe jeweils deine Entscheidung.

5 Finde heraus, wie Eisen geschmolzen und Werkzeuge und Waffen hergestellt wurden. Welche Vorzüge hat Eisen gegenüber Bronze?

Ein Toter erzählt vom Leben

„Ötzis" Ende – ein Krimi aus der Jungsteinzeit? Es war Frühsommer, als der drahtige, kleine, etwa 45-jährige Mann vor über 5 000 Jahren vom Schnalstal im Süden der Ötztaler Alpen aufstieg. Immer wieder blickt er sich hastig um. Seine Hand umklammert einen Feuersteindolch. Mit seiner Bärenfellmütze, dem Grasumhang, den er über seinem Fellmantel trägt und den wärmenden Schuhen ist er für das Hochgebirge gut gerüstet. Da surrt von links unten ein Pfeil heran, durchschlägt das Schulterblatt und bleibt im Körper stecken. Die Verletzung ist schmerzhaft und verursacht starke innere Blutungen. Dennoch gibt der zähe Mann nicht auf und klettert weiter. Er ist mittlerweile auf 3 210 Metern Höhe angelangt. Erst nach Stunden legt er sich völlig entkräftet in eine Felsrinne und stirbt. Der Schneefall, der kurz danach einsetzt, bedeckt den Toten und lässt ihn gefriertrocknen. Dort bleibt er in seinem eisigen Grab bis ihn am 19. September 1991 ein Ehepaar bei seiner Wanderung entdeckt.

Ein Sturm aus der Sahara hatte im März 1991 schwarzen Sand, der sich in der Sonne erwärmte, bis in die Alpenregion geblasen. Vor allem deshalb war das Gletschereis nach einem schneearmen Winter ungewöhnlich weit abgeschmolzen und hatte den Körper frei gelegt. Zuerst sah dieser aus wie der kahle Kopf einer Schaufensterpuppe, die aus einer Schmelzwasserpfütze herausragte. „Das ist ein Mensch!", rief die Frau entsetzt und dachte an die zahlreichen tödlichen Unfälle in den Alpen. Dass das Gletschereis einen Menschen frei gegeben hatte, der Jahrtausende im Eis zugedeckt lag, konnten die beiden Bergwanderer zu diesem Zeitpunkt noch nicht ahnen.

M1 So sah Ötzi aus, als er gefunden wurde.

Die bestuntersuchte Leiche aller Zeiten. Unter dem Gletschereis waren Kleidung und Körper der Gletschermumie erhalten geblieben. Doch als das Eis schmolz und die Kleidung der Luft ausgesetzt war, zerfiel sie. Daher fand man den Körper nackt. Reste der Kleidung und Ausrüstung wurden verstreut um die Fundstelle geborgen.

Was damals vor etwa 5 200 Jahren wirklich geschah, werden wir wohl nie erfahren. Selten jedoch hat eine Leiche Forscher und Öffentlichkeit seit ihrer Entdeckung mehr in Atem gehalten als dieser Fund. Mit modernsten Untersuchungsmethoden hat eine Vielzahl von Wissenschaftlern aus verschiedensten Fachbereichen (z. B. Medizin, Biologie, Archäologie, Botanik) dem Körper und den Überresten erstaunliche Details entlockt.

Als „Ötzi" unter vermutlich dramatischen Umständen starb, war er nicht besonders gesund, einige Knochenbrüche waren verheilt, aber die Gelenke und die Wirbelsäule wiesen Abnützungserscheinungen auf. Eine Verletzung durch eine Pfeilspitze führte wohl zu seinem Tod. Wissenschaftler entdeckten sie erst 2001 in seinem Körper.

M2 „Ötzi"

Kleidung und Ausrüstung wurden mithilfe der an der Fundstelle geborgenen Überreste rekonstruiert. Den Namen „Ötzi" erhielt der Mann nach seinem Fundort in den Ötztaler Alpen.

„Ötzi“ war mitten aus dem Leben gerissen worden. Daher berichten uns seine Kleidung und Ausrüstung, die man an der Fundstelle geborgen hatte, vom Alltagsleben in der Jungsteinzeit. Die Pflanzenpollen, die in seinem Magen gefunden wurden, lassen nicht nur Rückschlüsse auf die Jahreszeit zu, in der er starb, sondern auch auf seine Herkunft. Denn manche der Pollen kommen nur auf der Alpensüdseite vor. Holzkohle und Mineralien im Darm zeigen, dass „Ötzi“ seine Mahlzeiten am offenen Feuer zubereitet hat. Und er verwendete Mehl, das mit Steinmühlen gemahlen wurde. Das wiederum beweisen seine stark abgenützten Zähne. Sein letzter Imbiss setzte sich vermutlich aus Beeren, Getreide und einem Stück Rehfleisch zusammen.
„Ötzis“ Kleidung bestand überwiegend aus Fell und Leder. Sein Schuhwerk war für den Aufenthalt in den Alpen hervorragend geeignet. Der weiche mit Gras ausgepolsterte, wärmende Innenteil wurde von robustem Hirschleder geschützt, welches mit Lederriemen an einer rutschfesten Sohle aus Bärenfell befestigt war. Ein moderner Bergschuh besitzt ähnliche Eigenschaften.
Einen Hinweis auf die beginnende Metallverarbeitung gibt das bei „Ötzi“ gefundene wertvolle Kupferbeil. Noch kurz vor seinem Tod arbeitete „Ötzi“ an einem Bogen und an Pfeilen, die unfertig in seinem Köcher aus Gämsfell gefunden wurden. Am Fundort entdeckte Bruchstücke von Birkenrinde gehörten zu einem Gefäß, in dem Glut transportiert worden war. Die leicht abziehbare Rinde ist flexibel, widerstandsfähig und zum Gefäß verarbeitet im Gebirge leichter transportierbar als ein Tongefäß. Das Harz der Birke ergab eingekocht als Birkenteer den Alleskleber der Jungsteinzeit.

Methode: Autorentexte lesen und verstehen

Ihr wisst bereits, dass es in diesem Buch zwei Arten von Texten gibt: So finden sich Quellen von früher neben Texten, die von Geschichtslehrerinnen und -lehrern eigens für dieses Buch geschrieben wurden. Die Autoren wollen möglichst verständlich schreiben. Das ist nicht immer einfach, weil die Texte von fernen Zeiten und fremden Welten handeln. Daher ist es wichtig, sie sorgsam zu lesen und ihren Sinn zu erfassen. Geht in folgenden Schritten vor:

1. Schritt: Text zügig lesen
Beim raschen Überfliegen gewinnst du einen ersten Eindruck, worum es auf dieser Seite geht.

2. Schritt: Den Inhalt der Darstellung kurz wiedergeben
Mache eine erste Aussage, worüber dieser Text handelt.

3. Schritt: Text gründlich lesen
Dieses Mal musst du genauer hinschauen. Schreibe Stichpunkte in dein Heft. Du kannst auch für jeden Abschnitt des Texts eine Überschrift oder einen Satz finden, der die wesentliche Aussage enthält. Natürlich ist es möglich eine Kopie von der Seite zu machen und wichtige Aussagen zu unterstreichen (aber nicht zu viele).

4. Schritt: Informationen zusammenfassen
Nun hast du den Text schon viel besser verstanden. Jetzt geht es darum, einen Überblick zu gewinnen. Dabei helfen dir die Unterstreichungen oder Notizen aus Schritt 3.

1 Am besten, du versuchst es gleich selbst einmal. Gehe nach dem obigen Muster durch den Text.
2 Du kannst aus dem Internet www.archaeologiemuseum.it viele weitere Informationen und Fotos holen und dir so ein noch lebendigeres Bild vom Gletschermann machen.
3 Verfasse danach für eine Suchaktion einen Steckbrief zu „Ötzi“ (Größe, Alter, Aussehen, Kleidung, Ausrüstung, besondere Merkmale).
4 Wissenschaftler haben herausgefunden, dass „Ötzis“ Feuersteindolch aus der Gegend um Verona (Norditalien) stammt. Wie war dieser Stein in die Alpen gekommen?

Vom Leben der frühen Menschen

vor ca. 7–6 Mio. Jahren	▶ *erste Vorfahren der Menschen*
vor ca. 4 Mio. Jahren	▶ *die ersten menschenartigen Wesen gehen aufrecht*
vor ca. 1,5 Mio. Jahren	▶ *Homo erectus (Gebrauch des Feuers, einfache Werkzeuge)*
vor ca. 800 000 bis ca. 8 000 Jahren	▶ *Altsteinzeit, umherziehende Jäger und Sammler*
vor 120 000 Jahren	▶ *Neandertaler*
vor 40 000 Jahren	▶ *Homo sapiens sapiens (moderner Mensch) in Mitteleuropa*
vor ca. 5 500 bis 2 200 Jahren	▶ *Jungsteinzeit in Mitteleuropa (Ackerbau, Viehzucht, Sesshaftwerdung, Töpferei, Webstuhl)*
ab ca. 800 v. Chr.	▶ *Beginn der Eisenzeit*

Sicherung wichtiger Kompetenzen

- **Eigene Dateien**
  - **Geschichte**
    - **Vorgeschichte**
      - **Methoden**
        - Autorentexte lesen
      - **Fachbegriffe**
        - Altsteinzeit
        - Jungsteinzeit
        - Lebensweise
          - aneignende
          - produzierende
        - Neolithische Revolution

Ein Yanomami-Indianer (Brasilien) sticht mit dem Grabstock Löcher für die Samen.

Tagesration einer Sammlerin aus dem heutigen Namibia (Südwestafrika)

1 Vergleiche die beiden Zeichnungen und stelle in einer Tabelle Jäger und Sammler und erste Bauern gegenüber. Mache Unterpunkte wie Wohnen, Geräte, Tierwelt usw.

2 Hier sind Werkzeuge und Geräte durcheinander geraten. Ordne sie der Alt- bzw. Jungsteinzeit zu. Versuche herauszufinden, wozu sie verwendet wurden.

3 Auch heute noch gibt es Kulturen von Jägern und Sammlern in den Regenwäldern Brasiliens (z. B. die Yanomami), in Neuguinea (Papuas) und in Afrika (Buschleute). Informiere dich – z. B. unter www.gfbv.de/bedrohte_voelker.php – oder in der Bibliothek, über eines dieser Völker und berichte darüber. Weise auf die Gefahren hin, die diesen Kulturen drohen, weil man ihren Lebensraum immer mehr einengt.

4 Schlage die auf der linken Seite genannten Fachbegriffe im Buch (ab Seite 216) nach. Wenn du an einem PC arbeiten kannst, gib die Datei entsprechend dem Muster ein. Alternative ohne PC: Schreibe die Erklärungen auf kleine Karten und sortiere diese in einen Karteikasten ein.

Ägypten –

eine frühe Hochkultur

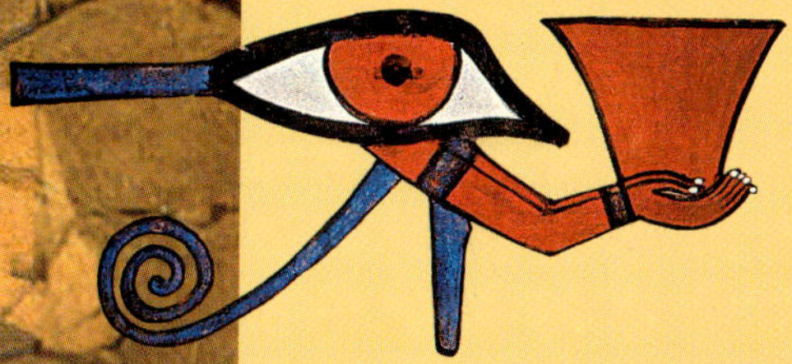

Die Anziehungskraft einer alten Kultur

„Häuser für die Toten". Millionen von Touristen reisen jedes Jahr nach Ägypten. Die 5 000 Jahre alten Pyramiden von Gise und die bunt ausgemalten, eindrucksvollen Gräber im Tal der Könige und Königinnen zählen zu den meist besuchten Sehenswürdigkeiten der Erde. Die toten Herrscher wurden dort in prachtvollen, zum Teil aus purem Gold und Silber bearbeiteten Särgen in unterirdischen Grabkammern beigesetzt. Viele Grabbeigaben zeigen, dass die Ägypter an ein Leben nach dem Tod glaubten. Die Bilder und Texte hatten die Aufgabe, die Seele des Verstorbenen auf dem Weg ins Jenseits zu begleiten. Aus diesen Grabmalereien erfahren wir heute viel Wissenswertes über das Leben im alten Ägypten. Unzählige Gräber wurden Opfer von Grabräubern, einige wenige blieben unentdeckt und wurden erst im 20. Jahrhundert gefunden. Bis heute fördern Forschungsteams immer wieder sensationelle Funde zu Tage. Leider stellt der Tourismus auch eine Bedrohung für diese Kulturdenkmäler dar. Atem und Schweiß der Besucher setzen den prächtigen Malereien in den Gräbern zu und begünstigen die Verbreitung von Algen und Schimmel. Zudem hat sich die Luftfeuchtigkeit im eigentlich trockenen Wüstenklima seit dem Bau des Assuan-Staudammes erhöht – als Folge davon schreitet der Verfall vieler Bauwerke voran.

Ägypten – eine antike Hochkultur am Nil. Mithilfe der Schrift entstand vor 5 000 Jahren in Ägypten ein hoch entwickelter ▸ Staat mit mächtigen Königen, zu einer Zeit, als in Europa die Menschen in der Steinzeit lebten. Gesetze regelten das Zusammenleben der Ägypter. Eine leistungsfähige Verwaltung wachte über die Herstellung und die Verteilung aller Güter und legte Nahrungsmittelspeicher für Krisenzeiten an. Religion und Kunst nahmen einen breiten Raum ein.
Um 3000 v. Chr. kam es im Verlauf von mehreren Jahrhunderten zur Vereinigung der Gebiete Ober- und Unterägyptens (s. S. 36/M1).
Die Überlieferungen nennen als ältesten König Ägyptens einen gewissen Menes. Er soll den Ursumpf trockengelegt, die erste Hauptstadt Memphis gegründet und die Schrift erfunden haben. Heute nimmt man an, dass Menes eine erfundene Idealgestalt ist. Alle Pharaonen leiteten ihre Abstammung von Menes ab.

M1 Die verfeindeten Götter Horus (links) und Seth schließen Frieden mit einem heiligen Band.

(Abbildung auf dem Thronsockel Sesostris I., ca. 1950 v. Chr.). Horus herrschte über Oberägypten und war für den weiten Himmel, Seth für Unterägypten und für die störenden Elemente im Universum, wie z. B. ein Gewitter, zuständig. Beide Götter lagen ständig im Streit um die Herrschaft über Ägypten. Im Kampf mit Seth verlor Horus sogar ein Auge. Der Pharao hatte die Pflicht, beide Götter zu versöhnen und als Dritter im Bunde die Gegensätze auszugleichen. Denn stritten sie, waren Unglück und Unordnung die Folgen für das ägyptische Volk.

Was lernst du in diesem Kapitel? Am Ende dieser Einheit wirst du folgende Fragen beantworten können:
- Warum entwickelte sich eine solche ▸ Hochkultur gerade an einem Strom wie dem Nil?
- Wie lebten die Ägypterinnen und Ägypter unter der fast 3 000-jährigen ▸ Herrschaft der Pharaonen?
- Welche Rechte und Pflichten hatten die einzelnen Mitglieder im ägyptischen Staat?
- Welche wissenschaftlichen und technischen Kenntnisse erwarben die Ägypter und welche Glaubensvorstellungen hatten sie?
- Was unterscheidet eine Hochkultur von der Entwicklungsstufe der Steinzeit?

M2 Geschichte erzählt

Ein Grab für den König

Seufzend stellt Userkaf die Tasche mit dem Essen für seinen Vater und seinen Onkel ab. Wo bleibt die Schwester denn? Mona kommt langsam die Hügel hoch; in ihren Händen balanciert sie den schweren Krug voller Bier. In der flimmernden Hitze sieht der Junge unten die Umrisse des Arbeiterdorfes, in dem seine Familie wohnt. Gleich ist Essenszeit für die Arbeiter. Userkaf nimmt die Tasche mit Fladenbroten, Datteln und Hirsebrei und stolpert auf den Eingang der Baustelle zu. Eine lange Reihe von Arbeitern kommt schwer beladen mit Ledereimern aus dem Tunnel. Alle schütten den Inhalt vor dem Eingang den Abhang hinunter.

Der Vorarbeiter sieht nicht gern Kinder hier oben – aber Userkaf und Mona kennt er seit langem. Sie bringen fast täglich Proviant – schließlich arbeiten Vater und Onkel schon seit über sechs Jahren am Grab des Pharaos. Langsam wird der alte König unruhig – wird sein Grab rechtzeitig fertig? Soll er etwa in einem Rohbau bestattet werden? Beamte und Vorarbeiter haben die Arbeitszeiten verlängert und verlangen noch mehr Leistung von allen Arbeitern. Und das bei den kärglichen Essensrationen! Kein Wunder, dass viele von zu Hause Nahrungsmittel bringen lassen. Immer wieder versuchen einzelne Arbeiter kostbare Baumaterialien und Werkzeuge nach Hause zu schmuggeln. Wer erwischt wird, ist arm dran!

Vor über 200 Jahren begannen Pharaonen in diesem abgelegenen Tal am Westufer des Nils ihre Gräber bauen zu lassen. Auch im Tod sollte der Pharao das Land und seine Menschen beschützen. Die Gegend ist durchlöchert wie ein altes Lotusblatt ...

Userkaf nutzt die Essenspause der Arbeiter und schaut sich in der Grabanlage um, die ca. 70 m tief in das Felsreich gehauen wurde. Im Eingangsbereich steht der fertige Sarkophag, ein kostbarer Sarg aus Marmor, in den nächsten Wochen wird er langsam auf Rollen heruntergebracht. Wenn er nur nicht bricht! Dann ist die Arbeit der Steinmetze von einem Jahr hin. Der schmale Treppenaufgang und der erste Vorraum sind bereits vollständig mit Motiven aus den Jenseitsbüchern ausgemalt. Die Bilder zeigen den Verstorbenen befreit von allen Mühen und Lasten im Jenseits an den Ufern des himmlischen Nils. Der Vater hat auch an diesen Malereien mitgearbeitet. Die erste Säulenhalle wird von Handwerkern mit Gipsreliefs verschönert, im daneben liegenden Seitenraum wird schon ausgemalt. Dort ist auch sein Vater tätig. Im nächsten Raum sind Maler damit beschäftigt, Bildumrisse und Bildzeichen in Farbe vorzuzeichnen. Der Staub der Steinbrucharbeiter macht den Malern zu schaffen – wie kann man vernünftige Bilder malen, wenn weiter unten noch die eigentliche Grabkammer in den Fels geschlagen wird! Fünf Arbeiter sind letzte Woche wieder von herabfallenden Felsbrocken erschlagen worden – von den Verletzten und Verstümmelten ganz zu schweigen. Da entdeckt der Junge im Schein der Talglampen seinen Vater auf dem Gerüst ...

Verfassertext

M3 Grab des Tutenchamun

Ein sensationeller Fund im Tal der Könige war das noch nicht geplünderte Grab des Pharaos Tutenchamun (um 1340 v. Chr.). Es wurde von dem Engländer Howard Carter 1922 entdeckt.

1 Beschreibe das Aussehen der Götter in M1. Stellt die Szene des Friedensschlusses nach.

2 In vielen Wandmalereien kommt dieses Zeichen vor. Finde heraus, was es ausdrückt.

3 Welche Bedeutung hat das auf Seite 33 abgebildete „magische Auge“? Stelle eine Beziehung zu den Göttern in M1 her.

4 Auf der Zeichnung der vorangehenden Doppelseite sind nur einige wenige Arbeiter zu sehen – im Arbeitsalltag waren es vermutlich viel mehr. Du bist verantwortlicher Leiter der Baustelle. Welche Befehle würdest du erteilen? Was muss alles organisiert werden? Beziehe die Nummerierung auf S. 32f. und M2 auf dieser Doppelseite mit ein.

5 Informiere dich über den sensationellen Fund des Grabes von Tutenchamun im Tal der Könige und berichte darüber (M3). Was wurde dort alles gefunden?

Leben nach den Regeln des Nils

Ägypten – ein Geschenk des Nils. In Ägypten kommt es über das Jahr verteilt nur zu wenig Niederschlägen. In Oberägypten regnet es fast nie. Schon vor 2500 Jahren wunderten sich Reisende, wie der Grieche Herodot, die Ägypten besuchten: Wieso gibt es so gewaltige Überschwemmungen bei wolkenlosem, blauen Himmel zu einer Jahreszeit, in der in Europa die Flüsse austrocknen?
Zwischen Mai und August kommt es im vulkanischen Hochgebirge Äthiopiens zu wolkenbruchartigen Regenfällen. Die Wasser- und Schlammlawine des Blauen Nils wälzt sich alljährlich über 6000 Kilometer in Richtung Mittelmeer. Nach der Vereinigung des Blauen und des Weißen Nils im Sudan mündet noch ein letzter Nebenfluss ein – dann gibt es 2700 Kilometer keine Zuflüsse und auch keinen Regen. Der Wasserspiegel steigt bis Ende September beträchtlich an. Wenn das Wasser im Oktober zurückgeht, hat sich eine mehrere Meter dicke Schlammschicht abgesetzt, die so viele Nährstoffe enthält wie heutiger Kunstdünger. Die Dörfer lagen zur Zeit der Pharaonen an den Talrändern oder sicher vor dem Hochwasser auf kleinen Hügeln. Den Fluss erreichte man nur über sumpfigen Boden und durch meterhohes Schilf, wo aber auch viele Krokodile auf Beute lauerten.

Planung und straffe Organisation. Der Nil bestimmte durch seinen jährlichen Rhythmus das Leben in Ägypten und war Grundlage für die Wirtschaft und den Wohlstand des Landes. Aber er stellte die Bewohner des Landes zugleich vor viele Aufgaben. Kam es zu großen Überschwemmungen, wurden die Dörfer überflutet. Gab es zu wenig Wasser, drohten Missernten und Hunger. Um die Unwägbarkeiten zu meistern, legten die Beamten im Auftrag des Pharaos Vorräte an. Mithilfe von Dämmen wurden Mensch und Tier vor den Wassermassen geschützt. Das Eintreffen der Nilflut berechnete man im Voraus. Wenn im Juni der Stern Sirius kurz vor Sonnenaufgang hell am Himmel leuchtete, wussten die Ägypter, dass die Nilflut bevorstand. Die Zeit bis zum nächsten Aufleuchten des Sirius wurde in 12 Monate zu 30 Tagen eingeteilt. So entstand der Kalender. Ging die Flut zurück, waren Landvermesser und Schreiber verantwortlich für die gerechte Verteilung des Bodens, das Aufzeichnen der Erntemenge und die Organisation der Vorratswirtschaft für Krisenzeiten. Um diese Aufgaben zu bewältigen, schlossen sich anfangs Dörfer zusammen, später ganze Regionen. Schließlich wurde Ober- und Unterägypten zu einem Staat vereinigt. An Plätzen, an denen Vorräte gesammelt und Waren getauscht wurden, entstanden Städte mit großen Tempelanlagen.

M1 Ägypten *(um 1250 v. Chr.)*

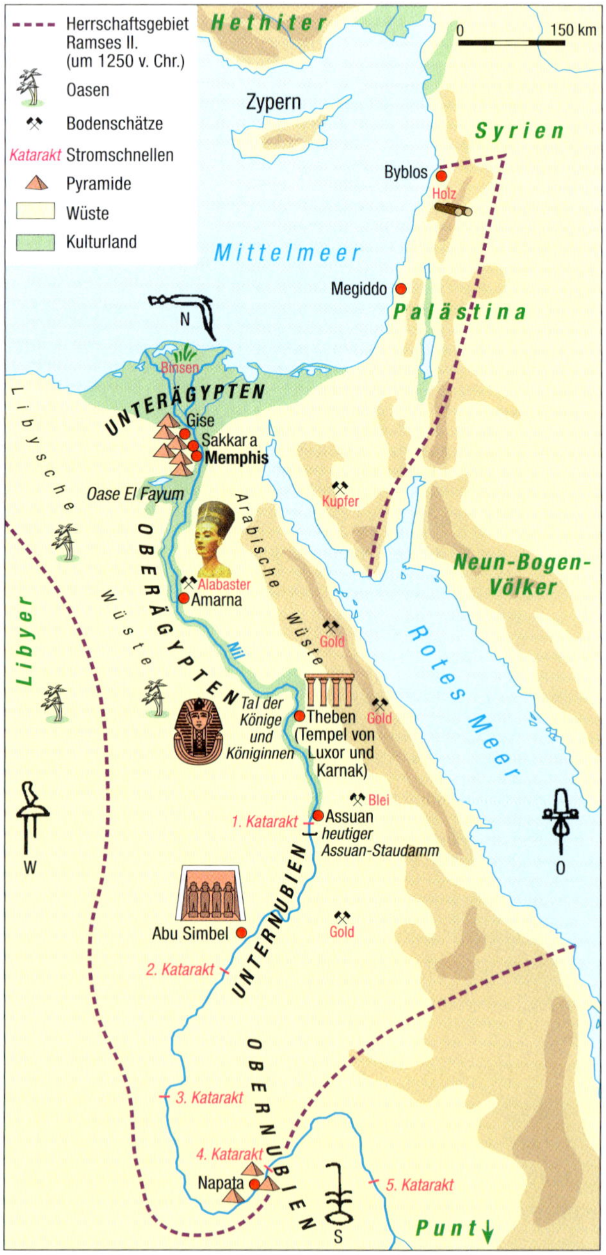

M2 Ein Lobgesang auf den Nil

Gesang des Dichters Cheti um 2000 v. Chr.:

Preis dir, Nil,
der du aus der Erde entspringst,
hervorkommst, um Ägypten Leben zu bringen.
Du Verborgener, der dunkel aus der Tiefe zu Tage kommt,
du Schlamm Oberägyptens, der die Sümpfe tränkt,
von Re (= dem Sonnengott) erschaffen,
um alle Durstigen zu erquicken.
Der Gerste schafft und Emmer (= Getreideart) wachsen lässt,
der die Tempel festlich ausstattet.
Wenn er träge ist, dann verengen sich die Nasen
und jedermann verarmt.
Wenn dann die Opferbrote für die Götter
geschmälert werden,
gehen die Menschen scharenweise zugrunde.
Wenn er den Geizigen spielt, leidet das ganze Land.
Groß und klein rufen: „Schreite weit aus!“
Sobald er naht, strömen die Menschen zusammen.
Wenn er steigt, jubelt das Land …
Er ist es, der Nahrung bringt, reiche Speisen …,
der den Herden Futter beschafft
und damit jedem Gott Schlachtopfer besorgt.
Er hat die Macht über Ägypten, er füllt die Speicher
und weitet die Scheunen,
er gibt den Armen Unterhalt.
Er ist der, der den Schlamm ausspeit, wenn er sich
über die Felder wälzt,
der den einen reich macht, den anderen arm.
Er fällt ein Urteil, ohne
dass man widersprechen kann,
einer, der sich keine Grenzen setzen lässt.
Wenn er aber schwerer lastet, sterben die Menschen,
denn er tötet sie durch die Seuche des Jahres (= Hochwasser).
Jeder legt seine Geräte nieder,
es gibt keine Stricke für das Schiffstau mehr,
keine Kleider, sich zu kleiden, nicht einmal die Kinder der Vornehmen können geschmückt werden.
Es gibt keine Augenschminke mehr,
die Haare fallen aus, keiner kann sich salben …
Ihr Menschen, die ihr alle Götter preist,
fürchtet euch vor der Macht, die sein Sohn (Pharao) ausübt,
der Herr über alles, der seine beiden Länder gedeihen lässt …
auf Verborgener, auf Verborgener,
mach dich auf, Nil, komm nach Ägypten!

Jan Assmann (Hrsg.): Ägyptische Hymnen und Gebete, eingel., übers. und erl. von Jan Assmann, Zürich/München (Artemis) 1975, S. 500 ff.

M3 Das Niltal

Typische Landschaft am Mittellauf des Nils

1 Schaue in einem Erdkundeatlas nach: Welche Länder durchquert der Nil mit beiden Quellflüssen auf seinem Weg zum Mittelmeer?

2 Löse folgendes Rätsel, das der arabische Dichter Al-Masudi um 950 n. Chr. verfasst hat:
Drei Monate eine weiße Perle
drei Monate schwarzer Moschus (= ein dunkles Öl)
drei Monate dunkelgrüner Smaragd
drei Monate ein Barren roten Goldes.
Beziehe M1 und M2 mit ein.

3 Teilt das Loblied M2 in Sinnabschnitte ein und lest es mit verteilten Rollen laut vor. Stellt in einer Liste die guten und schlechten Eigenschaften des Nils gegenüber.

4 Die Nilflut hat in diesem Jahr überraschend früh eingesetzt. Jeweils vier Schülerinnen und Schüler bilden einen Krisenstab und geben die wichtigsten Befehle an die Beamten weiter. Was ist zu tun? Notiert die Reihenfolge der wichtigsten Anordnungen.

5 Der Assuanstaudamm – Segen und Fluch zugleich. Finde heraus, was damit gemeint ist.

Wie leben die einfachen Leute in Ägypten?

Die Bauern. Die Masse der Bevölkerung Ägyptens lebte als Bauernfamilien unter einfachsten Bedingungen in Lehmhütten. Die Bauern bewirtschafteten nicht ihren eigenen Boden, sondern das Land des Pharaos und das der Tempel. Sie mussten einen großen Teil der Ernteerträge an öffentliche Kornspeicher abgegeben – ähnlich wie die Handwerker, die ebenfalls einen Teil ihrer Erzeugnisse abzuliefern hatten (z. B. Stoffe, Sandalen, Krüge). Sie bauten Getreide, Bohnen, Flachs, Gemüse und Wein an, besaßen Dattelpalmen, züchteten Geflügel und hielten Rinder. Obgleich die Bauern hart und mühsam arbeiteten und von deren Erträgen aus Ackerbau und Viehzucht die reichen Schichten lebten, waren sie nicht angesehen. Wenn die Arbeit auf den Feldern ruhte, halfen sie mit beim Bau der Pyramiden und Grabanlagen. Einzige Abwechslung in ihrem entbehrungsreichen Alltag stellten Feiern zu Ehren der Götter oder nach der Ernte dar. Dann ruhte ihre Arbeit.

Die Handwerker. Der Pharao, die Priester der Tempel und die hohen Beamten beschäftigten ein Heer von Handwerkern. Diese hatten keine eigenen Betriebe, sondern arbeiteten im Auftrag ihres jeweiligen Herrn in Staatsbetrieben oder in Tempelwerkstätten. Dafür wurden sie mit Lebensmitteln und Kleidung entlohnt. Unter den Handwerkern waren insbesondere Maurer, Maler, Bildhauer, Tischler, Steinmetze und Goldschmiede sehr angesehen, weil sie mithalfen, die Paläste der Pharaonen, großartige Tempelanlagen und die eindrucksvollen Grabanlagen im Tal der Könige zu bauen und auszuschmücken. Die Ausgrabungen in einem Arbeiterdorf bei Luxor in der Nähe des Tals der Könige geben uns heute einen Einblick in die Lebensverhältnisse von Arbeitern, Handwerkern und ihren Familien.

Das Essen. Hauptnahrungsmittel der einfachen Menschen waren Brot, Bier und Gemüse. Das ägyptische Bier hatte wenig mit unserem heutigen zu tun: Es wurde aus Datteln, Johannisbrot und Mohn gebraut, ehe sich Gerstenmalz durchsetzte. Nach den Dokumenten wurde dieser nahrhafte Bierbrei in großen Mengen genossen. Grund hierfür war auch die Tatsache, dass sich dieser Brei länger hielt als das oft schlechte Wasser. Die staatliche Vorratswirtschaft des Pharao garantierte einer vierköpfigen Familie in Notzeiten Getreide für fünf Brote sowie zwei Krüge Bier am Tag. Fleisch war so teuer, dass es nur zu besonderen Festtagen gegessen wurde. Unter den Nahrungsmittel produzierenden Berufen waren Imker, Dattel- und Weinbauern besonders angesehen.

M1 Bauern bei der Feldarbeit
(Wandmalerei aus dem Grab des Menena in Theben, um 1400 v. Chr.)

M2 Wie wohnten die Bauern?

Alle Bauerndörfer waren eine Ansammlung von grauen, schäbigen, wahllos aneinander gebauten Häusern, zwischen denen ein Labyrinth von engen, gekrümmten und düsteren Wegen und Sackgassen verlief. Eigentlich ist es eine Übertreibung, hier von „Häusern“ zu sprechen, denn im Grunde waren es nur elende, einstöckige, fensterlose Hütten mit finster gähnenden Türöffnungen. Drinnen befand sich meist nur ein kleiner Raum. Das Dach aus Palmblättern oder aus Schilf und Rohr war so zerbrechlich und so niedrig, dass ein mittelgroßer Mann ein Loch hineinreißen konnte, wenn er sich unvorsichtig aufrichtete. Man hauste direkt auf der festgestampften Erde. Diese war nur selten richtig trocken und außerdem ständig verschmutzt, sodass ein widerlicher Gestank die Luft erfüllte. Das war darauf zurückzuführen, dass nachts Männer, Frauen, Kinder und Vieh in der stickigen, schmutzigen Hütte zusammengepfercht waren. Es gab keine Möbel, keine Stühle und auch keine Betten. Der Bauer besaß so wenig, dass er die Tür – wenn es eine gab – Tag und Nacht offen stehen ließ, denn die extreme Armseligkeit war ein wirksamer Schutz vor Einbrechern.

Zitiert nach: Sergio Donadoni (Hrsg.): Der Mensch des alten Ägypten, übers. von Asa-Bettina Wuthenow, Frankfurt am Main/New York (Campus Verlag) 1992, S. 43.

M3 Blick in ein Wohnviertel von Handwerkern

(Rekonstruktionszeichnung der Wohnverhältnisse um 1500 v. Chr.)

M4 Wie viel verdiente ein Arbeiter?

Die Überlieferungen der Schreiber von Deir-el-Medineh in der Nähe vom Tal der Könige beinhalten auch Lohnabrechnungen. Der Warenwert ließ sich in Edelmetall messen. Maßeinheit war der Deben (= 90 Gramm Kupfer). Eine Durchschnittsfamilie umfasste 8–10 Personen.

Löhne pro Monat: Vorarbeiter: 7,5 Sack Getreide;
Arbeiter: 5,5 Sack Getreide
(1 Sack = 76 Liter, Wert: 2 Deben)
Preise: Korb = $^1/_2$ Deben; kleines Messer = 1 Deben;
1 Paar Sandalen = 3 Deben; Stuhl = 12 Deben;
Bett = 25 Deben; Ochse = 100 Deben;
Arbeitszeit: Täglich ca. 8–10 Stunden; lange Mittagspause wegen der Hitze, der Monat bestand aus drei Arbeitswochen zu zehn Tagen. Mit den Feiertagen gab es im Jahr ca. 65 arbeitsfreie Tage. Die Arbeiter wurden dreimal im Monat entlohnt.

Zusammengestellt nach: Manfred Clauss: Das alte Ägypten, Berlin (Alexander Fest Verlag) 2001, S. 393f.

M5 Arbeiter streiken unter Ramses III. *(1184–1153 v. Chr.)*

Aus einem Papyrus:

Wir hungern seit 18 Tagen. Wir sind hierher gekommen, vor Hunger und Durst, wir haben keine Kleider, wir haben keine Salbe, wir haben keine Fische, wir haben kein Gemüse. Sendet Mitteilung an den Pharao, unseren guten Herrn, und schreibt an den Tschati (= Wesir), unseren Vorgesetzten, damit uns Lebensmittel verschafft werden.

Zitiert nach: Adolf Ermann, Hermann Ranke: Ägypten und ägyptisches Leben im Altertum, Tübingen (J. C. B. Mohr) 1923, S. 141f.

1 Beschreibe die Tätigkeiten der Bauern in M1, indem du das Bild von unten nach oben „liest“. Wie viele verschiedene Tätigkeiten findest du heraus? Schreibe einen kurzen Bericht über einen Arbeitstag im Leben eines ägyptischen Bauern.
2 Schildere die Wohn- und Lebensverhältnisse von Arbeitern und Bauern (M2–M5 und S. 35/M2).
3 Rechne aus, wie viel Getreide ein Arbeiter für einen Stuhl (ein Bett, ein Paar Sandalen) ausgeben und wie lange er dafür arbeiten musste (M4).

Frauen und Kinder im alten Ägypten

Ehe und Familie. Eine Zeremonie der Eheschließung gab es nicht. Zog ein Paar zusammen, galt es als verheiratet – ebenso einfach scheint die Scheidung durch Auflösung der gemeinsamen Wohnung gewesen zu sein. Wie häufig die Ehe durch einen Vertrag geregelt wurde, wissen wir nicht. Die Einehe war die Regel. Reiche Ägypter konnten aber auch zwei und mehr Frauen heiraten.
Die ägyptische Familie bestand aus Eltern und deren Kindern, wobei acht bis zehn Kinder keine Seltenheit waren. Da das Ägyptische nur Wörter für die engsten Verwandten kennt, nehmen die Forscher an, dass man zu entfernteren Verwandten keine oder nur lockere Beziehungen pflegte.

Die rechtliche Stellung der Frau. Als der griechische Weltreisende Herodot im 5. Jh. v. Chr. Ägypten bereiste, kam er aus dem Staunen nicht heraus: „Bei den Ägyptern gehen die Frauen auf den Markt und treiben Handel, während die Männer zu Hause sitzen und weben." Herodot schrieb verwundert über die Tätigkeiten und Freiheiten von Frauen, die ihm angesichts der Rolle der Frau in der griechischen Öffentlichkeit (vgl. S. 82f.) unerhört vorkamen. Aus Herodots Urteil können wir jedoch nicht folgern, dass Frauen und Männer in Ägypten gleichberechtigt waren. Sicher zu sein scheint, dass Ägypterinnen vergleichsweise mehr Rechte besaßen als Frauen in anderen alten Kulturen: Sie konnten ihren Besitz ohne Zustimmung ihres Mannes vererben und durften selbstständig Verträge und Rechtsgeschäfte abschließen. In einigen Teilen Europas hätten selbst vor 100 Jahren solche Rechte für Frauen noch für Aufsehen gesorgt. Zudem durften ägyptische Frauen ohne Zustimmung ihres Ehemannes Eigentum erwerben, einen Beruf sowie religiöse Ämter ausüben und dafür Einkommen beziehen. Bei kriminellen Handlungen erhielten Frauen die gleichen Strafen wie Männer. Manche Berufe, wie die des Schreibers oder eines Beamten, durften sie nicht ausüben.
In den Bauernfamilien arbeiteten die Frauen wie ihre Männer in der Landwirtschaft und lebten unter den bereits geschilderten elenden Bedingungen. Die in den Quellen am häufigsten genannten Berufe für Frauen sind Weberin, Müllerin, Wäscherin, Perückenmacherin, Tänzerin und Dienerin am Hof.
Ganz anders sah das Leben der Frauen in den Königsfamilien aus: Sie hatten politischen Einfluss und ließen ihre Gräber ebenso kunstvoll ausstatten wie ihre Männer. Sie waren in Musik und Tanz ausgebildet und konnten schreiben und lesen. Die berühmtesten Pharaoninnen waren Teje, Nofretete (s. S. 48) und Hatschepsut (s. S. 46). Zu der ägyptischen Götterwelt gehörten zahlreiche weibliche Gottheiten: Maat, Isis und Hathor waren die bedeutendsten.

Kindheit und Jugend. Mädchen und Jungen waren in Ägypten gleichermaßen erwünscht. Das Aussetzen oder gar Töten von Neugeborenen, wie es aus anderen antiken Kulturen überliefert ist, galt in Ägypten als Verbrechen. Die Erziehung und Ausbildung der Kinder lag in der Hand ihrer Eltern. Eine Schule konnten nur wenige Kinder besuchen. Grundsätzlich standen die Schreibschulen auch Mädchen offen, doch berichten die Quellen nur von wenigen Mädchen aus besser gestellten Familien, die tatsächlich zur Schule gingen. Höchstens ein Prozent der Ägypter konnte lesen und schreiben. Zum Spielen blieb den meisten Kindern wenig Zeit. Ab einem Alter von vier bis fünf Jahren mussten Bauern- und Handwerkerkinder ihren Eltern bei der harten Arbeit helfen.

M1 Glücksgürtel

(ca. 1500 v. Chr., aus goldenen Kaurimuscheln, Perlen aus Amethyst, Lapislazuli, Karneol und Türkissteinen)

M2 Ägyptische Familie auf der Vogeljagd im Papyrusdickicht des Nils *(Wandmalerei aus dem Grab eines Beamten, um 1400 v. Chr.)*

M3 Ein Ehevertrag *(ca. 1500 v. Chr.)*

Datum – Namen der Eheschließenden

Es hat gesagt der Mann zu seiner Ehefrau: Ich habe dich zur Ehefrau gemacht. Gegeben habe ich dir fünf Silberkite als deine Frauengabe (Kite = Silberstück von ca. 9 Gramm).

Scheidungsklausel 1:

Entlasse ich dich als Ehefrau und nehme ich eine andere zur Frau, so werde ich dir fünf Silberkite zusätzlich zu den oben beschriebenen fünf Silberkiten geben, die ich dir als Frauengabe gegeben habe. Dazu gebe ich dir ein Drittel von allem und jedem, was ich für uns erwerben werde. Wobei die Kinder, die du mir gebären wirst, die Herren von allem und jedem sind, was mir gehört. Siehe das Verzeichnis der Sachen, die du mit in mein Haus gebracht hast: (Liste der Kupfersachen und Kleider). Bist du drinnen, sind sie mit dir drinnen. Bist du draußen, sind die Dinge mit dir draußen.

Scheidungsklausel 2:

Wenn du es bist, die geht, indem du mich als Ehemann entlässt, so wirst du mir 2,5 Silberkite von den 5 Silberkiten geben, die ich dir als Frauengabe gegeben habe.

Unterschriften und Zeugen

Zitiert nach: Walther Wolf: Das Alte Ägypten (= dtv Wissenschaftliche Reihe, Nr. 4332), München [2]1978, S. 429f.

M4 Statue eines jungen Paares aus Theben *(30 cm hoch, um 1250 v. Chr.)*

Die Statue zeigt einen Wächter der Königsgräber in Theben namens Ini mit seiner Frau Tjennet-Imentet. Die Haltung der beiden folgt einer genauen Vorgabe, wie sie in allen Darstellungen ägyptischer Ehepaare zu sehen ist: Der Mann hält in der linken Hand eine (hier abgebrochene) Lattichpflanze als Zeichen der Fruchtbarkeit. Beide sind verbunden durch die Relieffigur ihres (erwünschten oder bereits geborenen) Kindes.

1 Welche Bedeutung hatte vermutlich der kostbare Schmuck (M1) für seine Besitzerin?

2 Beschreibe die abgebildeten Personen in M2.

3 Welche Regelungen werden im Ehevertrag (M3) getroffen? Erkläre die Abmachungen im Falle einer Scheidung aus der Sicht des Mannes und aus der Sicht der Frau.

4 Was kommt durch die Darstellung der Handhaltung in M4 zum Ausdruck? Stellt die Szene nach und macht Fotos. Worauf müsst ihr unbedingt achten?

5 „Nicht gleichberechtigt und doch nicht rechtlos". Fasse schriftlich die Informationen zur rechtlichen Stellung der Frauen im alten Ägypten zusammen.

6 Kinder und Erwachsene spielten gerne das Brettspiel Sennet (s. S. 39/M3). Im Internet erhältst du eine Spielanleitung. Probiert das Spiel aus.

Die Schrift – wichtiges Merkmal einer Hochkultur

Wann entwickelten die Ägypter eine Schrift? Die Entwicklung der Schrift in Ägypten geht auf die Zeit der ersten Pharaonen um 3000 v. Chr. zurück. Niemand weiß genau, wie sich aus einzelnen Vasenaufschriften eine eigenständige Schrift und Grammatik entwickelte.
Über drei Jahrtausende wurde die ägyptische Schrift benutzt. Als 394 n. Chr. im Tempel von Philae bei Assuan die letzten des Ägyptischen noch mächtigen Schreiber einen Text einmeißelten, verstand fast niemand mehr den Sinn der Zeichen. Die Griechen, die Ägypten besuchten, sprachen von „heiligen Zeichen" (griech. hieros = heilig, glyphein = einritzen).

Bildung als Schlüssel zum Erfolg? In einem über 4000 Jahre alten ägyptischen Lehrbuch findet sich folgender Ratschlag eines Vaters an seinen Sohn: „Richte deine Gedanken auf das Schreiben. Ich kenne keinen Beruf, der mit dem des Schreibers zu vergleichen wäre ... Es gibt keinen Beruf, in dem einem nicht befohlen wird, außer dem des Beamten. Wenn du schreiben kannst, wird dir das mehr Nutzen bringen als alle anderen Berufe. Nützlich ist schon ein einziger Tag in der Schule ..."
Wer Schreiber werden wollte, brauchte Fleiß und viele Jahre Ausdauer beim Lernen. Einige Familien aus der Oberschicht schickten auch ihre Töchter in die Schreibschulen. Den Beruf des Schreibers übten jedoch nur Männer aus. Der wichtigste Besitz des Schreibers waren seine Palette, ein rechteckiges Stück Holz mit Vertiefungen zum Anrühren der roten und schwarzen Farbe sowie die Schreibgeräte. Sie wurden aus Schilf hergestellt, das überall am Nil wuchs. Es wurde nach gewünschter Breite und Härte ausgesucht. Das Ende der Schilfrohre zerkaute der Schreiber dann zu einem faserigen Pinsel. Farben rührte er aus Pigmenten an, die aus Holzkohle, Ocker und Akaziensamen gewonnen wurden.

Was lernten die Schreibschüler? Die Schüler erlernten zunächst die einfache Schreibschrift und dann die komplizierte Hieroglyphenschrift. Beide Schriften wurden von rechts nach links gelesen wie die heutige arabische Schrift. Stundenlang mussten Texte abgeschrieben und Bedeutungen gepaukt werden. Drei Lernbereiche waren zu unterscheiden: Am einfachsten waren die Bildzeichen, die den abgebildeten Gegenstand bezeichneten. Schwierigere Begriffe drückte man durch Kombinationen verschiedener Hieroglyphen aus. Schließlich konnte ein Zeichen auch als Laut oder Silbe gelesen werden wie unsere heutige Buchstabenschrift. Ein einzelnes Zeichen konnte aber bis zu vier verschiedene Laute ausdrücken.

Wozu benötigte man die Schrift? Für eine funktionierende Verwaltung sind schriftliche Aufzeichnungen unerlässlich. Nur mithilfe der Schrift konnte man die Anzahl der Menschen und Tiere, die Aufteilung der Felder, die Höhe der Ernteerträge und die gelagerten Vorräte erfassen. Zudem erlaubt die Schrift, Wissen festzuhalten und an nachkommende Generationen weiterzugeben.
Neben den Verwaltungsaufgaben benutzte man die Schrift noch für andere Zwecke: Geschichten, Mythen oder Gedichte wurden aufgeschrieben; die ägyptische Literatur entstand.

M1 Vom Schilf zur Schreibvorlage: Die Produktion von Papyrus

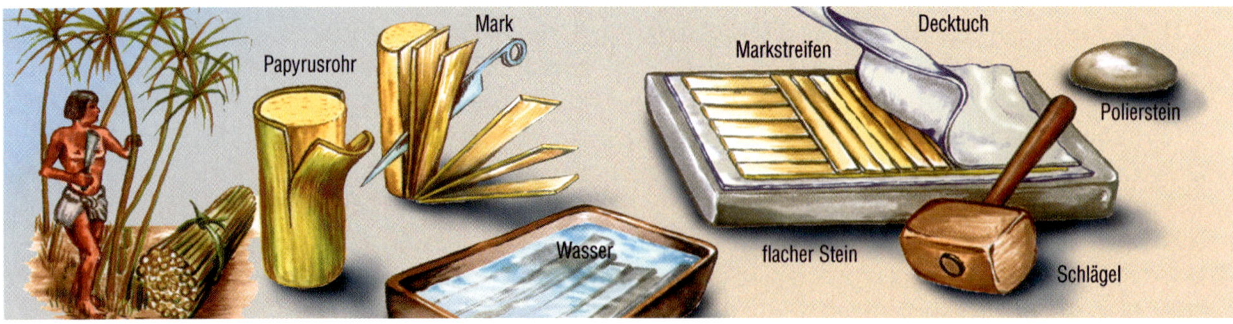

Geier	A	Hof	H	Hocker	P
Bein	B	Schilfblatt	I, J	Hund	R
Sandböschung	C, Q	Korb	K	gefalteter Stoff	S
Hand	D	Löwe	L	Brotlaib	T
Unterarm	E	Eule	M	K + S	X
Viper	F	Wasser	N	2 x Schilf	Y
Krugständer	G	Wachtelküken	O, U, V, W	Türriegel	Z

Am Schluss des Namens folgte bei Frauen und Mädchen und bei Männern und Jungen ein entsprechendes Symbol.

M2 Entwicklung der Schrift

Hieroglyphen sind Bildzeichen, die bestimmte Laute ausdrücken. Sie waren aber keine Buchstaben wie in unserer Schrift. Hier findet ihr zum Schreiben eurer Namen Hieroglyphen, die den Lauten unseres Alphabets ungefähr entsprechen.

M3 Statue eines Schreibers
(51 cm hoch, um 2450 v. Chr.). Der Griffel in der rechten Hand ist abgebrochen.

GESCHICHTE AKTIV/KREATIV
Projektidee: „Schreiben wie die alten Ägypter“

1 Erfindet weitere Bildzeichen für Gegenstände, Lebewesen und Handlungen und zeichnet sie.
2 Überlegt, wie man „Wind“, „Gefäß mit Limo“, „Diener“ und „Glück“ darstellen könnte.
3 „SMS einmal anders“: Verfasst Kurzbotschaften nur mit Bildzeichen – ägyptischen, modernen oder selbst erfundenen. Euer Nachbar soll sie entziffern.
4 Schreibt mithilfe der Tabelle M2 eure Namen in Hieroglyphen. Ihr könnt sie alle auf gleich große Blätter schreiben und wie eine Papyrusrolle zu einer Klassenliste zusammenkleben.

1 Beschreibe die Schritte der Papyrusherstellung (M1).
2 Nenne die Vorteile unserer Buchstabenschrift gegenüber einer Bilderschrift (M2).
3 Erläutere, warum der Beruf des Schreibers begehrt war (Autorentext und M3).
4 „Ein Monat ohne Schrift“. Schreibt einen Erlebnisbericht. Was würdet ihr vermissen?
5 „Nun wird das Gedächtnis der Menschen schlechter!“ soll einer der ersten Pharaonen über die zunehmende Verbreitung der Schrift gesagt haben. Was wollte der Herrscher damit vermutlich ausdrücken?
6 Über 1500 Jahre lang scheiterten alle Versuche, die Hieroglyphen zu entziffern. Erst der Fund des „Steins von Rosette“ erlaubte dem französischen Gelehrten Champollion die sensationelle Entzifferung der ägyptischen Texte. Wie hat Champollion die Hieroglyphen zum Sprechen gebracht (s. S. 11)?

Wie ist die ägyptische Gesellschaft aufgebaut?

Eine hierarchische Gesellschaft. Die soziale Gliederung der ägyptischen Bevölkerung hat sich über viele Jahrhunderte nicht verändert. Die Kinder eines Bauern wurden Bauern, die der Handwerker lernten den Beruf ihres Vaters.
Der Aufbau der ägyptischen Gesellschaft ist typisch für eine ▸ hierarchische Ordnung, d. h. Befehle werden von oben nach unten weitergegeben und müssen von der niedrigeren Rangstufe ausgeführt werden. Dafür erhalten die Untergebenen Schutz. Nur durch eine zentrale Regierung und leistungsfähige Verwaltung konnte die Zusammenarbeit funktionieren, die Versorgung der Menschen in Notzeiten sichergestellt und die riesigen Bauvorhaben verwirklicht werden. Nicht alle konnten alles machen, die einzelnen Berufe ergänzten sich, ▸ Arbeitsteilung war auch hier notwendig.

Der Tschati. Der oberste Beamte hieß Tschati oder Wesir. Als Stellvertreter des Pharao reiste er durch das Land, setzte sich mit Beschwerden auseinander, legte Steuern fest und erstattete dem Pharao Bericht über seine Tätigkeiten. Als Lohn für seine Dienste erhielt der Beamte große Güter und Wohnungen. Das Amt des Tschati wurde im Laufe vieler Jahrhunderte erblich.
Ihm unterstanden die Beamten, die die Befehle des Pharaos weitergaben. Sie konnten lesen und schreiben und überwachten die Ausführung der angeordneten Arbeiten. Die Beamten sorgten für die Wasserzu- und Bodenverteilung, versorgten die Arbeiter mit Lebensmitteln und Kleidung und überwachten die Übergabe der Abgaben. Durch die Beamten gelangten die Befehle bis in die entlegensten Gebiete des Landes. Viele Beamte waren bestechlich, oft waren Klagen zu hören über noch nicht ausbezahlten Lohn (s. S. 39/M5), über ungerechte Steuereintreibung oder nicht gerechtfertigte Wegnahme von Eigentum.

Die Priesterschaft. Die Priester waren – wie die Beamten – sehr angesehen. Nur sie durften das Allerheiligste eines Heiligtums betreten. Jeder Tempel besaß große Ländereien und beschäftigte viele Menschen. Die Priester lebten mit ihren Familien umgeben von vielen Dienern in der Tempelstadt, den Häusern rings um ein Heiligtum.

Andere wichtige Gruppen. Die Mehrheit der Ägypterinnen und Ägypter arbeitete als Bauern, Handwerker oder Arbeiter. Wichtig innerhalb der ägyptischen Gesellschaft waren auch die Soldaten, mit deren Hilfe die Pharaonen erfolgreiche Kriege führten und das Reich gegen Feinde von innen und außen verteidigten. Händler und Kaufleute kümmerten sich im Auftrag des Pharaos um die Einfuhr von wichtigen Rohstoffen, so z. B. um Holz aus dem Libanon für Palastbauten, Grabanlagen und Schiffe. ▸ Sklaven gab es in Ägypten erst ab 1500 v. Chr. Seit dieser Zeit führten die Pharaonen Kriege gegen die asiatischen und afrikanischen Nachbarn. Die bei diesen Feldzügen gefangen genommenen Krieger wurden versklavt.

M1 Viehzählung
(Holzmodell aus dem Grab eines hohen Beamten, 173 x 72 cm, um 2000 v. Chr.)

M2 Die Aufgaben des Tschati (Wesir)

Aus einer Inschrift im Grab eines Wesirs (ca. 1450 v. Chr.):

Er soll auf einem Stuhl mit Lehne sitzen, eine Rohrmatte auf dem Boden, einen Umhang umgelegt, auf einem Kissen sitzend, den Amtsstab in der Hand halten ... 13. Ihm (dem Wesir) meldet man jeden, der eine Bittschrift an den Herrscher richtet, nachdem er sie schriftlich eingereicht hat. 14. Er schickt jeden Boten der Verwaltung aus, der zu den Bürgermeistern und Ortsvorstehern geschickt wird ...

16. Er zieht die Truppen zusammen, die zur Begleitung des Herrschers nilaufwärts und nilabwärts mitgehen. Er bestimmt den Rest der Truppen, der in der südlichen Hauptstadt und Residenz (= Theben) stationiert bleibt. 17. Man lasse überhaupt einen Vertreter jedes Amtes, vom höchsten bis zum niedrigsten, in die Halle des Tschati eintreten, damit sie sich untereinander beraten.

18. Er schickt zum Bäumefällen aus. Er sendet die Überwachungsbeamten aus, um im ganzen Land Kanäle graben zu lassen. Er schickt die Bürgermeister und Ortsvorsteher im Sommer zum Ackern ...

21. Er sendet die Soldaten und Katasterschreiber (= Beamte, die die Größe der Grundstücke und den Namen der Eigentümer aufschreiben) aus, damit sie die Anweisungen des Herrschers ausführen. In seiner Halle sollen alle Akten des Bezirks gesammelt werden, damit man über jedes Feld Bescheid weiß. Er setzt die Grenzen jedes Bezirks, jedes Weidelandes, jedes Tempelgutes und überhaupt die Grenze eines jeden Grundstücks durch eine gesiegelte Urkunde fest.

22. Er liest jede Beschwerde und verhört, wenn es Streit gibt. Er setzt die Wachleute ein.

23. Er wird in Kenntnis gesetzt, wenn es Fehlbeträge beim Gottesopfer gibt. Er berechnet die Abgaben aller Wirtschaftsbetriebe.

24. Er legt die Liste aller Rinder an. Die Bürgermeister, Ortsvorsteher und alle Bürger melden ihm alle ihre Abgaben. Man meldet ihm den Aufgang des Sirius und das Steigen der Nilflut. Man meldet ihm jeden Regen ...

26. Er leitet die beiden Länder, wenn der Herrscher sich beim Heer befindet.

Zitiert nach: Wolfgang Helck: Zur Verwaltung des Mittleren und Neuen Reiches, Leiden (Brill) 1958, S. 29ff.

M3 Statue eines Wesirs. *Man erkannte hohe Beamte an ihrer Amtstracht.*

M4 Bauern und Beamte

Die nachfolgenden Zeilen wurden in den Schreibschulen immer wieder als Übungstext verwendet:

Werde Schreiber! Dies wird dir die Mühsal ersparen und dich vor jeder Arbeit bewahren. Du brauchst keine Hacke in die Hand zu nehmen und wirst keinen Korb tragen müssen. Du wirst kein Ruder bewegen müssen und von aller Not verschont bleiben.

Denk an die missliche Lage, in die der Bauer gerät, wenn die Beamten kommen, um die Erntesteuer zu schätzen. Schlangen und Nilpferde haben die Hälfte der Ernte verschlungen. Das im Speicher des Bauern verbliebene Getreide ist gestohlen worden. Was er für den gemieteten Ochsen bezahlen muss, kann er nicht bezahlen ... Und genau in dem Moment legt der Beamte am Ufer an, um die Erntesteuer zu schätzen. Es gibt aber kein Getreide und der Bauer wird gnadenlos geschlagen. Seine Frau und seine Kinder werden gefesselt. Der Beamte befiehlt allen. Seine Arbeit wird nicht besteuert; er hat keine Schulden. Merke dir das gut!

Zitiert nach: Donadoni: a. a. O., S. 36.

1 Wer hat was zu tun? Zeichne eine Tabelle, schreibe die jeweilige Gesellschaftsschicht auf und füge die Aufgaben hinzu (Autorentext, M2–M4).

2 Woran lässt sich erkennen, dass die ägyptische Gesellschaft auf Arbeitsteilung und Zusammenarbeit beruhte?

3 Gib den Ablauf der Viehzählung aus der Sicht eines der Schreiber (M1) schriftlich wieder. Überlege dir, was vor und nach dieser Zählung alles passieren konnte.

4 Stelle die Aufgaben des Tschati in einer Liste zusammen (M2).

5 Entwerft ein Streitgespräch (Stichwortzettel) zwischen Bauern und Beamten (M1 und M4). Die Beamten behaupten, die Bauern hätten ihre Ernte versteckt. Die Bauern beteuern ihre Unschuld und verweisen auf die schlechte Ernte. Sie wollen nicht noch mehr Abgaben leisten. Bildet Gruppen aus je zwei Beamten und drei oder mehr Bauern. Spielt die Szene der Klasse vor.

Der Pharao – König und Gott

An der Spitze der ägyptischen Gesellschaft stand der Pharao. Der Begriff Pharao bedeutet „großes Haus“ – damit bezeichnete man ursprünglich den Königspalast. Seit etwa 2500 v. Chr. wurde der Pharao als Sohn des Sonnengottes Re verehrt. Alle Einwohner Ägyptens waren dem Gottkönig unterworfen und mussten ihm gehorchen. Ihm gehörte das gesamte Land. Er galt als fehlerlos und entschied über alle wichtigen Angelegenheiten seines Landes. Er war Gesetzgeber, Richter über Leben und Tod, oberster Kriegsherr und Priester, er gab den Auftrag für den Bau von Pyramiden, Tempeln und Städten. Seine Hauptaufgabe war die Sicherung des Friedens nach innen und außen. Man sah in ihm auch den Mittler zwischen den Menschen und den Göttern.

Der Pharao lebte mit seiner Hauptgemahlin und vielen Nebenfrauen abgeschirmt von seinem Volk in einem weitläufigen Palast aus Stein. Zum Hofstaat gehörten Beamte, Priester, Musikanten, Tänzerinnen, Künstler und zahlreiche Diener. Starb ein Pharao, herrschte Trauer im ganzen Land. Der Nachfolger war nicht unbedingt ein Sohn des Pharaonenpaares, entstammte aber fast immer der erweiterten Familie. Die Herrschaft einer Familie, die über einen längeren Zeitraum einen Herrscher stellte, nennen wir Dynastie. Kam ein neuer Herrscher an die Macht, begann die Zeitrechnung wieder bei Null.

M1 Die Königin mit dem Bart

Pharaonin Hatschepsut regierte von 1490–1464 v. Chr. Ägypten. Während ihrer Herrschaft wurden erstmals weibliche Königstitel wie „Tochter des Re“ und „vollkommene Göttin“ verwendet.

M2 Krönung von Pharao Ptolemaios VIII.: *Vereinigung der Kronen Ober- und Unterägyptens (164–116 v. Chr., Relief auf dem Tempel in Edfu, Oberägypten)*

Das ägyptische Krönungszeremoniell blieb bis in die griechische und römische Zeit erhalten. Dieses Relief zeigt, dass der griechische Herrscher die Tradition der altägyptischen Pharaonen fortsetzte.

M3 Huldigung für Pharao Ramses II.

(ca. 1290–1224 v. Chr.)

Wir kommen zu Dir, Herr des Himmels, Herr der Erde, Du Atum (= Sonnengott), Herr des Geschickes, Du Säule des Himmels, Herr vielfacher Speisung, Du, der die Fürsten macht und die Waisen aufbaut, dessen Rede alle heilige Speise entstehen ließ, der wacht, wenn alles schläft, dessen Kraft Ägypten errettet, der über die Fremdländer siegt und triumphierend heimkehrt, dessen Stärke Ägypten schützt, Geliebter der Wahrheit, mächtig an Jahren, groß an Gewalt. Du, unser König und Herr.

Gottfried Guggenbühl: Quellen zur Allgemeinen Geschichte, Bd. 3: Altertum, Zürich (Schulthess), neu bearb. von Hans C. Huber, 3. Aufl. 1964, S. 16.

Methode: Bilder betrachten und deuten

Die Bilder verschiedener Epochen haben jeweils besondere Merkmale – sie folgen einem bestimmten Stil. So sind die Bilder der Ägypter oft übersät mit Hieroglyphen und Tierdarstellungen. Sie wirken auf uns fremd, zuweilen eigenartig. Die Gesichter zeigen keine individuellen Züge, die Körper sind schematisch gezeichnet. Personen wirken merkwürdig verdreht: Sie werden im Profil, d. h. von der Seite dargestellt, aber der Oberkörper öffnet sich zum Betrachter hin; der Kopf schaut wieder zur Seite, aber das Auge blickt in seiner ganzen Breite den Betrachter an. Solche Bilder wollen nicht die Wirklichkeit darstellen, vielmehr veranschaulichen sie religiöse Vorstellungen oder politische und gesellschaftliche Verhältnisse ihrer Zeit. Dazu verwenden die Künstler Mittel, die uns als unwirklich vorkommen: Personen sind unverhältnismäßig groß oder klein, mit den Menschen treten Götter oder Fabelwesen auf, Himmelskörper verlassen ihre Bahn, Abstände und Raumverhältnisse stimmen nicht. Die Auftraggeber achteten genau auf die Einhaltung der Regeln.

Die Bildaussage lässt sich leichter entschlüsseln, wenn wir in folgenden Schritten vorgehen:

1. Schritt: Bildbeschreibung

Wie ist der Hintergrund gestaltet? Welche Personen stehen im Vordergrund? Wohin schauen die Personen? Ist ein Handlungsablauf erkennbar? Welche Bildelemente fallen besonders auf?

2. Schritt: Das Bild in einen Zusammenhang stellen

Du musst die Bildunterschrift genau lesen; sie gibt wichtige Auskünfte über Entstehung, Inhalt und Verwendung des Bildes. Wenn möglich, solltest du das Bild mit ähnlichen Bildern vergleichen, so z. B. mit den Bildern von Pharaonen auf der linken Seite.

3. Schritt: Leitfragen formulieren

Während du die ersten beiden Arbeitsschritte ausführst, wird dir noch bewusster, um welches Thema es bei dem bearbeiteten Bild geht und warum es in einem bestimmten Zusammenhang in diesem Buch auftaucht. Worum es im Kern geht, sollte man in einer „Leitfrage" formulieren. Sie ist wichtig; ohne Leitfrage würde sich die Bildinterpretation nur an zufällige Eindrücke halten. Die Leitfrage an das Bild auf dieser Seite (und die Abbildungen gegenüber) lautet: Was erfahren wir aus dem Bild über Rang und Macht der ägyptischen Pharaonen? Dazu könnt ihr folgende Teilfragen beantworten: Welche Herrschaftszeichen trägt der Pharao? Was sagen sie über seine Machtstellung aus? In welcher Beziehung steht der Pharao zu den Göttern?

M4 Sethos I. *(ca. 1304–1290 v. Chr., im Tal der Könige)*

Der Pharao steht vor Osiris und der Göttin Hathor. Er wird von dem falkenköpfigen Gott Horus begleitet (Nachzeichnung aus der Grabkammer).

4. Schritt: Das Bild deuten

Jetzt musst du dich noch einmal intensiv mit dem Bild auseinander setzen. Die Leitfrage hilft dir, eine Auswahl zu treffen und zu bestimmen, welche Bildelemente wesentlich sind und welche du „übersehen" kannst.

1 Interpretiere das Bild M4. Gehe dabei nach den beschriebenen Arbeitsschritten vor.
2 Nenne die Aufgaben, die ein Pharao zu erfüllen hat (M3).
3 Am oberen Rand sind die Herrschaftszeichen eines Pharaos wie Wasserzeichen eingebracht. Nenne ihre Bezeichnung und ihre Bedeutung.

Echnaton: Ein Pharao befiehlt einen neuen Glauben

Der Mann der schönen Nofretete. Das Porträt der ägyptischen Königin Nofretete mit langem Hals und ausdrucksvollem Lächeln begegnet uns auf zahlreichen Bildern und Werbeplakaten. Weniger bekannt ist ihr Mann Amenophis IV. (1351–1334 v. Chr.).

M1 Nofretete
(1364–1347 v. Chr., Büste ca. 50 cm)

M2 Echnaton
(Amenophis IV.)

(Teil einer 5 m hohen Kolossalskulptur aus Sandstein, Oberteil 153 cm hoch, um 1350 v. Chr.)

Dieser änderte in seinem sechsten Regierungsjahr seinen Namen in Echnaton, befahl die Einführung einer neuen Religion in ganz Ägypten und löste damit eine Revolution im ägyptischen Götterglauben aus. Was war geschehen?
In der langen Geschichte Ägyptens hatte es immer wieder neue Gottheiten gegeben, die ihren Platz in den Tempeln und im Alltagsleben der Menschen fanden. Echnaton schaffte den Glauben an viele Götter einfach ab (▸ Polytheismus) und ersetzte ihn durch den Glauben an einen einzigen Gott (▸ Monotheismus). Dieser war der Gott Aton, dargestellt als Leben spendende Sonnenscheibe. Der Aton-Kult wurde vermutlich mit großer Härte durchgesetzt. Wir wissen nichts über das Ausmaß der gewaltsamen Methoden; fest steht, dass Heerscharen von Handwerkern die Namen und Bildnisse der alten Götter aus Tempelbildern und Säulen herausmeißeln mussten.

Warum eine neue Religion? In Amarna in Mittelägypten (s. S. 36/M1) ließ Echnaton eine völlig neue Hauptstadt bauen. Diese „heilige Stadt des Aton" erhielt prachtvolle Tempelanlagen ohne Dächer, damit die Sonnenstrahlen des einzigen Gottes ungehindert Zugang fanden. Der gesamte Hofstaat und die wichtigen Beamten zogen in die neue Residenz um.
Heute diskutieren die Fachleute die Gründe, warum Echnaton einen solchen Bruch mit der religiösen Tradition seiner Vorgänger durchsetzte. War es der Streit mit den mächtigen Priestern des Amuntempels in Karnak? Diese verfügten über riesige Schätze aus den Kriegen gegen die Nachbarn der Ägypter und galten als noch reicher als der Pharao. Sollten diese Priester durch den neuen Kult entmachtet werden? Oder brachte gar Nofretete, eine Prinzessin aus Vorderasien, die Vorstellung des einen Gottes aus ihrem Lande mit? Fest steht, dass Ägypten seit dem 18. Jh. v. Chr. mit vielen Völkern außerhalb des Niltals Kriege führte, aber auch friedliche Handelsbeziehungen hatte. Dadurch kamen neue Denkweisen und andere Götter nach Ägypten.
Echnatons Glaube an einen Gott blieb jedoch für die ägyptische Geschichte ohne Folgen. Sein Nachfolger Tutenchaton änderte seinen Namen in Tutenchamun (s. S. 35/M3) und kehrte zum Glauben an die vielen Götter der Vorfahren zurück. Der Monotheismus fand erst im Glauben des Volkes Israel einen dauerhaften Platz.
Geblieben ist aus der Epoche Echnatons ein besonderer Kunststil von menschlichen Darstellungen mit überlangen Köpfen und geschmeidig wirkenden Körpern. Die Bilder von Amarna wurden großteils zerstört.

M3 Echnaton, Nofretete und ihre beiden Töchter bringen Aton ein Opfer dar.

(Kalksteinrelief aus Amarna, um 1350 v. Chr.)

M4 Aus dem Sonnengesang des Echnaton

Mit diesem Hymnus führte Echnaton den Glauben an einen Gott ein:

Du erscheinst so schön im Lichtorte des Himmels,
du lebendige Sonne, die zuerst zu leben anfing!
Du bist aufgeleuchtet im östlichen Lichtorte
und hast alle Lande mit deiner Schönheit erfüllt.
Wie zahlreich sind doch deine Werke,
sie sind verborgen dem Gesicht der Menschen,
du einziger Gott, außer dem es keinen andern gibt!
Du hast die Erde geschaffen nach deinem Herzen,
du einzig und allein ...
Wenn du wieder aufleuchtest, so lässt (du jeden
Arm) sich rühren für den König,
und (Eile) ist in jedem Beine,
seit du die Welt gegründet hast ...
Du erhebst sie wieder für deinen Sohn, der aus
deinem Leibe hervorgekommen ist, König Echnaton
und die Königin Nofretete.

Zitiert nach: Heinrich Schäfer: Amarna in Religion und Kunst, Leipzig 1931, S. 63ff.

M5 Ägyptische Götter

1 Beschreibe die Skulptur des Echnaton (M2). Vergleiche mit anderen Darstellungen von Pharaonen (s. S. 46f.). Worauf hat der Steinmetz hier besonderen Wert gelegt?

2 Was geschieht in der Opferszene (M3)? Beziehe auch M4 ein.

3 Wie sieht sich König Echnaton im Sonnengesang (M4)?

4 An welcher Stelle des Sonnengesangs wird deutlich, dass Echnaton eine neue Religion einführte? Was hätten die Priester der alten Religion an diesem Gesang besonders kritisiert?

5 In M5 sind wichtige Götter der Ägypter abgebildet: Re, Osiris, Isis und Amun. Welche Aufgaben hatten diese Gottheiten? Lies nach und berichte.

6 Erläutere in je einem Satz die Begriffe „Monotheismus" und „Polytheismus".

Der Glaube an ein Leben nach dem Tod

Die Ägypter verehrten eine Vielzahl von Göttern, deren Abbildungen sich auf Papyrusrollen, in Tempeln oder in Grabkammern finden. Nicht selten sind sie als Mittler besonders für die Pharaonen abgebildet, die sie auf ihrer letzten Reise ins Jenseits begleiten sollten. Hierfür war es wichtig, den Körper möglichst unversehrt zu erhalten und dem Toten Speisen und Hilfsmittel für dessen Fahrt ins Totenreich mitzugeben. In der trockenen Luft des Wüstenklimas dörrten die toten Körper aus und verwesten nicht. Erst als man in späterer Zeit dazu überging, Pharaonen und reiche Beamte in prachtvollen Gräbern zu bestatten, musste ein Mittel gefunden werden, um die Verwesung in den feuchten Begräbnisstätten zu verhindern. Die Ägypter begannen die Leichen zu mumifizieren. Sie perfektionierten diese Technik so weit, dass selbst in heutiger Zeit gefundene Mumien noch hervorragend erhalten sind.

M1 Die Reise ins Jenseits

Die letzte und größte Reise eines Verstorbenen begann mit der Trennung des Geistes (Ka) vom Körper. Die Seele schwebt ratlos um den Leichnam und wird dann von der Göttin Isis unter ihre Flügel genommen. Sie vertraut die Seele dem weisen Anubis an, der den Weg zum göttlichen Gericht weist.
Nun machen sich beide auf zu den Grenzen der Welt, und zwar zu einem der vier Gebirge, die die bewohnte Welt umgeben. Nach der mühseligen Überwindung der Berge fährt die Seele mit dem Boot über den „Strom der Unteren" in die „Galerie der Nacht". Anubis steuert das Boot geschickt durch alle Strudel. Dann gilt es, die Riesenschlange Apofis zu überlisten, die den Eingang in die Unterwelt verbaut. Das Ufer wimmelt nun von Gefahren: Riesige Paviane stürzen sich auf die Reisenden und versuchen sie mit großen Netzen zu fangen. Mit langen spitzen Stacheln bewehrte Schlangen, Feuer speiende Drachen und Reptilien mit fünf Köpfen veranstalten ein ohrenbetäubendes Geheul. Herzzerreißende Klagen von Seelen, die zurückgewiesen wurden und nun als wandernde Schatten umherirren, erfüllen die Luft. Am Ende der Gefahren gelangt die Seele an sieben gewaltige Tore, die in den großen Saal des Osiris führen. An drei Toren muss die Seele die Zauberworte kennen, um weiter zu kommen. Der letzte Wächter nennt der Seele ihren geheimen Namen für die Ewigkeit. Die Seele betritt nun den großen Saal der Gerechtigkeit des Osiris. Hier steht die Seele nun allein vor dem Totengericht und muss beweisen, dass sie „niemals jemandem etwas Böses zugefügt habe". Erst wenn diese Prüfung überstanden ist, beginnt das Leben im ägyptischen Paradies ... Zunächst reinigt sich die Seele durch ein Bad im Lotus-See, wird schön und jugendlich und geht dann den Tätigkeiten an den Ufern des himmlischen Nils nach.

Zitiert nach: Alberto C. Carpiceci: Kunst und Geschichte in Ägypten, Florenz (Bonechi) 2000, S. 92ff. © Theiss, Stuttgart.

M2 In der Werkstatt eines Mumifizierers

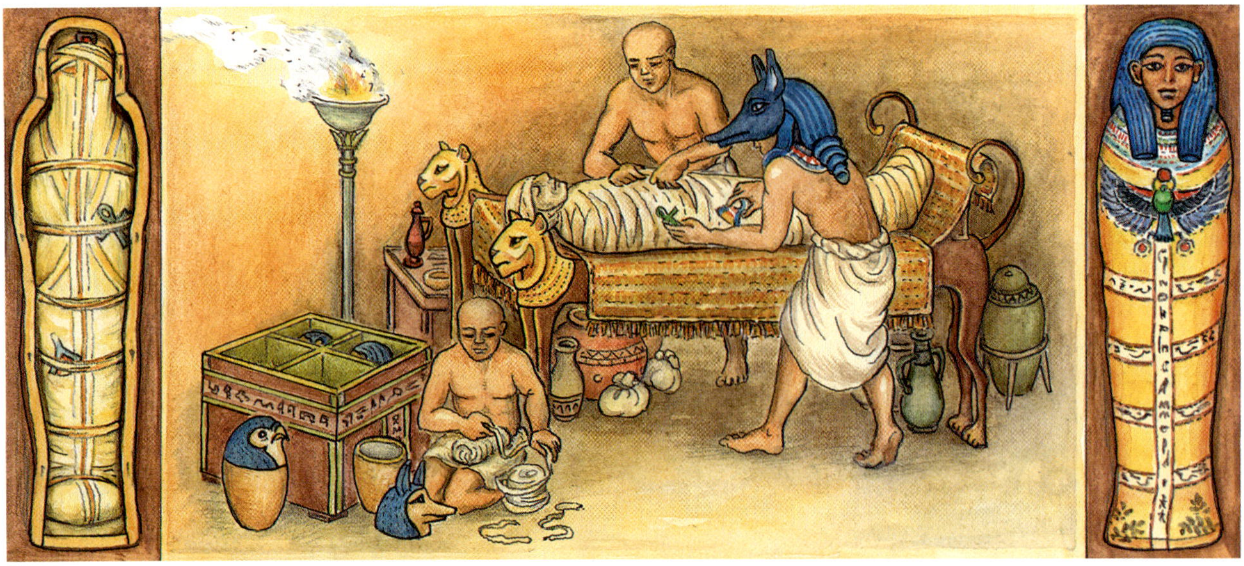

M3 Über die Mumifizierung

Der Grieche Herodot (ca. 484–425 v. Chr.) machte ausgedehnte Reisen in Ägypten und berichtete:

... Zu ihnen (den Einbalsamierern) wird die Leiche gebracht und sie zeigen nun hölzerne, auf verschiedene Art bemalte Leichname vor. Es gibt drei unterschiedlich teure Arten der Mumifizierung. Die vornehmste Art ist folgende: Zunächst wird mittels eines eisernen Hakens das Gehirn durch die Nasenlöcher herausgeleitet. Dann macht man mit einem scharfen Stein einen Schnitt in die Seite und nimmt die ganzen Eingeweide heraus. Sie werden gereinigt und in kleine Krüge (Kanopen) gefüllt. Nun liegt der Leichnam 70 Tage lang in Natronlauge. Dann wird die Leiche gewaschen, mit Binden umwickelt und in einen Sarg gelegt.

Herodot 2, 85. Zitiert nach: Herodot: Historien, neu hrsg. und erläutert von Hans Wilhelm Haussig, übers. von August Horneffer, Stuttgart (Kröner) 1957.

GESCHICHTE AKTIV/KREATIV

Projektidee: „Kanopenkrüge basteln"

Die Kanopen (ca. 25–30 cm hoch) waren meist aus Stein oder Alabaster und wurden mit einem Deckel in Form eines Tierkopfes verschlossen. Sie stellen ägyptische Gottheiten dar. Folgende Arbeiten sind durchzuführen: Tonschnüre werden aufeinander gereiht. Auf den Deckel in Form einer Tonscheibe wird ein Tonring aufgesetzt (damit er nicht verrutscht); oben drauf kommt der von euch nach einer selbst gewählten Vorlage modellierte Tierkopf. Nach dem ersten Brand kann man Glasuren auftragen und ein weiteres Mal brennen.

M4 Das Totengericht des Schreibers Hunefer

(Papyrus, um 1300 v. Chr., British Museum, London)

1 Beschreibe mithilfe von M2 und M3 den Vorgang der Mumifizierung.

2 Entschlüssele M4. Die folgenden Formulierungen helfen dir dabei: krokodilköpfiger Anmit – Hunefer und Horus vor Osiris – Wiegen des Herzens gegen eine Feder – ibisköpfiger Thot – Urteilsverkündung durch den Herrscher des Jenseits – Protokoll wird geschrieben – schakalköpfiger Anubis – Verschlingen des Toten bei Nichtbestehen der Prüfung. Beziehe M1 in deine Erzählung mit ein.

Bauwerke für die Ewigkeit

Eine Treppe zum Himmel. Ein toter Pharao stieg nach der Vorstellung der Ägypter auf einer Himmelsleiter zu den Sternen, wo für ihn ein Platz am Firmament bereitet war. In der Frühzeit der ägyptischen Geschichte beerdigte man alle Toten im Wüstensand. Nur Könige erhielten aufwändige Grabhügel aus Ziegeln, Holz und Schilfmatten. Unter Pharao Djoser und seinem Chefarchitekten Imhotep entstand um 2650 v. Chr. erstmals anstelle eines einfachen Grabes eine riesige Begräbnisanlage aus Stein. Bei Sakkara ließ der König ein 544 m langes und 277 m breites Areal mit einer 10 m hohen Umfassungsmauer aus leuchtend weißem Kalkstein errichten. In der Mitte der Anlage erhob sich majestätisch ein neuartiges Bauwerk: die Stufenpyramide des Djoser. Um die ▸ Pyramide herum waren zahlreiche Nebengebäude angeordnet. Dort befanden sich Grabanlagen für die Verwandten des Königs, Tempel und Wohnhäuser der Priester.

Drei Versuche bis zur „richtigen" Pyramide. Die Idee Djosers scheint großen Eindruck auf seine Nachfolger gemacht zu haben. Der Bau einer angemessenen Grabanlage noch zu Lebzeiten war das wichtigste Projekt eines Herrschers. Das eigentliche Pyramidenzeitalter begann mit Pharao Snofru, der seine Bauleute gleichzeitig an drei riesigen Baustellen arbeiten ließ. In Medum war die Pyramide bis zum Tod seines Vorgängers nur zur Hälfte fertig gestellt worden. Was lag also näher, als an ihr weiter zu bauen? Doch der ehrgeizige Pharao wollte eine noch größere und gewaltigere Pyramide bauen lassen. Dabei verschätzten sich seine Mathematiker und Statiker: Die Treppe zum Himmel war so steil angelegt, dass Teile abbrachen und die gesamte Pyramide einzubrechen drohte. Also flachten die Ingenieure kurzerhand den Winkel ab und das Bauwerk wurde weniger hoch als ursprünglich berechnet. Heute nennen wir dieses Pharaonengrab die „Knickpyramide". In direkter Nachbarschaft erhebt sich die erste „echte" Pyramide; sie misst 104 m und wird die „Rote Pyramide" genannt.

Unter Snofrus Sohn Cheops wuchs dann die höchste der Pyramiden empor. Bis heute ist sie das gewaltigste Bauwerk aus Stein auf der Erde.

M1 Die Cheopspyramide

Wozu bauten die Ägypter solche Bauwerke? Bis heute diskutieren die Experten darüber, ob die Bauern zum Pyramidenbau gezwungen wurden oder freiwillig mitarbeiteten. Die Bereitschaft dazu muss groß gewesen sein, da es sich um ein religiöses Gemeinschaftswerk handelte. So waren die Bauern der Auffassung, dass ihr Leben von der Gunst des Pharaos abhing, der nach seinem Tod als Gott weiter über die Ägypter regierte. Durch diese Dienste konnten sie Segen vom Pharao im Diesseits und vor dem Totengericht erwarten.

M2 Höher, gewaltiger, prunkvoller

Die Baufolge der bedeutendsten Pyramiden

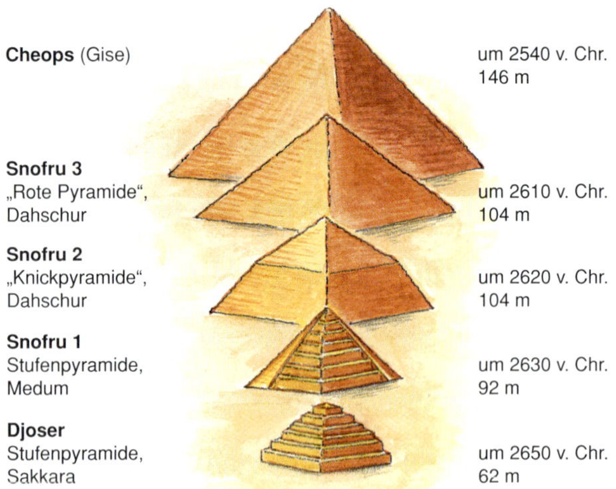

M3 Großbaustelle Pyramidenbau – aus antiker Sicht

Der Grieche Herodot (5. Jh. v. Chr.) schreibt:

Cheops ... hat alle Ägypter gezwungen für ihn zu arbeiten. Die einen mussten aus den Steinbrüchen im arabischen Gebirge Steinblöcke bis an den Nil schleifen. Über den Strom wurden sie auf Schiffe gesetzt und andere mussten die Steine weiterschleifen bis hin zu den so genannten libyschen Bergen. 100 000 Menschen waren es, die jeweils daran arbeiteten ... je drei Monate (während der Nilüberschwemmung). So wurde das Volk bedrückt und es dauerte zehn Jahre, ehe nur die Straße gebaut war, auf der die Steine dahergeschleift wurden, ein Werk, das mir fast ebenso gewaltig erscheint, wie der Bau der Pyramide selbst ... An der Pyramide wurde 20 Jahre gearbeitet.

Herodot, Historien 2. Zitiert nach: August Horneffer: Herodot, Historien, a. a. O.

1 Erkläre mithilfe des Textes und der Grafik M2 die verschiedenen Baustufen bis zur ersten „echten“ Pyramide. Erstellt dazu eine Wandzeitung mit Darstellungen der Stufenpyramide des Djoser, der „Knickpyramide“ und der „Roten Pyramide“. Fügt Bilder von besonders hohen Bauwerken aus unserer heutigen Zeit hinzu.

2 Verwaltungsbeamte gaben den Technikern, Handwerkern und Aufsehern Befehle. Du bist Vorarbeiter und legst für deinen Bautrupp die Aufgaben für die nächsten Wochen fest (M1 und M3). Denke auch an die Verpflegung.

3 Herodot war der Auffassung, dass die Bauern und Arbeiter zum Pyramidenbau gezwungen wurden (M3). Lies dazu auch den darstellenden Teil und überlege, wie die Ägypter darüber gedacht haben könnten. Begründe deine Antwort.

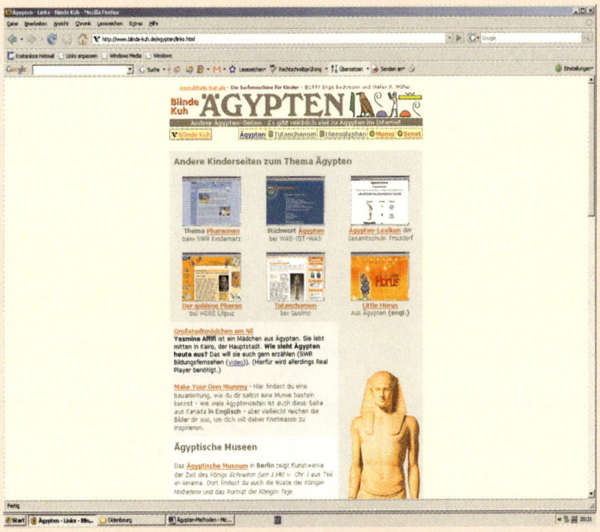

GESCHICHTE: AKTIV/KREATIV
Projektidee: „Eine Internetrallye durchführen“

Hast du Lust, selbstständig am Computer zu arbeiten und so Antworten auf Fragen zu finden? Wie wäre es mit einer Internetrallye? Wenn du keinen entsprechend ausgerüsteten Computer hast, gibt es sicherlich einige in der Schule. Als Adresse gibst du nun ein: www.blinde-kuh.de. Das ist eine Suchmaschine, die für Kinder besonders geeignet ist. Sie sucht das gesamte Internet ab und findet für dich Seiten, wenn du sie mit einem Stichwort „fütterst“. Wenn du in das Suchfeld „Ägypten“ eingibst, stößt du auf spannende Seiten mit zahlreichen Informationen. Je genauer du den Suchbegriff wählst, z. B. „Pyramiden“ oder noch besser „Pyramidenbau“, desto geeigneter sind die angezeigten Seiten, um deine Fragen zu beantworten. Wichtig ist, dass du dich nicht durch die vielen Seiten und interessanten Angebote ablenken lässt. Suche konzentriert nach Antworten, die du dir notierst oder aus dem Internet kopierst. Setze dir eine zeitliche Grenze von höchstens 30 Minuten, um die nachfolgenden Fragen zu beantworten. Viel Spaß!

- Wie hoch ist die größte Pyramide und wie groß ist ihre Grundfläche? Wie viele Fußballplätze passen auf diese Grundfläche? Aus wie vielen Bausteinen bestand sie vermutlich?
- Wie wurden die Pyramiden gebaut?
- Warum bauten die Ägypter solche riesigen Bauwerke?
- Welche Pharaonen hat man in einem Sarkophag in ihrer Pyramide gefunden?
- Was ist der „Fluch des Pharao“?

Die Zeit ist vorbei und du konntest nicht alle Fragen beantworten? Macht nichts, egal ob drei oder fünf Antworten, du darfst dich jetzt belohnen. Auf der „Ägypten“-Seite bei „blinde-kuh“ findest du Spiele, die du allein oder mit einem Partner spielen kannst.

Merkmale einer frühen Hochkultur

ab ca. 3500 v. Chr.	*erste Hochkultur in Mesopotamien*
ab ca. 3000 v. Chr.	*Beginn der Pharaonenzeit* *Vereinigung von Ober- und Unterägypten* *Erfindung der Schrift in Ägypten und Mesopotamien*
um 2600 v. Chr.	*Cheopspyramide vollendet, Aufbau einer leistungsfähigen Verwaltung*
ab 1550 v. Chr.	*Felsengräber im Tal der Könige und Königinnen* *Aufstieg Ägyptens zur Großmacht*
ab 300 v. Chr.	*Griechen herrschen in Ägypten*
ab ca. 30 v. Chr.	*Ägypten unter römischer Herrschaft*

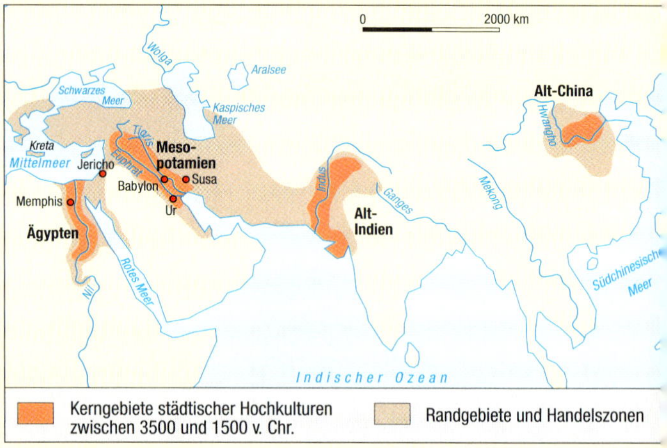

M1 Frühe Hochkulturen weltweit

M2 Die drei Jahreszeiten

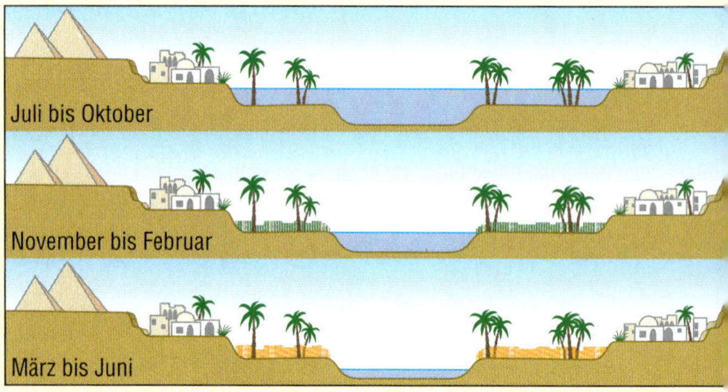

Sicherung wichtiger Kompetenzen

- **Eigene Dateien**
  - **Geschichte**
    - **Ägypten – eine frühe Hochkultur**
      - **Methoden**
        - Bilder deuten
      - **Fachbegriffe**
        - Arbeitsteilung und Kooperation
        - Herrschaft
        - Hierarchie
        - Hochkultur
        - Monotheismus
        - Polytheismus
        - Staat und Gesellschaft

M3 Mindmap zu Merkmalen einer Hochkultur

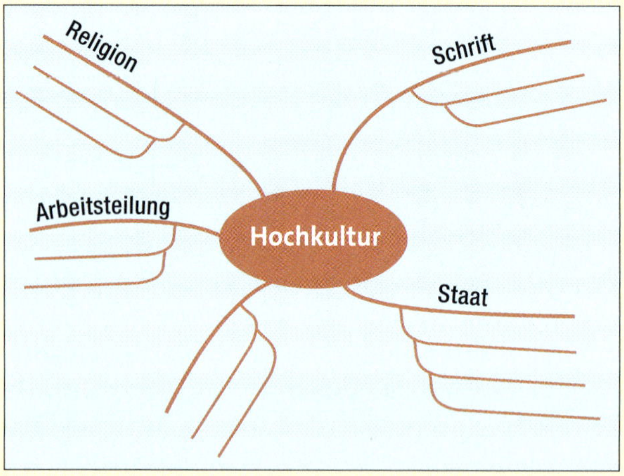

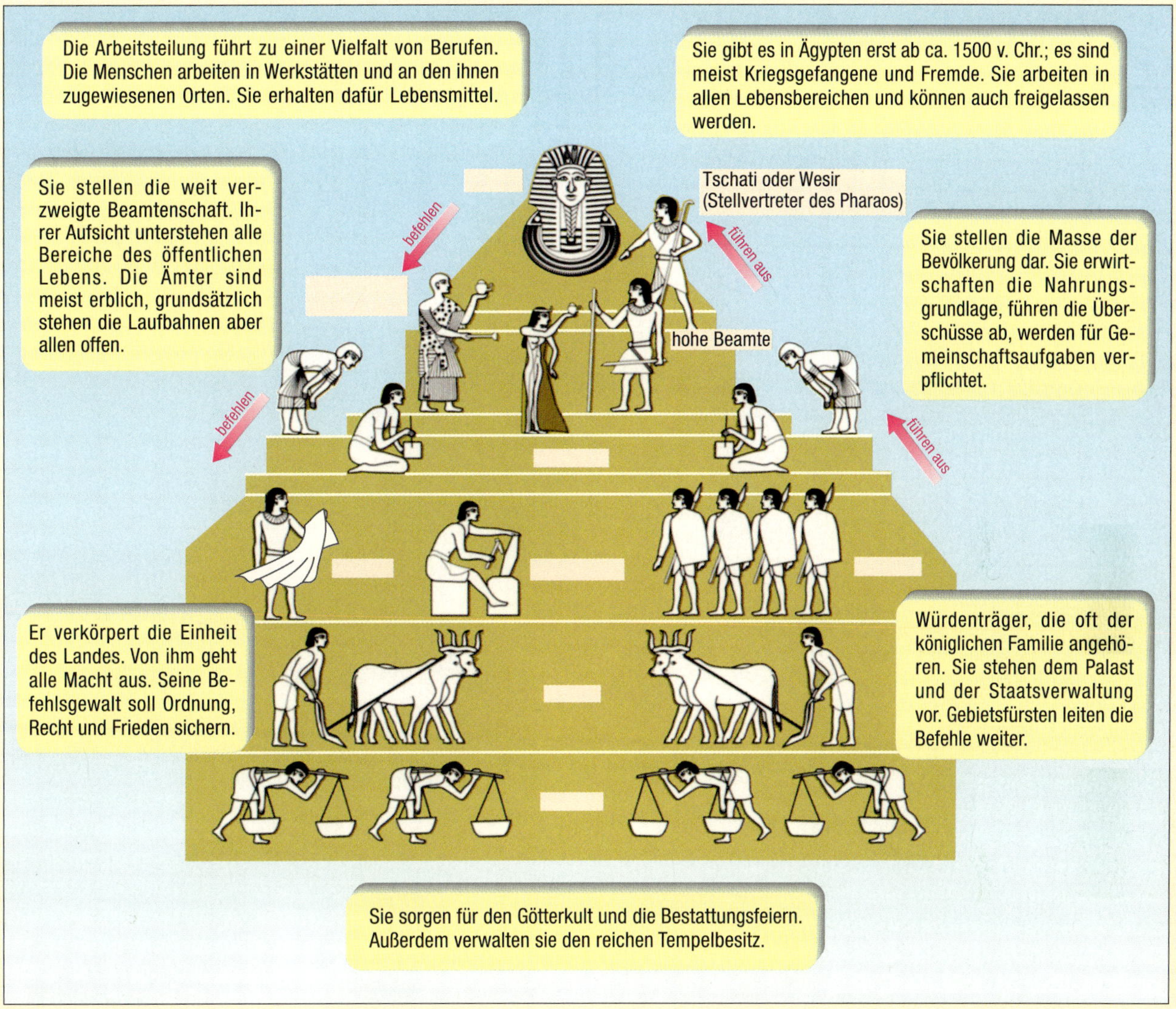

M4 Aufbau der ägyptischen Gesellschaft

1 Wie bestimmte der Nil das Zusammenleben der Menschen in Ägypten? Wiederhole anhand von M2 die jeweils erforderlichen Arbeiten.
2 Vervollständige die Mindmap (M3).
3 Welche Möglichkeiten eröffnete die Erfindung der Schrift?
4 Zeichne die Umrisse der Gesellschaftspyramide in dein Heft ab. Trage die Namen der einzelnen Personen und Gruppen an der richtigen Stelle in die Pyramide ein. Schreibe dazu auch die Kurzinformationen ab oder formuliere eigene Sätze. Füge in deine Grafik auch die Pfeile mit der Beschriftung „befehlen" und „führen aus" ein.
5 Schlage die links genannten wichtigen Begriffe im Buch nach. Wenn du an einem PC arbeiten kannst, gib die Dateien entsprechend dem Muster ein. Alternative ohne PC: Schreibe die Erklärung auf kleine Karten und sortiere diese in einen Karteikasten ein (siehe auch S. 30).
6 Beurteile den Unterschied in der Menschheitsentwicklung zwischen der „Kulturstufe" in der Jungsteinzeit und der „Hochkultur". Benutze die Begriffe „Natur", „Kultur", „Gesellschaft", „Staat" und „Religion" als Vergleichsraster. Bewerte auch dabei, worin deiner Meinung nach der „Fortschritt" besteht.

Antike Lebenswelten: Griechen und Römer

„Und action!" – Begegnung mit Griechen und Römern im Spielfilm

Das Leinwanderlebnis. Woran denken die meisten Menschen, wenn sie die Worte „Griechen" oder „Römer" hören? An Urlaub in Italien oder Griechenland, an Ausgrabungen und kostbare Museumsschätze? Oder an sagenhafte Abenteuer, Kämpfer und Soldaten mit harten Gesichtern und glänzenden Waffen, ehrwürdige Männer in wallenden weißen Gewändern oder johlende Massen, die mit dem Daumen über das Leben eines Gladiators entscheiden?

Filmlexika bezeichnen Klassiker wie „Ben Hur", „Kleopatra", „Quo Vadis", „Gladiator" oder „Troja" und „Alexander der Große" als „historische Ausstattungsfilme" bzw. „Kostüm- und Sandalenfilme". Alle diese Filme – teils mit Preisen ausgezeichnet – spielen unverkennbar in der griechischen oder römischen Antike. Sie orientieren sich an bestimmten historischen Ereignissen oder Personen, verknüpfen diesen Hintergrund aber mit beliebigen Abenteuern. Alle diese Filme bleiben „Spiel"-Filme, die das Publikum ihrer Zeit unterhalten wollen. Dazu gehören spannende Kampfszenen mit gefährlichen „Stunts" und romantische Liebesszenen.

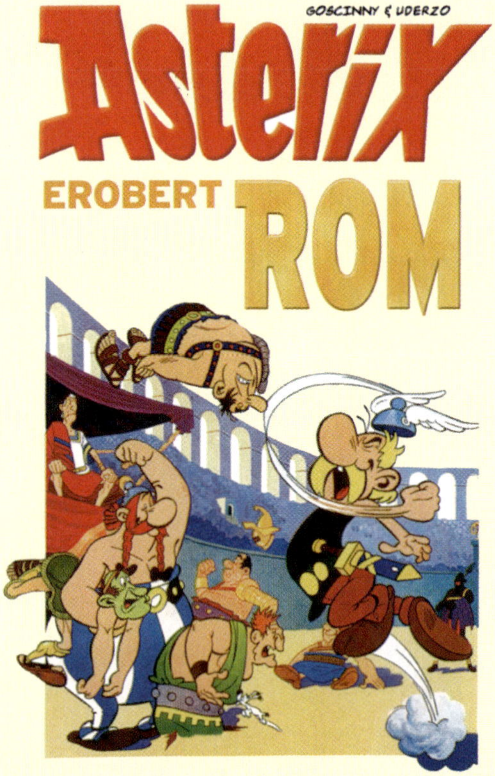

M1 Bei den witzigen Asterix-Zeichentrickfilmen kommen die Römer eher schlecht weg.

„Brot und Spiele". Der Film „Gladiator" (2000) spielt im antiken Rom des Jahres 180 n. Chr. und verknüpft die Rache eines Familienvaters mit der spektakulären Szenerie einer Gladiatorenschule und den grausamen Kämpfen in der Arena. Gezeigt wird damit eine besondere Art des römischen Vergnügens in der Kaiserzeit. Damals wurden Gladiatoren- und Tierkämpfe, Wagenrennen und Theateraufführungen vom Kaiser oder von einflussreichen Politikern veranstaltet, um die Massen durch „Brot und Spiele" bei Laune zu halten. In erster Linie galt es, die Armen zufrieden zu stellen. Neben kostenloser Verteilung von Getreide wurden deshalb teure Spiele finanziert.

Für die besonders beliebten Gladiatorenkämpfe wurde mit dem Colosseum ein eigener Bau errichtet. Kriegsgefangene, Sklaven oder ausgebildete Berufskämpfer traten mit unterschiedlichen Waffen (z. B. Schwert, Netz, Dreizack) gegeneinander an. Der Verlierer wurde getötet, wenn nicht das Publikum ihn begnadigte. Für die Darstellung von Seeschlachten ließ man in der gefluteten Arena Kriegsgefangene oder Sklaven auf Schiffen gegeneinander kämpfen. Zu Tierhetzen brachte man exotische Raubtiere wie Bären, Löwen oder Panther nach Rom. Dort wurden sie aufeinander gehetzt oder mussten gegen Gladiatoren kämpfen.

M2 Gladiatoren beim Kampf
(römisches Mosaik, 3. Jh. n. Chr.)

Die griechische Sagenwelt. Drehbuchautoren lieben die griechischen Götter- und Heldensagen als Stoff für ihre Filme. Denn die Geschichten um Liebe, Kameradschaft, Heldentum, Ruhm, Ehre, Verrat und Habgier sind seit Jahrtausenden immer wieder anders erzählt worden. Der Film „Troja“ (2004) vereinfacht und modernisiert die „Ilias“, eine Dichtung des Griechen Homer (8. Jh. v. Chr.). In seiner Vorlage wird die schöne Königin Helena, Ehefrau des Menelaos, nach Troja (Kleinasien) entführt. Der wütende König trommelt die Helden ganz Griechenlands zusammen und segelt nach Troja. Zehn Jahre lang dauert die Belagerung der uneinnehmbaren Stadt, ehe sie die Griechen durch eine List des Odysseus zu Fall bringen. Im Film brennt Helena mit ihrem Liebhaber durch. Die Griechen belagern die gegnerische Stadt nur wenige Tage. Troja wird trotz seiner dicken Mauern – wie in der Sage – durch eine List eingenommen. Im Gegensatz zur „Ilias“ spielen die griechischen Götter im Spielfilm keine Rolle, bei Homer schmieden sie Intrigen, greifen in den Krieg ein und entscheiden dadurch den Verlauf der Geschichte.

Was lernst du in diesem Kapitel? Am Ende dieser Einheit wirst du Antworten zu den folgenden Fragen geben können:

- Wie lebten Griechen und Römer in der Antike?
- Welche Glaubensvorstellungen hatten sie?
- Wodurch gab es Gemeinsamkeiten in der antiken Mittelmeerwelt?
- Wer war frei und wer Sklave? Wer arm, wer reich?
- Wer sorgte für die Armen?
- Worin bestand der kulturelle Fortschritt? Was wurde neu erfunden oder entdeckt?
- Was lernten die Römer von den Griechen?
- Warum lebten die Griechen in Stadtstaaten?
- Wie wurde die Stadt Rom zur „Herrin der Welt“?
- Warum blieb das Weltreich (▸ Imperium) der Römer so lange bestehen?
- Welche Herrschaftsformen hatten sie? Inwieweit änderten sich diese in späterer Zeit?
- Wie sahen die mächtigen Städte Rom und Athen in der Antike aus?
- Wieso konnte das Christentum von einer verfolgten Religion zu einer Staatsreligion aufsteigen?
- Was verdanken wir heute noch der griechisch-römischen Antike?

M3 Das Trojanische Pferd
(Darstellung auf einer Amphore, ca. 670 v. Chr.)

Vasenbilder veranschaulichten Ereignisse der Antike wie heute Film und Fernsehen (s. S. 76f.).

1 Schaut euch die Bilder auf den Seiten 56 und 57 genau an. Beschreibt sie und ordnet sie den beiden Filmen „Gladiator“ und „Troja“ zu. Begründet mithilfe des Autorentextes eure Zuordnung.
2 Vergleiche das Bild auf S. 57 mit M3. Welche Unterschiede fallen dir auf?
3 Sammelt aus einem Filmlexikon oder aus dem Internet Informationen zu den anderen auf Seite 58 genannten Filmen und tragt eure Ergebnisse in der Klasse vor. Wer einen der Filme gesehen hat, kann darüber berichten und den Film vorstellen.
4 Du bist ein junger Römer und schreibst deinem Freund einen Brief über einen Besuch bei Gladiatorenkämpfen (M2 und Seite 57f.). Vergiss nicht den mutigen Kämpfern originelle Namen zu geben. Schildere auch die Stimmung im Publikum.
5 Schreibe ein Streitgespräch zwischen einer jungen Römerin, die für einen Gladiator schwärmt und gerne zu den Kämpfen geht, und einer Römerin, die diese Spiele verachtet.
6 Welche heutigen Freizeitvergnügen erinnern dich an die Spiele im alten Rom?

Die Antike lebendig machen

Auf leisen Sohlen – die experimentelle Archäologie. 1985 marschierten sieben Männer in Legionärsausrüstung über die Alpen. Das Ziel: Sie wollten testen, ob das Bild, das wir uns vom römischen Soldaten machen, auch wirklich stimmt. Schilderungen antiker römischer Schriftsteller, Abbildungen und archäologischen Funden entsprechend, hatte der Militärhistoriker Marcus Junkelmann mit seinem Team die Ausrüstung nachgebildet. Nach dem anstrengenden Marsch der Minilegion ins „alte" Germanien konnte man genauere Aussagen über den Alltag römischer Soldaten machen.

Ein ähnliches Unternehmen folgte 1990/91 zur römischen Reiterei. Auf einem Ritt entlang der ehemaligen römischen Grenze mussten sich die Forscher wochenlang um die Versorgung der Pferde sowie den einwandfreien Zustand der Ausrüstung kümmern und führten Gefechte auf Pferden ohne Steigbügel. So erfuhren sie noch mehr über das Leben der römischen Soldaten. Zugleich konnte dies auch ein breites Publikum erleben, denn der Dokumentarfilm zur Unternehmung lief mehrfach im Fernsehen.

M1 Römischer Reiter in Paradeausrüstung
(rekonstruiert mit Originalfundstücken von Marcus Junkelmann, 1990. U. a. zu sehen in dem Dokumentarfilm: Die Reiter des Imperiums I: Alle Wege führen nach Rom ... Deutschland 1991, Regie: Lothar Spree)

Barfuß – die Helden von Olympia. 2004, im Jahr der Olympischen Spiele in Athen, suchte der Fernsehsender ARTE junge Sportler aus ganz Europa für ein Projekt: Sie sollten die Olympischen Spiele der Antike mit ihrem gesamten Umfeld, sei es das Trainingslager oder die ursprüngliche Lebensweise der Athleten, nachstellen. Zwei Wochen lang lebten und trainierten sie wie die Athleten im 4. Jh. v. Chr. und trugen im Stadion von Olympia Wettkämpfe aus. Die Herausforderung bestand darin, die antiken Techniken in kurzer Zeit zu beherrschen. Der Diskus war aus Bronze, die Dauer des Ringkampfes zeitlich unbegrenzt, der Speer hatte eine Schleuder und der Weitsprung musste mit zwei Gewichten in der Hand aus dem Stand ausgeführt werden. Die Läufe fanden barfuß statt, und in den Kurven war ein Pflock aufgestellt, um den die Sportler herumlaufen mussten. Den Waffenlauf schließlich legten die Athleten mit einem sieben Kilo schweren Schild und einem Bronzehelm unter sengender Sonne zurück. Was als „Soap" in zehn Folgen im Fernsehen lief, stellte zugleich auch ein archäologisches Experiment dar. Unter der Leitung des Archäologen und Sportwissenschaftlers Marcel Schoch wurde eine Vielzahl von geschichtlichen Überlieferungen unter realen Bedingungen auf ihren Wahrheitsgehalt überprüft.

M2 Rekonstruierte Palästra *(Olympia, 2004)*
Die am Projekt beteiligten Archäologen bauten in Zusammenarbeit mit dem Dekorateur der Fernsehserie eine Turnhalle nach dem Vorbild der Antike. Außerdem entwarfen sie Alltagsgegenstände, Möbel und Kostüme, um die Inszenierung wirklichkeitsnah zu gestalten.

M3 Originale? *Die linke Abbildung zeigt einen nach Originalfunden rekonstruierten Römerhelm (nach Marcus Junkelmann, 1985). Rechts ein Szenenfoto aus „Ben Hur" mit einem jener Helme, wie ihn sich die Filmindustrie in Hollywood vorstellte.*

Methode: Einen Dokumentarfilm auswerten und diesen vom Spielfilm unterscheiden

Gefilmte Wirklichkeit? Anders als Spielfilme zeigen Dokumentarfilme Ereignisse, wie sie sich nach dem letzten Stand der Forschung vermutlich zugetragen haben. Sie sind weniger zur Unterhaltung gemacht und sollen in erster Linie informieren. Daher kann man von Dokumentarfilmen ein historisch exaktes Bild erwarten. Die Regisseure versuchen Forschungsergebnisse in Bilder umzusetzen, um einem möglichst breiten Publikum Wissenswertes über die Vergangenheit zu vermitteln. Allerdings werden, wie bei anderen Filmen auch, Bilder und Szenen mit Absicht ausgewählt und verknüpft. Der Kameramann bestimmt den Ausschnitt, den der Zuschauer zu sehen bekommt. Musik und Kommentare überlagern die Bilder und verändern eventuell Originalgeräusche. Szenen werden sogar nachgestellt, nicht immer ist dies dem Publikum deutlich. Bei manchen Sendeformen im Fernsehen, zum Beispiel bei der Doku-Soap „Die Helden von Olympia", vermischen sich Unterhaltung und historische Informationen. Wie kann man nun einen Dokumentarfilm von einem Spielfilm unterscheiden?

1. Schritt: Das Thema erfassen

Schau dir den Film sehr genau und aufmerksam an. Notiere den Titel und halte fest, wann und von wem der Film produziert wurde.

2. Schritt: Den Inhalt zusammenfassen

Schreibe Stichpunkte in dein Heft. Du kannst auch für Szenen oder Abschnitte des Films einen Satz oder eine Überschrift finden. Schaue dir den Film ein zweites Mal an (Aufzeichnung).

3. Schritt: Schwerpunkte feststellen

Unterstreiche in deinen Notizen, was wichtig ist. Überlege, wie Wichtiges dem Zuschauer verdeutlicht wird. Entscheide nun, ob eine Spielhandlung oder der historische Hintergrund für den Film wesentlich ist.

1 Die Gruppe um den Forscher Junkelmann marschierte 1985 von Verona über Bozen und Innsbruck nach Augsburg. Suche die Route im Atlas. Welche Schwierigkeiten hatten die Marschierenden zu meistern? Denke dabei auch an die 1985 existierenden „modernen" Hindernisse.

2 Beschreibe mit deinem Banknachbarn zunächst die beiden Helme und stellt die wichtigsten Unterschiede fest. Überlegt euch dann, warum die Spielfilmindustrie in Hollywood keinen Originalhelm benutzte, sondern selbst einen anfertigen ließ (M3).

3 Worin siehst du Gefahren, wenn in einer Doku-Soap historischer Hintergrund und Unterhaltung vermischt werden? Inwieweit lässt sich der Spielfilm davon noch unterscheiden?

4 Wähle einen Dokumentarfilm zur Geschichte der Antike im Fernsehprogramm aus. Untersuche den Film nach den vorgegebenen Methodenschritten.

Athen und Rom – Gründungen göttlichen Ursprungs?

M1 Geschichte erzählt

Stolz auf Athene

Euphiletos, ein junger Mann aus Athen, berichtet:

Es gab zwischen Athene, der Schutzherrin meiner Stadt und Poseidon, dem Meeresgott, einen Streit, wer über Athen herrschen sollte. Sie stritten, bis sich Kekrops, der sagenhafte erste König von Athen, einmischte. Er forderte von beiden ein Geschenk für die Menschen. Poseidon, der Bruder des Zeus, schleuderte seinen Dreizack mit aller Kraft in den Hügel, der Athen überragte, sodass dort eine sprudelnde Quelle mit salzigem Wasser entsprang. Die Götter auf dem Olymp klatschten Beifall. Poseidons Geschenk war nicht schlecht angekommen und er lächelte siegessicher. Dann schritt Athene auf den Hügel, grub ein kleines Loch und pflanzte eine Olive ein, worauf ein Ölbaum entstand. Tosender Applaus und Jubelschreie auf dem Olymp. Kekrops überlegte kurz und entschied für Athene, weil das Geschenk für die Menschen mehr Nutzen brachte als eine Quelle mit salzigem Wasser. So kam es, dass Athene unsere Schutzherrin wurde. Ohne sie hätte Athen wahrscheinlich nie eine so bedeutende Rolle in der griechischen Geschichte gespielt.

Verfassertext

M2 Geschichte erzählt

Roms Ursprung

Faustulus, dem Oberhirten des Königs Amulius, stockte der Atem: Er war auf der Suche nach einem passenden Weideplatz am Fluss Tiber entlanggelaufen und stand plötzlich vor einer Wölfin. Staunend sah er, dass zwischen den Läufen des Tieres zwei kleine Knaben spielten, die offensichtlich von der Wölfin gesäugt wurden. Als diese Faustulus kommen sah, zog sie sich langsam zurück und der Hirte konnte unbeschadet die beiden Jungen, denen er den Namen Romulus und Remus gab, mitnehmen. Doch welche Vorgeschichte verbarg sich hinter dem geheimnisvollen Fund?

Ein Binsenkörbchen am Flussufer rief bei Faustulus eine Geschichte aus dem Königshaus in Erinnerung: Noch vor einigen Jahren hatte König Numitor geherrscht, ein Nachfahre des Helden Aeneas, der der Sohn der Venus war und aus dem brennenden Troja entkommen konnte. Doch Numitor war von seinem jüngeren Bruder Amulius gestürzt, sein Sohn ermordet und seine Tochter Rhea Silvia zu einer Priesterin gemacht worden. Als sie dennoch Zwillinge gebar und Gott Mars als deren Vater angab, ließ der König die Kinder in einem Körbchen im Tiber aussetzen. Doch Mars schickte ihnen eine Wölfin zu ihrer Rettung und nun waren sie in der Obhut des Hirten Faustulus.

Als die Jungen herangewachsen waren, erzählte der Hirte ihnen ihre Geschichte. Voll Zorn töteten sie den König und setzten ihren Großvater wieder auf den Thron. Dann beschlossen sie, an der Stelle, wo sie angeschwemmt worden waren, eine neue Stadt zu gründen. Als sie die Vögel beobachteten, um herauszufinden, wer von beiden in der Stadt herrschen sollte, zählte Romulus mehr Adler als sein Bruder. Stolz zog er mit dem Pflug eine Furche um sein Stadtgebiet. Doch Remus war enttäuscht und spottete über die kläglichen Anfänge dieser Siedlung. Da wurde Romulus zornig und in seiner Wut erschlug er den Bruder. Die Stadt erhielt den Namen seines Gründers: „Roma".

Verfassertext

M3 Aeneas trägt seinen Vater Anchises aus der brennenden Heimatstadt Troja.
Er flieht nach Westen und gilt der Sage nach als Stammvater der Römer. (Tonfigur aus der etruskischen Stadt Veji, um 500 v. Chr.)

M4 Die Kapitolinische Wölfin
(Bronze-Plastik, geschaffen um 500 v. Chr., 75 cm hoch; die Zwillinge wurden im 16. Jh. n. Chr. hinzugefügt). Die Statue war jahrhundertelang auf dem Kapitol (Tempelberg Roms) aufgestellt und erinnert an die Sage von der Gründung der Stadt Rom. Die Wölfin, das heilige Tier des Kriegsgottes Mars, wurde zum Wahrzeichen der Stadt Rom.

Athens Anfänge aus wissenschaftlicher Sicht. Die Geschichte der Stadt Athen ist die längste aller europäischen Städte. Sie reicht bis in die Jungsteinzeit, also etwa 7500 Jahre zurück. Seit etwa 5000 Jahren ist die Stadt immer besiedelt gewesen. Genauere Einzelheiten sind aber erst ab etwa 1300 v. Chr. archäologisch und historisch zu belegen. Damals wurde ein Königspalast errichtet. Der älteste Teil der Stadt beschränkte sich auf die obere Fläche eines steilen, von Westen her zugänglichen Felshügels, der später als Burg (Akropolis) den militärischen und religiösen Mittelpunkt Athens bildete. Die Fläche wurde bereits in früher Zeit eingeebnet und mit einer starken Mauer bewehrt, die mit neun hintereinander angeordneten Toren gesichert wurde.

Roms Gründung aus archäologischer Sicht. Der Sage nach wurde Rom im Jahre 753 v. Chr. gegründet. Dieses Jahr bildete den Anfang der römischen Zeitrechnung. Daher finden wir bei Jahresangaben oft den Zusatz „ab urbe condita“ (seit Gründung der Stadt). Archäologen und Historiker orientieren sich jedoch an Funden, die in und um Rom gemacht wurden, um seiner Gründung auf die Spur zu kommen. Bereits um das Jahr 1000 v. Chr. haben sich die Latiner und Sabiner im Gebiet des heutigen Rom angesiedelt, da es ihnen günstige Lebensbedingungen bot. Sie bauten einfache Lehmhütten und lebten als Bauern und Hirten. Um 700 v. Chr. ließen sich nördlich von Rom die Etrusker nieder. Ihre Herkunft ist nicht geklärt. Ihre Sprache war mit keiner der anderen in Italien siedelnden Völker verwandt. Die Etrusker bauten Häuser aus Stein mit Ziegeldächern. Sie kannten eine verbesserte Technik der Metallverarbeitung, waren Meister in der Wassertechnik und standen als Händler mit anderen Kulturen, z. B. der griechischen, in Verbindung. Um 600 v. Chr. siedelten sie auch am Tiber neben den Sabinern und Latinern.

Die Bewohner Roms setzten sich also schon in dieser frühen Zeit aus vielen Volksstämmen Italiens zusammen, wie verschiedene Ausgrabungen gezeigt haben. Der Name Roms wurde von einem dieser Volksstämme geprägt, den Etruskern, die auch die ersten Könige stellten und die den Römern in den Bereichen Technik, Kunst sowie Religion als Vorbild dienten.

M5 Lage und Besiedlung Roms in der Frühzeit

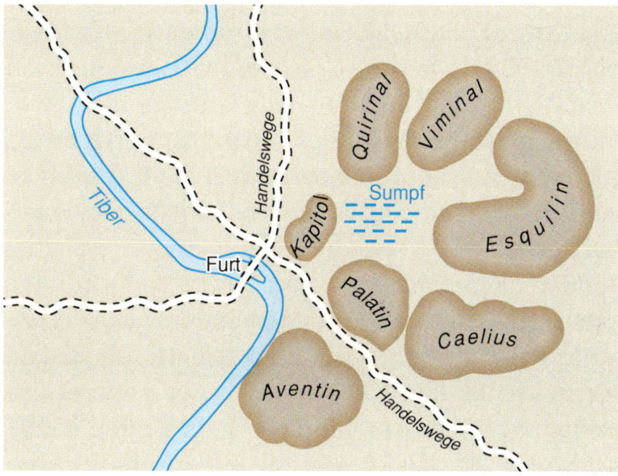

M6 Livius über die Gründungssage Roms

Livius (50 v. Chr. – 17 n. Chr.) war Roms bedeutendster Geschichtsschreiber. Er verfasste über 140 Bücher:

In der Vorzeit wurde oft Menschliches mit Göttlichem vermischt, um den Ursprung einer Stadt mit überirdischer Hoheit zu umgeben. Wenn ein Volk seine Anfänge derart weihen darf, dann gewiss Rom. Sein Kriegsruhm ist so überwältigend, dass die Völker der Erde problemlos Mars als Urahn und Gründer Roms anerkennen.

Livius: Ab urbe condita. Vom Verfasser übersetzt.

1 Zeichne mithilfe von M2 einen auf die Sage bezogenen Stammbaum der Römer.

2 Die Römer nannten sich „Nachfahren des Mars“ und „Söhne der Wölfin“. Was wollten sie damit ausdrücken (M4)? Wie kommentiert Livius den Gründungsmythos (M6)? Stelle den römischen Gründungsmythen die der Athener und der Ägypter (s. S. 34) gegenüber.

3 Vergleiche die Sagen mit den Erkenntnissen heutiger Wissenschaftler (M1–M5 und Autorentext). Welche Bereiche der Sage entsprechen der Wirklichkeit?

4 Zeige anhand von M2 und M3, dass die Römer wie die Griechen ihre Geschichte auf Götter und den Trojanischen Krieg zurückführten. Beziehe dazu Seite 59 mit ein.

5 Welche Götter kommen in den Erzählungen M1 und M2 vor? Aus welcher Sicht wird jeweils erzählt? Woran merkst du das?

Götter und Helden

Götter – menschlich oder übermenschlich? In der Frühzeit leitete der griechische ▸ Adel seine Herkunft von Göttern und Helden ab und stärkte so sein Ansehen. Die Göttinnen und Götter wohnten weit weg auf dem Olymp, dem höchsten Berg Griechenlands, und unterschieden sich von den Menschen durch ewige Jugend und Schönheit sowie durch die Unsterblichkeit. Sie besaßen ungewöhnliche Fähigkeiten, konnten durch die Luft fliegen oder die Gestalt von Tieren annehmen. Sie wachten über Recht und Ordnung ebenso wie über die Natur und griffen auch in die Geschicke der Menschen ein. Zeus regierte Götter und Menschen als allgewaltiges Oberhaupt. Andererseits stellten sich die Griechen ihre Götterfamilie häufig auch sehr menschlich vor mit Fehlern und Schwächen. Dies änderte aber nichts daran, dass die Griechen ihren Göttern mit Ehrfurcht und Respekt begegneten, sie um Rat fragten und zu ihren Ehren große religiöse Feste feierten (s. S. 74f.). Die Gemeinden hatten ihre Tempel und heiligen Haine (kleine heilige Wälder), die Privathaushalte oft einen Hausaltar, wo geopfert und um Schutz und Hilfe gebeten wurde.

Die römische Götterwelt. Die Römer lernten durch ihre Eroberungen viele verschiedene Kulturen kennen und verwendeten für sich, was nützlich erschien. Dieser Wesenszug ließ Rom für lange Zeit zu einer unbesiegbaren Weltmacht werden. Sie übernahmen u. a. zahlreiche fremde Götter in ihre Glaubenswelt nicht nur von den Griechen, sondern auch von den Etruskern. Viele der bekannten und wichtigen römischen Götter und Helden entstammen den Vorstellungen der Griechen. So verehrten die Römer die gleichen Götter auf dem für sie noch ferneren Berg Olymp. Hatten sie denn keine „eigenen" Götter? Als naturverbundenes Bauernvolk (s. S. 66) glaubten sie, dass allen Dingen und Lebewesen eine göttliche Macht innewohnt. Im Laufe der Zeit entstanden die ersten Götter für bestimmte – noch bäuerlich geprägte – Gegenstände, Gebiete oder Pflanzen. So wurde Flora zur Göttin der Blumen, Faunus zum Hüter der Herden, Silvanus der Gott des Waldes, Janus der Gott der Tordurchgänge und Vesta die Göttin des Feuers. Diese Götter waren anfangs gestaltlose Geisterwesen. Im Laufe der Zeit erhielten sie zusehends menschliche Formen.

Der ägyptische Isiskult. Durch den Handel gelangten ägyptische Religionsvorstellungen nach Griechenland. Im Jahre 333 v. Chr. wurde der erste Isistempel in Piräus, dem Hafen von Athen, gegründet. Unter der Herrschaft der Ptolemäer (s. S. 150ff.) in Ägypten sollten die beiden Bevölkerungsgruppen, Griechen und Ägypter, vereint werden. Angebetet wurde nun Serapis, ein griechisch-ägyptischer Gott als Nachfolger des Osiris, sowie seine Gattin Isis. Händler wiederum verbreiteten diese Religion auch in Italien. Deshalb waren die ersten Stützpunkte des Isiskultes in Hafenstädten beheimatet. Ab 100 v. Chr. gewann der Kult in Rom an Einfluss. Damals wurde ein Isistempel auf dem Kapitol errichtet. Darstellungen von Isis und ägyptische Symbole schmückten Münzen und Kunstwerke. Die Verehrung von Isis verbreitete sich in der Bevölkerung rasch. In der Folgezeit war der orientalische Kult in Rom aber sehr umstritten, eine Zeitlang sogar verboten.

Halbgötter und Helden am Himmel. Die Griechen und Römer der Antike schauten zum abendlichen Sternenhimmel auf, wie es Menschen auch heute noch tun. Am fernen Himmel war Platz für Träume und Geschichten, Halbgötter und Sagengestalten. Manches Abenteuer des Zeus endete damit, dass seine Geliebte – sei es aus Strafe oder zur Rettung vor dessen eifersüchtiger Ehefrau Hera – als ewiges Sternenbild an den Himmel versetzt wurde. Auch die Zeussöhne Herakles (lat. Herkules) und Perseus finden sich hier. Sie sind Heldengestalten mit übermenschlichen Kräften, die unzählige Abenteuer überstanden.

M1 Götter und Helden am Sternenhimmel

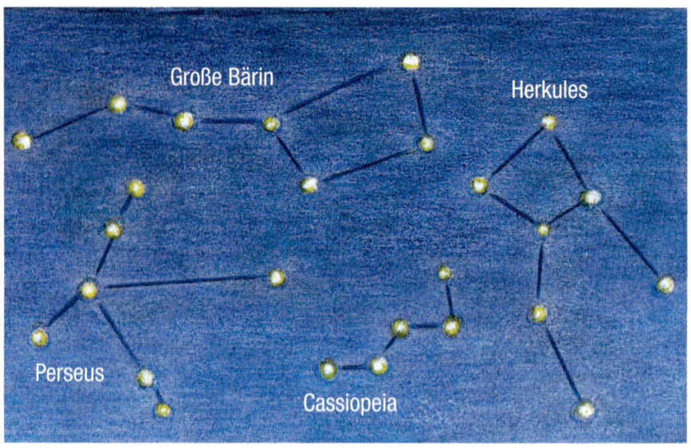

(Abbildung nicht maßstabsgetreu)

M2 Götter auf Vasenbildern *(von links: Zeus, Poseidon, Ares und Aphrodite)*

M3 Geschichte erzählt

Göttergeburt

Euphiletos, ein junger Mann aus Athen, berichtet:

Ich möchte euch heute etwas über meine Lieblingsgöttin Athene erzählen. Sie ist die Göttin, die ich am meisten verehre, weil sie die Schutzherrin meiner Heimatstadt ist. Die Geschichte, die ich euch erzähle, ist die tollste, die ich je gehört habe, und wir Athener hören und erzählen – bei Zeus! – viele Geschichten. Aber sie muss stimmen, denn mein Großvater hat es mir berichtet.

Zeus' erste Frau, noch bevor er Hera heiratete, war die superkluge Metis, sie wusste wirklich alles. Das Orakel von Delphi hatte Metis vorhergesagt, dass sie nur besonders schlaue Kinder kriegen würde. Weiterhin orakelte es, dass sie als erstes Kind eine Tochter bekomme, die genauso begabt wäre wie ihr Vater, und danach einen Sohn, der Zeus' Platz als König der Götter und Menschen einnehme. Als nun Metis schwanger wurde, bekam Zeus eine solche Angst, dass er sie verschlang, um die Geburt zu verhindern.

Nach einiger Zeit, während sich bei Metis in Zeus' Magen die ersten Wehen ankündigten, bekam der Vater rasende Kopfschmerzen. Diese wurden immer stärker und Zeus klagte ununterbrochen darüber. Hephaistos, Schutzgott des Herdfeuers und der Schmiede, hörte Zeus' Klagerufe und kam mit einer großen Axt, um ihm zu helfen. Hephaistos ließ die Axt mit voller Wucht auf Zeus' Schädel niedersausen und wenig später sprang Athene mit einem gewaltigen kriegerischen Geschrei aus dem Kopf ihres Vaters. Sie war schon eine erwachsene Frau, trug eine goldene Rüstung, in der einen Hand einen Speer und in der anderen einen Schild. Ganz schön ungewöhnlich diese Geburt, aber typisch Athene.

Verfassertext

1 Beschreibe das Verhältnis der Menschen zu den Göttern.

2 Lies in einem Lexikon über die abgebildeten Götter nach oder recherchiere im Internet (M2). Welche Aufgaben schreibt man ihnen zu? Deute die Gegenstände in ihren Händen. Informiere dich über die Verwandtschaftsverhältnisse, zeichne einen Stammbaum. Suche die römischen Bezeichnungen für die Gottheiten.

3 Nenne Unterschiede in der Darstellungsweise der Götter bei den Griechen und Ägyptern (s. S. 46ff.).

4 Informiere dich – wie in Aufgabe 2 – über eine der in der Sternenkarte (M1) genannten Sagengestalten.

5 Welche abgebildeten Götter kommen in der Erzählung M3 vor? Lies zwei weitere griechische Göttersagen und erzähle sie wie Euphiletos vor der Klasse.

Das Vorbild der Vorfahren

M1 Vornehmer Römer mit den Büsten seiner Vorfahren
(20 n. Chr., Marmor, Höhe 165 cm)

„Mos maiorum“. Als Aeneas aus dem brennenden Troja flüchtete, trug er seinen alten Vater Anchises auf dem Rücken (s. S. 62f.). In ihm hatten die Römer ein griechisch geprägtes Urbild vor Augen, wie sie sich gegenüber ihren Vorfahren verhalten sollten. Das Gebot, die Ahnen zu achten und zu ehren, findet man bei vielen Völkern; bei den Römern aber hatte es ein besonderes Gewicht: Es galt nicht nur im privaten Bereich, sondern durchdrang die gesamte Lebensweise und sogar die Politik. Viele Persönlichkeiten waren überzeugt, die Tüchtigkeit früherer Generationen habe die Stadt groß gemacht. Wenn sie sich in allem nach den „Sitten der Vorfahren“ („mos maiorum“) richteten, würden Ansehen und Macht Roms immer weiter zunehmen. Im 3. Jh. v. Chr. hat der Historiker Ennius diese Überzeugung in dem Satz ausgedrückt: „Auf Sitten und Männern von alter Art beruht der römische Staat.“

Das Landleben als Ideal. In der Frühzeit (7. Jh. und 6. Jh. v. Chr.) waren die meisten Römer Bauern, auch die Adligen. Sie mussten hart arbeiten und sparsam wirtschaften; für Luxus und Unterhaltung blieb weder Zeit noch Geld. Später wurden das ländliche Leben und bäuerliche Eigenschaften wie Einfachheit und Sparsamkeit zum Ideal. Der vornehme Römer sollte von der Landwirtschaft leben; Handel und Geldgeschäfte galten als weniger ehrenhaft. Reich zu werden war angenehm und bot die Möglichkeit, sich der Politik zu widmen, aber allzu großer Reichtum vertrug sich nicht mit einem bäuerlichen Lebensstil. Die Ansichten über ein einfaches und hartes Leben bezogen die Römer auch auf den Krieg. Ihre Bauernsoldaten hielten die Strapazen der Märsche, des Lagerbaus und der Kämpfe aus; sie eroberten ganz Italien und schlugen viele siegreiche Schlachten. Daher waren die Römer überzeugt, dass ihre Siege und ihr Aufstieg zur Weltmacht auch auf der Anspruchslosigkeit und Belastbarkeit ihrer Soldaten beruhten.

Widersprüche. Das Ideal eines Lebens nach dem Vorbild der Vorfahren stimmte im Laufe der Jahrhunderte nicht mehr mit der Wirklichkeit überein. In Italien gaben immer mehr Bauern ihre Höfe auf und zogen nach Rom (s. S. 112). So wurde Rom zu einer Millionenstadt, deren Menschenmassen vom Landleben bald keine Vorstellung mehr hatten. Gewissenlose Verwalter pressten die eroberten Gebiete erbarmungslos aus und wurden steinreich; die Reichen lebten in unvorstellbarem Luxus. Ehrgeizige Feldherren und Politiker dachten nur noch an den eigenen Ruhm. Die alten Götter, die stets um Rat und Hilfe gefragt wurden, sei es, wenn es um Kriege ging oder um Entscheidungen im privaten Bereich, waren nicht mehr so wichtig. Vielmehr zogen neue Götter und Kulte aus dem Osten des Reichs die Menschen magisch an. Trotzdem hielten die Römer an der Vorstellung fest, das private und öffentliche Leben müsse dem Vorbild der Ahnen folgen. Sie hörten nicht auf, den Jugendlichen von deren Lebensweise und Taten zu erzählen. So hatte jede Generation, bis zum Ende der Antike, eine Vorstellung davon, wie ein Römer sein solle, und wie jeder dazu beitragen könne, dass der Staat mächtig sei.

Adel – zu den Besten gehören. In der griechischen Frühzeit (8. – 6. Jh. v. Chr.) verkörperte der Adel das Idealbild. Unabhängig und reich herrschten die Adligen über kleinere Gebiete wie Könige, sie nahmen richterliche und religiöse Aufgaben wahr. Nur sie konnten sich als besonderes Zeichen der Macht Pferde und Waffen leisten. Die adligen Hausgemeinschaften umfassten eine große Zahl von Gefolgsleuten: Pächter, Knechte, Mägde und Sklaven. So sehr der Adel auch untereinander um Ruhm, Einfluss und Ehre stritt, die Vorrechte und die politische Macht wollte man gemeinsam behalten. Daher wurde der Zusammenhalt der Adligen durch gegenseitige Besuche und den Austausch von Geschenken gefestigt. Diese Gastfreundschaft verbesserte im gesamten griechischen Raum die Beziehungen zwischen den Adligen, die sich als Elite fühlten. Sie betonten ihre Abstammung und grenzten sich als die „Besten" (griech. aristoi = die Besten, kratein = herrschen, Aristokratie = Herrschaft der Besten) von den Übrigen ab. Als oberstes Prinzip galt: Immer der Beste zu sein und die anderen zu übertreffen.

M2 Welt des Adels *(Vase, Ende 7. Jh. v. Chr.)*

Homer erzählt vom Adel. Über Homer, den ältesten bekannten Dichter Griechenlands und zugleich Europas, wissen wir wenig. Er soll im 8. Jh. v. Chr. in Kleinasien gelebt haben. Seine Werke schildern weit vor seiner Zeit liegende Ereignisse, spiegeln aber auch die Verhältnisse seiner Zeit wider. Über Generationen wurden die Erzählungen mündlich weitergegeben. Bis zu 20 000 Verse mussten die Erzähler dazu auswendig lernen. Homers Epen (▸ Epos = langes Versgedicht) erzählen von den Taten der adligen Helden in der Frühzeit Griechenlands und vom Eingreifen der Götter in das irdische Geschehen. Die Erzählungen knüpfen an wirkliche Gegebenheiten an, gestalten diese aber phantasievoll aus und verbinden sie mit dem damaligen Götter- und Heldenglauben. In seinem Werk „Odyssee" schildert Homer, wie der Held zehn Jahre lang Abenteuer bestehen musste, bis er wieder auf seiner Insel Ithaka an Land gehen konnte. Homers Dichtungen machten die alten Sagen unvergesslich. Seine Hörer und Leser fanden darin ihre Vorbilder, fühlten mit ihren Helden, eiferten dem Mut des Achill, dem listenreichen Odysseus oder Helenas Klugheit nach und glaubten an die Einflussnahme der Götter. Auch Homer hatte ein Idealbild gezeichnet, dem die griechische Poliswelt in der Veränderung der Jahrhunderte immer weniger entsprach.

M3 Arbeitende Bauern *(Vasenbild, 7. Jh. v. Chr)*

1 Beschreibe die Malereien auf M2 und M3. Was zeigen die Bilder vom Leben des Adels und der Bauern?
2 Fasse zusammen, wie der ideale Grieche oder Römer sein sollte. Vergleiche im Hinblick auf Ähnlichkeiten und Unterschiede (Autorentext).
3 Welche Tugenden nahmen die Adligen damals für sich in Anspruch? Wie könnten diese Vorstellungen zu jener Zeit auf die Bauern gewirkt haben? Was hältst du heute davon?
4 Suche Informationen zu den Helden des Homer, z. B. Odysseus, Achill, Paris sowie zur Stadt Troja (siehe auch S. 56 und S. 59).

Kunst und Architektur

Schönheit in Vollendung. Mit der Demokratie (s. S. 96f) begann in Griechenland eine Blütezeit der Kultur. Das 5. und 4. Jh. v. Chr. markiert als die klassische Zeit den Höhepunkt griechischen Kunstschaffens. Bauten von vollendeter Harmonie und wohlgestaltete Skulpturen von zeitloser Schönheit prägen das Bild der griechischen Kunst bis heute. Im antiken Griechenland waren unzählige Kunstwerke in den Tempeln und auf öffentlichen Plätzen zu finden. Die Bildhauer wollten den menschlichen Körper als Idealbild zeigen. In allem Schönen sahen sie etwas Göttliches. Man sollte dem Bildwerk weder Schmerz noch Anstrengung ansehen. Auf Tempelwänden, in öffentlichen und privaten Bauten wurden bunt bemalte Bilder von Göttern angebracht, aber auch historische Ereignisse und Sagen bildhaft nacherzählt. Tausende Vasen und Schalen berichten uns vom Alltag der Griechen, ihren Festen und den griechischen Sagen.
Insgesamt umfasst die griechische Kunstgeschichte einige Jahrtausende. Ihre Entwicklung lässt sich in einzelne Epochen aufgliedern. Die Vorläufer reichen bis in das 3. Jahrtausend v. Chr. zurück. Aus jener Zeit stammen Marmorfiguren, die man auf den Kykladischen Inseln in der Ägäis gefunden hat. In der Zeit vom 8. bis zum 6. Jh. v. Chr. entwickelte sich – auch unter ägyptischem Einfluss – die Großplastik. Typisch für diese Epoche sind die Darstellungen junger Männer. Als frühe Beispiele der griechischen Kunst nennt man diese Plastiken archaisch (= aus der Frühzeit stammend). Charakteristisch für die Figuren dieser Zeit ist ihr rätselhaftes Lächeln.

M1 Kykladenidol
(um 2100 v. Chr., Marmor, ca. 50 cm)

M2 Kouros
(Statue aus Marmor, Mitte 6. Jh. v. Chr., lebensgroß)

M3 Nachbildung der Athene-Statue, die im Parthenon-Tempel stand
(Höhe des Originals 12 m)

Waren die Römer keine Künstler? Der römische Dichter Vergil (70–19 v. Chr.) meinte, Kunst sei nicht Sache der Römer; ihre Kunst bestehe eher darin, über die Völker der Welt zu herrschen. In der Tat wirkt die römische Kunst nicht sehr eigenständig, wurde sie doch neben dem frühen Vorbild der Etrusker vor allem vom griechischen Formenreichtum geprägt. Während der Eroberungskriege gelangten Kunstwerke aus ganz Griechenland per Schiff nach Rom und damit in dortige öffentliche und private Sammlungen. Die Skulpturen beeinflussten das Kunstverständnis der Römer. Dies führte dazu, dass griechische Künstler in Italien Aufträge bekamen und einheimische Künstler ausbildeten. Auch ließen die Römer von den griechischen Originalen aus Bronze in großer Zahl Kopien aus Marmor anfertigen. So trugen sie dazu bei, dass die griechische Kunst erhalten blieb.
Die Römer übernahmen aber nicht einfach nur, sondern verfeinerten vieles. So verbanden sie die Technik des Rundbogens und des Gewölbebaus, ein Erbe der Etrusker, mit griechischen Architekturelementen. Im Bau von Kuppeln entwickelten sie eine große Meisterschaft. In den römischen Tempeln wurde als Neuerung die Cella, der Hauptraum mit dem Götterbild, nischenartig an die Rückwand verlegt. Bei Bauwerken wie Badehäusern (Thermen), Amphitheatern, Triumphbögen, gewaltige Täler überspannende Brücken- und Wasserleitungskonstruktionen zeigte sich ihr technisches Können (s. S. 92f.).

M4 Pantheon in Rom *(118–128 n. Chr.)*

M5 Architekturmerkmale an Tempelbauten

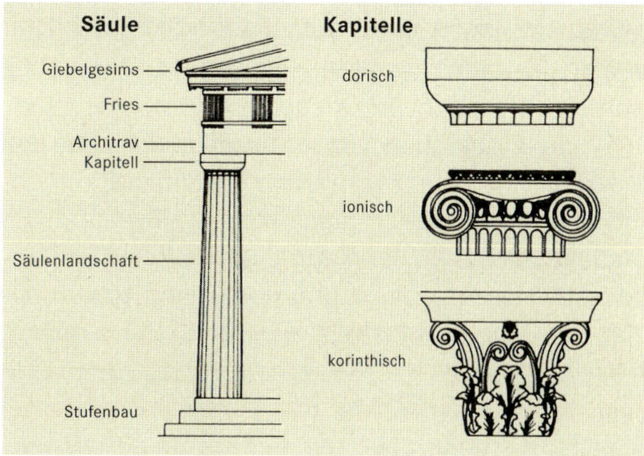

M6 Parthenontempel auf der Akropolis in Athen

1 Vergleiche die Figuren (M1–M3). Welche Veränderungen fallen dir auf? Achte besonders auf die naturgetreue Wiedergabe und die Andeutung von Körperbewegungen. Welche der Figuren kommt dir am modernsten vor?
2 Stelle M2 den römischen Statuen auf Seite 66 (M1) und auf Seite 116 (M1) gegenüber. Was ist ähnlich, was ist anders?
3 Beschreibe die Unterschiede zwischen den Kapitellen in M5. Welche Bauformen erkennst du in den Tempelbauten (M4 und M6)?
4 Sucht in eurer Stadt Gebäude, bei denen klassische antike Architekturformen verwendet wurden. Stellt sie mündlich – vielleicht auch mit Fotos – in eurer Klasse vor.

Wissenschaftliches Denken entsteht

Philosophie – die Mutter aller Wissenschaften. In Homers „Ilias“ (s. S. 59) wurden Natur und Menschen von den Göttern beherrscht. Sieg oder Niederlage in einem Kampf hingen von dem Willen der Götter ab. In Blitz und Donner entlud sich der Zorn von Zeus. Poseidon bewirkte Stürme und wühlte das Meer auf (s. S. 64f.). Irgendwann begannen die Menschen, derartige Erklärungen anzuzweifeln und Gesetzmäßigkeiten in der Natur festzustellen. Die „Liebe zur Weisheit“ (griech. philos = Freund, griech. sophia = Weisheit) trieb sie an, sie waren ▸ Philosophen.

Thales von Milet und die Naturphilosophen. Manche Historiker datieren den Beginn des wissenschaftlichen Denkens auf den 28. Mai 585 v. Chr. Für diesen Tag hatte Thales (625–547 v. Chr.) eine totale Sonnenfinsternis vorausberechnet. Der Kaufmann aus der kleinasiatischen Handelsstadt Milet lernte auf seinen Reisen, u. a. nach Ägypten, andere Kulturen kennen, was sein Denken beeinflusste. Seiner Meinung nach war Wasser der Urstoff der ganzen Welt. Andere Naturphilosophen nahmen an, dass Feuer oder Luft dieser Urstoff sei. Demokrit (ca. 460–370 v. Chr.) dachte, alles in der Natur bestehe aus kleinen Bausteinen, deren zufällige Verbindung zu den verschiedensten Erscheinungen führe. Er nannte diese kleinsten Bausteine „Atome“, d. h. nicht weiter teilbare Körper.

Athen als philosophisches Zentrum. Sokrates (470–399 v. Chr.) dachte weniger über die Natur als über das Wesen der Menschen nach. Er wollte wissen, was gut, tugendhaft und gerecht leben heißt. Einer seiner bekanntesten Aussprüche war: „Ich weiß, dass ich nichts weiß.“ Sokrates wurde in Athen geboren. Auf Straßen und Marktplätzen führte er viele Gespräche mit Menschen, die oft zu wissen glaubten, aber bei näherem Nachfragen zugeben mussten, nichts zu wissen. Sokrates glaubte auch, dass jeder Mensch mit der eigenen Vernunft zwischen Recht und Unrecht unterscheiden könne. Im Jahre 399 v. Chr. wurde er angeklagt, u. a. die Götter nicht anzuerkennen, was als ein schweres Verbrechen galt. Man verurteilte ihn zum Tode durch Gift. Von ihm selbst gibt es keine Schriften, aber sein Schüler Platon (427–347 v. Chr.) schrieb seine Gespräche und Gedanken auf. Platon selbst fragte sich vor allem, auf welche Weise die Menschen am besten zusammenleben sollten und wie der ideale Staat aussehen könnte. Seiner Meinung nach sollten Philosophen Könige sein, denn der Staat müsse mit Vernunft geleitet werden.

M1 Der Philosoph Heraklit *(Ausschnitt aus dem Fresko von Raffael, „Die Schule von Athen“, 1510/11.). Der Maler hat nicht gewusst, wie Heraklit wirklich aussah. Er hat Michelangelo, einen berühmten Künstler seiner Zeit, dargestellt.*

Römische Philosophen. M. Tullius Cicero (106–43 v. Chr.) vereinte in seinem Werk die Gedanken der griechischen Philosophen, übertrug sie ins Lateinische und wendete sie auf die Situation des Römischen Reichs an. Er beschäftigte sich außerdem besonders mit Rechtsfragen. Auf diesem Gebiet (s. S. 118f.) übertrafen die Römer die Griechen in der Antike bei weitem. Für Cicero gehörte das Recht genauso zum Menschen wie dessen Vernunft. Über die im Laufe der Geschichte wechselnden und veränderbaren Gesetze stellte er ein unwandelbares Recht, was dem Menschen von Natur aus gegeben ist. Seneca (4 v. Chr.–65 n. Chr.) stellte Fragen der Moral und Lebensbewältigung in den Mittelpunkt seines Werkes. Mit Marc Aurel (121–180 n. Chr.) verfasste sogar ein Kaiser ein philosophisches Werk („Selbstbetrachtungen“).

Die Medizin wird wissenschaftlich. In früheren Zeiten hatten die Griechen die Götter auch für Krankheiten verantwortlich gemacht. So wurden ansteckende Krankheiten oft als Strafe der Götter angesehen, andererseits glaubte man, die Götter könnten die Menschen heilen, wenn ihnen nur die richtigen Opfer dargebracht werden. Die wissenschaftliche Medizin begründete Hippokrates, der um das Jahr 460 v. Chr. auf der griechischen Insel Kos geboren wurde. Er lehnte Zaubermittel und Gebete zur Heilung ab. Stattdessen verschrieb er seinen Patienten Bäder, Massagen und verordnete eine gesunde Ernährung.

M2 Der Heilgott Asklepios behandelt einen kranken Jungen *(Dankgeschenk, der Schenkende ist auf dem Relief dreimal abgebildet).*

Das Heiligtum des Asklepios in Epidauros (Peloponnes) war acht Jahrhunderte lang der meist besuchte Wallfahrts-, Kur- und Festspielort der Antike. Dort gab es neben Hotels, Bädern und Brunnen auch Säle für den Heilschlaf, Sportstätten und ein Theater (s. S. 72/M1). Aus allen Teilen der griechischen Welt kamen Kranke und Erholungssuchende, um hier Genesung zu finden. Dabei war der Glaube an das Erscheinen des Gottes mit der Schlange eine wesentliche Voraussetzung für die Heilung.

M3 Der Hippokratische Eid

Ärzte in Kleinasien entwickelten im 6. Jh. v. Chr. diesen Eid, der auch heute noch von allen Medizinern abgelegt wird:

Ich schwöre bei Apollon, dem Arzt, und Asklepios ... und allen Göttern und Göttinnen, die ich zu Zeugen anrufe, dass ich diesen Eid ... nach bestem Wissen und Können erfüllen werde ... Ich werde die Grundsätze der Lebensweise nach bestem Wissen und Können zum Heil der Kranken anwenden, dagegen nie zu ihrem Verderben und Schaden. Ich werde auch niemandem eine Arznei geben, die den Tod herbeiführt, auch nicht, wenn ich darum gebeten werde, auch nie einen Rat in dieser Richtung erteilen ... Was ich in meiner Praxis sehe oder höre ..., darüber werde ich schweigen in der Überzeugung, dass man solche Dinge streng geheim halten muss. Wenn ich nun diesen Eid treu halte und nicht entweihe, dann möge ich von meinem Leben und meiner Kunst Segen haben, bei allen Menschen zu jeder Zeit hoch geachtet; wenn ich ihn aber verletze und eidbrüchig werde, dann möge mich das Gegenteil hiervon treffen.

Zitiert nach: Hippokrates: Fünf auserlesene Schriften, neu übertr. von Wilhelm Capelle, Zürich (Artemis) 1955, S. 179.

M4 Der Mensch und die Gesellschaft

Aristoteles (384–324 v. Chr.) kam mit 17 Jahren nach Athen. Er war 20 Jahre Schüler von Platon an dessen Akademie. Später gründete er in Athen eine eigene Schule. Er hinterließ ein umfassendes Werk zu vielen philosophischen Themen.

Dass ferner der Mensch in höherem Grade ein staatenbildendes Lebewesen ist als jede Biene ... ist klar. Denn die Natur macht nichts vergebens. Der Mensch ist aber das einzige Lebewesen, das Sprache besitzt. Die Stimme zeigt Schmerz und Lust an und ist darum auch den anderen Lebewesen eigen (denn bis zu diesem Punkte ist ihre Natur gelangt, dass sie Schmerz und Lust wahrnehmen und dies einander anzeigen können); die Sprache dagegen dient dazu, das Nützliche und Schädliche mitzuteilen und so auch das Gerechte und Ungerechte. Dies ist nämlich im Gegensatz zu den andern Lebewesen dem Menschen eigentümlich, dass er allein die Wahrnehmung des Guten und Schlechten, des Gerechten und Ungerechten besitzt ... Wer aber nicht in Gemeinschaft leben kann oder ... ihrer nicht bedarf, der ist kein Teil des Staates, sondern ein wildes Tier oder Gott.

Zitiert nach: Aristoteles: Politik. 1. Buch, übers. und hrsg. von Olof Gigon, München (dtv) [7]1996, S. 49f.

1 Teilt die Namen der auf dieser Doppelseite erwähnten Personen unter euch auf und schreibt jeweils einen Lebenslauf. Veranstaltet in der Klasse ein Quiz „Wer bin ich?“

2 Fasse den Autorentext in einer Tabelle mit zwei Spalten (früher – später) zusammen.

3 Diskutiert, inwieweit der Satz „Ich weiß, dass ich nichts weiß“ ein wirklich kluger Satz ist.

4 Beschreibe und interpretiere die Haltung Heraklits (M1). Wieso entspricht Raffaels Darstellung einem philosophierenden Menschen?

5 Würdest du dich im Krankheitsfall lieber einem Heilkundigen im Asklepios-Heiligtum anvertrauen oder dem Hippokrates? Begründe deine Meinung (M2 und M3). Warum ist auf dem Relief dieselbe Person dreimal dargestellt?

6 Erfasse die Gedanken von Aristoteles (M4) in einer Mindmap. Sind seine Überlegungen richtig?

Theater: Wettstreit und Wahlkampf

M1 Theater von Epidaurus *(Anfang des 4. Jh. v. Chr. gebaut und im 2. Jh. v. Chr. erweitert)*

54 Sitzreihen boten 14 000 Zuschauern Platz. Auch heute finden dort Theateraufführungen statt. Zwei Eingangstore und Überreste des Bühnenhauses sind in der Bildmitte zu erkennen. Der Blick des Betrachters galt auch der umliegenden Landschaft, die als Kulisse diente.

Theater im antiken Athen. In Griechenland, genauer in Athen, entstand auch das Theater. Manches erinnerte allerdings eher an einen sportlichen Wettkampf als an Festspiele. Die Aufführungen dauerten insgesamt fünf Tage. Am Ende entschieden zehn Richter, wer Sieger sein sollte, wobei das Publikum Beifall oder Missfallen äußern konnte. Der Gewinner bekam einen Ehrenkranz aus Efeu und wurde in ganz Griechenland berühmt. Die Vorstellungen fanden im Frühling statt, und zwar während des Festes zu Ehren des Dionysos, des Gottes der Lebensfreude und des Weines. Der Eintritt war frei, denn wohlhabende Athener bezahlten die Schauspieler und Chöre, um Ansehen und Beliebtheit beim Volk zu erlangen. Dies konnte ihnen zum Beispiel bei Wahlen von Nutzen sein. Die Schauspieler waren ausschließlich Männer, die Masken trugen, um ihre Rollen und Gefühle zu verdeutlichen.

Wovon handeln die Theaterstücke? Während des Theaterfests führte man drei Tage Tragödien auf, anschließend einen Tag lang Komödien und an einem Tag wurden Gedichte vorgetragen. In den Komödien behandelten die Schriftsteller das Alltagsleben in der Polis teils witzig, teils bissig oder kritisierten und verspotteten bekannte Persönlichkeiten. Dies war ein Zeichen für die demokratische Meinungsfreiheit in Athen und für die Fähigkeit der Bürger und Regierenden, über sich selbst zu lachen. Der Inhalt einer Tragödie war ernst, spielte in der griechischen Sagenwelt und handelte von Menschen, die gegen ihre eigenen oder gegen göttliche Gesetze verstießen. Sie stürzten sich in großes Elend, dem sie nicht mehr entkommen konnten. Bei diesen Stücken sollten die Zuschauer Mitleid oder Furcht empfinden und dadurch zu guten Menschen erzogen werden.

M2 Theatermasken aus Ton

Die Maske bestimmt die Figur als männlich oder weiblich und drückt den Charakter aus. Dies konnten selbst weit weg sitzende Zuschauer am übertriebenen Gesichtsausdruck erkennen. Der geöffnete Mund wirkte als Schalltrichter.

Veränderungen in römischer Zeit. Die griechischen Theaterstücke übersetzte man ins Lateinische und führte sie weiter auf. Das Theater verlor aber den Charakter von Belehrung und Wettkampf. Statuen von Beamten wurden zu Wahlkampfzwecken aufgestellt und die Stücke dienten eher der Unterhaltung. Komödien verdrängten mehr und mehr die Tragödien, die nur noch von Schauspielern ohne Masken vorgelesen wurden. Bei den Komödien ging es nicht mehr um die Verspottung politischer Persönlichkeiten, sondern um Dinge des privaten Bereichs. Im römischen Theaterbau wurde die kreisrunde Orchestra halbiert. Die Bühnengebäude waren prunkvoller und mehrstöckig ausgestaltet. So wurde der Blick der Zuschauer auf das Innere des Theaters begrenzt.

M3 Wer bin ich?

a) Geboren bin ich in Eleusis (bei Athen) als Sohn des Euphorion. Dionysos erschien mir im Traum und sagte, ich solle eine Tragödie für sein Theaterfest in Athen dichten. 25 Jahre alt, nahm ich zum ersten Mal beim Theaterwettkampf teil. Insgesamt habe ich 13mal gesiegt und werde neben Homer als größtes Dichtergenie und Vater der griechischen Tragödie bezeichnet.

b) Ich bin in Athen geboren und Schriftsteller. Doch im Gegensatz zu diesen Langweilern, die Tragödien verfassen, schreibe ich Komödien. Meine Zuschauer weinen nicht aus Angst und Trauer, sondern vor Lachen. In meinen Werken berichte ich mit viel Witz über die Politik, über das Leben und die Sitten in Athen.

c) Geboren bin ich in Sarsina (Umbrien), wo ich früh wegzog, weil es dort zu langweilig war. Auch ich habe Lustspiele geschrieben, dabei auf griechische Vorlagen zurückgegriffen, sie aber in Einzelheiten sehr frei verändert. Derbe Späße mochte mein Publikum besonders.

Verfassertexte

1 Wer sind die hier vorgestellten griechischen und römischen Schriftsteller (Aischylos, Plautus, Sophokles, Terenz)? Lies in einem Lexikon nach und ordne zu. Von einem Dichter fehlt eine Biografie. Verfasse eine passende Beschreibung dieses Autors.

2 Antike griechische Theater waren nicht nur größer als unsere heutigen, sondern sie erfüllten auch noch eine andere Funktion. Finde heraus, welche.

3 Zeichne das abgebildete Theater M1 in dein Heft und beschrifte die wesentlichen Bestandteile. Man unterscheidet den Zuschauerraum, die kreisförmige Orchestra, in der der Chor auftrat, sang und tanzte, sowie Proskenion und Skene (Bühne bzw. Bühnengebäude).

4 Wählt Figuren der griechischen Götter- und Sagenwelt aus – z. B. die schöne Aphrodite, den wütenden Poseidon, den mutigen Herakles, den von harter Arbeit erschöpften Sisyphos oder Medusa mit ihrem Schlangenhaar – und skizziert dazu Masken, die ein Schauspieler im antiken Theater tragen könnte.

GESCHICHTE AKTIV/KREATIV
Projektidee:
„Ein antikes Theaterstück spielen"

Auf S. 62 wird vom Streit zwischen Athene und Poseidon erzählt. Es geht darum, wer die Herrschaft über Athen bekommen soll. Lest euch diese Geschichte noch einmal durch und überlegt in Gruppen, wie man sie in ein antikes griechisches Theaterstück umwandeln könnte. Schreibt dazu zwei oder drei Szenen im Deutschunterricht. Beachtet, welchen Stil ihr benutzen wollt: Ihr könnt einen Chor vortragen lassen, dazu einen einzigen Schauspieler erzählen oder mehrere Schauspieler die Handlung spielen lassen. Entwerft entsprechende Masken im Kunstunterricht. Wenn eure Stücke für eine Aufführung bereit sind, ist der Tag der Dionysos-Festspiele gekommen. Spielt euer Stück in der Klasse vor und stimmt am Ende ab, wer von euch in diesem Jahr den Efeukranz gewonnen hat.

Die Olympischen Spiele

M1 Rekonstruktionszeichnung der Stätten von Olympia

① *Zeustempel* ② *Ringerschule* ③ *Gästehaus* ④ *Heratempel* ⑤ *Stadion* ⑥ *heiliger Bezirk*

Wettkämpfe zu Ehren der Götter. Religiöse Feiern und sportliche Wettkämpfe gehörten zu den kulturellen Traditionen der Griechen. Diese fanden regelmäßig an verschiedenen Orten statt, u. a. in Athen und in Olympia. Die ▸ Olympischen Spiele wurden alle vier Jahre zu Ehren des Göttervaters Zeus abgehalten. Bis ins Jahr 776 v. Chr. reichen die antiken Siegerlisten zurück, als die Spiele mit einem einzigen Wettbewerb, dem Stadionlauf, stattfanden. Im 5. und 4. Jh. v. Chr. sah der Ablauf des olympischen Fests wie folgt aus: Kurz vor Beginn kamen Zuschauer, Künstler und Politiker; die Sportler trainierten schon seit Wochen fleißig. Die meisten Besucher übernachteten in Zelten außerhalb des heiligen Bezirks, nur für Ehrengäste gab es ein schönes Gästehaus. Am ersten Tag zogen Beteiligte und Zuschauer zum Zeustempel. Dort stand die berühmte Zeusstatue des Bildhauers Phidias, eines der sieben antiken Weltwunder. Sportler und Schiedsrichter mussten schwören, die Regeln zu achten. Dann wurden die Startlisten aufgestellt. Am dritten Tag gab es einen Festzug zum Zeusaltar, wo geopfert und gebetet wurde. An den übrigen Tagen fanden Wettkämpfe statt, deren Anzahl und Form sich in den vielen Jahrhunderten veränderte. Im kulturellen Programm traten Dichter, Philosophen, Redner und Politiker auf, um sich so über die Grenzen ihrer Heimat bekannt zu machen. Obwohl die Spiele in der Hitze des Hochsommers stattfanden, zogen sie eine für damals riesige Menschenmenge – bis zu 40 000 Besucher – an. Für die Dauer der An- und Rückreise sowie während der Spiele war eine Waffenruhe einzuhalten.

M2 Olympische Disziplinen auf griechischen Vasen

Ehrung der Sieger. Typisch für den griechischen Gedanken des Wettstreits: Nur der Sieg zählte; alle Besiegten gingen leer aus. Am sechsten Tag fanden die Siegerehrungen statt. Der Siegespreis war eher eine symbolische Auszeichnung – ein Kranz aus Ölbaumzweigen und ein rotes Wollband. Danach nahmen die Sieger an einem festlichen Mahl teil. Nach Rückkehr in die Heimat gab es für die Sieger neben öffentlichen Ehrungen auch stattliche Prämien – bis hin zu Steuerfreiheit oder lebenslanger Rente.

Olympische Skandale. Politik und Erfolg um jeden Preis gehörten schon früh zu Olympia dazu. Auch hielten sich nicht alle Athleten an die olympischen Regeln. Strafgelder wurden eingeführt, um damit Weihegeschenke zu bezahlen. Die römischen Herrscher öffneten die Spiele für nicht griechische Teilnehmer, schadeten aber ihrem Ruf und ihrer Idee. Der größte Skandal: Kaiser Nero ließ 65 n. Chr. die Spiele um zwei Jahre verschieben und musikalische Wettbewerbe austragen, die es dort sonst nie gab. Er triumphierte als bester Sänger, Musiker und Herold. Im Wagenrennen wurde Nero sogar zum Sieger erklärt, obwohl er als Wagenlenker mit seinem Zehngespann ausgeschieden war.

GESCHICHTE AKTIV/ KREATIV
Projektidee: „Olympia-Zeitung“

Olympische Spiele waren damals und sind heute noch immer faszinierend. Ihr könnt eine Zeitung verfassen und in eurer Schule verteilen.
- Stellt dazu Informationen aus dem Schulbuch zusammen und ergänzt sie durch Material aus anderen Medien. Sucht passendes Bildmaterial aus.
- Überlegt, wer von euch welche Berichte, Reportagen, Interviews schreiben könnte.

Mögliche Themen/Schlagzeilen: Besuch im Trainingslager – Feierliche Eröffnung – Das Wagenrennen – Der Festzug zum Zeustempel – Der Fünfkampf – Interview mit einem Olympiasieger/einem Schiedsrichter – Siegerehrung – Empfang in der Heimat.
- Einige von euch gestalten Titelblatt und Inhaltsverzeichnis.
- Stellt eure Arbeiten vor und verbessert sie.
- Zum Schluss gestaltet eine Gruppe die Text- und Bildabfolge (eventuell mit PC-Unterstützung) und sorgt für die Vervielfältigung und Verteilung.

1 Betrachte die Rekonstruktionszeichnung M1. Was liegt im Zentrum der Anlage, was am Rand? Begründe mithilfe des Autorentextes, warum dies so ist.
2 Erkläre, welche Sportarten auf den Vasenbildern (M2) dargestellt sind. Zeige auf, welche Sportarten einen militärischen Ursprung haben könnten.
3 Auf welchem Bild bestraft der Schiedsrichter ein grobes Foul?
4 Keine Frauen in Olympia? Recherchiere im Internet.
5 Informiere dich über die heutigen Olympischen Spiele: Wo und wann werden sie ausgetragen? Wie lange dauern sie? Wie sieht die Eröffnungsfeier aus? Welche Sportarten werden betrieben? Wer darf daran teilnehmen? Wie bereiten sich die Sportler darauf vor? Was bedeutet der Sieg für den Athleten? Stelle Unterschiede zu und Gemeinsamkeiten mit den Spielen der Antike heraus.

Vasenbilder erzählen Geschichte

Vasen – ein Exportschlager. Kerameikos heißt ein Stadtteil Athens, weil dort in der Antike Töpfer kunstvolle Keramiken herstellten, die als begehrte Handelsware auch über das Meer verschifft und ausgeführt wurden. Eine Vielzahl von Tonwaren haben Archäologen in ganz Griechenland sowie im gesamten übrigen Mittelmeerraum gefunden und oft mühsam wieder zusammengesetzt. Meistens handelte es sich dabei um Geschirr wie Teller, Schalen, Trinkbecher oder Vorratsgefäße. Besonders prächtig geschmückt wurden Tongefäße, die als Weihgaben oder Geschenke vorgesehen waren.

Vasenbilder – Fernsehen der Antike. Bis ins 8. Jh. v. Chr. hinein wurden die Gefäße mit einfachen geometrischen Mustern versehen. Die abgebildeten Menschen erinnern an Strichmännchen.

M1 Begräbnis eines griechischen Helden
(Ausschnitt aus einer Vase, um 750 v. Chr.)

Im Laufe der Jahrhunderte entwickelte sich die Malerei über einfache Umrisszeichnungen und schattenrissartige Darstellungen bis hin zu wirklichkeitsgetreuen Abbildungen, deren Einzelheiten immer besser gestaltet wurden. Seit etwa 700 v. Chr. kannte man die schwarzfigurige Vasenmalerei, die ursprünglich aus Korinth stammte. Ab 530 v. Chr. entstand in Athen die hohe Kunst der rotfigurigen Malerei.

Neben Szenen aus dem alltäglichen Leben sind sehr oft Motive aus den griechischen Sagen dargestellt. So sind Menschen beim Arbeiten und Feiern, bei Sport und Spiel, aber auch als kämpfende Helden mit den Göttern zusammen zu sehen. Oft sind mehrere ausdrucksvolle Szenen in einem Bild zusammengefasst. In antiker Zeit waren diese Vasenbilder das, was heutzutage Foto, Film und Fernsehen sind. Dank der vielen Funde kann man auch heute noch eine genaue Vorstellung vom Leben und Denken der Griechen bekommen.

M2 Handwerker bei der Arbeit
(Vasenmalerei auf einer Trinkschale, um 500 v. Chr.)

M3 Frauen holen Wasser aus öffentlichen Brunnen
(Ausschnitt aus einem Wasserkrug, um 500 v. Chr.)

M4 Zweikampf im Trojanischen Krieg
(Vasenmalerei, um 490 v. Chr.)

Das Bild zeigt links Achill und rechts Hektor. Die Kämpfer haben keine eigenen Gesichter. Es sind dem Ideal nachempfundene Heldenfiguren, wie sie auch Homer schilderte.

Methode: Vasenbilder als Quellen auswerten

Die Abbildungen auf Vasen gehören, wie auch Gemälde und Zeichnungen, zu den bildlichen Quellen. Einen ersten Schritt zur Auswertung dieser Art von Material hast du schon kennengelernt: Die Bildbeschreibung (s. S. 47). Hier gehen wir darüber hinaus und kommen zur Erklärung und Interpretation.

1. Schritt: Beschreiben
Erfasse die Einzelheiten des Bildes. Dazu gehören z.B. Personen, Kleidung, Bewaffnung, Rüstung, Gesichtsausdruck und Haltung.

2. Schritt: Zusammenhänge erklären
Erfasse die Stellung der abgebildeten Personen und ihr Verhältnis zueinander. Erschließe Charaktereigenschaften, die in der Darstellung ausgedrückt sind.

3. Schritt: Zusatzinformationen sammeln
Ziehe weitere Angaben aus dem Bildtitel, der Bildlegende oder einer zusätzlichen Textquelle heran.

M5 Zweikampf zwischen Achill und Hektor
Die „Ilias“, hier ein Ausschnitt aus dem 12. Gesang, handelt vom Kampf der Griechen um die Stadt Troja. Homer schildert die Ankunft Achills vor den Mauern Trojas, der den Tod seines Freundes Patroklos an Hektor rächen will. Priamos, Hektors Vater, rät seinem Sohn zu fliehen. Doch Achill verfolgt Hektor:

Dreimal liefen sie so um die Mauern der Stadt, und Apollon gab Hektor Schnelligkeit und Stärke. Als sie aber den Fluss Skamander zum vierten Mal erreichten, zog Zeus das Todeslos für Hektor aus der goldenen Lostrommel. Da wandte Apollon sich ab und Athene, die Feindin der Troer, jubelte laut und nahm die Gestalt von Hektors tapferem Bruder an. Mit dessen Stimme, Wuchs und Gestalt sprach sie zu Hektor: „Bruder, ruhe dich aus, ich werde dir helfen.“ Als Hektor die Stimme vernahm, freute er sich, dass der liebste seiner Brüder ihm nun hilfreich zur Seite stand. Tapfer ging er Achill entgegen, und es kam zum Kampf. Achill warf mit mächtigem Schwung die sausende Lanze. Aber Hektor duckte sich tief, und der Speer flog über ihn hinweg. Doch Athene griff ihn und gab ihn Achill zurück. Als auch Hektor seinen Gegner verfehlte, stand er ohnmächtig da und sah, dass der Grieche, wie durch ein Wunder, die Lanze wieder in den Händen hielt. Da schrie er laut auf, rief seinen Bruder um Hilfe; aber sein Bruder war nicht mehr zu sehen. Nun wusste der Troer, dass er allein war und niemand ihm half. „Wehe“, rief er mit klagender Stimme, „wie hat mich Athene getäuscht! Nah ist mein Tod, denn Apollon hat sich zur Seite gewandt. Doch ich will tapfer sein, damit die Menschen sich meiner erinnern.“ Mutig ergriff er sein Schwert und stürmte Achill entgegen; aber der Grieche deckte den Leib mit dem mächtigen Schild; dann schwang Achill selbst die Lanze und traf den Feind an der verwundbarsten Stelle, zwischen dem Schlüsselbein und der Schulter.

Homer, Ilias 22, 139–326. Zitiert nach: Walter Jens: Ilias und Odyssee, Ravensburg 2002 (vereinfacht).

1 Beschreibe und erkläre ausführlich das Vasenbild M4 in der Reihenfolge der drei Arbeitsschritte. Kläre dabei mithilfe von M5, wie sich die Götter in das Leben der Menschen einmischen, welcher Teil des Textes im Vasenbild vorkommt und wie der Kampfverlauf darin ausgedrückt ist.

2 Inwieweit sind die Vasenbilder dieser Seite Beispiele für die im Autorentext beschriebene Entwicklung der Vasenmalerei?

Die Familie und die Hausgemeinschaft

Oikos – mehr als eine Familie. Im frühen landwirtschaftlich geprägten Griechenland lebten die freien Bauern in einer Hausgemeinschaft (griech. oikos = Haus/Haushalt) auf großen Bauernhöfen. Wer außerhalb dieser Gemeinschaften lebte, z. B. die Theten (Tagelöhner), die für geringen Lohn den Bauern zeitweise aushalfen, erlitt oft ein hartes Schicksal und wurde bei Arbeitsunfähigkeit schnell zum Bettler. Zu einem ▸ Oikos zählten nicht allein die Familienangehörigen, sondern alle zum Haus- und Hofbesitz gehörenden Personen. Bei wohlhabenderen Bauern waren dies auch Sklaven. Alle Mitglieder fanden im Oikos Nahrung, Kleidung und Absicherung. Der Hausherr sorgte für den Schutz, verfügte aber auch über große Macht. Die Besitzer kleinerer Oikoi mussten sich gegenseitig unterstützen, um wirtschaftlich unabhängig sein zu können.

Die väterliche Gewalt. Auch bei den Römern gab es solch eine Hausgemeinschaft der Familie. Zu ihr gehörten der Vater (pater familias), seine Ehefrau, die Kinder, Adoptierte, Sklaven und Freigelassene. Wenn die Kinder heirateten, wurden auch deren Ehepartner und Kinder Familienmitglieder. Der pater familias war als Oberhaupt für alle Belange zuständig. Wie beim Hausherrn im Oikos schränkte nichts seine Gewalt ein. Kam ein Kind zur Welt, erkannte der Vater das Neugeborene an, indem er es in den Arm nahm.

M1 Familienszene auf einem Sarkophag (Steinsarg)
(Mitte des 2. Jh. n. Chr.)

Er konnte sein Kind auch aussetzen, z. B. weil es krank oder missgebildet war. Hatte im Normalfall der Vater sein Kind angenommen, bestimmte er später den Beruf und wählte den Ehepartner aus. Der Sohn durfte ohne Zustimmung des Vaters nicht über eigenes Vermögen bestimmen. Wer gegen die Entscheidungen des pater familias Widerstand leistete, verstieß gegen die Sitten der Vorväter, die es stets zu achten und einzuhalten galt (s. S. 66f.). Nach des Vaters Tod wurde der älteste Sohn Familienoberhaupt.

Patron und Klienten. Ein vornehmer Familienvater war außerdem Schutzherr (lat. patronus) einer Gruppe von freien Bürgern vorwiegend aus der Unterschicht. Diese hatten sich seinem Gefolge (lat. clientela) angeschlossen und waren seine Klienten (lat. cliens). Er hatte ihre Lebensgrundlage zu sichern, lieh ihnen in Notlagen, z. B. Geld oder Lebensmittel, schützte sie vor ungerechter Behandlung und verteidigte sie als Anwalt vor Gericht. Die Schutzbefohlenen erhofften sich vom Patron Unterstützung für ihren beruflichen Aufstieg oder bei ihren Geschäften. Als Gegenleistung stimmten sie bei Gesetzesbeschlüssen oder Beamtenwahlen in der Volksversammlung so ab, wie er das von ihnen wünschte. Daher war ein Patron umso angesehener und einflussreicher, je mehr Klienten er hatte. Auf dem Treuebund zwischen Patron und Klienten, der sich in den nachfolgenden Generationen fortsetzte, beruhte die politische Macht der adligen Römer.

Gemeinsame Mahlzeiten. Bei den griechischen Familien spielte sich das Leben meist im Hof ihres Hauses ab. Hier arbeitete der Mann, hier kochte die Frau auf einem kleinen Tonherd, hier spielten die Kinder. Die Hauptmahlzeit nahm die Familie am Abend zu sich: Brot oder Getreidebrei, Oliven, Obst und Gemüse, manchmal auch Fisch, selten Fleisch. Dazu trank man Wasser oder mit Wasser verdünnten Wein. Auch die römischen Familien ernährten sich sehr einfach: Man lebte von Haferbrei, Weizenbroten und Hirsesuppe, aß Gemüse und Obst, Käse und Eier. Bei den vornehmen Familien jedoch nahmen die Mahlzeiten immer raffiniertere Formen an. Besonders das Hauptessen zeigte den Luxus der Führungsschicht: Es begann am Nachmittag und endete nicht selten erst in den späten Abendstunden mit einem Trinkgelage.

M2 Eine römische Familie stellt sich vor

Diese Teilansicht eines Sarkophags zeigt eine typische Szene im Leben vornehmer Römer: das Mahl.

M3 Rechtsvorschriften zur Ehe

Eheschließung

Die Ehe ist die Verbindung eines Mannes und einer Frau und eine Vereinigung für das ganze Leben, eine Gemeinschaft göttlichen und menschlichen Rechts. Eine Eheschließung kann nicht stattfinden, wenn nicht alle einwilligen, d. h. die, welche sich vereinigen, und die, in deren Gewalt sie sich befinden. Eine Frau, die jünger als zwölf Jahre und verheiratet ist, wird dann zur rechtmäßigen Ehefrau, wenn sie bei dem Mann das zwölfte Lebensjahr vollendet hat.

Ehebruch

Dem Vater wird das Recht erteilt, den Ehebrecher mit der Tochter zu töten, wenn er Letztere in seiner Gewalt hat. Der Richter muss in seiner Untersuchung wegen Ehebruchs sein Augenmerk darauf richten, ob der Ehemann selbst sittsam lebte und seiner Frau in der Moral mit gutem Vorbild vorangegangen ist. Es scheint nämlich sehr unbillig zu sein, dass der Mann von seiner Frau Züchtigkeit verlangt, er selbst sie aber nicht wahrt.

Scheidung und Verstoßung

Die Ehe wird getrennt durch Scheidung, Tod, Gefangenschaft, oder wenn eine Sklaverei einen der beiden Ehegatten betrifft … Bei Verstoßungen, d. h. bei der Aufkündigung der Ehe, sind diese Worte gebräuchlich geworden: „Du magst deine Sachen für dich behalten“ oder „Du magst deine Sachen mit dir nehmen.“

Digesten 23, 2; 48, 5. Zitiert nach: Rolf Rilinger: Lust an der Geschichte. Leben im alten Rom, München (Piper) 1990, S. 172ff.

1 In der Familienszene (M1) betrachtet der Vater nachdenklich sein neugeborenes Kind. Schreibe seine Überlegungen auf.

2 Ordne die auf dem Sarkophag (M2) mit Ziffern versehenen Personengruppen und Einzelpersonen den Angehörigen der römischen Familie zu. Wodurch kommt die Rangordnung innerhalb der „familia“ zum Ausdruck?

3 Liste die Pflichten von Patron und Klienten auf. Überlege, ob das Verhältnis gerecht war oder ob einer mehr vom anderen hatte.

4 Zur „familia“ bzw. zum „oikos“ gehörten auch die Sklaven. Lies auf den Seiten 88f. nach und berichte über ihre Stellung.

5 Vergleiche die antiken Formen der Hausgemeinschaft mit deiner Familie. Was ist heute anders?

6 Informiert euch über Rezepte aus der Griechen- oder Römerzeit, sucht besonders originelle aus und stellt sie in der Klasse vor.

Kindheit, Jugend, Ehe

M1 Ausschnitt aus einem Sarkophag eines Kindes *(2. Jh. n. Chr.).*

Die Erziehung der Kinder. Vor allem die Geburt eines Sohnes war der Wunsch der griechischen und römischen Familienväter und dieser Anlass wurde besonders gefeiert. Um die Babys und Kleinkinder kümmerten sich in vornehmen Familien Ammen – ansonsten zogen die Mütter ihre Kinder auf. Die Kinder sollten innerlich und äußerlich mutig, unempfindlich und widerstandsfähig werden. Die Amme bzw. die Mutter waren die wichtigsten Bezugspersonen.

Schule. Mit etwa sieben Jahren begann die Ausbildung. Die Mädchen blieben meist unter der Obhut der Mutter, bis sie heirateten. Ihnen wurden praktische Fertigkeiten wie Spinnen, Weben oder Haushaltsführung vermittelt. Manche Töchter lernten auch schreiben und lesen, tanzen und ein Musikinstrument. Viele griechische und römische Jungen kamen unter die Aufsicht eines „paidagogos" (griech. pais, paidos = Knabe; agein = leiten, führen), eines Dieners, meist eines Sklaven, der die Erziehung übernahm. In der Schule mussten die griechischen Jungen die Erzählungen von Homer und anderen Dichtern auswendig kennen. Zum Unterricht gehörten auch Rechnen bzw. Mathematik, Gesang, das Spielen von Instrumenten, wie Flöte oder Lyra, und Sport. Römische Jungen wurden entweder von ihrem Vater oder in der Elementarschule in römischer Geschichte unterrichtet, denn gerade aus der ruhmreichen Vergangenheit sollten sie für die Zukunft lernen (s. S. 66f.). Hinzu kam bei ihnen auch Sport, vor allem Reiten, Schwimmen und Fechten. Die Feinheiten der griechischen Sprache und Literatur erlernten die Söhne wohlhabender römischer Eltern oft bei einem zumeist griechischen Lehrer (lat. grammaticus) in der Grammatikschule. Die Söhne angesehener Familien, ob in Rom oder Athen, sollten mindestens so einflussreich werden wie ihre Väter. Daher besuchten sie die Hochschulen der Antike, z. B. die Rhetorenschulen (Rhetorik = Redekunst) oder die ersten Universitätszentren. Hier vermittelte man die Kenntnisse für eine spätere berufliche und gesellschaftliche Spitzenstellung, insbesondere die Kunst des eindrucksvollen Sprechens. In Städten wie Athen oder Rom, wo man in der Volksversammlung oder im Senat mitreden konnte und andere überzeugen musste, war dies von großer Bedeutung.

Die Ehe als Pflicht. Die Mädchen wurden oft schon im Alter zwischen 12 und 15 Jahren von ihren Eltern mit meist viel älteren Männern verheiratet. Die Eheschließung war ein rein privater Akt, ein Vorgang wie bei uns die Verlobung. Ausgesprochene Liebesheiraten waren die Ausnahme. Die Eltern achteten bei der Wahl des Ehepartners genau auf gesellschaftliche und materielle Vorteile. Zwischen den Ehegatten wurde meist ein Ehevertrag geschlossen, der die Art und Höhe der Mitgift festlegte. Dieser Vertrag wurde von den anwesenden Zeugen unterschrieben. Die römische Ehefrau hatte das Recht, über ihr Vermögen durch Testament frei zu verfügen. Griechische Ehefrauen standen ihr Leben lang unter der Vormundschaft ihres Vaters, Ehemanns oder eines anderen männlichen Verwandten. Nur in einem sehr begrenzten Rahmen wurde eigener Besitz oder Geschäftstätigkeit zugelassen.

M2 Erziehungsvorstellungen

Der römische Schriftsteller Seneca (um 4 v. Chr. – 65 n. Chr.) äußert sich über Kindererziehung:

Die Eltern tun dem noch unfesten kindlichen Charakter zu seinem Besten Zwang an; die Säuglinge werden in Windeln gewickelt, so sehr sie auch strampeln und heulen, damit ihr noch unfertiger Leib nicht schief und krumm wird, sondern gerade wächst; später lehrt man die Kinder die artes liberales (die sieben freien Künste: Grammatik, Rhetorik, Dialektik, Arithmetik, Geometrie, Astronomie, Musiktheorie) und gebraucht Zwang, wenn sie sich sträuben ...

Seneca. Zitiert nach: Philippe Ariès und Georges Duby (Hrsg.): Geschichte des privaten Lebens, Bd. 1: Vom Römischen Imperium zum Byzantinischen Reich, hrsg. von Paul Veyne, übers. von Holger Fliessbach, Frankfurt a. Main (S. Fischer Verlag) 1989, S. 29.

Dazu die Sichtweise des griechischen Schriftstellers Plutarch (um 46 n. Chr. – um 120 n. Chr.):

Mein Standpunkt ist, dass man Kinder zum Fleiß nur durch Ermahnungen und Vernunftgründe, aber nie durch Schläge oder anderen Schimpf anhalten soll. So etwas schickt sich eher für Sklaven als für Freigeborene. Schmerz und Schimpf lähmen und schrecken von der Arbeit ab ... Die Väter müssen sich selbst aller Vergehen enthalten und nur ihre Pflicht tun, damit sie den Kindern ein Muster fürs Leben sein können ... Wer ein schlechtes Leben führt, verscherzt sich dadurch das Recht, auch nur die Sklaven zu tadeln, geschweige denn die Söhne.

Plutarch, Über Kindererziehung. Zitiert nach: Rilinger, a. a. O., S. 83ff.

M3 Griechischer Schulunterricht

(Malerei auf einer Schale, um 480 v. Chr.)

M4 Hochzeit eines vornehmen Römers

(Ausschnitt aus einem Steinsarkophag, 170 n. Chr.)

In der Mitte steht Concordia, die Göttin der Eintracht, die das Brautpaar durch Handauflegen vereinigt.

1 Betrachte M1 genau. Sind das Spiele, die heute noch in dieser oder ähnlicher Form gespielt werden?
2 Stelle Fächer zusammen, in denen die Schülerinnen und Schüler in der Antike unterrichtet wurden. Vergleiche mit deinem Stundenplan.
3 Überlege, welchen Zweck die damalige Schulbildung verfolgte.
4 Zeige mithilfe von M2 Gemeinsamkeiten und Unterschiede der Erziehungsvorstellungen damals und heute auf.
5 Auf der Bemalung der Schale (M3) kann man eine Schulszene erkennen. Welcher Unterricht ist dargestellt? Wer sind dabei die erwachsenen Personen?
6 Beschreibe die Hochzeitsszene in M4.

Frauen in einer antiken Männergesellschaft

Frauen: angesehen – aber rechtlos? Keine Frau in Athen wurde mehr verehrt als die Schutzgöttin Athene. Für sie baute man den schönsten Tempel auf der Akropolis (s. S. 68f. u. 102f.), fertigte kostbare Statuen an und feierte alle vier Jahre ein großes Fest. Auch in Rom waren Göttinnen wie Minerva und Priesterinnen sehr geschätzt. Frauengestalten kamen als Heldinnen in den Theaterstücken vor. In den antiken Bildern wurden Frauen immer jung und schön dargestellt. Doch diese Wertschätzung des weiblichen Idealbildes stand im Gegensatz zur Wirklichkeit: Frauen, ganz gleich welcher sozialen Schicht sie angehörten, waren grundsätzlich von politischen Rechten ausgeschlossen. Eigener Besitz wurde nur sehr begrenzt zugelassen. Die Frauen mussten sich von ihren Männern vertreten lassen, wenn sie Geschäfte tätigen oder Verträge abschließen wollten. Lebenslang standen sie unter der Vormundschaft ihres Vaters, Ehemanns oder eines anderen männlichen Verwandten. Die Römerinnen konnten sich grundsätzlich freier bewegen als die meisten Frauen in Griechenland. So durften sie z. B. die Thermen (Bäder) oder das Theater besuchen. Die Frauen aus höheren Schichten verbrachten aber in Rom wie in Griechenland die meiste Zeit im Haus. Unter anderem beaufsichtigten sie das Personal, das aus Dutzenden von Haussklaven bestand. Auch kümmerten sie sich um die Ausbildung der Töchter. Frauen aus wohlhabenden römischen Familien übten als „Hüterin des Herdes“ beträchtlichen Einfluss auf alle Entscheidungen in der Haushaltsführung aus, lenkten oft sogar den politischen Willen ihrer Männer, Brüder oder Söhne. Frauen aus einfachen Familien konnten es sich nicht leisten, zu Hause zu bleiben. Sie arbeiteten auf dem Feld oder in der Werkstatt, mussten Wasser aus den öffentlichen Brunnen holen oder Waren auf dem Markt verkaufen.

M2 Herrin und Dienerinnen beim Wollewirken *(Vasenmalerei, um 450 v. Chr.)*

Die Welt der Männer. Ihre Vorrechte sahen die Männer als selbstverständlich und gottgegeben an. Spätestens mit dem 18. Lebensjahr legte der Römer seine Kinderkleider ab und durfte die Toga tragen. Auch den Heranwachsenden in Athen wurde das lange Haar der Kindheit abgeschnitten und den Göttern geopfert. Diese Rituale verdeutlichten die Volljährigkeit, Militär- und Heiratsfähigkeit der jungen Männer. Während ihres zweijährigen Militärdienstes wurden die jungen Athener im Bogenschießen, Speerwerfen und im Kampf in schwerer Rüstung ausgebildet und sicherten die Grenzen Attikas, das Staatsgebiet Athens (s. S. 95/M3). Dann waren sie vollberechtigte Bürger der Polis, konnten an den politischen Entscheidungen mitwirken und Ämter übernehmen (s. S. 100). Im Kriegsfall wurden sie erneut zu den Waffen gerufen. Meist dauerten die Kampfhandlungen aber nur wenige Wochen oder Tage und fanden im Frühsommer nach der Aussaat statt. Zur Ernte mussten die Männer wieder zu Hause auf ihren Feldern sein. Ähnlich verhielt es sich in der römischen Frühzeit, als die Bürger in der Regel im Frühjahr eingezogen und im Herbst entlassen wurden. Später wandelte sich Roms Armee zu einem stehenden Heer mit Berufssoldaten (s. S. 120f.).

◀ **M1 Tanzunterricht** *(Vasenmalerei, um 420 v. Chr.)*

M3 Tänzerin vor den Zechern eines Gelages
(Vasenmalerei, um 450 v. Chr.)

Feste feiern. Schon Homer hatte von festlichen Gastmahlen und großen Tischgemeinschaften des Adels berichtet (s. S. 67). Das Festbankett wurde zum Trinkgelage, dem Symposion, bei dem sich meist bis zu zehn Griechen gleicher gesellschaftlicher Stellung begegneten. Man traf sich im Andron, dem Männerraum eines Haushalts, erzählte von Kriegen und tapferen Taten, trank mit Wasser vermischten Wein und sang Trinklieder. Zur Unterhaltung traten oft auch Tänzerinnen, Gaukler und Akrobaten auf. Solch übertriebenes Feiern und Luxus beim Essen waren im frühen Rom verpönt, darüber wachten Beamte (s. S. 108f.). Gefeiert wurde nur, wenn es die Religion erforderte, z. B. bei Hochzeit und Begräbnis. Das beliebteste römische Fest fand zu Ehren des Gottes Saturn, am 17. Dezember statt. Später dauerten diese Feierlichkeiten mindestens eine Woche und länger. Die Geschäfte, Schulen und Gerichte blieben geschlossen. Man besuchte einander und überbrachte kleine Geschenke. Beim öffentlichen Festmahl auf Staatskosten bedienten die Herren ihre Sklaven und hoben die Rangunterschiede – wie im Karneval – vorübergehend auf. Mit der Ausdehnung des Römischen Reichs wurden Essen und Vergnügen für die Römer immer wichtiger.

M4 Die unterschiedliche Rolle der Geschlechter
Xenophon (ca. 430–354 v. Chr.) schreibt:

Da beide Arten von Arbeit nötig sind, die draußen und drinnen, schuf Gott die Natur des Weibes für die Arbeiten im Haus, die des Mannes für die Arbeiten außerhalb des Hauses. Denn der Mann ist mehr dazu geschaffen, Kälte und Wärme, Märsche und Feldzüge zu ertragen. Daher trug der Gott ihm die Arbeiten außerhalb des Hauses auf. Der Körper der Frau ist weniger widerstandsfähig, deshalb ist sie besser für die Arbeiten im Hause geeignet. Da sie aber mehr dazu befähigt ist, die kleinen Kinder aufzuziehen, gaben ihr die Götter die größere Liebe ... Dass die Natur des Weibes furchtsamer ist als die des Mannes, darin sahen die Götter keinen Mangel. Dem Manne aber gaben sie mehr Kühnheit, da es zuweilen nötig sein könnte, sein Hab und Gut gegen zugefügtes Unrecht zu verteidigen. Weil aber beide Teile geben und nehmen müssen, verteilte er Gedächtnis und die Sorge in gleicher Weise. Daher kann man nicht unterscheiden, welches Geschlecht darin den Vorzug verdient, das männliche oder das weibliche.

Xenophon: Oikonomikos 7, 3ff. Zitiert nach: Xenophon. Die Sokratischen Schriften, Memorabilien, Symposion, Oikonomikos, Apologie, hrsg. und übers. von Ernst Bux, Stuttgart (Kröner) 1956.

1 Beschreibe die Situation der Mädchen und Frauen anhand des Autorentextes und M1–M2.
2 Wie begründet Xenophon (M4) die Rollenverteilung zwischen Mann und Frau? „Männer und Frauen sind gleichberechtigt", heißt es im Grundgesetz der Bundesrepublik Deutschland. Schreibe Xenophon eine Antwort aus heutiger Sicht.
3 Erläutere den Bildinhalt von M3 und schildere die Stimmung. Was bedeutet „Symposion" heute?
4 Informiere dich über die „Saturnalien" und schreibe eine Reportage unter dem Titel „Das verrückte Fest". Welche Feste werden zur gleichen Jahreszeit in anderen Kulturen gefeiert?
5 Gib in einer Tabelle stichpunktartig die Unterschiede im Leben a) der Frauen und b) der Kinder/Jugendlichen in Athen und Rom wieder. Beziehe auch S. 80f. mit ein. Vergleiche mit dem Leben der Frauen und Kinder in Ägypten (s. S. 40f.).

Die Häuser der Griechen und Römer

So wohnten die Griechen. Im Haushalt eines wohlhabenden Bürgers lebten neben den Eltern meist nur wenige Kinder, aber auch die Großeltern väterlicherseits und die Diener. Die Privatsphäre des Hauses galt es zu schützen. Das zeigte sich in der Raumanordnung: Frauen und Männer hatten getrennte Räume; die der Frauen lagen meist im ersten Stock. Im Erdgeschoss empfing der Mann seine Besucher. Im Parterre lagen auch die Werkstätten, Schlaf- und Vorratskammern.

Wie wohnten die Römer? Den Hausbau lernten die Römer von den Etruskern. Typisch war zunächst das einfache Atriumhaus. Das Atrium ist eine nach oben hin offene Halle; hier empfing das Familienoberhaupt seine Gäste und allmorgendlich die Klienten. Der Hausaltar, der sich ebenfalls dort befand, diente dazu, den Hausgöttern zu opfern und sie gnädig zu stimmen. Um das Atrium herum gruppierten sich wenige Räume mit Fenstern; die Straßenseite war schlicht und fensterlos. Wohlhabende Familien konnten sich geräumigere Villen mit vielen Zimmern leisten. Auch diese hatten ein Atrium.

M1 Schnitt durch ein attisches Haus *(gezeichnet nach Ausgrabungen). Auch vornehme Athener Bürger lebten in verhältnismäßig einfachen Häusern.*

M2 Aufriss eines römischen Wohnhauses von reichen Bürgern

① *Läden*
② *Haustüre*
③ *Eingangskorridor*
④ *Atrium mit Hausaltar und Becken für Regenwasser*
⑤ *Gebäudeteile mit Schlafzimmer der Familie, der Sklaven, Küche, Vorratskammer, Toiletten*
⑥ *Esszimmer*
⑦ *Empfangszimmer*
⑧ *Garten mit Säulenhalle*

M3 Rekonstruktion eines Mietshauses in Ostia, der Hafenstadt Roms
Über den Geschäften im Erdgeschoss wurden oft Wohnungen mit mehreren Räumen von reicheren Leuten bewohnt, während in den oberen Stockwerken arme Familien in einem einzigen Zimmer zusammengedrängt lebten.

Stadtleben. Die Einwohnerzahl Roms wuchs stetig und erreichte in der Kaiserzeit die Millionengrenze. Während die Reichen in großzügigen Stadthäusern wohnten, lebte der größte Teil der Bevölkerung in bis zu zehn Stockwerke hohen Mietshäusern (lat. insulae, Einzahl: insula), die oft mit billigen Materialien in kürzester Zeit errichtet wurden. Im Innern dieser von Brand und Einsturz bedrohten Häuser war es dunkel und schmutzig, im Winter feucht und kalt, im Sommer drückend heiß. Dennoch mussten hohe Mieten gezahlt werden. Solche Mietskasernen gab es in den Poleis nicht. Die Griechen wohnten in kleinen, flachen Häusern. Wie viele griechische Städte war auch Athen um eine Fluchtburg herum entstanden. Jeder durfte bauen, wo noch Platz war. Anders sah das in Kolonialstädten aus, die neu gegründet und ganz genau geplant wurden.

M4 Rekonstruierte Ansicht der Stadtanlage von Priene am Ende des 4. Jh. v. Chr.

1 Du begleitest deinen Vater auf eine Reise nach Rom. Dort lernst du die Häuser vornehmer und einfacher Römer kennen. Nach deiner Rückkehr wollen deine Freunde wissen, wie die Römer wohnen. Du erzählst und zeichnest zur Veranschaulichung die unterschiedlichen Hausformen auf.

2 Vergleiche das römische Haus (M2) mit dem griechischen (M1). Was haben die Römer von den Griechen übernommen? Wie waren die Wohnverhältnisse in Ägypten (s. S. 38f.)?

3 Beschreibe die Stadtanlage von Priene (M4). Woran erkennst du, dass diese Stadt nach einem Plan entstanden ist?

Wozu arbeiten?

Welchen Wert hatte die Arbeit in der Antike? Wer heute „Banause“ genannt wird, kennt sich z. B. im Bereich Kunst nicht aus, weil er sich dafür nicht interessiert. Im antiken Griechenland bezeichnete man mit „Banausos“ einen Mann, der vom Ertrag seiner Handarbeit leben musste und keine Zeit für Freunde und Politik hatte. Das war in der Frühzeit der römischen Geschichte bis etwa ins 3. Jh. v. Chr. anders, als die Römer freie Bauern waren. Damals gehörte harte körperliche Arbeit zum täglichen Leben (s. S. 66). Dies änderte sich aber mit der Ausdehnung des Römischen Reichs. Der vornehme Römer begann nun alle jene Tätigkeiten zu verachten, die mit körperlicher Anstrengung verbunden waren, und sprach von „schmutzigen“ Fertigkeiten. Der lateinische Begriff „labor“ (= Arbeit, Mühe, Anstrengung) bekam eine andere Bedeutung. Für einen reichen Römer begann der Tag mit Sitzungen, z. B. im Senat, mit Gerichtsverhandlungen oder mit Beratungsgesprächen. Er war mit Leib und Seele Geschäftsmann. Die Ausführung seiner Geschäftsideen überließ er soweit wie möglich seinen Sklaven oder Freigelassenen. Ausdruck des Reichtums war Grundbesitz, denn das Leben als Gutsherr galt als besonders erstrebenswert. Auf den großen Gütern (Latifundien) außerhalb der Städte wurden Weizen, Oliven und Wein angepflanzt sowie Rinder, Schafe und Schweine gezüchtet.

Arbeiten für den Lebensunterhalt. Die römische Mittelschicht lebte von den Einkünften aus Handel und Handwerk. Hier gab es große Einkommensunterschiede: Vermögende Römer besaßen ihren eigenen Laden in der Stadt. Der Bäcker, der zugleich Müller war, hatte mehrere Getreidemühlen, die von Sklaven oder von Tieren angetrieben wurden. Solch ein vermögender Handwerker hob sich von der Masse der kleinen Töpfer, Bäcker, Krämer, Schuster und Gastwirte ab, die kaum genug Geld hatten, um Waren oder ihr Material zu besorgen. Die Tagelöhner besaßen überhaupt nichts und mussten ihr Brot täglich verdienen. Auch Frauen arbeiteten auf Märkten oder als Händlerinnen von Woll- und Seidenstoffen. Typische Frauenberufe waren darüber hinaus die Tätigkeiten als Amme, Hebamme, Schneiderin und Friseuse. Diese Arbeiten führten in den Häusern der Reichen Sklavinnen und Freigelassene aus.

M1 Antike Getreidemühlen und Rekonstruktion

M2 Geschichte erzählt

Die Gedanken des Römers Marcus Fluvius morgens beim Aufstehen:

Heute früh bin ich schon wieder von dem Ohren betäubenden Lärm aufgewacht, den der Weinhändler Lucius Glaukus verursachte, als er seine Weinamphoren mit lautem Knall auf den Boden stellte in dem Laden, den ich ihm vermietet habe. Ach, hätte ich das besser nicht getan! Der Bäcker, der den Laden zuerst haben wollte, hätte noch früher angefangen. Nun gut, es ist ja auch schon spät, also aufstehen. Ich kann doch meine Klienten nicht warten lassen, sie brauchen mich. Und ich muss sie dieses Jahr besonders zufrieden stellen, denn nächstes Jahr will ich schließlich bei der Wahl als Quästor (Finanzbeamter) kandidieren. Hoffentlich kommt heute nicht wieder dieser Rufus. Wie ich gehört habe, soll er Fleisch verkaufen, das voller Maden steckt. Dem gebe ich mit Sicherheit nicht die Hand. Die Sitzung der Hausbesitzer unserer Straße,

auf der die Wasserversorgung besprochen werden sollte, fällt, Jupiter sei Dank, aus. Ich muss später noch die neuesten Einnahmen und Ausgaben meiner Latifundien kontrollieren. Das geht schnell. Auf Aristeides, meinen Haussklaven, kann ich mich verlassen. Er bereitet sie ja immer vorbildlich vor, da stimmen dann die Summen. Ja, ja, die Griechen können halt rechnen! Und dann endlich werde ich mich auf meine gemütliche Liege in mein Lesegemach zurückziehen können und ein bisschen in den neuen Schriftrollen der griechischen Philosophen lesen. So teuer, wie die waren, müssen sie etwas hoch Geheimnisvolles enthalten ...
Verfassertext

M3 „Schmutzige" Fertigkeiten

In der an seinen Sohn Marcus gerichteten Pflichtenlehre „De officiis" formuliert Marcus Tullius Cicero (106–43 v. Chr.) den Standpunkt der römischen Führungsschicht hinsichtlich beruflicher Tätigkeiten:

Erstens werden alle diejenigen Gewerbe als verpönt angesehen, die, wie das der Zöllner und Wucherer, nur darauf hinauslaufen, sich bei den Mitmenschen verhasst zu machen. Als unedel und unsauber gilt ferner der Erwerb aller ungelernten Tagelöhner, bei denen die Dienstleistungen, nicht die Fertigkeiten bezahlt werden. Was sie als Lohn bekommen, ist ein Handgeld für ihren Knechtsdienst. Zu den schmutzigen Gewerben rechnet man auch die Zwischenhändler, die, was sie vom Großhändler kaufen, sofort wieder verkaufen. Sie würden gar nichts verdienen, wenn sie sich nicht ganz auf Lügnerei verlegten ... Alle Handwerker fallen auch unter diese unsaubere Zunft, was kann schon eine Werkstatt Edles an sich haben? Am allerwenigsten kann man sich einverstanden erklären mit Berufen, die nur sinnlichen Genüssen dienen: „Fischhändler, Fleischer, Köche, Hühnermäster, Fischer", wie Terenz (römischer Dichter) sagt. Meinetwegen nehme man noch dazu die Quacksalber, Tänzer und das ganz leicht geschürzte Schauspiel.

Diejenigen Berufszweige aber, die eine tiefere Vorbildung verlangen und höheren Nutzen anstreben, wie die Heilkunde, die Baukunst, der Unterricht in den edlen Wissenschaften, sind anständig für jeden, dessen Stand sie zukommen. Der Kleinhandel aber ist zu den unsauberen Geschäften zu rechnen, während der kapitalkräftige Großhandel, der die Verbrauchsgüter aus aller Welt heranschafft und sie den Massen zugute kommen lässt, nicht ganz zu tadeln ist ... Von allen Erwerbsarten ist die Landwirtschaft die beste, die ergiebigste und angenehmste, die des freien Mannes würdigste.
Cicero, De officiis. Zitiert nach: Karl Christ: Die Römer, München (Beck) ³1994, S. 103.

1 Antike Getreidemühlen: Vergleiche in M1 Abbildung der Überreste mit der Rekonstruktion.
2 Welche Einstellung gegenüber „Arbeit" wird bei Marcus Fluvius deutlich (M2)? Gibt es heute vergleichbare Tätigkeiten bzw. Berufe?
3 Liste alle jene Berufe auf, die Cicero (M3) als „schmutzig" bezeichnet. Welche Gründe für eine solche Einschätzung werden genannt?
4 Erarbeite aus M2 und M3 Kennzeichen für „anständige" Berufe.
5 M4 zeigt links einen Sklaven, der einen Blasebalg bedient. Welchen Beruf übte der in der Bildmitte dargestellte Verstorbene aus? Benenne einige Werkzeuge.

M4 In einer Werkstatt *(Ausschnitt aus einem Sarkophag, ca. 2. Jh. v. Chr.)*

Sklaven: „Lebendige Werkzeuge“ oder Mitmenschen?

Sklaven – keine Menschen. Die Sklaverei war im Altertum im ganzen Mittelmeerraum verbreitet. Der große Reichtum und die Pracht Athens oder Roms wären ohne Sklaven undenkbar gewesen. Ein Sklave jedoch galt als Sache, hatte also keine persönlichen Rechte, und konnte wie ein Gegenstand verkauft, verschenkt, vererbt, vermietet und verpfändet werden.

Wie wurde man Sklave? Vor allem drohte die Sklaverei den Kriegsgefangenen, sofern man sie überhaupt am Leben ließ. So unterwarfen die Spartaner (s. S. 95) in über 20 Jahren Krieg ihre Nachbarn und machten sie zu Staatssklaven (Heloten). Mehr als 150 000 Heloten mussten für 3 000–9 000 Spartaner auf den Feldern arbeiten. Eine weitere große Gefahr, Sklave zu werden, drohte durch Seeräuber. Sie verkauften ihre Gefangenen auf Sklavenmärkten oder erpressten Lösegeldzahlungen von den Angehörigen. Wer seine Schulden nicht bezahlte, wurde in die Sklaverei verkauft, der Erlös fiel dem Schuldner zu. Ein Familienvater hatte sogar das Recht, seine Kinder zu verkaufen. Und wer als mittelloser Tagelöhner Hunger leiden musste, konnte sich selbst an einen Herrn verkaufen, der für seinen Unterhalt sorgen würde. Kinder von Sklaven waren gleichfalls Sklaven. So wurde Sklaven oft erlaubt, eine Familie zu gründen, um neue Sklaven zu erhalten.

Sklaven in Athen. In der Polis Athen war jeder dritte Einwohner ein Sklave. Staatssklaven gab es als Ordner bei den Volksversammlungen, als Straßenkehrer, als Polizisten, Gefängniswärter oder als Henker. Im Krieg verwendete man sie als Hilfssoldaten. Vor allem aber brauchte man Sklaven für die südlich von Athen im Laureiongebirge gelegenen Silberbergwerke, wo bis zu 20 000 Arbeitskräfte eingesetzt wurden, die Athens Reichtum sicherten. Im Gegensatz zu Sparta gab es aber auch sehr viele Haussklaven. Sie waren Privateigentum ihrer Besitzer und Teil des Oikos (s. S. 78). Sklavinnen halfen in der Regel als Dienstmädchen der Hausfrau, während Sklaven als Koch, Lehrer, Erzieher oder Heilkundige tätig waren. Die meisten männlichen Sklaven arbeiteten jedoch in der Landwirtschaft oder als billige Arbeitskräfte in den Werkstätten der freien Handwerker.

Römische Sklaven. Auf der griechischen Insel Delos, dem größten Sklavenmarkt der Antike, wurden an manchen Tagen bis zu 10 000 „Arbeitskräfte“ verkauft, viele von ihnen wurden nach Italien verschifft. Man hat ausgerechnet, dass von den 7,5 Millionen Einwohnern Italiens im 1. Jh. v. Chr. etwa ein Drittel Sklaven waren. Der Großteil musste auf den Feldern, in den Olivenhainen und Weinbergen der Großgrundbesitzer arbeiten. Die Sklaven wurden streng bewacht und verbrachten die Nächte gefesselt in besonderen Sklavenhäusern. Andere wiederum hüteten große Schafherden, mit denen sie durch die Berge zogen. Sie wurden so schlecht versorgt, dass sie sich oft nur durch Straßenraub am Leben erhalten konnten.

Sklaven wehren sich. Die harte Behandlung so vieler Sklaven führte zu Unruhen. In Mittelitalien erhoben sich 198 v. Chr. karthagische Kriegsgefangene und brachten eine Stadt in ihre Gewalt. 136 v. Chr. brach der sizilianische „Sklavenkrieg“ aus, der sich über vier Jahre hinzog. 73 v. Chr. schlossen sich in Süditalien Zehntausende von Sklaven einigen ausgebrochenen Gladiatoren an; zu ihrem Anführer wählten sie Spartacus. Er zog mit 120 000 Mann durch ganz Italien und verwüstete das Land. Die Römer konnten alle diese Aufstände nur nach schweren Kämpfen niederschlagen. Ihre Rache war fürchterlich. So starben nach dem Spartacus-Aufstand entlang der Via Appia, der Straße von Rom nach Süditalien, 6 000 Sklaven qualvoll am Kreuz.

Die Lage bessert sich. Immer mehr Herren begriffen jedoch, dass halbwegs zufriedene Sklaven williger arbeiteten. Grundsätzlich waren auch immer mehr Römer bereit, diese als Mitmenschen anzuerkennen. Mancher vornehme Römer besaß ohnehin mehr Sklaven als benötigt. Da war es oft vorteilhafter, sie freizulassen und in die Klientel (s. S. 78) einzugliedern. Die Freigelassenen aus Griechenland oder dem Osten hatten aus ihrer Heimat oft sehr gute Kenntnisse und Fertigkeiten mitgebracht. In Rom und Italien gelang es vielen von ihnen, als Bäcker, Schneider, Kaufmann oder Arzt zu Wohlstand zu kommen; einige wurden sogar Millionäre. Schließlich lagen Handel und Handwerk, aber auch das Gesundheitswesen, Theater und Teile der Staatsverwaltung Roms weitgehend in den Händen von freigelassenen Sklaven.

M1 Sklaven in einer Tongrube
(Tontäfelchen, um 600 v. Chr.)

M2 Der griechische Geschichtsschreiber Diodor *(um 90–21 v. Chr.)* **über Bergwerkssklaven**

Die Sklaven, die im Bergbau beschäftigt sind, bringen ihren Besitzern unglaubliche Einkünfte; sie selbst aber müssen unterirdisch graben, bei Tage wie bei Nacht, gehen körperlich zugrunde, und viele sterben infolge der übermäßigen Anstrengung – denn Erholung oder Pausen in der Arbeit gibt es nicht; Aufseher zwingen sie mit Schlägen, die furchtbaren Leiden zu ertragen, bis sie elend ihr Leben aushauchen; wenige nur, die Körperkraft und seelische Widerstandsfähigkeit genug haben, halten durch – und verlängern damit nur ihre Qual. Denn erstrebenswerter als das Leben wäre für sie der Tod wegen der Größe ihres Elends.

Diodoros 5,36ff. Zitiert nach: Stoa und Stoiker. Die Gründer, eingel. und übertr. von Max Pohlenz, Zürich/Stuttgart (Artemis) 1950.

M3 Zwei Einstellungen zur Sklaverei

Der griechische Philosoph Aristoteles (384–322 v. Chr.):

Manche Lebewesen zeigen gleich bei ihrer Entstehung so große Unterschiede, dass die einen zum Dienen, die anderen zum Herrschen bestimmt erscheinen. Es gibt viele Arten dienender Wesen, z. B. Tiere und Sklaven. Es ist vorteilhafter über einen Menschen zu herrschen als über ein Tier, denn er bringt eine bessere Leistung. Und nur auf die kommt es an! Alle, deren Leistung aus körperlicher Arbeit besteht, sind von Natur aus Sklaven, und für sie ist es besser, in diesem Dienstverhältnis zu leben ...

Aristoteles: Politik, 1254b, übers. und eingeleitet von Wilhelm Nestle, Stuttgart (Kröner) 1977, S. 290f.

Aus einem Brief des jüngeren Plinius (61–113 n. Chr.):

Tief erschüttert haben mich einige Krankheitsfälle, ja auch Todesfälle der Meinen und noch ganz junger Menschen. In zwei Gedanken finde ich Trost: Das eine ist die Leichtigkeit, mit der ich mich zur Freilassung entschließe; das andere, dass ich den Sklaven schon zugestehe, Testamente zu machen und diese dann gerade so, als wären sie rechtsgültig, vollstrecke. Sie erteilen Aufträge und sprechen Bitten aus, ganz wie es ihr Wunsch ist; ich führe alles aus, als wäre es ein Befehl. Sie verteilen das Ihre, verschenken dieses, hinterlassen jenes – natürlich nur innerhalb des Hauses, denn für Sklaven ist die Hausgemeinschaft wie eine Staats- und Bürgergemeinschaft.

Ich weiß sehr wohl, dass andere Herren in solchem Unglück, das die Sklaven betrifft, nichts weiter als eine Vermögenseinbuße sehen und sich ob dieser Unerschütterlichkeit groß und weise dünken. Ob diese Herren groß und weise sind, weiß ich nicht. Denn zum Menschen gehört es, sich vom Schmerz anrühren zu lassen und Trost anzunehmen – nicht, des Trostes gar nicht erst zu bedürfen.

Zitiert nach: Klaus Bartels: Sokrates im Supermarkt (= insel TB), Frankfurt ^{3}2000.

M4 Halsband eines Sklaven und seine Besitzermarke

Auf der Marke steht: „Halte mich, damit ich nicht fliehe, und gib mich meinem Herrn zurück."

1 Berichte unter Einbeziehung des Autorentextes, der Bilder und Textquellen (M1–M4) über unterschiedliche Schicksale der Sklaven.

2 Vergleiche die Einstellung von Aristoteles und Plinius zu den Sklaven (M3).

3 Entwirf einen Brief, wie ihn Plinius an Aristoteles hätte schreiben können.

4 Vergleiche die Lage von Bürgern und Sklaven (persönliche, wirtschaftliche und politische Situation).

Wasser in der Antike

Die Bedeutung des Wassers. Wasser ist lebensnotwendig für Menschen, Tiere und Pflanzen. Den Menschen dient es darüber hinaus als Mittel der Reinigung, beim Waschen oder bei rituellen Handlungen wie der christlichen Taufe oder vor dem Betreten einer Moschee. Auf dem Wasser konnten Waren transportiert und Reisen durchgeführt werden. Wasser ist jedoch auch eine Urgewalt mit zerstörerischer Kraft, wie die Überschwemmungen der Flüsse und Sturmfluten an den Küsten zeigen. Seit den ersten Bauernkulturen der Jungsteinzeit ist das Wasser Gegenstand menschlicher Bewirtschaftung. Ohne die Leben spendende Kraft des Wassers wären die frühen Hochkulturen nicht entstanden; mit ausgeklügelten Deichbauten und Kanalsystemen wurde das Wasser nutzbar gemacht.

M1 Wasseruhr aus dem antiken Athen

Die Uhr hatte eine bestimmte Funktion während der Gerichtsverhandlungen. Wenn das Wasser aus der oberen Schale durchgelaufen war, endete die Redezeit des jeweiligen Sprechers.

Die Wasserversorgung in griechischen und römischen Städten. In den trockenen Gebieten des Mittelmeerraumes musste Wasser in Zisternen gesammelt und durch Leitungen für Menschen und Ackerbau – zum Teil unter großen Anstrengungen – verfügbar gemacht werden. So z. B. entstand auf der Insel Samos um 550 v. Chr. eine fast 2500 m lange Wasserleitung aus 4000 Tonröhren mit 25 cm Innendurchmesser, die von der Quelle zu den Verbrauchern mitten durch einen Berg hindurch geführt wurde (s. auch S. 92f.).
Mit dem raschen Anwachsen der Bevölkerung Roms in der Kaiserzeit reichten die Brunnen und der Tiber nicht mehr zur Trinkwasserversorgung der Stadt. Die Römer waren Meister im Bau von Wasserleitungen (Aquädukte = heute Bezeichnung für über eine Brücke geführte Wasserleitung), die Frischwasser aus entfernten Quellen in die Städte holten. Die Leitungen waren in der Regel überdacht, damit das Wasser nicht verschmutzte. Das Gefälle musste genau berechnet werden, damit immer genügend Wasser durch die Leitungen lief. Rom wurde im 1. Jh. n. Chr. über 13 Fernleitungen versorgt, in denen täglich 700 Millionen Liter Wasser in die Stadt flossen. Verteilt wurde das Wasser über 247 castellae, große Wasserreservoirs, die über 1300 öffentliche Brunnen, 11 kaiserliche Brunnen und 926 Badehäuser versorgten. Die Entsorgung erfolgte über die cloaca maxima, eine riesige unterirdische Abwasseranlage, die in den Tiber führte.

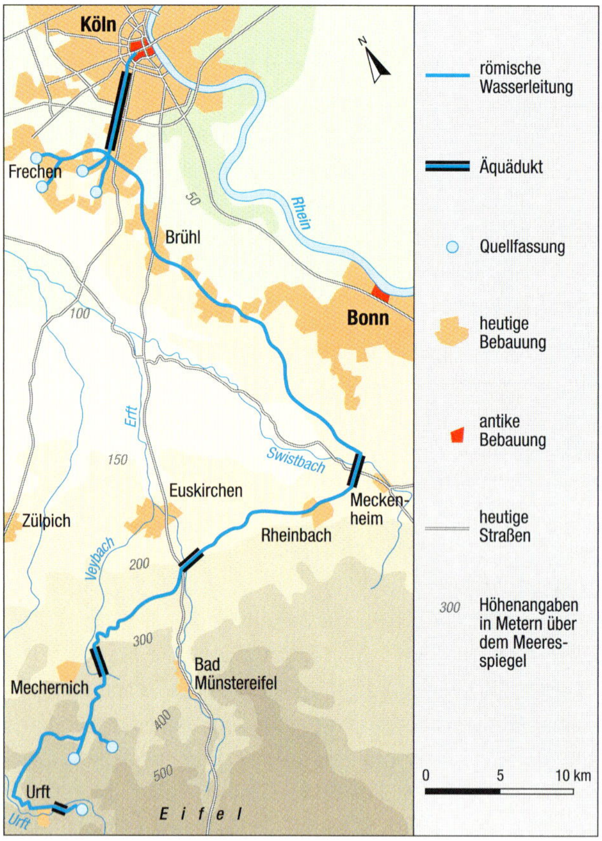

M2 Wasser für Köln

Auch in Köln legten die Römer Wert auf reines, kalkhaltiges Trinkwasser. Eine Wasserleitung führte es aus bis zu 60 km entfernten Quellen heran.

M3 Die römische Wasserversorgung

Kreuzung zweier römischer Aquädukte, südöstlich von Rom (Gemälde von Zeno Diemer, 1914). Bei der abgebildeten Straße handelt es sich um die Via Latina.

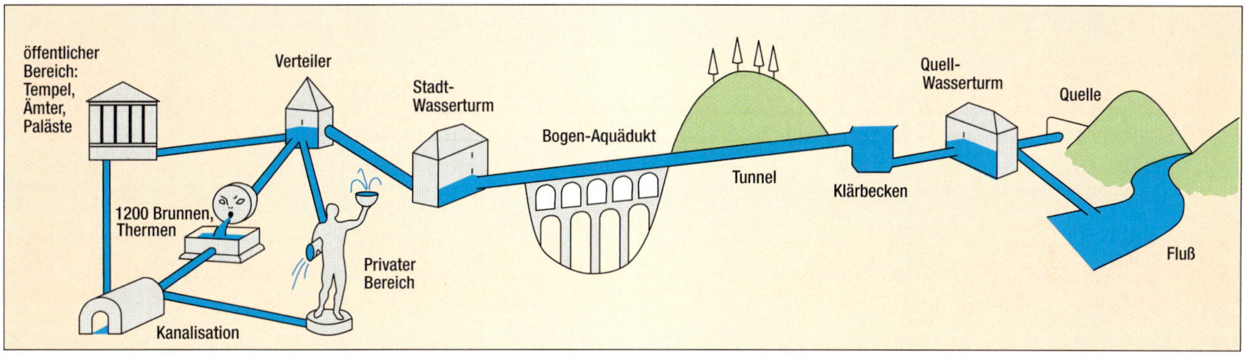

Von der Quelle zum Endverbraucher

M4 Schutz der Wasserleitungen in Rom

Der Senat hat 11 v. Chr. Folgendes beschlossen:

(Um) an den Kanälen und Leitungsrinnen, am Wasserlauf und an den Wasserbauwerken Beeinträchtigungen zu vermeiden, soll um die Quellfassungen, Gewölbegänge und Mauern zu beiden Seiten eine 4,44 m breite Schutzzone unbesetzt bleiben; ferner soll zu beiden Seiten der unterirdischen Kanäle und Leitungsrinnen innerhalb der Stadt sowie bei Bauwerken außerhalb der Stadt eine Schutzzone von 1,48 m Breite frei bleiben ... Falls jemand diese Bestimmungen zuwiderhandelt, soll er für jedes einzelne Vergehen mit einer Strafe von 10 000 Sesterzen büßen ...

Zitiert nach: Sextus J. Frontinus: Wasser für Rom, übersetzt und erläutert von Manfred Hanzmann, Zürich (Artemis) 1979, S. 64f.

1 Lies auf Seite 36f. nach und berichte über die Bedeutung von Wasser in einer frühen Hochkultur.

2 Erläutere anhand von M3 die römische Wasserversorgung.

3 Eine Wasserversorgung wie in der Hauptstadt des Reichs: Du wohnst im Köln der Römerzeit und schreibst einen Brief an deinen Freund. Beziehe dazu M2 und den Autorentext mit ein.
Im Internet findest du unter „Römerkanal" noch sehr viel Wissenswertes über diese Wasserleitung aus römischer Zeit.

4 Was mag den Senat bewogen haben, diese Anordnung (M4) zu verfassen?

Straßen, Brücken und Tunnel

Wofür baute man Straßen? Als im dritten Jahrtausend v. Chr. das Rad und erste Wagen in Mesopotamien erfunden wurden, gab es auch einfache Straßen. Dabei wurden Spurrinnen für die Karrenräder in den Fels gemeißelt oder gemauert. Die ersten befestigten Straßen waren Prozessionswege zu wichtigen Heiligtümern. Große Reiche des Altertums wurden durch ein dichtes Straßennetz überhaupt erst regierbar gemacht. Auf Straßen konnten Nachrichten weitergegeben und Truppen rasch in weit entfernte Gebiete marschieren. Die drei ältesten erhaltenen Brücken Griechenlands stammen aus mykenischer Zeit (s. S. 140f.) und zeugen von einer Straße, die vor 3300 Jahren die Paläste Mykenes mit dem Hafen Epidauros verband. Die Straße war so breit, dass sie mit Streitwagen befahren werden konnte.

Römische Ingenieurskunst. Die Römer bauten ein Straßennetz von ungefähr 90 000 Kilometern Fernstraßen und fast 200 000 Kilometern unbefestigter Nebenstraßen. Diese Straßen dienten in erster Linie den Militärs. In regelmäßigen Abständen gab es Straßenstationen, die Übernachtung, Mahlzeit oder frische Pferde anboten. Auf den Straßen zogen zwar auch Fernhändler mit ihren Waren, der lokale Handel blieb aber vorrangig; der Transport größerer Warenmengen über weite Strecken zu Schiff überwog.
Der Unterbau und die Pflasterung römischer Fernstraßen waren so vorzüglich, dass dieser Bau-Standard erst Mitte des 19. Jh. wieder erreicht und überboten wurde. Der uns heute so vertraute Asphalt war als Naturvorkommen bereits den Babyloniern bekannt und fand auch teilweise auf den Straßen römischer Provinzstädte Verwendung. In Deutschland wurde am Hamburger Jungfernstieg im Jahre 1832 erstmals industriell verarbeiteter Asphalt benutzt.

Eupalinos und der Tunnel. Die Römer waren in der Antike die Meister der Technik und Ingenieurskunst. Doch schon vor ihnen gab es in diesem Bereich einzelne großartige Leistungen. Dazu gehörte sicherlich der Tunnel des Eupalinos, der um 550 v. Chr. zur Wasserversorgung der Stadt Samos gebaut wurde. Der Tunnel durchquert auf rund 55 m Höhe über dem Meeresspiegel und rund 180 m unter dem Gipfel einen Berg, verläuft dabei fast waagerecht und wurde von beiden Seiten gleichzeitig vorgetrieben. Dazu mussten die Eingänge auf gleicher Höhe bestimmt und die Vortriebsrichtung festgelegt werden. Beides geschah mit einfachsten Messgeräten, dennoch wurde ein Höchstmaß an Genauigkeit erreicht. Der Tunnel ist nicht geradlinig angelegt, sondern weist Abknickungen auf. Damit sollte das Zusammentreffen der beiden Stollen gewährleistet sowie gefährliche Zonen im Bergesinneren umgangen werden. Für den Tunnel mussten rund 5 000 m³ Fels ausgehoben werden. Alle diese Arbeiten wurden mit Hammer und Meißel durchgeführt, andere Hilfsmittel waren nicht verfügbar (s. auch S. 90).

M1 Die Brücke von Alcántara *(Extremadura, Spanien)*
Die Brücke führt über den Tejo; sie wurde zwischen 105 und 118 n. Chr. erbaut, ist 71 m hoch und hat eine Länge von 194 m.

M2 Tunnel des Eupalinos *(die Halterungen stammen aus heutiger Zeit)*

M3 Bau einer Überlandstraße

Die wichtigeren Straßen waren 7 m breit und bestanden aus mehreren Schichten (Stein, Kies, Sand). Die Straßenoberfläche lag etwas höher als der Erdboden und war gewölbt.

M4 Asterix über die Baukunst der Römer

1 Welche Hauptbedeutung hatten Straßen in der Antike (M1, M3–M4 und Autorentext)? Vergleiche mit der heutigen Zeit.

2 Die Griechen verfügten über ein hohes Maß an technischem Können. Ein landesweites Straßennetz wie die Römer haben sie jedoch nie aufgebaut. Finde Gründe dafür heraus.

3 Wie bauten die Römer ihre Straßen (M3)? Beschreibe genau Unterbau und Pflasterung. Was ist heute beim Straßenbau anders?

4 Worauf weist Asterix mit seiner Aussage hin (M4)?

Landschaft, Natur und Meer bestimmen die Poliswelt

Landschaft und Natur. Die Karte (rechts) verdeutlicht die Vielfalt der Landschaftsformen Griechenlands. Die Berge bestehen zum größten Teil aus wasserdurchlässigem Kalkstein; deshalb sind die Böden trocken, meist hart und steinig. Es gibt nur wenige Gebiete, die sich für Ackerbau und Besiedlung eignen. Das Ägäische Meer ist erdgeschichtlich gesehen eine Region, an der die Erdkruste eingebrochen ist. Ihre frühere Gestalt lässt sich noch erahnen, da die Inseln als Reste die Gebirgszüge des Festlandes fortsetzen. An der Nahtstelle zwischen drei Kontinenten kommt es oft zu Erdbeben, die die Menschen auch heute noch beunruhigen.

Das Meer und die Seefahrt. Das Land wurde von den Griechen früher als trennend, das Meer mit seinen Inseln als verbindend empfunden. Der Landweg war schwierig und zeitraubend, der Transport von Menschen und Gütern mit dem Schiff schneller und leichter. Dafür bot die Ägäis gute Bedingungen. Schon in sehr früher Zeit nutzten die Griechen Segelschiffe, deren Wände mit Pech abgedichtet waren. Nach dem Schriftsteller Herodot betrug die Geschwindigkeit 7,5 bis 11 km pro Stunde. Die Seemänner vertrauten auf die Götter, denn ihre eigenen Kenntnisse und Möglichkeiten waren gering. Die Schiffe fuhren meist nur bei Tage, nicht weit von der Küste entfernt oder von Insel zu Insel. Oft mussten die Kapitäne auf günstige Winde warten.

M1 Nachbau eines griechischen Handelsschiffs aus dem 4. Jh. v. Chr.

M2 Griechische Landschaft *(südliche Peloponnes)*

Stadtstaaten entstehen. Die landschaftlichen Voraussetzungen ließen nur kleinräumige Ansiedlungen zu. So entwickelten sich im 9. und 8. Jh. v. Chr. erste, von festen Mauern umgebene kleine Stadtanlagen, in denen jeder jeden kannte. Meist lagen sie in einem überschaubaren Gelände im Schutz einer Burg. Diese, zusammen mit der Stadt und dem Umland, bildeten eine ▸ Polis (Plural: Poleis). Die neue Siedlungsform prägte auch ein neues politisches Denken. Die Zugehörigkeit zu einer Polis bestimmte fortan das gemeinsame Leben und politische Handeln ihrer Bewohner. Eine Polis war also mehr als eine mauerbewehrte Stadt; sie war vor allem ein gemeinsames Staatswesen – ein Staat im Kleinen. Von Polis leitet sich auch unser Wort „Politik", d. h., die Angelegenheiten, die alle Bürger angehen, ab.

M3 Siedlungsraum der Griechen

Viele verschiedene Poleis. Mehr als 800 Stadtstaaten gab es wohl in klassischer Zeit (um 450 v. Chr.). Meist waren sie mit 50–100 km² viel kleiner als deutsche Großstädte heute und erinnerten bisweilen an befestigte Dörfer. Nur wenige Poleis erreichten einen Umfang von über 1 000 km². Eine Ausnahme mit über 2 600 km² bildete Athen, das damit der Größe des heutigen Luxemburg entsprach. So unterschiedlich wie das äußere Erscheinungsbild waren die Staatsformen der Stadtstaaten, denn jede Polis wollte politisch selbstständig und wirtschaftlich unabhängig sein. Und so entwickelte sich Athen zur Demokratie (s. S. 96ff.), während das mit Abstand größte Polisgebiet, der Kriegerstaat Sparta (8 400 km²), von zwei Königen geführt wurde. Diese verloren zwar im Laufe der Zeit ihren politischen Einfluss, behielten aber ihre herausragende Stellung als oberste Priester und Heeresführer.

1 Beschreibe Griechenland als Ganzes (M3). Welche Ausdehnung hat das Land, wie hoch sind Berge und Gebirge, wo liegen die meisten Orte, wie sind Land und Meer gegliedert und verzahnt? Beziehe den Autorentext und M2 in deine Beschreibung mit ein.

2 Werte die Karte (M3) weiter aus. Was bedeuten die verschiedenen Farben, Linien und Symbole? Schätze die Entfernungen anhand des Maßstabs ab.

3 Ziehe im Hinblick auf die Lebensbedingungen Schlüsse aus der Kartenbeschreibung: Wo können Menschen siedeln und Ackerbau betreiben? Was erschwert oder erleichtert die Verbindung einzelner Landesteile miteinander? Welche politische Organisation des Landes liegt nahe? Warum kann hier kein einheitliches Reich mit einem Mittelpunkt entstehen?

4 Du bist Kapitän eines Schiffes (M1) und sollst auf dem sichersten Weg (M3) Zypressenholz von Kreta nach Athen und von dort Vasen nach Kefallinia bringen. Welche Route wählst du? Bedenke, dass Korinth je einen Hafen am Saronischen und am Korinthischen Golf hatte. Wie viel Zeit veranschlagst du für die Reise?

Athens langer Weg zur Demokratie

Die Adelsherrschaft. Im 8. bis 7. Jh. v. Chr. löste die Aristokratie in den meisten griechischen Poleis das Königtum (▸ Monarchie, griech. monos = allein, archein = herrschen) ab. Die Adligen nannten sich „aristoi", die Besten (s. S. 67f.). Sie waren Großgrundbesitzer und wählten aus ihren Reihen neun Beamte (Archonten), die für unterschiedliche Aufgaben zuständig waren. Die Adligen übten diese Ämter ein Jahr aus, danach wurden sie in den Adelsrat, den Areopag, aufgenommen. In dieser Funktion überwachten sie dann die Archonten und waren zugleich oberstes Gericht.

Krise in Athen. Während die Adligen ihre großen Ländereien von Sklaven bewirtschaften ließen und stattliche Gewinne durch den Verkauf ihrer Produkte, wie Oliven, erzielten, ging es den Kleinbauern immer schlechter. Durch Kriege und Missernten waren sie verarmt, sie mussten sich von den Adligen Geld leihen, konnten es nicht zurückzahlen, verloren ihre Äcker und gerieten in Schuldknechtschaft. Die Bauern forderten eine Landreform, die Befreiung von der Adelswillkür, eine Festschreibung des Rechts und die Abschaffung der Schuldknechtschaft. Den Händlern und Handwerkern dagegen ging es wirtschaftlich gut, denn unter den in Athen hergestellten Waren erwiesen sich z. B. die rotfigurig bemalten Vasen als begehrte Luxusware und Exportschlager (s. S. 76f.). Die reich gewordenen Händler verlangten nach politischer Mitbestimmung.

M1 Solon *(ca. 640–561 v. Chr.)*

Die Reformen des Solon. Der 594 v. Chr. zum obersten Archonten gewählte adlige Solon versuchte die Krise zu bewältigen. Die Schuldknechtschaft wurde verboten, die in die Sklaverei verkauften Bürger freigekauft. Solon schaffte zahlreiche Vorrechte des Adels ab und verteilte die politischen Rechte der Bürger nach Besitz (Timokratie, timos = Reichtum, kratein = herrschen). Die Bürger wurden nach ihrem Vermögen in vier Klassen eingeteilt. In der ▸ Volksversammlung hatten alle männlichen ▸ Bürger gleiches Stimmrecht, sie konnten über Gesetze abstimmen, den Rat der 400 sowie Beamte wählen. Allerdings durften nur Angehörige der ersten Klasse Archonten werden. Der Rat der 400 bestand aus den oberen drei Klassen. Gleichzeitig setzte Solon weitere bedeutende Verbesserungen durch: Die höchst unterschiedlichen Maße und Gewichte wurden vereinheitlicht. Das Recht wurde aufgeschrieben; jeder Bürger konnte nun öffentlich Anklage erheben.

Die ▸ Tyrannis. Solon gelang es aber nicht, die sozialen Spannungen auf Dauer abzubauen. Die Bauern waren enttäuscht, da er keine Neuverteilung des Bodens hatte durchsetzen können. Und der Adel trauerte dem Verlust seiner Vorrechte nach. Diese Lage nutzte ein Adliger namens Peisistratos, indem er mithilfe der unteren Schichten zum Alleinherrscher wurde. Die Griechen nannten eine solche widerrechtlich erworbene Herrschaft Tyrannis. Peisistratos war beim athenischen Volk beliebt, weil er die Adelsmacht beschränkte. Den Angehörigen der vierten Steuerklasse, meist Tagelöhner (Theten), gab er Arbeit durch die Errichtung prächtiger Bauten und förderte das Gemeinschaftsgefühl aller Bürger durch Feste und Feiern. Die Söhne des Peisistratos konnten sich nicht durchsetzen; 510 v. Chr. wurden sie von den Athenern vertrieben.

Die Reform des Kleisthenes. Nach den schlechten Erfahrungen mit der Tyrannis strebten die Athener danach, die politische Ordnung zu verbessern und vor Missbrauch zu schützen. Der adlige Kleisthenes konnte sich durchsetzen, weil er die Macht des Volkes stärkte. Die attische Bevölkerung war in vier Gruppen (Phylen) eingeteilt, in denen einzelne Adelsfamilien herrschten. Diese starke Machtposition brach Kleisthenes, indem er die vier Phylen durch zehn neue Verwaltungseinheiten ersetzte, die zu je einem Drittel aus Bewohnern der Stadt, der Küste und des Binnenlandes bestanden. Aus jeder neuen Phyle loste man 50 Bürger aus, die gemeinsam den Rat der 500 bildeten. Die Rechte der Volksversammlung wurden erweitert. Hier fand die Abstimmung über Krieg und Frieden statt, die Feldherren und Finanzbeamten wurden gewählt und Gesetze beschlossen.

M2 Schaubilder: ▸ Verfassungen im Vergleich

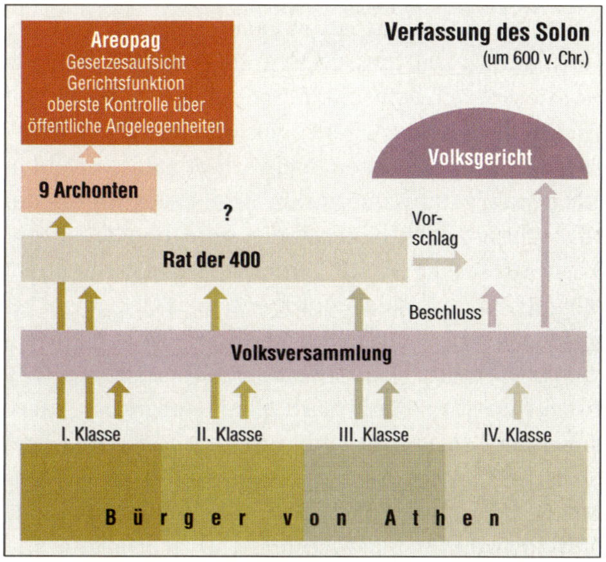

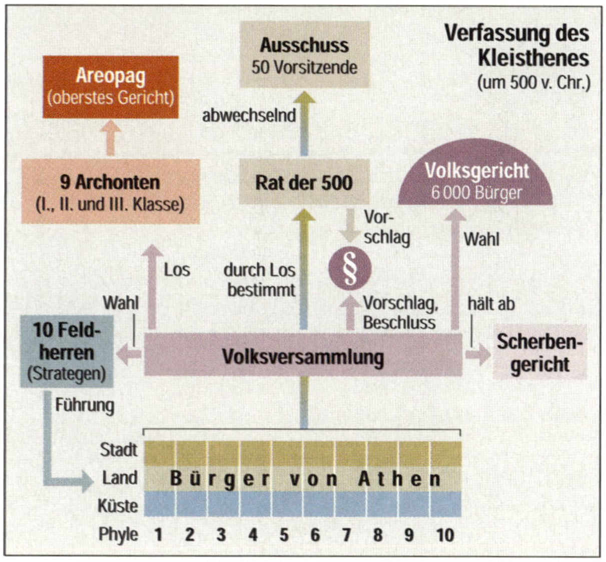

M3 Das Scherbengericht am Beispiel des Aristeides *(482 v. Chr.)*

Kleisthenes führte ein Verfahren der Verbannung ein, das eine Tyrannis verhindern sollte. Plutarch (ca. 46 – ca. 120 n. Chr.) beschreibt das Verfahren folgendermaßen:

Aristeides war zunächst beliebt gewesen; er erhielt den Beinamen „Der Gerechte". Dies setzte ihn aber der Missgunst aus. Insbesondere Themistokles (athenischer Adeliger) verbreitete unter der Menge das Gerede, Aristeides richte und entscheide alles allein. Er habe die Gerichtshöfe aufgehoben und unbemerkt eine Alleinherrschaft errichtet. Auch nahm das Volk an seinem Beinamen Anstoß, der ihn über die Menge erhob. So kamen sie von allen Seiten der Stadt zusammen und verbannten Aristeides durch das Scherbengericht. Dabei gaben sie ihren Neid auf seinen Ruhm als Angst vor tyrannischer Herrschaft aus …

Das Verfahren lief wie folgt ab: Jeder Bürger nahm eine Tonscherbe und schrieb darauf den Namen des Mannes, den er verbannen wollte. Dann brachte er die Scherbe an einen Ort auf dem Markt, der mit Schranken umschlossen war. Die Beamten zählten zunächst die gesamten abgelieferten Scherben durch. Bei weniger als 6 000 abgegebenen Scherben war die Abstimmung ungültig. Bei gültigem Verfahren wurden die Scherben nach den Namen geordnet. Wer von der Mehrzahl aufgeschrieben worden war, den verbannten sie für zehn Jahre. Sein Vermögen dagegen blieb ihm erhalten.

Plutarch, Aristeides 7. Zitiert nach: Große Griechen und Römer, eingeleitet und übersetzt von Konrat Ziegler, Zürich/München (Artemis) 1954/7.

Tonscherbe (griech. ostraka, davon leitet sich auch der Name ▸ „Ostrakismos" für Scherbengericht ab) mit dem Namen des Aristeides, Sohn des Lysimachos.

1 Liste in Form einer Tabelle auf: Welche verschiedenen Formen der Regierung hatte Athen ab dem 8. Jh. v. Chr.? Welche Rolle spielte dabei jeweils die Bevölkerung? Lies dazu auch im Glossar auf den Seiten 216ff. nach.

2 Vergleiche die beiden Schaubilder (M2). Welche Änderungen kannst du feststellen? Inwieweit war die Verfassung des Kleisthenes ein weiterer Schritt auf dem Weg zur Demokratie?

3 Informiere dich im Lexikon oder Internet über die beiden in M3 genannten Politiker. Inwieweit hältst du die Entscheidung des Scherbengerichts für gerecht? Begründe, warum ein Ostrakismos keine Gerichtsverhandlung ist.

Wird Athen Vormacht in Griechenland?

Kampf gegen die Perser. Im Osten der griechischen Welt hatte sich im 6. Jh. v. Chr. das Persische Reich herausgebildet. Es umfasste das riesige Gebiet zwischen Indien und dem Mittelmeer, dazu Ägypten und auch die Griechenstädte an der Küste Kleinasiens.
Als sich die kleinasiatischen Griechen gegen die Perser erhoben, kam ihnen Athen mit zwanzig Schiffen zu Hilfe. Der persische Großkönig Dareios I. (522–486 v. Chr.) ließ den Aufstand niederschlagen und schwor den Athenern Rache. 490 v. Chr. fiel seine Streitmacht in Attika ein. Aber das Unglaubliche geschah: Die zahlenmäßig unterlegenen, doch schwer bewaffneten athenischen Fußsoldaten schlugen das persische Heer am Strand bei dem Ort Marathon.
Die Athener wussten, dass die Perser wiederkommen würden. Sie fragten beim Orakel von Delphi an, was sie tun sollten. Der Politiker Themistokles überzeugte die Volksversammlung, den Bau einer großen Kriegsflotte zu beschließen. 480 v. Chr. rückten die Perser unter König Xerxes (486–465 v. Chr.) mit einem riesigen Heer und einer Flotte erneut gegen Griechenland vor. Sie verwüsteten Attika und zerstörten die Stadt Athen. Durch eine Täuschung war es gelungen, die überlegene persische Flotte in die enge Bucht vor der Insel Salamis zu locken. Hier griffen die wendigen athenischen Dreiruderer an und bohrten die persischen Schiffe in den Grund. Xerxes kehrte in sein Reich zurück. Im folgenden Jahr wurde sein Landheer vom griechischen Heer unter Führung der Spartaner vernichtend geschlagen.

M1 Griechischer und persischer Soldat
(Vasenbild, 5. Jh. v. Chr.)

Das Attische Seereich. Nach dem Sieg zog sich Sparta wieder auf die Peloponnes zurück. Athen aber baute seine Stellung als stärkste Seemacht in Griechenland gezielt aus. Es gründete mit zahlreichen Städten und Inseln einen Seebund, um die Perser endgültig aus der Ägäis zu verdrängen. Die Mitglieder des Bundes stellten Schiffe oder zahlten Geld in die gemeinsame Kasse auf der Insel Delos ein. Mit der Zeit wurden die Athener immer selbstherrlicher: Nur sie durften noch Schiffe besitzen, die anderen Bündnismitglieder hatten immer höhere Beiträge zu bezahlen. Schließlich holten sie die Kasse nach Athen und bedienten sich aus ihr, um Schiffe zu bauen, aber auch, um ihre Stadt nach dem Perserkrieg umso prächtiger wieder aufzubauen (s. S. 102f.). Aus dem Attisch-Delischen Seebund wurde ein Attisches Seereich. Athen war dabei, die ▸ Hegemonie, d. h. eine Vormachtstellung, in Griechenland zu erlangen.

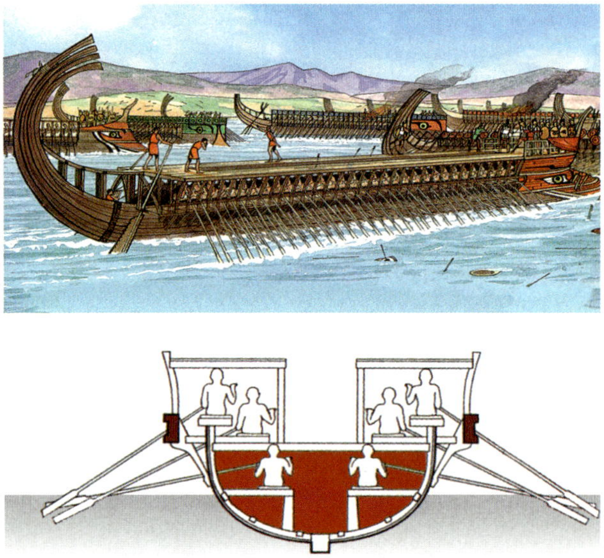

M2 Attische Triere
Sie war 35–40 m lang und 5 m breit. In drei Reihen saßen 170–200 Mann an den Rudern auf beiden Seiten des Schiffs. Trieren waren sehr schnell und wendig. Die Besatzung versuchte, mit dem Rammsporn feindliche Schiffe zu treffen und sie zum Sinken zu bringen.

M3 Der persische Großkönig Xerxes erläutert seine Pläne vor dem Kriegsrat:

Perser! Alles, was wir unternehmen, gelingt uns. Als ich den Thron bestiegen hatte, sann ich nach, wie wir Ruhm und ein großes Land gewinnen können, und wie wir damit zugleich Rache für eine Beschimpfung nehmen können. Ich will ein Heer durch Europa nach Hellas führen, um die Athener zu bestrafen für alles, was sie den Persern und meinem Vater angetan haben. Ich will nicht ruhen, bis ich für ihn und ganz Persien Rache geübt und Athen erobert und niedergebrannt habe, das den Streit mit mir und meinem Vater angefangen hat. Denn zuerst sind die Athener nach Sardes (Stadt in Kleinasien) gezogen und haben die heiligen Haine und Tempel in Brand gesteckt. Dann, als die Perser in Attika ans Land stiegen, so wisst ihr alle, wie übel sie ihnen mitgespielt haben. Wenn wir die Athener und deren Nachbarvölker unterworfen haben, so dehnen wir das Persische Reich so weit aus, dass es mit dem Himmel zusammenstößt.

Herodot, Historien, a. a. O.

M4 Athenische Gesandte betonen in Sparta Athens Leistungen in den Perserkriegen

Bei Marathon haben wir allein mit den Barbaren den Kampf ausgetragen. Und als sie wiederkamen, sind wir Mann für Mann zu Schiff gestiegen, weil wir nicht stark genug waren, sie zu Lande abzuwehren. Gemeinsam mit den übrigen Hellenen haben wir die Schlacht bei Salamis geschlagen; dadurch wurden die Perser gehindert, die Städte auf dem Peloponnes nacheinander anzulaufen und das Land zu verwüsten. Die Städte wären nicht in der Lage gewesen, gegen eine so gewaltige Flotte einander beizustehen. Die Perser selbst lieferten den klarsten Beweis dafür: Zur See besiegt, kehrten sie mit dem größeren Teil des Heeres in Eile heim, weil sie den Hellenen nicht mehr gewachsen waren. Für diese so verlaufene Seeschlacht aber, die deutlich bewies, dass das Heil der Hellenen auf der Flotte beruht, hat Athen die drei nützlichsten Dinge geliefert: die größte Schiffszahl, den umsichtigsten Feldherrn, den glühendsten Eifer. Es hat etwas weniger als zwei Drittel der fast 400 Schiffe zählenden Flotte gestellt. Es hat den Themistokles als Führer der Flotte gestellt; er hat es hauptsächlich durchgesetzt, dass die Seeschlacht in der Meeresenge stattfand, was ohne allen Zweifel Hellas gerettet hat. Ihr selber habt ihn dafür ja auch mehr als irgendeinen Fremden, der je eure Stadt besucht hat, geehrt. Und den allergrößten Wagemut und Eifer haben wir dadurch bewiesen, dass wir, als niemand uns ... zu Hilfe kam und alle Stämme bis zu uns schon unterworfen waren, die Stadt räumten und unser Eigentum der Zerstörung preisgaben. Wir taten dies jedoch nicht, um die noch übrig gebliebenen Bundesgenossen im Stiche zu lassen und uns zu zerstreuen; nein, wir stiegen in die Schiffe und kämpften und trugen es euch nicht nach, dass ihr uns vorher nicht zu Hilfe gekommen wart."

Zitiert nach: Thukydides: Der Peloponnesische Krieg, übertr. von August Horneffer, durchges. von Gisela Strasburger, Bremen (Schünemann) 1957.

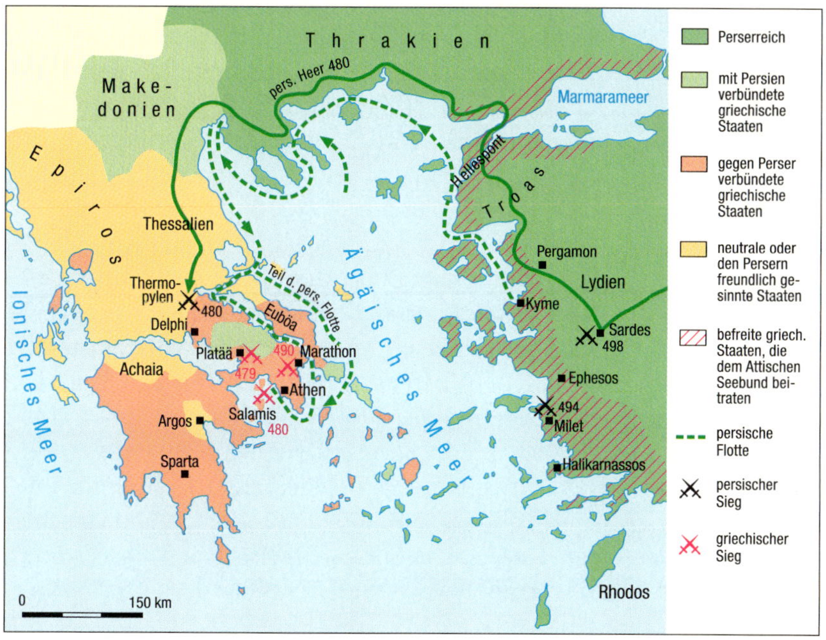

M5 Griechenland während der Perserkriege *(500–479 v. Chr.)*

1 Stelle anhand von M3–M5 den Verlauf der Perserkriege dar.

2 Warum geht der Grieche Herodot in seiner Darstellung besonders auf die Ziele von Xerxes ein (M3)?

3 Beurteile die Leistung Athens und der übrigen Griechen in den Perserkriegen (M3–M5).

4 Beschreibe das Verhältnis zwischen Athen und Sparta während der Perserkriege und danach (M4).

5 Finde heraus, was der Sieg von Marathon mit dem Marathonlauf zu tun hat.

Demokratie unter Perikles

Krieg, Seebund und Demokratie. Ohne die Perserkriege und den Attischen Seebund wäre die Demokratie in Athen nicht zur Vollendung gekommen. Die Flotte war für Athen nun von überragender Bedeutung. Die Tagelöhner (Theten), die sich keine Rüstung leisten konnten und im Hoplitenheer keine Rolle gespielt hatten, fanden als Ruderer eine kriegswichtige Funktion. Sie waren sich ihrer neuen Rolle bewusst und forderten politische Gleichberechtigung.

Unter dem adligen Perikles erhielt der attische Vollbürger (seine Eltern mussten beide Athener sein) viel mehr Rechte zugebilligt. Für diese Herrschaftsform setzte sich der Begriff „Demokratie“ (griech. demos = Volk, kratein = herrschen) durch. 461 v. Chr. verlor der Areopag, das vormalige Machtzentrum, seine Macht; ihm blieben nur wenige religiöse und gerichtliche Aufgaben. 456 v. Chr. stand der dritten Klasse, bald auch den Theten, der Zugang zum Archontenamt offen.

M1 Perikles

(495–429 v. Chr). Der athenische Staatsmann wurde fünfzehnmal hintereinander in das Amt des Strategen (= Heerführer) gewählt, das immer größere Bedeutung bekam. Dieses Staatsamt konnte er seit 443 v. Chr. ausüben und stieg so zur alles überragenden politischen Persönlichkeit in Athen auf.

Wie funktionierte die attische Demokratie? Die Volksversammlung wurde zur wichtigsten politischen Einrichtung. Alle männlichen Vollbürger Athens über 20 Jahre hatten volles Rede-, Antrags- und Stimmrecht. Die Volksversammlung stimmte über neue Gesetze, den Abschluss von Staatsverträgen, über Krieg und Frieden ab, wählte die obersten Beamten und die Strategen. Bis zu 40 Versammlungen fanden im Jahr statt; je nach Wohnort in Attika mussten manche Teilnehmer bis zu 70 km anreisen. So war nicht immer für alle Bürger eine Teilnahme möglich. Daher waren grundlegende Beschlüsse an eine Mindestzahl von 6 000 Stimmen gebunden.

Die Bürger übten auch die Rechtsprechung aus. Dazu wurden aus einer größeren Zahl von über 30 Jahre alten Bewerbern 6 000 Geschworene ausgelost. Sie führten die Prozesse und stimmten über Schuld oder Nichtschuld des Angeklagten ab. Die Größe dieser Gerichte schwankte je nach Schwere des Falles zwischen 200 und 1 500 Geschworenen. Bei der bekannten Prozesswut der Athener dürfte man an jedem Werktag zu Gericht gesessen haben.

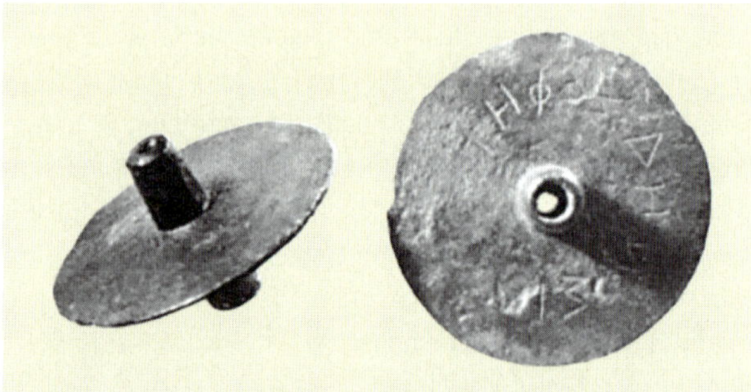

M2 Bronzeplättchen für die Geschworenen

Hohl bedeutete „schuldig“, massiv „unschuldig“. Bei der Abgabe konnte, um geheim abzustimmen, die Mitte des Plättchens zwischen den Fingern verdeckt gehalten werden.

Demokratie braucht Geld. Nicht nur Geschworene, auch Ratsmitglieder und Beamte, die sich um die Tempel oder die verschiedenen Verwaltungsbereiche kümmern mussten, wurden durch Los bestimmt. Es war für jeden Athener eine Selbstverständlichkeit, sich für seine Polis zu engagieren. Die zahlreichen politischen Aufgaben konnten auch kleine Handwerker, Bauern und Tagelöhner übernehmen, denn Perikles ließ ihren Verdienstausfall durch Tagegelder ausgleichen, die aus der Staatskasse gezahlt wurden.

Die Andersartigkeit der antiken Demokratie. Aus unserer Sicht war die attische Demokratie keine Volksherrschaft im modernen Sinn. Nur ein relativ kleiner Bevölkerungsanteil durfte wählen. Andererseits bedeutet diese Herrschaftsform dennoch einen deutlichen Fortschritt im Vergleich zu vorhergehenden Herrschaften (z. B. Monarchie). In Athen konnte jeder Vollbürger unmittelbar mitreden und entscheiden. Dies geschieht heute meist über Volksvertreter, die von der Bevölkerung in Wahlen dazu berufen werden.

M3 Bevölkerung der Polis Athen (Stadt Athen mit Halbinsel Attika) um 480 v. Chr.

Athen (Stadt) mit **Piräus** (ca 3,5 km²)	Attika Gesamt = 2 550 km²	**Bevölkerung der Polis** (ohne Stadt Athen)
13 500 – 15 000	Vollbürger	26 500 – 30 000
15 000	Metöken*	15 000
70 000	Frauen / Kinder	70 000
40 000	Sklaven	60 000

** Metöken s. S. 102*

M4 Demokratie in Athen – was ist das?

Thukydides (455–399 v. Chr.) gibt eine Rede Perikles' wieder:

Wir leben in einer Staatsform, die die Einrichtungen anderer nicht nachahmt; eher sind wir für andere ein Vorbild. Mit Namen heißt unsere Staatsform Demokratie, weil sie sich nicht auf eine Minderheit, sondern auf die Mehrheit im Volk stützt. Es genießen alle vor den Gesetzen gleiches Recht. Allein die persönliche Tüchtigkeit verleiht im öffentlichen Leben einen Vorzug. Ein freier Geist herrscht in unserem Staatsleben. Jedermann hat freien Zutritt zu unserer Stadt. Wir führen ein Leben ohne Zwang. Reichtum ist bei uns zum Gebrauch in der rechten Weise, aber nicht zum Prahlen da. Armut einzugestehen bringt keine Schande, wohl aber, nicht tätig aus ihr fortzustreben. In der Hand derselben Männer ruht die Sorge für die privaten wie die öffentlichen Angelegenheiten. Bei uns gilt einer, der dem politischen Leben ganz fern steht, nicht als ungeschäftig oder faul, sondern als unnütz. Unser Volk hat in den Fragen der Staatsführung mindestens ein Urteil, wenn nicht sogar fruchtbare eigene Gedanken. Mit einem Wort sage ich: Unsere Stadt ist die hohe Schule Griechenlands.

Thukydides: Geschichte des Peloponnesischen Krieges 2, 37ff. und 65. Zitiert nach: Wolfgang Schadewaldt: Die Geschichtsschreibung des Thukydides. Ein Versuch, Dublin/Zürich (Weidmann) 1971.

M5 Demokratie oder Alleinherrschaft?

a) Thukydides über Perikles:

(Perikles vermochte) mächtig durch sein Ansehen und seine Einsicht, für Geld völlig und in durchsichtiger Klarheit unzugänglich, die Masse in Freiheit niederzuhalten. Er ließ sich nicht von ihr führen – er vielmehr war der Führer. Denn weil er nicht mit unlauteren Mitteln seine Macht gewonnen hatte, brauchte er nicht der Masse zu Gefallen zu reden, sondern, gestützt auf sein Ansehen, konnte er sogar mit seinen Worten einmal offen ihren Zorn herausfordern. So oft er z. B. empfand, dass sie in unangebrachter Überhebung sich erkühnten, schlug er mit seinen Worten auf sie ein, bis sie Angst bekamen; und wiederum, wenn sie grundlos verzagten, richtete er sie zu neuer Kühnheit auf. So war es, dem Namen nach Volksherrschaft, tatsächlich doch ein Regiment unter der Führung des ersten Mannes.

Zitiert nach: Thukydides: Der große Krieg, übers. und eingel. von Heinrich Weinstock, Stuttgart (Kröner) 1954, S. 49.

b) Perikles ließ großartige Bauten errichten. Der griechische Schriftsteller Plutarch (46–120 n. Chr.) schreibt:

Was aber der Stadt Athen großartigen Schmuck schenkte, was bei den anderen Völkern staunende Bewunderung weckte, das beschimpften unter allen Staatshandlungen des Perikles seine Gegner am lautesten, und darüber schmähten sie in den Volksversammlungen am bissigsten. Da riefen sie: „Das Volk hat seinen guten Namen verloren, da es den Bundesschatz, der allen Griechen gemeinsam gehört, aus Delos zu sich nach Athen geholt hat (454 v. Chr.)... Nun glaubt Griechenland, den ärgsten Schimpf zu erleiden und mit offenbarer Tyrannei behandelt zu werden, da es sehen muss, wie wir mit den Beiträgen, die es nur gezwungen für den Krieg gegen die Perser aufgebracht hat, unsere Stadt vergolden, die sich mit prächtigen Steinen, Bildern und Tempeln behängt wie ein eitles Weib."

Plutarch: Perikles 12. Zitiert nach: Plutarch, hrsg. und übertr. von Walter Wuhrmann, Stuttgart (Reclam) 1981 © Artemis, Zürich.

1 Berechne mithilfe von M3 die Gesamtzahlen für die Bevölkerungsgruppen der Polis. Was lässt sich über die Bevölkerungsdichte aussagen? Wie hoch war der Anteil der Einwohner Attikas, die in der Politik mitbestimmen durften?

2 Lies die Quellentexte M4 und M5. Welche unterschiedliche Beurteilung erfährt Perikles? Notiere die guten und schlechten Aussagen über Perikles in einer Tabelle. Wie beurteilst du die Taten dieses Politikers?

Athen: Reichtum und Größe

M1 Die Akropolis von Athen (Rekonstruktionszeichnung)
① *Propyläen (Eingangshallen)*
② *Standbild der Göttin Athene*
③ *Erechteion (Tempel eines griechischen Helden)*
④ *Parthenon*
⑤ *Tempelchen der Siegesgöttin Nike*

Athen stellt seine Macht dar. Mithilfe der Gelder aus dem Attischen Seebund sowie seiner Einnahmen aus Wirtschaft und Handel kam es in Athen im Bereich Kunst, Architektur (S. 68f.) und Theater (S. 72f.) zu einer einzigartigen kulturellen Entwicklung. Um die Mitte des 5. Jh. v. Chr. galt Athen als größte, reichste und schönste Stadt Griechenlands. Unvergängliche Kunstwerke wurden geschaffen. Die eindrucksvollen Tempel der Akropolis, Tempelberg und religiöses Zentrum Athens, sah der Besucher schon von weitem. Nach den Zerstörungen durch die Perserkriege ließ Perikles die Stadt wieder aufbauen. Viele Menschen erhielten dadurch Arbeit bzw. verdienten an den Bauaufträgen: Kupferschmiede, Zimmerleute, Steinmetze, Bildhauer, Bearbeiter von Gold und Elfenbein, Maler und Bildschnitzer sowie Schiffsoffiziere, Matrosen, Fuhrleute, Wagen- und Straßenbauer.

Wirtschaft und Handel. In der Polis Athen lebte der Großteil der Bevölkerung als einfache Bauern. Der Ertrag der Böden war gering, Getreide musste importiert werden. Nur Großgrundbesitzer konnten ihre Produkte wie Wein und Oliven exportieren. Am Pentelikon gewann man hochwertigen Marmor, im Süden Attikas wurde von Tausenden von Sklaven Silber abgebaut (s. S. 88), viele Rohstoffe mussten eingeführt werden. Große Handwerksbetriebe konzentrierten sich in Athen. So galten u. a. Tonwaren als besonders Gewinn bringende Exportprodukte. Drehpunkt für die Fischerei und den Seehandel, vor allem für die Einfuhr von Getreide, war der Hafen Piräus, der nur einige Kilometer von Athen entfernt lag. Sklaven gehörten zu den wichtigsten „Frachtgütern", die in Piräus ankamen. Der Handel brachte der Stadt weitere Einnahmen. Für alle ein- und ausgeführten Waren musste ein Zoll von zwei Prozent des Warenwertes entrichtet werden. Die vielen Arbeitsplätze, Steuergelder, Hafengebühren und Zölle füllten die Staatskassen und vermehrten zugleich den Reichtum der athenischen Bürger.

Metöken. Die Vollbürger der Polis waren nur ein Teil der Bevölkerung Athens, denn die Wirtschaftszentren Athen und Piräus zogen zahlreiche Fremde an. Blieben sie auf Dauer und waren persönlich frei, wurden sie Metöken (= Mitbewohner) genannt. Diese mussten – anders als die Vollbürger – ihrem Einkommen entsprechend Abgaben und Steuern zahlen und hatten keine politischen Rechte. Auch konnten sie sich vor Gericht nur durch einen Bürger Athens vertreten lassen. Kriegsdienst leisteten sie als Ruderer oder im Landheer. Im Gebiet der Polis durften sie weder Häuser noch Grundbesitz kaufen. Deshalb waren sie meist keine Bauern, sondern verdienten als Kleinhändler oder Handwerker ihren Lebensunterhalt und verfügten ähnlich wie viele Bürger Athens über ein durchschnittliches Einkommen. Einige Metöken waren als Kaufleute und Schiffsbesitzer wirtschaftlich sehr erfolgreich.

M2 Die Lage von Piräus und die der Stadt Athen

Piräus, der Hafen von Athen, galt als die Lebensader der Stadt. Daher wurde er nach den Perserkriegen in die Stadtbefestigungen miteinbezogen. Die Mauer war 13 km lang, 5 m stark und schloss alle Hafenbuchten ein. Die Stadt Piräus hatte einen schachbrettartigen Aufriss mit Reihenhäusern; sie wurde zum Vorbild für viele andere Hafenstädte.

M3 Beispiele für Löhne und Preise

Bergwerksarbeiter am Tag	1 Drachme
Sklave im Bergwerk	3 Obole (2 davon für Unterhalt, 1 für den Besitzer)
Besuch der Volksversammlung	1 Drachme
Richtertätigkeit	3 Obole
Fischgericht	1 Obolos
Kinderspielzeug	3 Obole
Schuhe	8 Drachmen
Bau des Parthenon	3 Millionen Drachmen

Zum Vergleich: Ein Handwerkerlohn betrug im Durchschnitt 15 Drachmen pro Monat. 1 Drachme = 6 Obole.

M4 Handwerker – ein erstrebenswerter Beruf?

Der Schriftsteller Xenophon (ca. 430–354 v. Chr.) lässt einen Griechen die Stellung der Handwerker innerhalb der attischen Gesellschaft beschreiben:

Denn die so genannten handwerklichen Beschäftigungen sind verschrien und werden aus Staatsinteresse mit Recht verachtet. Sie schwächen nämlich den Körper des Arbeiters, da sie ihn zu einer sitzenden Lebensweise und zum Stubenhocken zwingen oder sogar dazu, den Tag am Feuer zuzubringen. Wenn aber der Körper verweichlicht wird, leidet auch die Seele. Auch halten diese so genannten spießbürgerlichen Beschäftigungen am meisten davon ab, sich um die Freunde und den Staat zu kümmern. Daher sind solche Leute ungeeignet für den Verkehr mit Freunden und die Verteidigung des Vaterlandes. Deshalb ist es in einigen Städten, am meisten aber in denen, die den Krieg lieben, keinem Bürger erlaubt, sich einer handwerklichen Beschäftigung zu widmen.

Zitiert nach: Xenophon: Die sokratischen Schriften, übertr. und hrsg. von Ernst Bux, Stuttgart (Kröner) 1956.

1 Lies in einem Lexikon über die Gebäude auf der Akropolis nach. Im Internet findest du dazu ebenfalls viele Informationen. Siehe auch Seite 68f. Berichte darüber kurz vor der Klasse.

2 Beschreibe die Lage von Piräus (M2). Nimm dazu auch einen Erdkundeatlas zu Hilfe. Welche wichtigen Aufgaben erfüllte Piräus?

3 Die Handwerker waren für Athen sehr wichtig und dennoch genossen sie kein großes Ansehen. Erläutere dies anhand von M3 und M4. Wie siehst du das aus heutiger Sicht?

Wie ein Weltreich entsteht

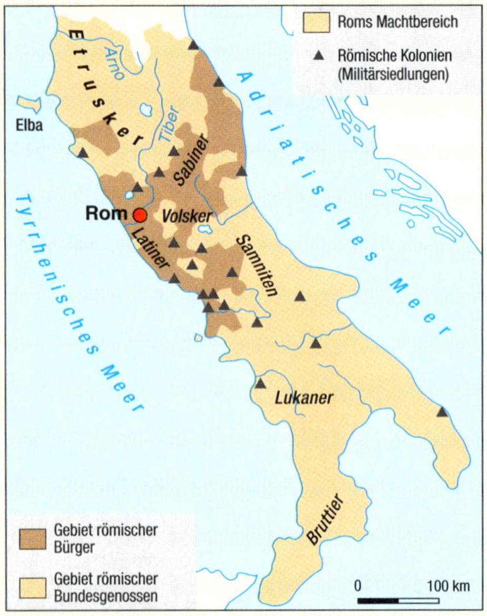

M1 Italien 272 v. Chr.

M2 Das Römische Reich 201 v. Chr.

Verschiedene Kartensorten. Geschichte ereignet sich nicht nur in der Zeit, sondern stets auch an bestimmten Orten und in geographischen Räumen. Daher sind Karten ein wichtiges Hilfsmittel, historische Ereignisse, Zustände und Entwicklungen zu verstehen. Hierbei können verschiedene Kartensorten verwendet werden. Als du die griechische Poliswelt kennen gelernt hast, hast du eine geographische Karte mit Küstenlinien, Flusstälern und Gebirgen benutzt. Ihr konntest du auch historische Informationen entnehmen (s. S. 95). Die wichtigste Kartensorte im Fach Geschichte ist aber die Geschichtskarte. Sie ist mit farbigen Flächen und Zeichen, Linien und Pfeilen versehen. Du hast bisher schon einige Male mit solchen Karten gearbeitet. Übrigens: Geschichtskarten sind nicht dasselbe wie historische Karten – letztere stammen aus anderen Zeiten und haben die Bedeutung von Quellen. Geschichtskarten fangen zu sprechen an, wenn sie in folgenden Schritten ausgewertet werden:

1. Schritt: Thema und Zeitraum ermitteln

Bei einer geographischen Karte käme man in vielen Fällen auch ohne Überschrift weiter: Man sieht eine Landschaft gleichsam aus großer Höhe und kann daraus viele Erkenntnisse ableiten. Bei einer Geschichtskarte dagegen muss man immer ihren Titel kennen. Erst wenn man weiß, ob es um Bevölkerungsbewegungen, Städtegründungen, Kriegszüge oder Reichsbildungen geht, gewinnen die farbigen Flächen und Symbole einen Aussagewert. Ebenso wichtig ist die zeitliche Einordnung – Geschichtskarten beziehen sich, im Gegensatz zu geographischen Karten, immer auf einen Zeitraum in der Vergangenheit.

2. Schritt: Zeichen und Maßstab entschlüsseln

In einer Legende (Zeichenerklärung, Lesehilfe) wird die Bedeutung der farbigen Flächen, Linien, Punkte und unterschiedlichen Schriftarten und Schriftgrößen erklärt. Der Maßstab ist in Form einer Entfernungsleiste mit Kilometerangaben dargestellt und gibt an, welche Ausdehnung die dargestellten Gebiete in Wirklichkeit haben.

3. Schritt: Kartenaussage zusammenfassen

Eine Karte gibt zu dem Thema, das sie darstellt (s. Schritt 1), auf einen Blick eine Fülle von Informationen. Diese müssen geordnet und formuliert werden. Das ist der Kern der Kartenarbeit.

4. Schritt: Zusätzliche Informationen beschaffen

Es bleiben immer Fragen, die eine Geschichtskarte nicht beantwortet. So werden z. B. die Jahreszahlen für die vier Karten nicht näher erklärt. Die Zeitleiste auf S. 134 gibt dir dazu einige Informationen. Du kannst aber auch andere Bücher, Geschichtsatlanten und das Internet heranziehen.

M3 Das Römische Reich 133 v. Chr.

Die folgenden Aufgaben zeigen dir, wie du die Karten in den beschriebenen Schritten bearbeiten kannst:

1 Ergänze den Text: „Die einzelnen Karten auf dieser Doppelseite zeigen ... Berechne, wie lange die römische ▸ Expansion (Ausdehnung) dauerte.

2 Ermittle die Entfernungen von Rom an die jeweils äußersten Punkte des Reiches sowie die größte Ost-West- und Nord-Süd-Ausdehnung des Reichs.

3 Stelle die römische Expansion mithilfe einer Schemazeichnung in vier Stufen dar. Trage unter jeder Stufe die wichtigsten Länder ein, die erobert wurden. Beschreibe anhand dieser Skizze den Prozess der Ausdehnung des Römischen Reichs.

4 Vergleiche die römische Expansion mit der griechischen Poliswelt (Karte S. 95) und Ägypten. Was kannst du über die Größe der Staaten sagen? Stelle fest, warum die Jahre 201 v. Chr. und 133 v. Chr. wichtige Daten in der Entwicklung des Römischen Reichs sind (s. S. 110f. und S. 134).

M4 Das Römische Reich 117 n. Chr.

Die Ständekämpfe – Rechte für das Volk

M1 Kanaldeckel in Rom heute *(S.P.Q.R. = Senatus Populusque Romanus = Senat und Volk von Rom)*

Harmonie oder Konflikt? Auf den Kanaldeckeln im heutigen Rom sind die Buchstaben S.P.Q.R. zu lesen. Die Abkürzung erweckt den Eindruck, dass „Senat und Volk von Rom" immer eisern zusammengehalten haben. Etwas ganz anderes aber erzählen uns Geschichten aus der Frühzeit Roms, nämlich dass sich das Volk, die ▸ Plebejer (lat. plebs = Volk), gegen die Herrschaft der ▸ Patrizier (Adligen) im Senat zusammengetan hat. Wie ging es also zu in der jungen römischen ▸ Republik? Herrschte Harmonie zwischen den Mächtigen und dem Volk – oder gab es endlosen Streit um die Macht? Die Antwort könnte man so formulieren: In einem langen Prozess von über 200 Jahren bildeten sich die Institutionen des römischen Staates heraus. Eine besondere Rolle spielten dabei die Kämpfe zwischen Patriziern und Plebejern.

Vorrechte der Patrizier. Die Patrizier, die alteingesessenen vornehmen Männer des Adels, bildeten den Senat (Rat der Alten) und beherrschten gemeinsam die römische Republik. Wenn Rom gegen benachbarte Völker und ihre Könige kämpfte, und das geschah oft, stellten die Patrizier die Reiterei, die Plebejer kämpften als Schwerbewaffnete oder als leicht bewaffnete Fußsoldaten. Denn unter den Plebejern gab es Leute mit unterschiedlichem Vermögen, reichere oder ärmere Bauern und Handwerker. Wenn nun der Krieg siegreich endete, erhielt Rom neu erobertes Land. Die Senatoren verteilten es unter sich, die Plebejer gingen leer aus. Dazu kam noch, dass sich viele einfache Bauern im Laufe der Zeit bei den Patriziern verschuldeten. Wer seine Schulden nicht bezahlen konnte, musste nach römischem Gewohnheitsrecht damit rechnen, dass sein Gläubiger ihn einkerkern ließ oder ihn als Sklaven verkaufte.

Die Plebejer kämpfen um ihre Rechte. Das einfache Volk forderte mehr Mitsprache und gleiches Recht. Sie wollten bei der Landverteilung berücksichtigt und von der Schuldenlast befreit werden. Natürlich waren die Patrizier mit den Wünschen des Volkes nicht einverstanden. Aber das Volk kämpfte für seine Interessen. Die Plebejer bestimmten auf ihren Versammlungen Volkstribunen, die ihre Sache gegenüber den Patriziern vertreten sollten. Sie waren sakrosankt, d. h. „bei den Göttern unverletzlich und heilig". Das beeindruckte auch die Senatoren. Die schärfste Waffe im Ständekampf zwischen Patriziern und Plebejern war der Streik und die Wehrdienstverweigerung des Volkes gegen die Herren im Senat. Mehrfach war das römische Volk aus der Stadt ausgezogen, um seine Macht zu beweisen. Allerdings hat sich der Senat unter Druck als politisch klug und kompromissbereit erwiesen. Das Volk bekam immer mehr Rechte zugestanden. Und den vornehmen Familien gelang es, die Plebejer davon zu überzeugen, dass Zusammenarbeit mehr Erfolg versprach, als sich zu bekämpfen. So hat sich über Jahrhunderte hinweg eine politische Ordnung in Rom auf der Grundlage des Kompromisses und der Concordia (Eintracht) entwickelt.

M2 Ein Amtsträger hält eine Rede an das Volk *(lebensgroße Bronzestatue, ca. 90 v. Chr.).*

M3 Erfolge der Plebejer in den Ständekämpfen

Schritte zur Verfassung der römischen Republik:

- Das Amt der Volkstribunen wird eingeführt.
- Volkstribunen können mit ihrem Veto Beschlüsse der Beamten verhindern.
- Zwölftafelgesetz: Auf zwölf Bronzetafeln wird das römische Recht aufgeschrieben und öffentlich aufgestellt.
- Eheverbot zwischen Patriziern und Plebejern wird aufgehoben.
- Auch Plebejer erhalten erobertes Land zugeteilt.
- Plebejer können Konsuln und Senatoren werden.
- Schuldknechtschaft wird verboten.
- Die Versammlung der Plebejer kann Gesetze beschließen.

Zusammenstellung des Autors

Münze mit der Abbildung der Concordia (42 v. Chr.) Die Beschriftung auf der Rückseite nennt den Namen der Prägestätte.

M4 Aus dem Zwölftafelgesetz *(um 450 v. Chr.)*

- Wer vor das Gericht gerufen wird, muss hingehen ... Wenn er nicht geht, Ausflüchte macht oder fliehen will, soll er festgenommen werden.
- Wenn jemand ein Glied verstümmelt, soll der Täter das gleiche leiden, wenn er sich nicht mit dem Verletzten gütlich einigt.
- Hat jemand nachts einen Diebstahl begangen und hat man den Dieb getötet, so soll er mit Recht erschlagen worden sein.
- Ist eine Geldschuld gerichtlich anerkannt worden, ... sollen 30 Tage zur Schuldentilgung zu Recht bestehen ...
- Erfüllt der Schuldner seine Verpflichtung nicht ..., soll ihn der Gläubiger mit sich führen und fesseln entweder mit einem Strick oder mit Fußfesseln im Gewicht von 15 Pfund ...

Vom Verfasser übersetzt.

M5 Die Plebejer streiken

Der Sage nach sollen 494 v. Chr. die Plebejer auf einen nahe gelegenen heiligen Berg gezogen sein und gestreikt haben. Darauf beschloss man, den Agrippa Menenius als Sprecher zum Volk zu schicken. Er soll Folgendes gesagt haben, um die Patrizier zu überzeugen:

Einst war im Menschen noch nicht alles so harmonisch wie heute. Jedes Glied hatte seinen eigenen Willen, seine eigene Sprache. Da ärgerten sich die übrigen Glieder, dass sie nur für den Magen sorgten, für ihn arbeiteten und alles heranholten. Der Magen aber liege ruhig in der Mitte und tue nichts anderes, als sich mit den herangebrachten Dingen zu sättigen. Die Glieder beschlossen also: Die Hände sollten keine Nahrung zum Munde führen, der Mund solle das Gebotene nicht nehmen, die Zähne nicht zerkauen. In dieser Zeit, da sie den Magen durch Hunger zwingen wollten, wurden die Glieder selbst und der ganze Körper völlig schwach und elend. Da sahen sie ein, dass auch die Aufgabe des Magens nicht die Faulheit war. Ebenso, wie er ernährt wurde, stärkte er auch wieder. Das durch die Verarbeitung der Nahrung erzeugte Blut, wodurch wir leben und gedeihen, verteilte er in alle Adern bis in alle Glieder des Körpers.

(Durch den Vergleich gelang es Menenius, die Menge umzustimmen.)

Titus Livius, Ab urbe condita libri. Zitiert nach: Römische Frühgeschichte I, übertragen und ausgewählt von Josef Feix (= Goldmann TB, Nr. 675), München 1960, S. 105f.

1 Ordne die Liste aus M3 nach den Oberbegriffen: mehr Schutz – mehr Gleichheit – mehr Einfluss für die Plebejer.

2 Weshalb hat man auf dieser Münze die Göttin Concordia abgebildet? Lies über sie nach. Was bedeutet der Handschlag auf der Rückseite?

3 Das Zwölftafelgesetz wurde auf Bronzetafeln öffentlich ausgestellt (M4). Was sollte damit erreicht werden?

4 Menenius könnte so ausgesehen haben, wie die Statue eines Beamten (M2). Gib seine Rede in eigenen Worten wieder (M5), nimm dazu auch die Haltung des Beamten ein (M2). Was sollte durch diese Statue ausgedrückt werden? Erzähle diese Geschichte, z. B. als Streik der Blätter eines Baumes gegen den Stamm.

Die Verfassung der römischen Republik

Wie funktionierte die politische Ordnung? Die Grundlage dafür, wie Rom regiert wurde, wer welche Rechte besaß und Entscheidungen treffen durfte, wurde im Laufe eines langen Prozesses über mehrere Jahrhunderte geschaffen. Alle Bürger sollten an den Entscheidungen des Staates mitwirken, Politik ging jeden an (res publica = öffentliche Sache). Das Recht mitzuwirken, hatten die Plebejer in den Ständekämpfen errungen. Beide Parteien waren sich bei allen Gegensätzen in einer Hauptsache einig: Sie lehnten jede Form von Alleinherrschaft ab. Nur wenn der römische Staat in großer Gefahr war, etwa durch äußere Feinde, konnte ein ▸ Diktator für höchstens sechs Monate bestimmt werden.

Sicherungen gegen Alleinherrschaft. Als Schutz vor Tyrannei hatten die Römer viele Sicherungen in ihre Ordnung eingebaut. Sie hatten die wichtigen Ämter, die Magistrate, mit mindestens zwei Männern besetzt. Wenn ein Amtsträger dem anderen widersprach, dann konnte keiner etwas durchsetzen. Auch durften sie ihr Amt nur jeweils ein Jahr lang ausüben. Männer, die Erfahrung als Magistrate hatten, wurden Mitglieder des Senats. Als Senatoren berieten sie die aktiven Beamten. Ihr Alter und ihr Sachverstand verlieh den Senatoren eine hohe Autorität. Sie versammelten sich zu ihren Sitzungen in der Curia, einem Haus am Rande des Forums. Dort tagten sie bei geöffneten Türen. Jeder konnte ihnen zuhören. Die Beschlüsse des Senats waren keine Gesetze, sondern nur Empfehlungen. Allerdings waren diese Ratschläge von solchem Gewicht, dass es sich ein Beamter kaum erlauben konnte, ihnen nicht zu folgen.

Mitbestimmung der einfachen Bürger. Die Möglichkeiten der römischen Bürger, an politischen Entscheidungen mitzuwirken, lagen vor allem in der Volksversammlung. Die Plebejer konnten an der Wahl der höchsten Beamten teilnehmen. In die Ämter wurden allerdings meist Patrizier gewählt. Die von den Plebejern gewählten Volkstribunen konnten die Beschlüsse der Beamten mit dem Ruf „Ich verbiete!" (= veto) blockieren. Damit erhielten sie entsprechend großen Einfluss auf die Gesetzgebung, sodass die meisten Gesetze durch die Volkstribunen dem Volk zur Abstimmung vorgelegt wurden (Plebiszit oder Volksabstimmung).

Die römische Republik – ein Staat mit nur wenigen Beamten. Wir müssen uns Rom in der Zeit nach den Ständekämpfen als eine große Stadt mit mehreren 100 000 Einwohnern vorstellen. Hier wohnten römische Bürger, freie Nichtrömer verschiedener Völker und Sklaven zusammen (s. S. 122f.). Verwaltet wurde die Bevölkerung von zwei Konsuln und von 16 Beamten, die für die öffentliche Ordnung, das Gerichtswesen und die Finanzen zuständig waren. Daneben gab es etwa 30 weitere Beamte. Die obersten Beamten erhielten für ihre Arbeit keine Bezahlung. Es galt als Ehre, in ein Amt der Republik gewählt zu werden. Daher konnten nur die Angehörigen des Adels und wenige wohlhabende Plebejer diese ausüben. Trotz vieler heftiger Auseinandersetzungen zwischen Patriziern und Plebejern gab es in der Republik Rom keine Polizeitruppe. Das Militär durfte die Stadt nicht betreten. Auch wenn es zu Unruhen kam, hielten die Römer an dieser geringen Zahl von Ordnungskräften ihres Staates fest. In den Provinzen regierten Statthalter, die ihre Befehle von Rom erhielten.

M1 Liktoren mit fasces

Wenn sich die hohen Beamten der Republik in der Öffentlichkeit zeigten, wurden sie von Liktoren begleitet. Zum Zeichen der Gewalt, die die Magistrate für den Staat ausübten, trugen die Liktoren Rutenbündel, lat. fasces. Ein starker Riemen hielt mehrere Ruten und ein Beil zusammen. Somit waren die ‚fasces' ein Symbol für die Republik.

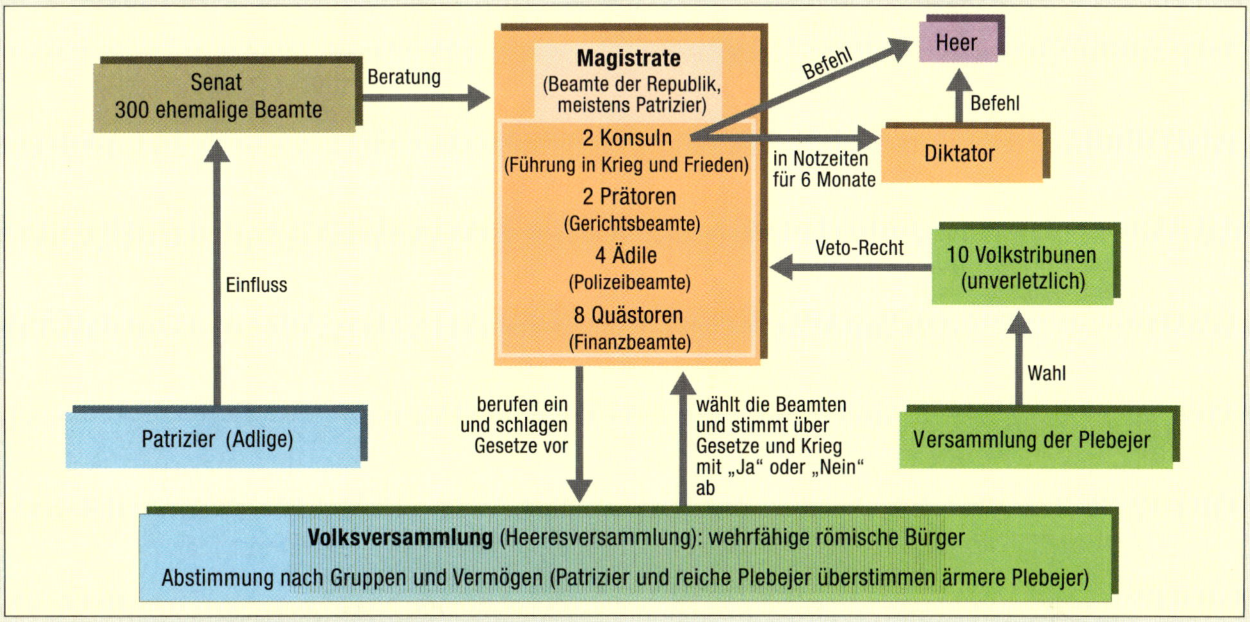

M5 Verfassungsschema der römischen Republik

Methode: Ein Schaubild untersuchen und erklären

Nicht nur in eurem Geschichtsbuch findet ihr immer wieder Schaubilder, sondern auch in Zeitungen oder im Internet. Schaubilder sind ein praktisches Mittel der Verpackung von vielen Informationen. Deshalb muss man lernen, die Informationen aus dieser Verpackung zu entnehmen. Wie gehst du dabei vor?

1. Schritt: Erste Elemente erschließen
Welche Figuren, Farben und Formen werden verwendet? Benenne für dich – oder mit anderen –, was diese Einzelheiten jeweils bedeuten sollen. Wofür stehen die Pfeile? Welche Wörter musst du nachschlagen?

2. Schritt: Gib den Inhalt des Schaubildes in eigenen Worten wieder.
Beginne in einer Ecke und umschreibe dann mit deinen Worten die ganze Darstellung. Oder gehe vom Zentrum nach außen.

3. Schritt: Den Inhalt aufgrund des Themas zusammenfassen
Dabei muss man wieder systematisch vorgehen und fragen: Wer bzw. welche Gruppen können mitbestimmen? In welchen Aufgaben und Rechten besteht diese Mitbestimmung? Wer kann bzw. welche Gruppen können etwas gegen andere unternehmen?

4. Schritt: Was wird im Schaubild nicht erklärt?
Überlege dir Fragen, die das Schaubild nicht erklärt. Suche darauf Antworten auf Seite 106 und 108. Wo könntest du noch nachschauen, wenn du keine Antwort gefunden hast?

1 Stelle in einer Tabelle die Mittel und Schranken der Macht gegenüber: Senat – Magistrate – Patrizier – Plebejer.
2 Welche Meinung hast du von dieser Verfassung? Hilfreich dazu können folgende Fragen sein: Was finde ich an diesem Staat und seiner Machtverteilung gerecht oder ungerecht? Warum möchte ich (möchte ich nicht) in einem solchen Staat leben?
3 Du hast in diesem Buch bereits einige Verfassungen kennen gelernt. Was haben z. B. die beiden Verfassungen vom antiken Athen (S. 97) und von Rom gemeinsam? Worin unterscheiden sie sich?

Rom gegen Karthago – die Punischen Kriege

Entstehung und Verlauf des Konflikts. Als Rom die Herrschaft über Italien errungen hatte, gab es in unmittelbarer Nachbarschaft nur die einflussreichen Städte auf Sizilien und als weitere Großmacht die Karthager. Aus dem Zusammenschluss phönizischer Städte und Handelsniederlassungen war im Laufe der Zeit eine beachtliche Handels- und Seemacht entstanden, deren Zentrum die Stadt Karthago im heutigen Tunesien bildete.

Feindseligkeiten zwischen Rom und Karthago brachen aus, als die sizilianischen Städte Messina und Syrakus die beiden Großmächte in ihren Krieg hineinzogen. Sowohl die Punier, wie die Karthager von den Römern genannt wurden, als auch Rom sahen ihre Chance, auf Sizilien ihren Einfluss auszubauen. Der Streit mündete in den 1. Punischen Krieg (264–241 v. Chr.) und endete mit dem Aufstieg Roms zur Vormacht im westlichen Mittelmeer. Zu Anfang des Krieges hatten die Römer empfindliche Niederlagen hinzunehmen, weil sie bis zu jenem Zeitpunkt lediglich als Land- und nicht als Seemacht aufgetreten waren. Erst allmählich bauten sie eine schlagkräftige Kriegsflotte auf. Nach 20 Jahren musste sich Karthago schließlich geschlagen geben und auf Sizilien, das wichtigste Getreideanbaugebiet der Antike, verzichten.

M1 Die römischen Kriegsschiffe

Sie glichen äußerlich denen der Griechen und Punier, führten jedoch durch zwei Neuerungen eine völlig neue Kampftechnik ein: Neben dem üblichen Rammsporn besaßen die Schiffe eine drehbare Enterbrücke, die auf das Deck des feindlichen Schiffes fiel. Im Kampf wurden die Soldaten durch Schützen auf einem Turm unterstützt.

Die Insel wurde Roms erste ▸ Provinz. Ein Statthalter sorgte dafür, dass die Steuern eingetrieben wurden, aber auch dass Recht und Ordnung herrschten. Die Bewohner einer Provinz besaßen lange Zeit kein römisches Bürgerrecht.

Mit Elefanten gegen Rom. Als Karthago auf der Suche nach neuen Handelsräumen und Stützpunkten seine Herrschaft über Spanien ausweitete, musste sich Rom aufs Neue herausgefordert fühlen. Doch den 2. Punischen Krieg (218–201 v. Chr.) eröffneten die Karthager, deren Feldherr Hannibal einen tollkühnen Plan durchführte: Mitten im Winter überquerte er mit etwa 50 000 Fußsoldaten, 10 000 Reitern und ca. 60 Kriegselefanten die Alpen. Inmitten steiler, teilweise Schnee bedeckter Berghänge und gähnender Abgründe mussten seine Soldaten die Angriffe wilder Bergstämme abwehren.

Dennoch zog Hannibal nach Italien und blieb drei Jahre lang unbesiegt, ging aber nicht gegen die Stadt Rom vor. Erst 216 v. Chr. kam es zu einer gewaltigen Schlacht bei Cannae, in der das zahlenmäßig überlegene Heer Roms völlig vernichtet wurde: Von 86 000 Römern sollen 50 000 gefallen sein. „Hannibal ante portas" (= Hannibal vor den Toren) war der Schreckensruf auf den Straßen Roms. Doch der Feldherr zögerte. Hannibal hoffte vergebens auf den Abfall der römischen Bundesgenossen. Diese durften sich unter den Römern selbst verwalten, mussten aber auf eine eigene Außenpolitik verzichten. Auch ihr Heer war Rom unterstellt.

Jahre vergingen, während derer die Römer ihre Kräfte erneuern konnten. Schließlich setzte ein römisches Heer von Sizilien aus nach Afrika über und bedrohte Karthago, was Hannibal zur Rückkehr zwang. Im Jahre 202 v. Chr. stellte er sich bei Zama zur Entscheidungsschlacht, die die Römer gewannen. 201 v. Chr. wurden den Karthagern harte Friedensbedingungen diktiert: Alle Besitzungen außerhalb Afrikas gingen verloren, die Flotte musste bis auf zehn Schiffe ausgeliefert und eine hohe Kriegsentschädigung gezahlt werden. Karthago hörte auf, eine Großmacht zu sein; doch die Angst der Römer vor einem Wiedererstarken des Gegners dauerte fort. 146 v. Chr. ließen sie deshalb aus einem nichtigen Anlass Karthago völlig zerstören. Das Land der Punier wurde zur Provinz Africa.

M2 Das karthagische Seereich und Hannibals Zug über die Alpen

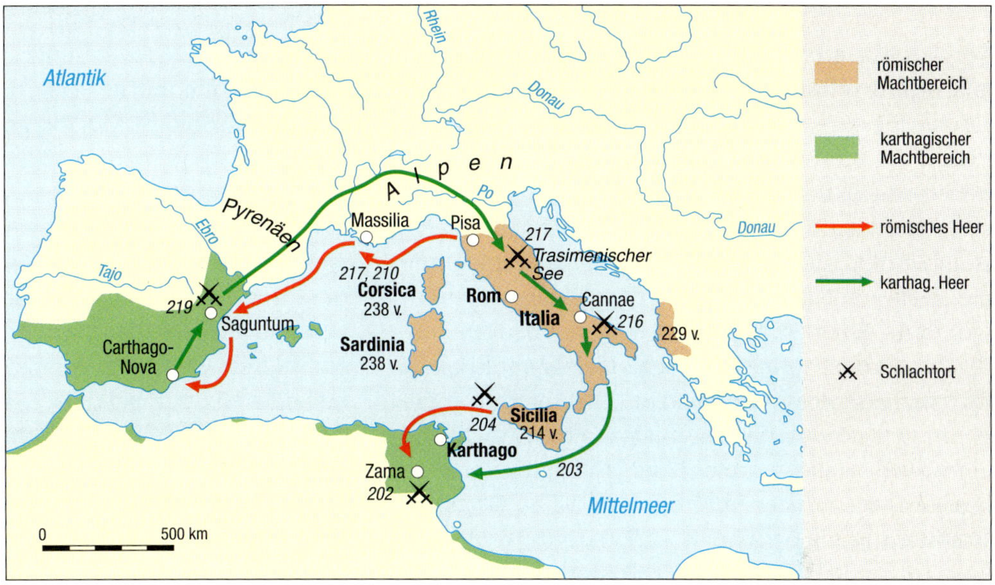

M3 Hannibal über die Römer

Der Historiker Livius lässt Hannibal vor der letzten Schlacht zu den Truppen sprechen:

Dieses grausame und stolze Volk (der Römer) nimmt alles in Besitz und unterwirft alles seiner Entscheidung. Mit wem wir Krieg, mit wem wir Frieden haben dürfen, das anzuordnen steht nach seiner Meinung ihm zu. Es schließt uns ganz eng in Grenzen von Bergen und Flüssen ein, die wir nicht überschreiten sollen, und hält die Grenzen selbst nicht ein ... Es ist nicht genug, dass du (Rom) mir meine alten Provinzen (Korsika, Sizilien, Sardinien) genommen hast? Nimmst du mir auch noch Spanien? Und wenn ich dieses verlasse, wirst du nach Afrika hinübergehen?

Livius, Römische Geschichte 21,44 (bearb. vom Verfasser).

M4 Die römische Auffassung vom „gerechten Krieg"

Der Schriftsteller und Politiker Cicero, 1. Jh. v. Chr.:

Ungerechte Kriege sind die, die ohne Grund durchgeführt werden. Ein Krieg kann nur dann als gerecht angesehen werden, wenn man an den Feinden Rache nimmt oder deren Angriffe abwehrt. Ein Krieg ist außerdem nur dann gerecht, wenn er vorher angekündigt und erklärt wurde und zum Ziel hat, sich geraubtes Gut von den Gegnern zurückzuholen.

Cicero, Vom Staate, 3,23 (vom Verfasser übers.).

M5 Warum führen die Römer Krieg?

Der von den Römern bedrohte König Mithridates aus Pontus (Kleinasien) soll geschrieben haben (1. Jh. v. Chr.):

Die Römer haben als einziges und uraltes Motiv dafür, mit allen Nationen und Völkern und Königen Krieg anzufangen: unermessliche Begierde nach Herrschaft und Reichtum ... Die Römer führen ihre Waffen gegen alle Völker, die schärfsten gegen die, deren Niederlage die meiste Waffenbeute einbringt: durch Wagen und Täuschen und dadurch, dass sie Krieg an Krieg reihen, sind sie groß geworden. Und so werden sie alles vernichten oder selbst zugrunde gehen.

Sallust, Historien 4,69. Zitiert nach: GiQ 1, S. 505f.

1 Die Seeschlacht erreicht ihren Höhepunkt. Die Römer entern die Schiffe ihrer Feinde ... Setze die Erzählung fort (M1).

2 Beschreibe mithilfe der Karte M2 den Zug Hannibals nach Italien und berichte auch von den Schwierigkeiten, die das Heer dabei zu meistern hatte. Warum wählte Hannibal diese beschwerliche Route?

3 Welche Gründe werden für die Kriege Roms genannt (M3 und M5)?

4 Cicero stellte Gründe für einen „gerechten Krieg" (= bellum iustum) zusammen (M4). Diskutiert, inwieweit diese Aussage mit den hier vorgestellten Kriegen der Römer (M3 und M5) vereinbar war und wie weit sie heute Gültigkeit hat.

Die Krise der Republik

Vom Bauern zum Proletarier. Fast alle römischen Legionäre waren Bauern. Sie mussten ihre Kriegsausrüstung selbst anfertigen oder kaufen. Als nun die Eroberungskriege immer länger dauerten und die Römer in immer entferntere Gebiete vordrangen, blieben die Bauern auch immer länger von ihren Heimatorten weg. Die Felder konnten nicht mehr bestellt werden und lagen brach. Reiche Römer kauften die Felder auf und ließen sie von Sklaven bewirtschaften. Viele der landlos gewordenen Bauernfamilien zogen nach Rom, um dort als Gelegenheitsarbeiter ein Auskommen zu finden. Man nannte diese Menschen „Proletarier" (von lat. proles = Nachkommen), weil sie nichts außer einer großen Kinderschar besaßen. Die Brüder Tiberius und Gaius Gracchus strebten als Volkstribunen eine gerechtere Verteilung von erobertem Land an. Die Großgrundbesitzer blockierten jedoch alle Reformen. In sozialen Unruhen fanden die Brüder und tausende von ihren Anhängern den Tod.

M1 Italischer Stier gegen römische Wölfin
(Münze der aufständischen Bundesgenossen, 91 v. Chr.)

Die Bundesgenossen mussten als Verbündete in römischen Diensten kämpfen, ohne angemessenen Anteil an Beute und Macht zu erhalten. Mehrere Aufstände konnten die Römer nur mühsam niederschlagen.

Heeresreform, Parteienkämpfe und Unruhen. Eine gefährliche Bedrohung für das Römische Reich stellte der Einfall der germanischen Stämme der Kimbern und Teutonen dar. Es standen nicht genügend Soldaten zur Verteidigung zur Verfügung, da die Kosten für die Ausrüstung die finanziellen Möglichkeiten der meisten Römer überstieg. In dieser Situation führte Konsul Gaius Marius (158–86 v. Chr.) eine umfassende Reform des Heeres durch. Die Legionäre verpflichteten sich zum Dienst für 20 Jahre gegen Zahlung eines festen Soldes. Am Ende der Dienstzeit erhielten sie einen Bauernhof mit Ackerland. Diese Zusage konnte nur der Heerführer erfüllen, dadurch blieben die Soldaten an ihn gebunden (s. S. 120f.). Die Reform entspannte die soziale Lage in Rom, da viele Proletarier nun ihren Unterhalt verdienten.
Bald zeigten sich jedoch negative Begleiterscheinungen der Heeresreform. Da die römischen Behörden die direkte Kontrolle des Heeres in die Hand eines Feldherrn übergeben hatten, wurde auch das Heer zum Spielball der Parteienkämpfe. Dies zeigte sich erstmals, als der Senat den Konsul Sulla (138–78 v. Chr.) zugunsten eines anderen Parteiführers von der Leitung des in Kleinasien kämpfenden Heeres abberief. Statt dem Befehl Folge zu leisten, marschierte Sulla mit seinen Legionen nach Rom und errichtete dort eine Diktatur.

M2 Feldherr mit seinen Legionären
(Relief, 2. Jh. n. Chr., ca. 3 m hoch, im 4. Jh. in den Konstantinsbogen in Rom eingemauert)

M3 Was zählt mehr – Taten oder Worte?

Der römische Geschichtsschreiber Sallust (86 – 34 v. Chr.) überliefert eine angeblich von Marius gehaltene Rede nach seiner Wahl zum Konsul 107 n. Chr.:

... Ihr habt entschieden, ich solle mit Jugurtha (König von Numidien, Nordafrika) Krieg führen, und darüber hat sich der Adel heftig geärgert ... Vergleicht nun, Bürger, mit diesen eingebildeten Kerlen mich, den Neuling! Was die gewöhnlich nur vom Hören oder Lesen kennen ... das habe ich im Felde gelernt. Jetzt urteilt, ob Taten oder Worte mehr wert sind! Sie verachten meinen jungen Adel, ich ihr Nichtstun ... Ich kann zu meiner Beglaubigung keine Ahnenbilder, keine Triumphe oder Konsulate meiner Vorfahren aufweisen, wohl aber, falls erforderlich, Speere, ein Fähnchen, Schilde und andere Kriegsauszeichnungen, außerdem Narben auf der Brust. Das sind meine Ahnenbilder, das ist mein Adel, der freilich nicht erblich mir hinterlassen, wie jenen der ihre, sondern all das habe ich mir persönlich durch unendliche Mühen und Gefahren erworben ... Die Schriften der Griechen habe ich nie studiert ... Aber in dem, was für den Staat das weitaus Beste ist, darin bin ich unterrichtet: einen Feind niederzuschlagen, Wachdienst zu tun, nichts zu fürchten als einen beschmutzten Ruf ... Mangel und Anstrengung auszuhalten. Nach solchen Grundsätzen will ich die Soldaten ermahnen ...

Sallust: Jugurthinischer Krieg 85. Zitiert nach: Das Jahrhundert der Revolution, übertr. und eingel. von Heinrich Weinstock, Stuttgart (Kröner Verlag) 1955.

M4 Tiberius Gracchus redet zum römischen Volk

Der Grieche Plutarch (ca.46–120 n. Chr.) überliefert in seiner Biographie des Tiberius Gracchus die folgende Rede:

Die wilden Tiere, welche in Italien hausen, haben alle ihre Höhle. Jedes weiß, wo es sich hinlegen, wo es sich verkriechen kann. Die Männer aber, die für Italien kämpfen und sterben, sie haben nichts außer Luft und Licht. Heimatlos, gehetzt, irren sie mit Weib und Kind durch das Land. Die Feldherrn lügen, wenn sie in der Schlacht die Soldaten aufrufen, für ihre Gräber und Heiligtümer sich zu wehren gegen den Feind, denn von all diesen Römern besitzt keiner einen Altar, den er von seinem Vater erbt, keiner ein Grab, in dem seine Vorfahren ruhen, vielmehr kämpfen und sterben die Soldaten für das Wohlleben und den Reichtum anderer. Herren der Welt werden sie genannt und besitzen doch kein eigenes Stückchen Land.

Plutarch, Tiberius Gracchus 9. Zitiert nach: Große Griechen und Römer, Bd. 1, übersetzt von Konrat Ziegler, Zürich/Stuttgart (Artemis) 1954.

M5 Getreideausgabe an die Bedürftigen

Römisches Mosaik aus Ostia (2. Jh. n. Chr.)

Die Masse der Proletarier in Rom konnte nur durch staatliche Getreideausgabe ernährt werden.

1 Welches Selbstbewusstsein der Bundesgenossen drückt die Abbildung auf der Münze M1 aus? Lege dar, mit welchen Worten ein Römer vermutlich auf diese Abbildung reagiert hat.

2 Beschreibe M2. Welche Gefahr ergab sich für die Republik aus der Tatsache, dass nicht der Senat, sondern einzelne Feldherrn die Kontrolle über das Heer hatten?

3 Wessen rühmt sich Marius in seiner Rede (M3)? Angenommen, ein reicher Senator berichtet einem Amtskollegen davon. Mit welchen Worten würde er die Rede wiedergeben?

4 Für wen ergreift Tiberius Gracchus Partei (M4)? Von den Reformen der Gracchen blieb nur die Maßnahme, die M5 zeigt.

Von der Herrschaft Caesars zum Prinzipat von Augustus

Der Aufstieg Caesars. Nach dem Tod Sullas wurde Caesar (100–44 v. Chr.) einer der Führer der Partei, die aufseiten der Plebejer stand. Er stammte aus adliger Familie und war vielseitig begabt. Seine politische Laufbahn begann als Volkstribun und Quästor. Mit 39 Jahren erhielt er das Amt des Pontifex Maximus. Durch das oberste Priesteramt wurde er zum Aufseher über den Götterkult und alle Tempel Roms. Als Ädil gab er durch zahlreiche Bauaufträge den Proletariern Arbeit. Von ihm finanzierte Zirkusspiele und Gladiatorenkämpfe ließen ihn in der Gunst der Massen steigen. Mit Pompejus und Crassus, dem reichsten Mann Roms, schloss er einen Dreimännerbund (Triumvirat), dem sich niemand widersetzen konnte. Nach seiner Tätigkeit als Konsul wurde Caesar Statthalter der gallischen Provinzen im heutigen Norditalien und Südfrankreich. Von 58–51 v. Chr. eroberten seine Truppen ganz Gallien; die Gebiete westlich des Rheins wurden damit Teil des Römischen Reiches.

M1 Caesar auf einer römischen Silbermünze *(44 v. Chr.)*

Die Umschrift lautet: Caesar Dic(tator) Perpetuo (Diktator auf Lebenszeit). Auf seinem Haupt befindet sich ein goldener Kranz, der Schmuck Jupiters, Auszeichnung für einen siegreichen Feldherrn. Auch etruskische Könige trugen einen solchen Kopfschmuck als Zeichen ihrer Herrschaft. Es war das erste Mal, dass sich ein lebender Politiker auf einer Münze abbilden ließ.

Bürgerkrieg und Alleinherrschaft. Während der Jahre des Krieges in Gallien hatte Caesar ein tüchtiges ihm ergebenes Heer geschaffen. Crassus war zwischenzeitlich im Krieg gegen die Parther gefallen. Dem Senat gelang es, Pompejus für sich zu gewinnen. Caesar wurde vom Senat aufgefordert, ohne Truppen nach Rom zurückzukehren, um sich erneut zum Konsul wählen zu lassen. Doch Caesar entließ seine Truppen nicht, sondern überschritt zusammen mit ihnen den Rubicon, den kleinen Grenzfluss zwischen seiner Provinz und Italien. Im folgenden Bürgerkrieg besiegte Caesar Pompejus in Griechenland und weitere Heere des Senats in Nordafrika. In Rom angelangt, feierte er einen gewaltigen Triumphzug durch die Stadt. Man überhäufte ihn mit Ehrungen. Caesar wurde zum Diktator auf Lebenszeit gewählt und erhielt die Ehrentitel „Vater des Vaterlandes“ und ▸ „Imperator“. Der Senat stellte ihm einen goldenen Sessel bereit und errichtete Altäre zu seinen Ehren. Er regierte wie ein König und hielt sich nicht mehr an die Verfassung. Gegen diese unumschränkte Herrschaft regte sich starker Widerstand vor allem unter den Senatoren. Während des Staatsbesuchs der ägyptischen Königin Kleopatra, mit der Caesar eine Liebesbeziehung hatte, handelten die Verschwörer: An den Iden des März (15. März 44 v. Chr.) stürzten sich die Gegner Caesars im Senat auf den Alleinherrscher und töteten den mächtigsten Mann Roms mit zahlreichen Messerstichen.

Erneuter Bürgerkrieg. Zwei Männer wollten Caesar beerben: Einmal Marcus Antonius, ehemaliger Senator und General Caesars in Gallien. Der andere, Octavian, war erst 18 Jahre alt, aber Adoptivsohn Caesars und Erbe seines Vermögens. Die beiden Männer besiegten gemeinsam Caesars Mörder und nahmen Rache an deren Anhängern. Das Reich wurde geteilt: Antonius erhielt die östliche Reichshälfte, Octavian die westliche. Antonius verliebte sich in die ägyptische Königin Kleopatra, der er wie ein orientalischer König ganze Provinzen schenkte. Darüber war man in Rom empört, zumal Antonius mit der Schwester Octavians verheiratet war. Rom erklärte den Krieg. Anfang September des Jahres 31 v. Chr. wurde die entscheidende Seeschlacht bei Actium zugunsten der Römer entschieden – Kleopatra und Antonius begingen Selbstmord.

Das „goldene Zeitalter“ des Augustus. Octavian war jetzt im Alter von 33 Jahren Alleinherrscher. In die Geschichtsbücher ist er unter dem Namen „Augustus“ – der Erhabene – eingegangen. Als Politiker ging er klug und vorsichtig zugleich vor. Den Senat betrat er nur mit einem Schutzpanzer unter der Toga und einer Leibgarde. Augustus wollte kein Konsul auf Lebenszeit und kein Diktator sein. Nach außen sollte die herkömmliche Verfassung der Republik Gültigkeit haben. Augustus bezeichnete sich bescheiden als den „Ersten im Staat“, lateinisch princeps. Daher wird seine Herrschaft auch „Prinzipat“ genannt. Unter seiner Herrschaft wurden viele Backsteinbauten abgerissen und durch prunkvolle Marmorbauten ersetzt. Dichter wie Ovid und Horaz verherrlichten seine Herrschaft. Den Soldaten gab er Land. Augustus lebte den Römern ein bescheidenes Leben vor und erinnerte damit an die Lebensweise der Vorfahren. Seine 44-jährige Herrschaft gilt als Friedenszeit, obwohl an Rhein, Donau und in Spanien römische Heere zur Sicherung der Grenzen im Krieg standen. Nach seinem Tod wurde er unter die Staatsgötter erhoben; sein Name wurde zum Titel künftiger Kaiser.

M2 Der Kaiser mit Bürgerkrone

Augustus hatte diese Auszeichnung 27 v. Chr. vom Senat für seine Tapferkeit bekommen. Aus ihr entwickelte sich im Laufe der Zeit die Gestalt der späteren Kronen.

M3 Augustus über seine Herrschaft

Aus einem Tatenbericht an einer römischen Tempelwand in Ankara:

In meinem sechsten und siebten Konsulat (27 und 28 v. Chr.) habe ich, nachdem ich den Bürgerkriegen ein Ende gesetzt hatte und mit Zustimmung der Allgemeinheit zur höchsten Gewalt gelangt war, den Staat aus meinem Machtbereich wie der der freien Entscheidung des Senats und des römischen Volkes übertragen. Für dieses Verdienst wurde ich auf Senatsbeschluss Augustus genannt …

Seit dieser Zeit überragte ich zwar alle an Einfluss und Ansehen, Macht aber besaß ich ab da nicht mehr als diejenigen, die auch ich als Kollegen im Amt gehabt habe.

Res Gestae Divi Augusti. Zitiert nach: Wilhelm Weber: Römische Geschichte bis zum Verfall des Weltreiches (Sonderdruck aus „Die Neue Propyläen-Weltgeschichte“), Berlin o. J.

M4 Der Geschichtsschreiber Tacitus *(ca. 55–120 n. Chr.)* **über Augustus:**

Die Soldaten gewann er durch Schenkungen, das Volk durch Getreidespenden, jedermann durch die erfreuliche Ruhe (nach dem Ende des Bürgerkrieges). Und nun erhob er allmählich das Haupt. Er nahm die Befugnisse des Senats, der Beamten und der Gesetzgebung an sich. Einen Gegner fand er nicht. Die Tapfersten waren in den Schlachten gefallen oder durch Proskriptionen (Ächtung/Verfolgung) beseitigt, und der Rest des Adels wurde umso reichlicher mit Geld und Ämtern bedacht, je williger er sich der Knechtschaft fügte. Wer so aus der Wendung der Dinge Vorteil gezogen hatte, dem war natürlich die sichere Gegenwart lieber als die gefährliche Vergangenheit.

Tacitus, Annalen 1,2f.; Zitiert nach: August Horneffer, Stuttgart (Kröner) ²1957, S. 2ff.

M5 Verfassungsschema zum Prinzipat

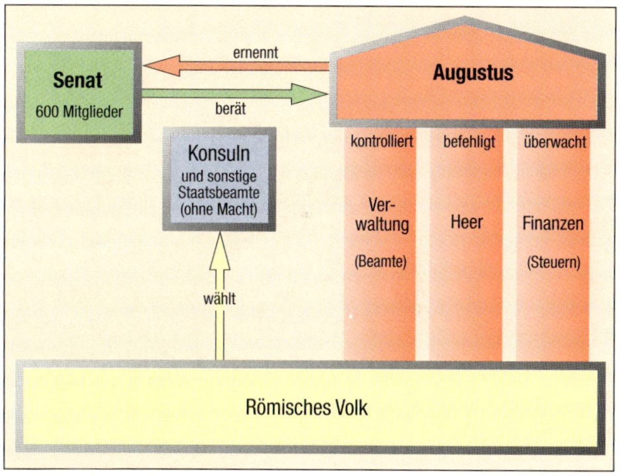

1 Zeichne die „Karriereleiter“ von Caesar und Augustus (Autorentext). Suche dazu noch weitere Informationen zu beiden Persönlichkeiten heraus.

2 Verfasse zwei Todesanzeigen zum Mord an Caesar: eine aus der Sicht seiner Anhänger, eine aus der Sicht seiner Gegner.

3 Suche Gründe, weshalb trotz ähnlicher politischer Absichten Caesar ermordet wurde, während Augustus Kaiser werden konnte.

4 Stelle die Aussagen von Augustus (M3) denen von Tacitus (M4) gegenüber.

5 Das Schaubild M5 zeigt den Staatsaufbau während der Herrschaft des Augustus. Vergleiche mit der Grafik auf Seite 109. Was hat sich verändert?

Herrscher lassen sich darstellen

Wie zeigte sich Herrschaft? Auch wenn viele Griechen und Römer Lesen und Schreiben gelernt hatten, waren die meisten Menschen im Altertum Analphabeten. Wie erfuhren diese Menschen etwas über Staat, Verfassung, Herrschaft und Recht? Die Politiker von heute bedienen sich gern des Fernsehens für die Darstellung ihrer Ansichten. Im Altertum stellten die Könige ihre Herrschaft in Monumentalbauten dar; kaum ein Untertan hat den Herrscher je zu Gesicht bekommen. Die Pyramiden und Tempelanlagen Ägyptens sind nicht nur Grab- und Kultstätte, sondern zeugen von der Macht und Herrschaft des Pharao. Die Römer entwickelten eigene Formen, wie sie Herrschaft zeigten. Unter Augustus, der sich Princeps nannte, aber tatsächlich der erste Kaiser des Römischen Reichs war, entstanden große Prunkbauten: Tempel, Paläste, Marktgebäude (Foren) und Thermen.

Statuen und Münzen als Propagandamittel. In den Bauten zeigt sich die Herrschaft, nicht jedoch die Person des Herrschers selbst. Die Person wird auf Bildern, Reliefs, Münzen oder Statuen dargestellt. Die beiden letzten sind von besonderer Wichtigkeit: Münzen werden durch den Handel weit verbreitet und Statuen befinden sich auf öffentlichen Plätzen, wo sie von vielen gesehen werden. Die Statuen zeigen, wie der Herrscher von seinen Untertanen gesehen werden möchte, wie er seine Herrschaft rechtfertigt und welche politischen Ziele er hat. Daher sind die Köpfe der meisten Statuen nicht unbedingt als Abbild des Aussehens der Herrscher anzusehen, auch wenn die Wissenschaftler viele charakteristische persönliche Gesichtszüge einzelner Herrscher herausgefunden haben.

M1 Marmorstandbild des Augustus
(ca. 2 m hoch, um 20 v. Chr.) Der Knabe auf dem Delfin stellt den Gott Eros dar. Er ist ein Kind der Venus. Augustus lässt sich barfuß wie einen Gott darstellen. Das Ablegen der Schuhe ist ein Zeichen für Demut.

Auf seinem Brustpanzer ist eine Szene dargestellt, in der ein römischer Feldherr ein von den Feinden erbeutetes Truppenzeichen zurückerhält. Darüber sind Himmelsgötter abgebildet. Augustus war stolz darauf, dass er die Übergabe friedlich erreicht hatte.

Methode: Herrscherbilder interpretieren

Wer einen Staat regiert, versucht zu allen Zeiten, sich den Menschen als Herrscher darzustellen. Bei den Ägyptern geschah dies mithilfe von Statuen und Wandgemälden (s. S. 46f.), bei den Römern vor allem durch Statuen und Büsten, insbesondere auch durch Münzen, die im gesamten Römischen Reich zirkulierten.

M2 Augustusstatue *(farbige Rekonstruktion)*
Bis vor wenigen Jahren galt die Darstellung in M1 als das Original. Der Fortschritt in den naturwissenschaftlichen Untersuchungsmethoden erlaubte jedoch die Feststellung, dass die meisten Statuen der Antike sehr farbig ausgestaltet waren.

So könnt ihr vorgehen, wenn ihr Darstellungen von Herrschern, wie z. B. von Caesar und Augustus, genauer untersuchen wollt:

1. Schritt: Erster Eindruck
Schaut euch die Abbildungen aufmerksam an und notiert euren ersten Eindruck. Auf eurem Notizzettel stehen dann Wörter wie: edel, stark, streng, überlegen ...

2. Schritt: Einzelheiten beachten
Versucht euch in einem Gespräch klarzumachen, warum dieser Eindruck bei euch entstanden ist. Dazu müsst ihr Einzelheiten der Darstellung beachten und zur Erklärung heranziehen.
Achtet dabei auf die Haltung der Figur, auf ihren Stand, auf die Gesten der Arme und Hände, auf die Gesichtszüge. Auch die Kleidung, der Kopfschmuck und Dinge, die der Herrscher in der Hand hält, haben eine Bedeutung.

3. Schritt: Ergebnis formulieren
Zum Schluss eurer Untersuchung solltet ihr das Ergebnis formulieren. Die Darstellung drückt folgende Eigenschaften des Herrschers aus ... Damit will der Herrscher folgende Wirkung erzielen ...

4. Schritt: Vergleich mit allgemein bekannten Informationen über den Herrscher
Nach der Beschäftigung mit einer Darstellung kann man sich noch fragen: Passt mein Ergebnis zu dem, was ich sonst über diesen Herrscher weiß? Oder widerspricht dieser Tatbestand meinen Kenntnissen?

GESCHICHTE AKTIV/KREATIV
Projektidee: „Standbild“

Um den ersten Schritt zu tun, kann man eine Statue oder ein Bild auch nachstellen. Stellt euch genauso hin wie der Abgebildete. Oder lasst euch von eurem Partner so hinstellen oder „hinbiegen“. Wie fühlt ihr euch dabei?

Wirtschaft und Recht – Säulen des Reichs

Pax Romana – der Frieden Roms. Mit der Ausbreitung des Römischen Reiches entstand ein riesiger Wirtschaftsraum. Die von den Soldaten gesicherten Straßen und Seewege ermöglichten einen Handel über tausende von Kilometern hinweg. Eine einheitliche Währung sowie gleiche Maße und Gewichte erleichterten die Abwicklung von Geschäften, ebenso wie die im ganzen Reich gebräuchlichen Sprachen Latein und Griechisch.

Bauern sichern den Frieden. Entscheidend für die innere Ruhe im Reich war die Sicherung der täglichen Nahrung. Den größten Beitrag dazu leistete die örtliche Landwirtschaft, ca. 80 % der Bevölkerung arbeiteten in diesem Bereich. Reiche Familien verfügten über großen Landbesitz. Bewirtschaftet wurden diese Latifundien durch eine Vielzahl von Sklaven unter Aufsicht eines Verwalters. Für Großgrundbesitzer lohnte es sich auch, das Land zur Bewirtschaftung an Kleinbauern zu verpachten. Es gab aber auch noch viele freie Bauern, darunter befanden sich zahlreiche ausgediente Soldaten, die nach Ende ihrer Dienstzeit ein Stück Land erhalten hatten (s. S. 120).

M1 Ein römischer Verkaufsstand
(Relief aus Ostia, Ende des 2. Jh. n. Chr.)

Handwerk und Handel. Ein römischer Handwerksbetrieb war vor allem ein Familienbetrieb. Daneben arbeiteten dort meist noch ein paar Sklaven und Sklavinnen, manchmal gab es auch freie Arbeitsplätze.
Am Beispiel der Glasproduktion kann man sehen, wie sich bestimmte Handwerkszweige im Römischen Reich ausbreiteten. Auf dieses Produkt wollten die Soldaten, die nahezu ausschließlich an den Grenzen des Reichs stationiert waren, nicht verzichten. So entstanden auch dort Glasbläserbetriebe. Das in Köln hergestellte Glas galt bald als besonders hochwertig und wurde schließlich sogar in Italien angeboten. Die meisten Handwerkerfamilien in den Provinzen verkauften jedoch ihre Produkte in die nähere Umgebung und bezogen ihre Waren auch von dort.
Von besonderer Bedeutung im Römischen Reich war der Seehandel. Denn es war wesentlich billiger ein Handelsschiff zu nutzen, als Waren auf dem Landweg zu transportieren. Massengüter wie Wein und Getreide beförderte man daher auf Schiffen. Die Hauptstadt Rom (s. S. 122f.) wurde über den nahe gelegenen großen Hafen von Ostia versorgt. Abhängig von den Windverhältnissen benötigte ein Segelschiff von dort aus ungefähr eine Woche nach Alexandria in Ägypten. Auf dem Rückweg wurden große Mengen Getreide nach Rom geschafft, um die Versorgung der Massen in der Hauptstadt zu sichern. Es kam zur Gründung vieler Handelsgesellschaften. Archäologen fanden in Ostia allein in der Nähe des Theaters die Überreste von mindestens 70 Büros, deren Namen in Mosaikfußböden verewigt worden waren.

Gleiches Recht für alle? Die Vorstellung der Römer von Recht und Gesetz hat ihre Wirkung bis heute. Grundsätze wie „Im Zweifelsfall für den Angeklagten“ oder „Man muss auch die andere Seite hören!“ sind allseits bekannt. Schriftlich fixiert wurden die Gesetze in Rom – als Ergebnis der Ständekämpfe (s. S. 106f.) – bereits um 450 v. Chr. Dass die Rechte der Bürger schon so früh verankert waren, galt als eine der wichtigsten Leistungen der Römer. Die Rechtssicherheit trug mit dazu bei, den Frieden in diesem großen Reich zu festigen. Wer römischer Bürger war, konnte die Gesetze überall im Reich einklagen und sogar bis vor den Kaiser gehen. 212 n. Chr. erhielten alle freien Reichsbewohner das römische Bürgerrecht. Lediglich Sklaven waren davon ausgenommen, sie blieben weiterhin „Sache“.
Die immer umfangreicher werdenden Gesetze wurden schließlich unter Kaiser Justinian in Byzanz um 530 n. Chr. im „Corpus Iuris Civilis“ festgehalten. Diese Sammlung bürgerlichen Rechts gilt als Grundlage der gesamten Rechtsprechung Europas. Die Justiz in jedem Rechtsstaat stützt sich darauf.

M2 Wirtschaft und Handel im Römischen Reich: Führen alle Wege nach Rom?

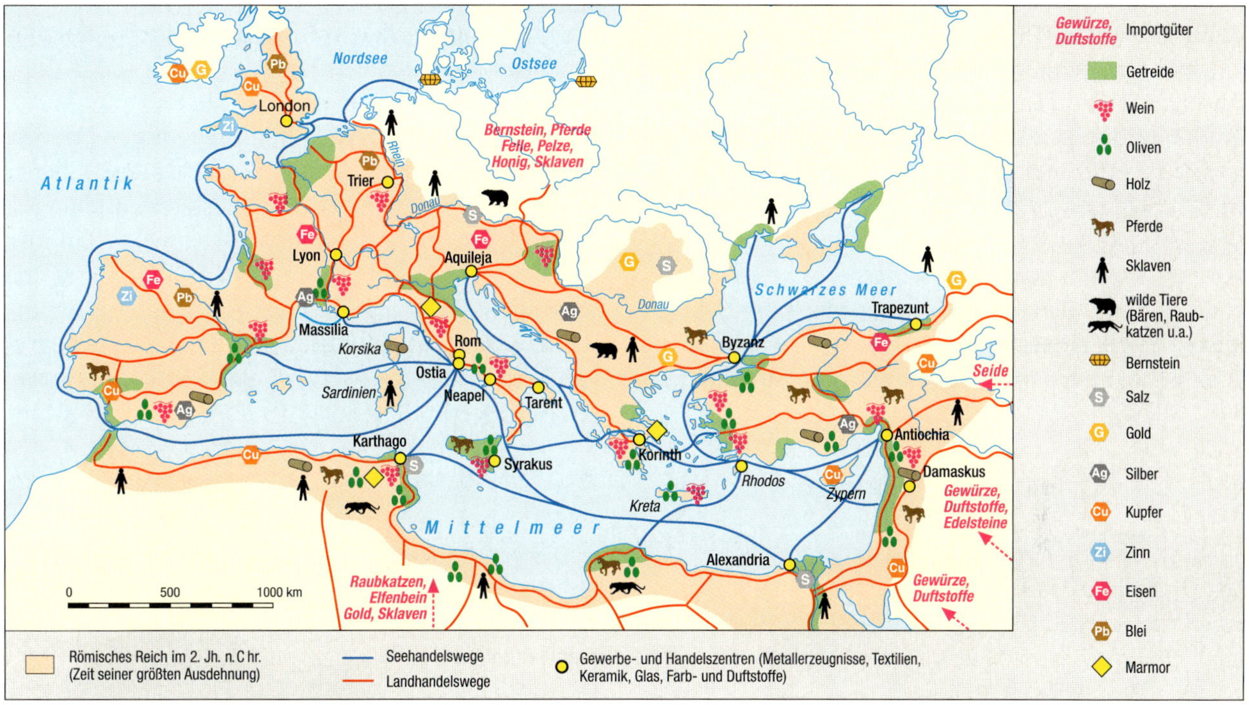

M3 „Ich aber bin als Römer geboren!"

Als der Apostel Paulus um 60 n. Chr. in der Provinz Judaea (heutiges Israel) von römischen Soldaten festgenommen wurde, kam es zu folgendem Gespräch:

Der römische Stadtkommandant befahl, Paulus in die Kaserne zu bringen. Er wollte ihn auspeitschen und befragen lassen, um zu erfahren, warum die Juden so wütend auf ihn waren. Als die Soldaten ihn mit Riemen festbanden, sagte Paulus zu dem dabeistehenden Offizier: „Ist es euch denn überhaupt erlaubt, einen römischen Bürger auszupeitschen, noch dazu ohne ein ordentliches Gerichtsverfahren?"

Der Offizier ging zum Stadtkommandanten, meldete ihm das und sagte: „Was willst du tun? Dieser Mann ist Römer!" Der Stadtkommandant ging selbst zu Paulus und fragte ihn: „Sage mir: Bist du wirklich Römer?" Paulus sagte: „Ja." Der Kommandant sprach: „Ich habe mir das Bürgerrecht für eine hohe Summe erworben." Paulus entgegnete: „Ich aber bin als Römer geboren." Die Männer, die Paulus verhören sollten, ließen sofort von ihm ab. Der Kommandant bekam es mit der Angst zu tun, als er merkte, dass Paulus Römer war und er ihn hatte fesseln lassen.

Apostelgeschichte 22, 24ff. (Einheitsübersetzung)

1 Beschreibe das Relief (M1) und versuche die Produkte, die dort verkauft werden, zu bestimmen. Überlege dir für die dort dargestellten Personen je eine Sprechblase.

2 Du bist ein Händler in Ostia. Für eine reiche Familie aus Rom sollen folgende Produkte besorgt werden: Getreide, Olivenöl, Wein, Honig und Salz für die Küche, feine Trinkgefäße aus Glas, Bernstein und Seide für die Hausherrin und Marmor für Ausbesserungsarbeiten am Haus. Überlege, woher du die Waren am schnellsten bekommen könntest. Fertige eine vierspaltige Tabelle an, in der du die jeweilige Ware, den Herkunftsort und knapp den Transportweg aufführst. Begründe in der letzten Spalte, warum du die Waren jeweils von diesem Ort und über diesen Weg beziehen möchtest (M2).

3 Nenne Gründe dafür, warum sich im Gebiet westlich des Rheins Wirtschaftszentren entwickelten. Bedenke dabei auch, welche Produkte dort hergestellt wurden (M2).

4 Gib die Quelle M3 in eigenen Worten wieder. Vergleiche die rechtliche Stellung des Paulus mit der des Kommandanten. Welche Grundsätze gelten auch heute noch, wenn man einen Beschuldigten verhört?

Legionäre – Soldaten des Kaisers

Ein Leben für die Armee. Warum wählte damals ein junger Mann den Beruf des Legionärs? Gründe dafür gab es viele: Feste Besoldung, gute Aufstiegschancen verbunden mit einem hohen persönlichen Ansehen und am Ende seiner 20-jährigen Berufszeit eine Abfindung entweder in Form von Land oder einer beträchtlichen Summe Geld. Doch kaum die Hälfte der Soldaten erlebte das Ende ihrer Dienstzeit. Wer Legionär werden wollte, durfte nicht verheiratet sein, musste das römische Bürgerrecht besitzen, gesund sein und eine viermonatige, sehr harte Grundausbildung (Schwert- und Speerkampf, Übungsmärsche, Schwimmen und Schanzarbeiten) durchlaufen.

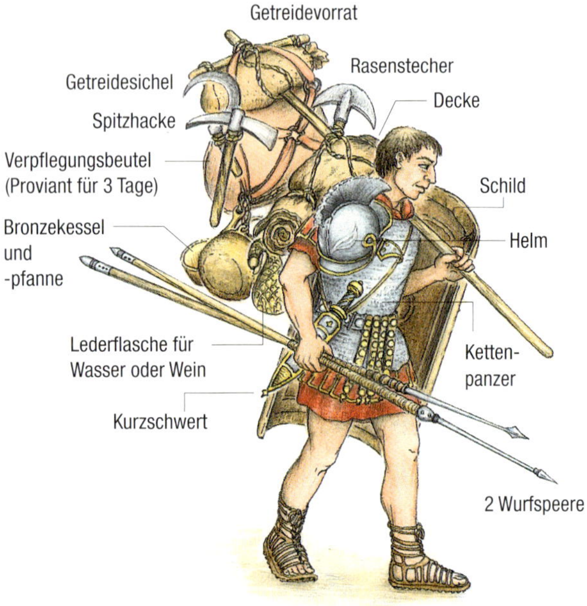

M1 Legionär in voller Ausrüstung
Das Marschgepäck wog bis zu 40 kg. An die 30 km mussten die Soldaten pro Tag zurücklegen. Bei ihrer Ankunft konnten sie sich nicht ausruhen, sondern hatten für ihr Zeltlager zu sorgen bzw. Schanzarbeiten durchzuführen, z. B. einen Verteidigungsgraben ausheben.

Das römische Heer zur Zeit Augustus bestand aus ungefähr 30 Legionen mit jeweils bis zu 6 000 Mann. Unterstützt wurden sie durch Hilfstruppen, so genannten Auxilien (lat. auxilium = Hilfe) von 500 oder 1 000 Mann Stärke. Dort dienten freie Provinzbewohner aus allen Teilen des Reichs. Diese Soldaten besaßen meist kein römisches Bürgerrecht, sondern erhielten es erst am Ende der Dienstzeit.

Der Wehrsold wurde in drei Jahresraten ausbezahlt. Der einfache Soldat erhielt 225 Denare, ein Zenturio das Fünffache. Doch wurde nie die ganze Summe ausgezahlt, sondern 140 Denare für Waffen, Kleidung und Verpflegung einbehalten. Weitere 50 Denare wurden dem Legionär als Rücklage gutgeschrieben. (Zum Vergleich: Ein Landarbeiter verdiente 1 Denar pro Tag.) Nach Ablauf ihrer Dienstzeit nahmen die meisten Legionäre das ihnen übertragene Land in der Umgebung ihres einstigen Kastells, heirateten und siedelten sich hier mit ihren Familien an. Sie wurden zu wichtigen Kulturträgern, die dazu beitrugen, dass sich die römische Lebensweise im gesamten Reich verbreitete.

M2 Römischer Zenturio
Er spielte die wichtigste militärische Rolle als Befehlshaber einer Hundertschaft (Zenturie). Diese erfahrenen Soldaten sorgten für die Disziplin der Soldaten. Zu diesem Zweck trugen sie stets einen Stock zur körperlichen Züchtigung bei sich (Foto 1985).

Dauertraining und Kampfeinsatz. Man darf sich nicht vorstellen, dass die römischen Soldaten ständig Krieg führten. Im Gegenteil, die meisten Dienstjahre verbrachten sie in befestigten Lagern. Doch der eiserne Drill ließ ihnen wenig Freiräume. Jeder Morgen begann mit einem Appell, dann ging jeder seinen Aufgaben nach. Neben dem ständigen militärischen Training, den Märschen und Wachdiensten mussten sich die Soldaten um die Instandhaltung des Lagers und um ihre Versorgung kümmern. Zusätzlich waren sie im Straßen- und Brückenbau (s. S. 92f.) eingesetzt.

M3 Legionäre bei der Arbeit
Ausschnitt von der 40 m hohen Trajanssäule in Rom. Auf ihr sind über 150 Einzelszenen mit 2 500 Figuren abgebildet, die vom erfolgreichen Feldzug Kaiser Trajans gegen die Daker, einem Volk an der Donau, künden (um 100 n. Chr.).

M4 Disziplin im Heer
Ein römischer Geschichtsschreiber berichtete:
Wenn ein Legionär bei der Bewachung des Lagers eingeschlafen war oder einen feindlichen Späher übersehen hatte ... wurde folgende Strafe vollzogen: Der Offizier nimmt einen Holzstock und berührt den Verurteilten nur leicht. Dann schlagen alle Soldaten im Lager auf ihn ein. Die meisten fanden dabei den Tod.
Wenn einer in einer Schlacht besondere Tapferkeit bewiesen hat, beruft der Feldherr eine Heeresversammlung, stellt ihr die Leute vor und überreicht dann dem Manne, der einen Feind verwundet hat, einen Speer, dem, der einen Feind getötet hat, eine Trinkschale, dem Reiter einen Kopfschmuck für das Pferd. Diese Ehrengeschenke werden nur gegeben, wenn es nicht notwendig gewesen wäre, sich einer persönlichen Gefahr auszusetzen. Wer bei der Einnahme einer Stadt zuerst die Mauer erstiegen hat, erhält einen goldenen Kranz.
Polybios 6, 37ff. Zitiert nach: Hans Drexler: Polybios, Geschichte, Bd. 1, Zürich/Stuttgart (Artemis) 1961.

1 Eine germanische Bauernfamilie lebt nahe der Grenze zum Römischen Reich. Ihr 17-jähriger Sohn möchte gern Soldat in der römischen Armee werden. Seine Eltern sind dagegen. Sammelt in Gruppen mögliche Argumente der Eltern bzw. des Sohnes. Verteilt dann die Rollen, überlegt euch einen Dialog und versucht schließlich eurer Klasse die Szene vorzuspielen. Bezieht die Darstellung und die Quellen (M1–M4) in eure Überlegung mit ein.

2 Betrachte das Bild des römischen Zenturio (M2). Worin unterschied er sich vom gemeinen Soldaten (M1)? Warum war das Erreichen dieses Dienstgrades für einen Legionär immer erstrebenswert?

3 Beschreibe die Tätigkeiten der Soldaten auf dem Ausschnitt der Trajanssäule (M3). Der Kommandant überwacht die Arbeiten – woran erkennst du ihn? Was geschieht mit dem Mann im linken Bildausschnitt?

Rom – die Welthauptstadt

Die größte Metropole des Altertums. Niemand wusste genau, wie groß und reich Rom zur Kaiserzeit wirklich war. Unentwegt flossen die Schätze hierher, ungebrochen war der Strom von Menschen, der sich in die Stadt ergoss. Es sollen eine Million Einwohner gewesen sein, davon ein Drittel Sklaven. Die Menschen kamen aus allen Teilen des Reichs. Hier in Rom standen die höchsten Gebäude, hier fand man die größten Theater, Rennbahnen, Plätze und Thermen. Aber Rom war mehr als eine Großstadt, es war die Hauptstadt und das Zentrum eines Weltreichs.

Das Forum – Herz von Stadt und Reich. Rom hatte viele unterschiedliche Stadtviertel. Im Mittelpunkt zwischen den Hügeln lag das ▸ Forum Romanum auf ebenem Gelände, wo sich mehrere Straßen kreuzten. Hier standen einige der wichtigsten Bauten der Stadt: Der Tempel der Vestalinnen (Priesterinnen), die das heilige Feuer hüteten, und die Curia, das Gebäude, in dem die Senatoren tagten. Siegessäulen und Triumphbögen erinnerten an Roms erfolgreiche Kriege. Gewaltige Tempel, überragt vom Jupitertempel auf dem Kapitol, ließen keine Zweifel an der Göttertreue des Staates. Hier traf man sich, um Neuigkeiten auszutauschen. An das Forum im Südwesten angrenzend standen die gewaltigen Kaiserpaläste. Augustus hatte auf dem Palatin mit dem Bau eines Palastes begonnen. Die späteren Kaiser erweiterten ihn zu einer riesigen Palastanlage. In Kontrast dazu standen die vielen Wohnviertel mit engen Gassen und hohen, oft muffigen und verfallenen Mietshäusern (s. S. 85).

Fremde werden Mitbürger. In der Millionenstadt Rom wohnten Menschen aus allen Teilen des Reichs und den angrenzenden Ländern. In der Kaiserzeit bildeten sie gegenüber den alteingesessenen Römern sogar die Mehrheit. Hier hörte man außer Latein und Griechisch viele verschiedene Sprachen. Man sah die fremdartigsten Kleidungen. Neben den alten Tempeln waren jüdische Synagogen und Heiligtümer der ägyptischen Isis und des syrischen Baal entstanden. Rom war eine Vielvölkergesellschaft geworden.
Auch im antiken Rom gab es die üblichen Vorurteile gegen Menschen fremder Herkunft. Man sagte: Briten sind unzivilisierte Wilde, Thraker immer betrunken, Syrer lügen. Die Spannungen verschärften sich, wenn unterschiedliche religiöse Auffassungen hinzukamen. Im Alltag jedoch waren solche Spannungen unbedeutend. Die Menschen, wo immer sie herkamen, hatten ganz ähnliche Interessen. Sie wollten arbeiten, verkaufen und zu Wohlstand kommen. Kranke brauchten einen fähigen Arzt, und da vertrauten die Römer lieber Ausländern, vor allem Ägyptern. Insbesondere die Erfolgreichen unter den Zuwanderern bemühten sich, schnell Latein zu lernen und Römer zu werden.

M1 Panoramablick vom Kapitol nach Südwesten

M2 Das Rom des Augustus

Strabon (ca. 63 v. – 20 n. Chr.) berichtete:

Während die Hellenen es bei der Gründung von Städten besonders auf Schönheit, Häfen und fruchtbares Land abgesehen hatten ... achteten die Römer vor allem auf das, worum sich jene wenig kümmerten: Pflasterung der Straßen, Zuführung von Wasser, unterirdische Kanäle, geeignet, den Unrat der Stadt in den Tiber zu spülen ... Die Wassermassen sind so groß, dass ganze Flüsse durch die Stadt und die unterirdischen Kanäle strömten, dass nahezu jedes Haus Wasserbehälter und Wasserleitungen hat und reichlich sprudelnde Brunnen besitzt.

Strabon, Geografie V, 3, 8ff. Zitiert nach: GiQ 1, S. 594.

M3 Rom bei Nacht

Der römische Dichter Horaz (65 – 8. v. Chr.) beschrieb in einem seiner Werke das Leben in Rom bei Nacht:

Bei Sonnenuntergang begann der Wagenverkehr, der tagsüber untersagt war. Quietschend und ratternd bewegten sich lange Kolonnen von schweren Lastwagen, mit Salz und Lebensmittel beladen, mit Waren, die Rom in seinen Speichern am Tiber anhäufte, um sie dann auf die nördlichen Provinzen zu verteilen ... Auch die Reisewagen, die während der Tagesstunden an den Toren anhalten mussten, durchfuhren in allen Richtungen die Straßen Roms.

Das gewöhnliche Volk nutzte die Dunkelheit aus, um sich des Abfalls zu entledigen. Aus allen Fenstern wurden Scherben, Kehricht und sonstiger Unrat auf die Straßen befördert und wer gerade vorüber schritt, konnte schon von Glück reden, wenn er nur verschmutzt oder mit ein paar Beulen davon kam. Des Nachts war es stockdunkel. Wer nicht Gefahr laufen wollte, sich ein Bein zu brechen oder eine unangenehme Begegnung zu machen, ließ sich von einem Diener mit der Fackel begleiten ... Öffentliche Beleuchtungen gab es nicht.

Horaz, Epistel II, 2 (vom Verfasser übersetzt).

M4 „Zu viele Fremde in Rom!"

In einer Satire, einem kritisch-übertreibenden Gedicht, aus dem 2. Jh. n. Chr. klagte ein alteingesessener Römer:

Griechen von überall her streben zu uns nach Rom, an die Fleischtöpfe der vornehmen Häuser, und dort sind sie dann bald die Herren. Ein solcher Mensch hat jeden Beruf, den du dir vorstellen kannst, zu uns gebracht: Sprachlehrer, Redner, Feldmesser, Maler, Wahrsager, Seiltänzer, Arzt, Zauberer – ein hungriges Griechlein kann alles. Jetzt tragen sie sogar schon den Purpur der Senatoren. So einer hat bessere Chancen als ich, mit wichtigen Geschäften beauftragt zu werden und auf bequemerem Lager zu ruhen ...

Allerdings – wie viele von diesem Abschaum sind denn richtige Griechen? Schon längst fließt ja der syrische Orontes in den Tiber und schwemmt syrische Sprache und Sitten, schräge Saitentöne und den Lärm fremdländischer Handpauken an, dazu Mädchen, die gezwungen sind, sich an der Rennbahn feilzubieten.

Juvenal, 3. Satire 60ff. (übers. u. bearb. vom Verfasser).

1 Du bist ein junger Römer und sollst Besucher durch die Stadt führen. Welche Gebäude findest du in M1 besonders beeindruckend? Sammle auch Informationen mithilfe eines modernen Stadtführers.

2 Zwei junge Römerinnen unterhalten sich über die Vorzüge und Nachteile des Lebens in der Hauptstadt. Sammelt Argumente für ein Streitgespräch. Bezieht M2–M3 mit ein.

3 Überlege, welche Kenntnisse und Fähigkeiten die römischen Neubürger aus ihren Heimatländern mitgebracht haben könnten.

4 Beschreibe und diskutiere die Einstellungen der alteingesessenen Römer zu ihren neuen Mitbürgern (M4). Vergleiche mit der heutigen Einstellung zu Zuwanderern.

Römer und Germanen

Wer sind die Germanen? In viele Stämme zergliedert, besiedelten die Germanen ein Gebiet, das von der Donau bis nach Schweden reichte. Sie lebten als Bauern und Krieger in Einzelgehöften, die zu kleinen Dorfgemeinschaften von vier bis fünf Familien zusammengeschlossen waren. Römischen Schilderungen zufolge gliederte sich die Gesellschaft in Adlige, Freie und Unfreie. Adlige Germanen versammelten junge Männer, die für eine begrenzte Zeit auf ihrem Hof lebten und sie in Kriegszeiten oder auf Raubzügen im Kampf unterstützten. Die Unfreien hatten keinerlei Rechte und mussten Adligen oder freien Bauern mit ihrer Arbeitskraft oder durch Naturalabgaben zu Diensten sein. Aus der Mitte der adligen Stammesführer, die auch die Volksversammlung (Thing) leiteten, wurden die Könige und Heerführer gewählt. Die Volksversammlung entschied über Krieg und Frieden und sprach in oberster Instanz Recht.

Notleidende Bauern und gefürchtete Krieger. Da die Germanen erst ab dem 2. Jh. n. Chr. eine Schrift verwendeten, können nur Grabungsfunde oder römische Berichte Hinweise über germanische Lebensweisen geben. Die Bauern bewirtschafteten Felder, auf denen sie vor allem Gerste und Hülsenfrüchte anbauten. Sie hielten Nutztiere, die auf den brachliegenden Äckern geweidet wurden. Für den Winter legten sie Vorräte an gesalzenem Fleisch und Fisch an. Ihr Hauptnahrungsmittel war ein Getreidebrei, der selten durch Obst und Gemüse ergänzt wurde. Das Leben der Bauern war hart: Ein karger Boden und ein kühles Klima erlaubten nur geringe Ernteerträge, die Menschen litten oft Hunger. Daher kam es immer wieder zu bewaffneten Überfällen germanischer Krieger auf angrenzende und wirtschaftlich reichere römische Gebiete.

Der ▸ Limes – trennend oder verbindend? Der Limes war zum Schutz der eroberten Gebiete gebaut worden und verfügte mit seinen Wachtürmen über eine wirksame „Alarmanlage". Römer und Germanen beiderseits des Limes begannen aber bald auch einen regen Handel. Die Germanen lernten von den römischen Soldaten neue Arbeitstechniken wie den Hausbau aus Stein, den Weinanbau und die dazu nötigen Werkzeuge kennen. Die Soldaten Roms waren auf die Versorgung durch die einheimische Bevölkerung angewiesen; auch verzichteten die Römer nach erfolgter Eroberung meist auf Gewaltanwendung. Allmählich lernte man sich gegenseitig schätzen. Nicht selten kam es zu Ehen zwischen Römern und Germaninnen. Zahlreiche aus dem Dienst entlassene römische Soldaten entschlossen sich, in der neuen germanischen Heimat zu bleiben. Germanische Familien wurden an der Herrschaft beteiligt. Noch heute zeugen Ausgrabungen von Gutshöfen der Zeit, dass sie der römischen Villa Italiens nachgebaut waren. Eine solche Villa Rustica spielte als Landsitz eines örtlichen Grundbesitzers eine wirtschaftlich bedeutende Rolle: Neue Pflanzen wie Gurken, Sellerie, Kirschen oder Pfirsiche und größere Nutztiere fanden erstmals den Weg in unsere Breiten.

M1 Römische Soldaten kontrollieren germanische Händler am Limes *(Ausschnitt aus einem Modell im Limesmuseum von Aalen).*

Romanisierung – die römische Kultur setzt sich durch. Im Laufe der Zeit kam es zu einer Kulturmischung. Griechisch-römische Gottheiten oder persische Kulte aus dem Osten des Reichs wurden auch an Rhein, Mosel und Donau verehrt. Viele lateinische Wörter wurden Teil der germanischen Sprachen. Im Alltag verwendete man für Handel und Gerichtsurteile Latein. Bald lebte man in größeren Siedlungen in Gallien, Germanien, Rätien oder Noricum wie in einer Stadt in Italien. Diesen Vorgang der Verbreitung römisch-italischer ▸ Zivilisation bezeichnen wir mit dem Begriff ▸ Romanisierung.

M2 Der römische Geschichtsschreiber Tacitus über die Germanen *(um 100 n. Chr.):*

... die äußere Erscheinung ist bei allen dieselbe; trotzig blickende Augen, rötlichblondes Haar und große Körper, die allerdings nur zu einem kurzen Ansturm taugen; in Arbeit und Anstrengungen zeigen sie nicht die gleiche Ausdauer; am wenigsten aber können sie Durst und Hitze ertragen, Kälte und Hunger dagegen auszuhalten sind sie durch Klima und Bodenbeschaffenheit gewöhnt ...

Als Getränk dient ein Saft aus Gerste oder Weizen, der durch Gärung eine gewisse Ähnlichkeit mit Wein erhält; die Anwohner von Rhein und Donau kaufen auch Wein. Die Kost ist einfach: wildes Obst, frisches Wildbret oder geronnene Milch. Ohne feine Zubereitung, ohne Gewürze vertreiben sie den Hunger. Dem Durst gegenüber herrscht nicht dieselbe Mäßigung ...

Könige wählen sie aufgrund ihrer adligen Abstammung, Heerführer aufgrund ihrer Tapferkeit ... Über weniger wichtige Angelegenheiten entscheiden die Adligen, über wichtige die Gesamtheit der Freien ... Sie kommen in Waffen und setzen sich, wenn es ihnen passt. Die Priester, die bei dieser Gelegenheit auch Strafgewalt haben, gebieten Ruhe. Dann hören die Versammelten den König oder auch irgendeinen Adligen an, den Alter, Ruhm und Redegewandtheit berufen erscheinen lassen, das Wort zu ergreifen. Ein gewichtiger Rat gilt bei ihnen mehr als die Befehlsgewalt eines Mächtigen. Missfällt ihnen ein Antrag, weisen sie ihn durch Murren zurück; gefällt er ihnen aber, schlagen sie die Waffen aufeinander. Denn die ehrenvollste Art der Zustimmung ist das Lob der Waffen ...

Cornelius Tacitus, Germania. Zitiert nach: Alfons Städele (Hrsg. und Übers.): Tacitus, Düsseldorf/Zürich (Artemis/Winkler) ²1999, S. 13, 17ff. u. 37.

M3 Handel entlang des Limes

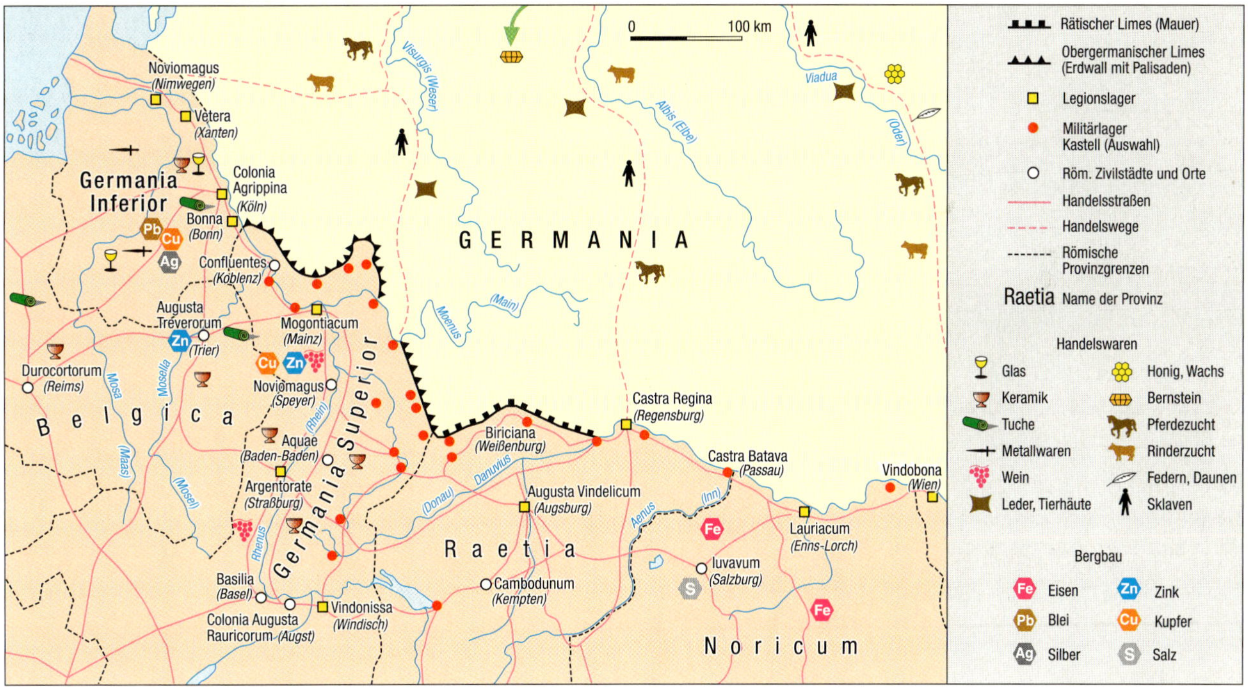

1 Beschreibe den Wachturm (M1). Wozu diente er?

2 Was könnten die Germanen mit den Römern getauscht haben (M1 und M3)?

3 Die Volksversammlung der Germanen war das Thing, in Rom gab es den Senat. Benenne Ähnlichkeiten und Unterschiede (M2).

4 Tacitus schildert das Leben der Germanen. Begründe den Eindruck, den man in Rom von den Germanen bekommen musste (M2). Inwiefern darf man Tacitus, der nie Germanien bereist hat, Glauben schenken?

5 Zeige mithilfe der Karte M3, wie die Provinzen am Limes organisiert waren.

Den Römern im Rheinland auf der Spur

Geschichte (be)greifen. An vielen Orten in Nordrhein-Westfalen lassen sich Spuren römischen Lebens finden. Auf dieser Seite findet ihr mögliche Exkursionsziele, die im Rahmen einer Klassenfahrt oder eines Familienausflugs besucht werden können. Einige Museen und der Archäologische Park Xanten bieten auch spezielle Programme für Jugendliche an. Dort kann man z. B. ein Mosaik basteln, Brot nach römischen Rezepten backen, eine Toga anziehen und sich wie ein Römer fühlen.

M1 Dionysos-Mosaik aus dem Römisch-Germanischen Museum Köln *(um 200 n. Chr.)*
Es wurde 1941 bei Aushubarbeiten neben dem Kölner Dom entdeckt. Dazu fand man auch die Fundamente eines römischen Hauses, zu dem dieses Mosaik gehört.

M2 Römermuseum in Haltern *(Westfalen), erbaut neben den rekonstruierten Wällen des römischen Feldlagers*

M3 Handwerker bauen ein Stadttor der Kolonie Ulpia Traiana *(Xanten, Modell im Rheinischen Landesmuseum, Bonn).*

M4 Ein Fahrrad-Wanderweg verbindet ehemals römische Orte.
Die Römerroute verläuft fast parallel zur ehemaligen Vormarschstraße der Römer in der Zeit von 12 v. Chr. bis 16 n. Chr. In jener Zeit versuchten die Römer das nördliche Germanien zu erobern. Die Lippe wurde dabei als Schifffahrtsweg genutzt. Eine Kette von Legionslagern (Holsterhausen, Haltern, Oberaden, Anreppen) ist für jene Zeit nachgewiesen.

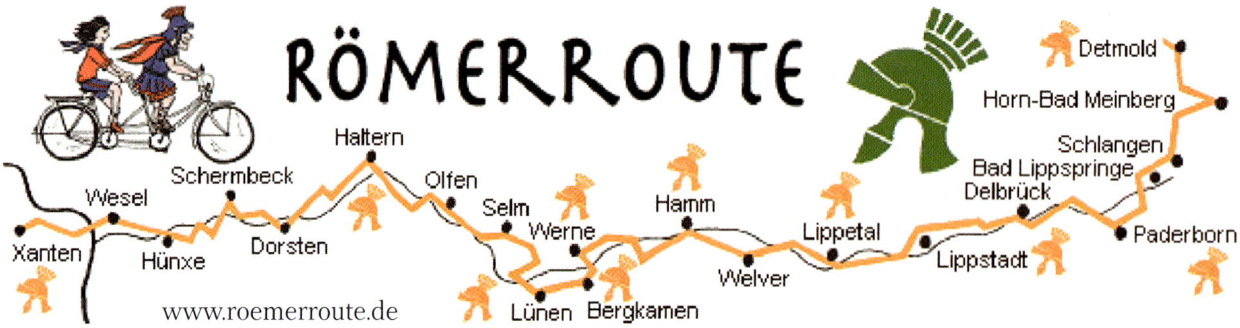

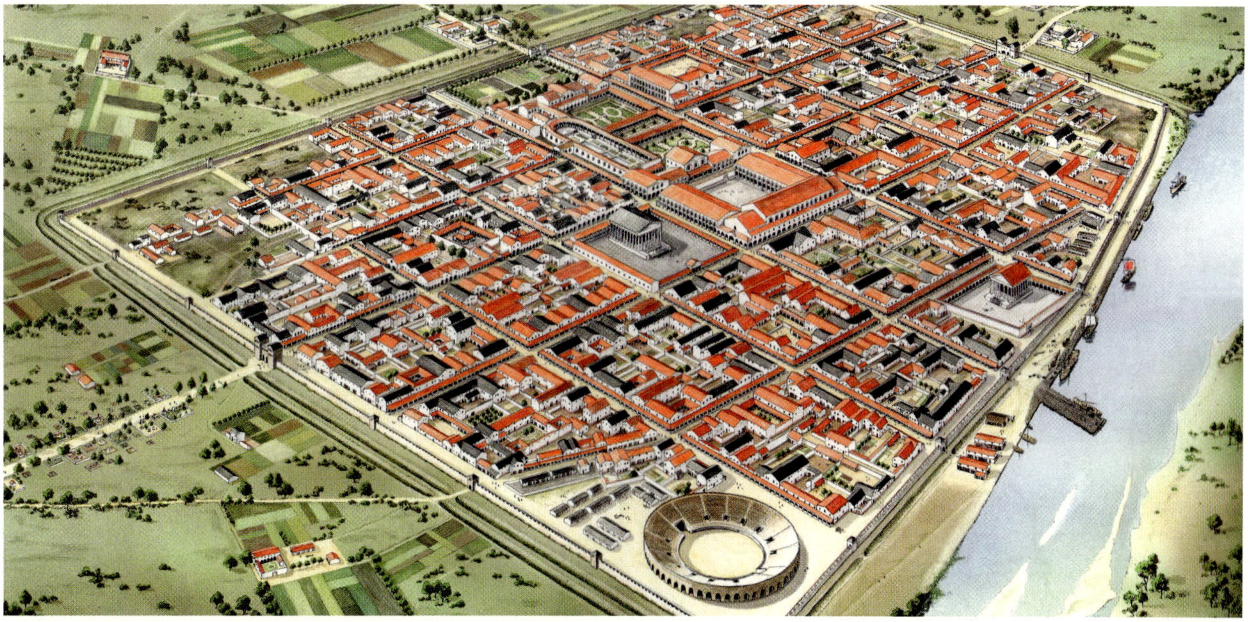

M5 Besucherplan des Archäologischen Parks von Xanten (APX)
Der Park befindet sich auf dem ehemaligen Gelände der von Kaiser Trajan 100 n. Chr. gegründeten Römerstadt Colonia Ulpia Traiana. Die mittelalterliche Stadt ist neben der Römerstadt errichtet worden. Neben Originalausgrabungen finden sich dort viele interessante Rekonstruktionen.

ARCHÄOLOGISCHER PARK XANTEN APX

GESCHICHTE AKTIV/KREATIV
Projektidee: „Raus aus der Schule – Geschichte vor Ort“

Planung
Ebenso wie Forscher und Wissenschaftler, sollt auch ihr vor der Spurensuche eure Unternehmung genau planen. Der folgende Fragenkatalog kann euch dabei helfen:
- Welches Ziel liegt in erreichbarer Nähe?
- Was gibt es dort zu sehen?
- Was wollen und können wir dort machen?
- Warum wollen wir das sehen?
- Wie können wir uns vorbereiten?

Organisation
- Wie kommen wir hin? Wie lang dauert es?
- Was kostet der Ausflug?
- Welcher Termin ist günstig?
- Ist eine Anmeldung nötig?
- Gibt es spezielle Angebote für Schüler?
- Brauchen wir noch eine Begleitperson?

Auswertung
- Wie dokumentieren wir die Erkenntnisse (Ausstellung, Artikel für die Schülerzeitung, Gestaltung der Homepage)?
- Gespräch über den Ablauf der Exkursion in der Klasse: Was hat gut funktioniert, was könnte man beim nächsten Mal verbessern?
- Experten geben ihr Wissen weiter. Vielleicht besuchst du das Museum auch mit deiner Familie und führst sie herum.

1 Sucht gemeinsam ein Exkursions-Ziel aus. Welche Orte kommen in Frage? Welche Punkte des Bereichs „Organisation“ sprechen für oder gegen das Ziel?
2 Bildet Arbeitsgruppen für die inhaltliche und organisatorische Planung. Diese erstellen eine „Checkliste“ der Aufgaben und der Fragen, die geklärt werden müssen.
3 Entscheidet euch gemeinsam für eine Art der Dokumentation. Planung und Umsetzung kann die gesamte Klasse oder eine der Arbeitsgruppen übernehmen.

Das Römerreich zerfällt

Das Römische Reich in der Krise. Am Ende des 2. Jh. endete die lange Friedenszeit, an die sich die Römer seit Augustus gewöhnt hatten. Germanische Stämme brachen von Norden ein und erzwangen die Aufgabe des Limes. Noch härter traf es die Römer im Osten, wo die andauernden Grenzkonflikte mit den Parthern (Persern) in eine Niederlage Roms mündeten. Zwischen 235 und 284 n. Chr. regierten 22 Kaiser, die sich von ihren Soldaten zum Herrscher ausriefen ließen und zuweilen gegenseitig bekämpften. Drastische Erhöhungen von Steuern und Abgaben zur Finanzierung der Kriege stürzten die Wirtschaft des Reichs in eine tiefe Krise. Kaiser Diokletian versuchte 285 n. Chr. durch eine „Tetrarchie" (Viererherrschaft) von vier gleichberechtigten Kaisern in den Hauptstädten Trier, Mailand, Thessaloniki und Nikomedia (heute Izmit/Türkei) die staatliche Ordnung wiederherzustellen. Einer der vier neuen Kaiser, Konstantin, gründete jedoch 330 n. Chr. an der Nahtstelle zwischen Europa und Asien auf den Mauern der Griechenstadt Byzanz am Bosporus eine neue Hauptstadt. Konstantinopel, heute Istanbul, sollte das „zweite" Rom werden und das alte an Pracht und Reichtum übertreffen. Nach Konstantins Tod herrschten wieder mehrere Kaiser nebeneinander. 395 n. Chr. teilte Kaiser Theodosius das Reich in ein lateinisches Westreich und ein griechisches Ostreich auf. Das Oströmische oder Byzantinische Reich bestand bis zur Eroberung durch die Türken im Jahre 1453.

Die Zeit der Völkerwanderung. Im Jahre 375 drangen Reiternomaden aus Zentralasien, die Hunnen, an die Donau vor. Der Vormarsch der Hunnen gilt als einer der Gründe für den Beginn der sogenannten Völkerwanderung, da viele germanische Stämme sich auf der Flucht vor dem Reitervolk ins Römische Reich aufmachten. Die Römer empfanden diesen Einbruch als Katastrophe. Wie schwach die Verteidigungskraft der römischen Militärs geworden war, zeigt ein Blick auf die Zahl der Eindringlinge (s. M2). Der germanische Fürst Odoaker setzte 476 den letzten weströmischen Kaiser Romulus Augustulus ab; damit fand das Römische Reich im Westen sein Ende. Germanen setzten sich nun auf römischem Gebiet fest und übernahmen die politische Führung. Nur die Soldaten und eine kleine Führungsschicht mit den Königen waren Germanen, denen sich die römische Mehrheit unterordnen musste. Die Großgrundbesitzer traten Land an die Germanen ab; viele Römer dienten den neuen Herren als Beamte. Denn die an Dorf- und Stammesgemeinschaften gewöhnten Germanen übernahmen die funktionierende römische Verwaltung und benötigten dafür Experten. Für die Römer änderte sich das Leben kaum – sie wohnten in Städten und auf ihren Bauernhöfen wie bisher. Jede der beiden Bevölkerungsgruppen hatte ihr eigenes Recht und ihre eigenen Richter. Ehen zwischen Angehörigen beider Gruppen waren verboten; so lebte man nebeneinander her. Besonders trennend war der Unterschied im Glauben, da die Römer vorwiegend katholisch (s. S. 130f.) und die Germanen arianische Christen waren (für die Arianer war Jesus Christus nur Mensch, nicht auch Gott). Dennoch passten sich die Germanen an die städtische Kultur der Römer an und übernahmen allmählich deren Rechtswesen sowie die lateinische Sprache. Sie verschmolzen mit der romanischen Mehrheit zu neuen Gemeinschaften.

M1 Schnalle aus dem Grab einer Westgotin

Wie die Römerinnen trug die Tote kleine, goldene Ohrringe – wie die Spanierinnen eine prächtige Gürtelschnalle. Ihre Tracht schmückte sie mit einer großen Spange aus Silberblech, einem Erbstück uralter gotischer Tradition aus den Donauländern. Schmuck der Westgoten ist nur bis zum Ende des 6. Jh. in den Gräbern nachzuweisen. Dann übernahmen die Einwanderer Mode und Geschmeide der Einheimischen.

M2 Germanische Heerzüge und Reiche auf römischem Gebiet *(5. Jh. n. Chr.)*

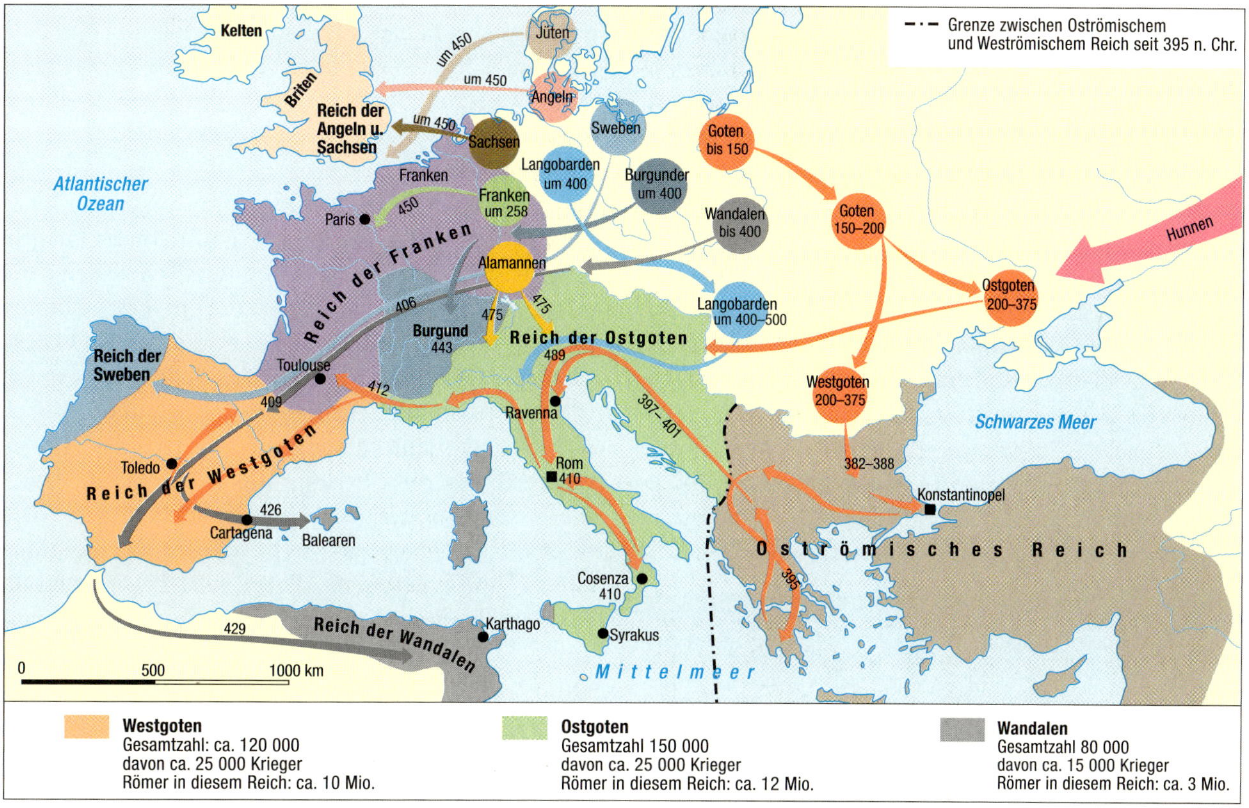

M3 Verbreitung romanischer Sprachen in Europa

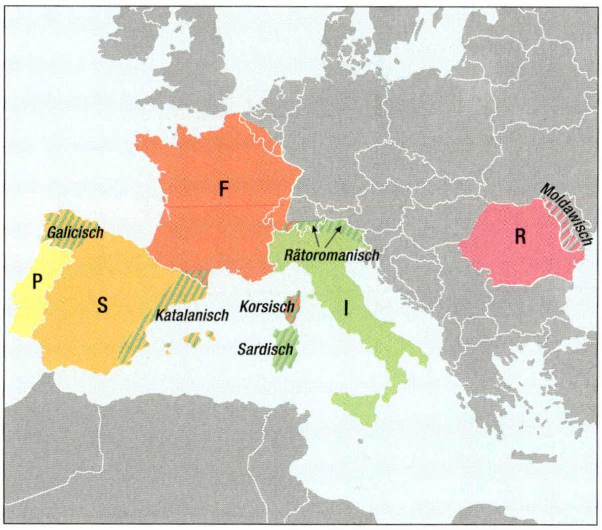

Aus der Verschmelzung von Römern und Germanen entstanden allmählich die hier gezeigten neuen Sprachen, die alle auf das Lateinische zurückgehen.

1 Beschreibe den Zug der Westgoten von ihren Ursprungsgebieten bis nach Spanien (M2).

2 Welche Rückschlüsse ziehen die Archäologen aus dem Grabungsfund M1?

3 Trage Germanenstämme und ihre Siedlungsgebiete im Römischen Reich in eine Tabelle ein. Verdeutliche das Zahlenverhältnis von Westgoten und Römern durch eine Grafik (M2).

4 Fasse in eigenen Worten die Gründe für den Untergang des Römischen Reichs im Westen zusammen (M2 und Autorentext).

5 Gib moderne Sprachen wieder, die auf das Lateinische zurückgehen. An einigen Stellen in der Karte (M3) findest du nur einen Großbuchstaben. Nenne den Namen der Sprache.

Entstehung und Ausbreitung des Christentums

Religiöse Vielfalt im Römischen Reich. Bei ihren Eroberungen lernten die Römer zahlreiche Religionen der unterworfenen Völker kennen. So wurden z. B. im Pantheon in Rom (s. S. 69) die unterschiedlichsten Götter verehrt. Mit der Eroberung Palästinas 63 v. Chr. gerieten die dort lebenden Juden unter römische Oberherrschaft. In die Regierungszeit des Kaisers Augustus (27 v. Chr. – 14 n. Chr.) fällt die Tätigkeit des Wanderpredigers Jesus und seiner Anhänger in Palästina. Nach dem Kreuzestod Jesu glaubten seine Gefolgsleute an dessen Auferstehung und verehrten ihren Anführer als den lang erwarteten Messias (griech. „Christos"). Deshalb erhielt diese jüdische Sekte von den Römern die Bezeichnung „Christen". Die Lehre von der „frohen Botschaft" (griech. Evangelium)verbreitete sich rasch von Palästina aus durch die Missionsreisen der Apostel (= Sendboten) Petrus und Paulus im gesamten Mittelmeerraum.

M1 Das geheime Erkennungszeichen der Christen
Das griechische Wort für Fisch, ICHTHYS, galt als Abkürzung von Iesus Christos Theou Yious Soter = Jesus Christus, Gottes Sohn, der Retter.

Christen in Rom. Zwischen dem ersten und dem dritten Jahrhundert wandten sich vor allem in Krisenjahren immer mehr Menschen vom Glauben an die alten Götter der römischen Staatsreligion ab und bekannten sich zu Religionslehren, die ihnen Trost und Erlösung versprachen. Eine solche Erlöserreligion war das Christentum. Als Jude wurde man geboren, doch Christ konnte man werden. Vor allem bei den unteren Schichten Roms, aber auch bei Soldaten und Händlern fand die Lehre von der Nächstenliebe und vom ewigen Leben nach dem Tode großen Zulauf. Doch gerieten die christlichen Gemeinden immer wieder unter Verdacht: Bereiteten sie bei ihren geheimen Treffen Aufstände vor? Warum verweigerten sie dem Kaiser das Opfer? So wechselten in den Jahrhunderten nach dem Tod von Petrus und Paulus Verfolgung und Duldung der Christen einander ab. Einzelne Christen, die trotz Verfolgung für ihren Glauben eintraten, erlitten den Tod und wurden von späteren Generationen als „Märtyrer" verehrt.

Einheit oder Vielfalt der Christen? Eine einheitliche christliche Kirche hat es im Römischen Reich nie gegeben. Der Gottesdienst wurde in verschiedenen Sprachen abgehalten: Griechisch im Osten und Lateinisch im Westen. Im Verlauf des 3. Jh. kamen durch Bibelübersetzungen Armenisch, Syrisch und Koptisch als eigene Literatursprachen hinzu; die älteste „Staatskirche" des Christentums ist die Kirche Armeniens. Am vermuteten Grab des Apostels Petrus errichteten die Christen eine Kirche in Rom, die mehrfach zerstört und erneuert als „Petersdom" heute zum Mittelpunkt der katholischen Christenheit geworden ist.

Die Konstantinische Wende. Nach der christlichen Legende soll Kaiser Konstantin in der Nacht vor der Entscheidungsschlacht gegen seinen Rivalen Maxentius im Traum ermahnt worden sein, mit dem Christosmonogramm auf Schilden und Fahnen in die Schlacht zu ziehen. Nach seinem militärischen Sieg erließ Konstantin 312 n. Chr. das Toleranzedikt, das allen Christen freie Religionsausübung zusicherte. Der Kaiser machte den Sonntag zum Ruhetag, förderte den Kirchenbau, verbot die Kreuzigung und gab Christen hohe Staatsämter. Erst auf seinem Sterbebett ließ Konstantin sich taufen.

Von der verfolgten zur verfolgenden Kirche. Unter Kaiser Theodosius I. (379 – 395) wurde das Christentum zur alleinigen Religion erhoben. Doch es dauerte noch etwa 150 Jahre, bis das Christentum als offizielle „Staatsreligion" keine anderen Bekenntnisse mehr zuließ und selbst zur Verfolgung Andersdenkender überging. Darunter litten besonders die Juden, von denen die meisten ins Perserreich und auf die Arabische Halbinsel auswanderten. Der wachsenden Intoleranz fiel auch die Universität von Athen zum Opfer; führende Wissenschaftler erhielten Asyl im Perserreich. Auch die Olympischen Spiele wurden als „heidnische Götterverehrung" verboten.

M2 Das Christentum breitet sich im Römischen Reich aus.

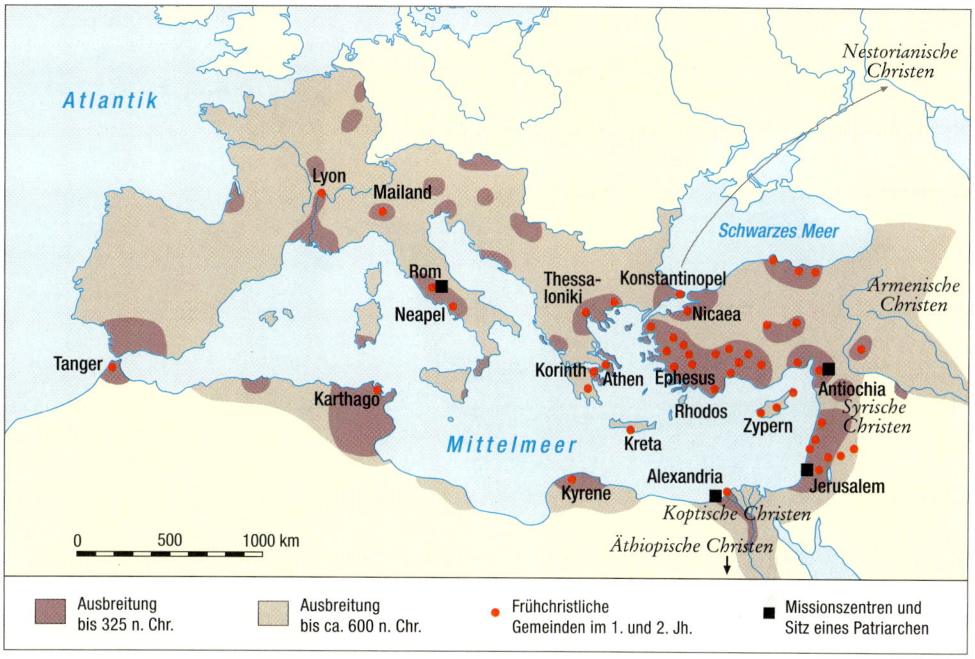

M3 Christus als guter Hirte

Deckengemälde in einer Grabkammer der Priscilla-Katakombe in Rom (3. Jh. n. Chr.). Den Brauch, ihre Toten in unterirdischen Grabkammern (Katakomben) zu bestatten, übernahmen die Christen von den Juden Roms.

M4 Bildnis Kaiser Konstantins

Konstantin ließ sich erstmalig 315 n. Chr. ein Medaillon prägen, das an seinem Helm das Christuszeichen zeigt (griech. Buchstabe Chi/X = Ch, Rho/P = R für die Anfangsbuchstaben von Christus).

1 Erkläre, wieso die Christen ein Geheimzeichen brauchten und dazu den Fisch auswählten (M1).
2 Erläutere anhand der Karte (M2), wie sich das Christentum im Römischen Reich ausbreitete.
3 Das Bild des „guten Hirten“ (M3) stammt aus einer anderen Tradition. Lies im Buch auf Seite 47 über die Herrschaftszeichen der Pharaonen nach und stelle eine Beziehung her.
4 Fasse in eigenen Worten zusammen, warum die Regierungszeit Kaiser Konstantins aus christlicher Sicht eher positiv gewertet wird (M4 und Verfassertext).
5 Erkläre, was eine „Staatsreligion“ ist (Autorentext).

Was wir den Griechen und Römern verdanken

M1 Zeus raubt Europa *(Vasenmalerei, um 550 v. Chr.)*

M2 Sitzungssaal des Deutschen Bundestags

M3 Eröffnung der Olympischen Spiele Sydney 2000

M4 Moderne Theateraufführung einer antiken Tragödie

Sicherung wichtiger Kompetenzen

- Eigene Dateien
  - Geschichte
    - Antike Lebenswelten: Griechen und Römer
      - Methoden
        - Film
        - Schaubilder
        - Herrscherbild
        - Vasenbilder
        - Kartenarbeit
      - Fachbegriffe
        - Antike
        - Polis
        - Aristokratie
        - Prinzipat
        - Bürger
        - Provinz
        - Demokratie
        - Republik
        - Expansion
        - Romanisierung
        - Hegemonie
        - Sklave
        - Imperium
        - Verfassung
        - Monarchie

M5 Bundesgericht Washington

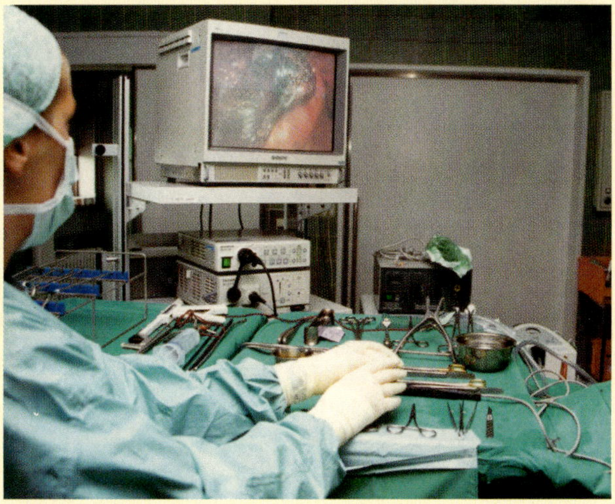

M6 Ärztliche Kunst heute

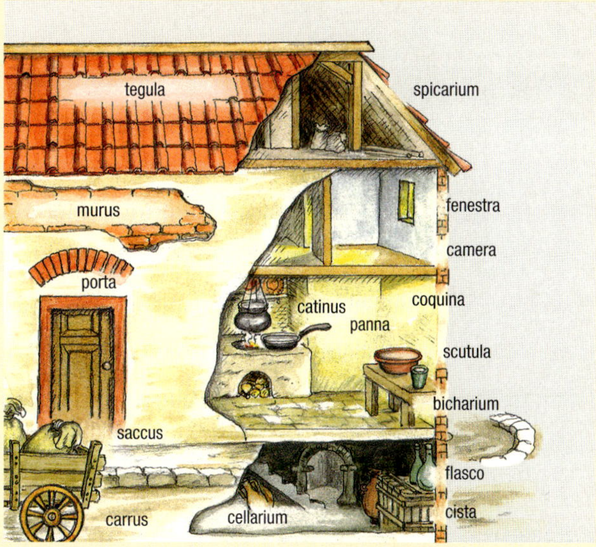

M7 Hausbau und Geräte in lateinischer Sprache

Die Republik hat wieder einen Kanzler!

Wir gratulieren zum Aufstieg von der Sekretärin zur Direktorin.

Erhöhte Nachfrage nach Antiquitäten im Advent

Muss der Diktator abtreten?

Der Notar reichte das Testament ungeöffnet an den Klienten weiter.

23. Mai und 3. Oktober: Markieren Sie diese Termine im Kalender!

Das kulturelle Ereignis in der Provinz!

Geheimnisvolle Religionen: Urwald überwuchert alte Tempelruinen

Die Ministerin beim Präsidenten

M8 Schlagzeilen aus Tageszeitungen

1 Schlage die auf der linken Seite genannten wichtigen Begriffe im Buch nach. Wenn du an einem PC arbeiten kannst, gib die Dateien entsprechend dem Muster ein. Alternative ohne PC: Schreibe die Erklärungen auf kleine Karten ab und sortiere diese in einen Karteikasten ein (s. auch S. 30 und 54). Kennzeichne ursprünglich griechische und römische Begriffe verschiedenfarbig.

2 Auf den Abbildungen M2–M6 siehst du, welche heutigen Entwicklungen und Erfindungen in aller Welt auf antike Vorbilder zurückgreifen. Suche zu den einzelnen Themen die passenden Textabschnitte und Bilder in diesem Großkapitel heraus. Urteile: Wer hat von wem gelernt? Was war damals, was ist heute daraus geworden?

3 Übersetze die lateinischen Bezeichnungen für das Haus und die Geräte ins Deutsche (M7). Suche aus den Zeitungsschlagzeilen (M8) die Begriffe heraus, die auf lateinische Wörter zurückgehen. Kläre Wörter, die du nicht kennst, mithilfe eines Wörterbuchs.

4 Werte das Vasenbild M1 mithilfe deiner Methodenkenntnis (s. S. 76f.) aus. Informiere dich über die Sage, die auf der Vase dargestellt ist und erzähle sie vor der Klasse.

5 Beurteile: War die griechisch-römische Antike eher die Wiege der europäischen oder einer weltweiten Kultur?

Kennst du dich in der antiken Geschichte aus?

Im Römischen Reich

753 v. Chr.	Gründung Roms der Sage nach
um 500 v. Chr.	Rom wird Republik
500 – 287 v. Chr.	Ständekämpfe zwischen Patriziern und Plebejern
bis 272 v. Chr.	Rom erringt die Vorherrschaft in Italien
264 – 133 v. Chr.	Rom wird durch seine Eroberungen zur Weltmacht
44 v. Chr.	Ermordung Cäsars
31 v. Chr. – 14 n. Chr.	Prinzipat des Augustus/Beginn der Kaiserzeit
117 n. Chr.	größte Ausdehnung des Römischen Reichs unter Kaiser Trajan
391 n. Chr.	Christentum wird Staatsreligion
395 n. Chr.	Teilung des Römischen Reichs in eine Ost- und Westhälfte
476 n. Chr.	Ende des Weströmischen Reichs

1 Du hast jetzt im Buch viel über die Griechen und Römer erfahren. So wird es dir sicherlich nicht schwerfallen, die Münzen in die richtige Reihenfolge und dann „zum Sprechen" zu bringen. Was ist abgebildet? Woran erinnert die Münze? Welche Münzen stammen aus dem Römischen Reich, welche aus Griechenland? Teilt die Arbeit auf. Sucht die entsprechenden Seiten im Buch. Beratet euch untereinander.
2 Legt einen Zeitstrahl an (800 v. Chr. – 500 n. Chr.). Tragt oben wichtige Ereignisse der griechischen, unten solche der römischen Geschichte ein. Formuliert, was ihr feststellen könnt.

In der griechischen Poliswelt

ab ca. 800 v. Chr. ▶	*Gründung von griechischen Stadtstaaten (Poleis)*
776 v. Chr. ▶	*erste erhaltene Siegerliste der Olympischen Spiele*
594 v. Chr. ▶	*Reformen des Solon*
um 500 v. Chr. ▶	*Reformen des Kleisthenes*
490 – 479 v. Chr. ▶	*Perserkriege*
477 – 431 v. Chr. ▶	*Attisch-Delischer Seebund: Vorherrschaft Athens in der Ägäis*
Mitte des 5. Jh. v. Chr. ▶	*Vollendung der attischen Demokratie/ Glanzzeit Athens unter Perikles*

GESCHICHTE AKTIV/KREATIV
Projektidee: „Die Antike im Klassenraum – die Gestaltung einer großen Wandkarte“

Holt euch die Antike ins Klassenzimmer und verschafft euch einen Überblick über bedeutende Überreste aus der griechischen bzw. römischen Antike auf drei Kontinenten.

- Teilt das Gebiet in drei bis fünf gleiche Teile und ordnet je einen Teil einer Gruppe in eurer Klasse zu.
- Sammelt Bilder aus dem Internet, aus Reiseprospekten oder als Kopien aus Büchern zu besuchenswerten antiken Überresten.
- Gestaltet daraus eine große Wandkarte für das Klassenzimmer, indem ihr zunächst die Umrisse Europas, Nordafrikas und Vorderasiens z. B. auf Tapetenbahnen aufzeichnet (zusammen mit wichtigen Städten und Flüssen zur Orientierung). Dann könnt ihr die gesammelten Bilder darauf anbringen.
- Erläutert eure Karte vor der Klasse.

Was wussten Menschen

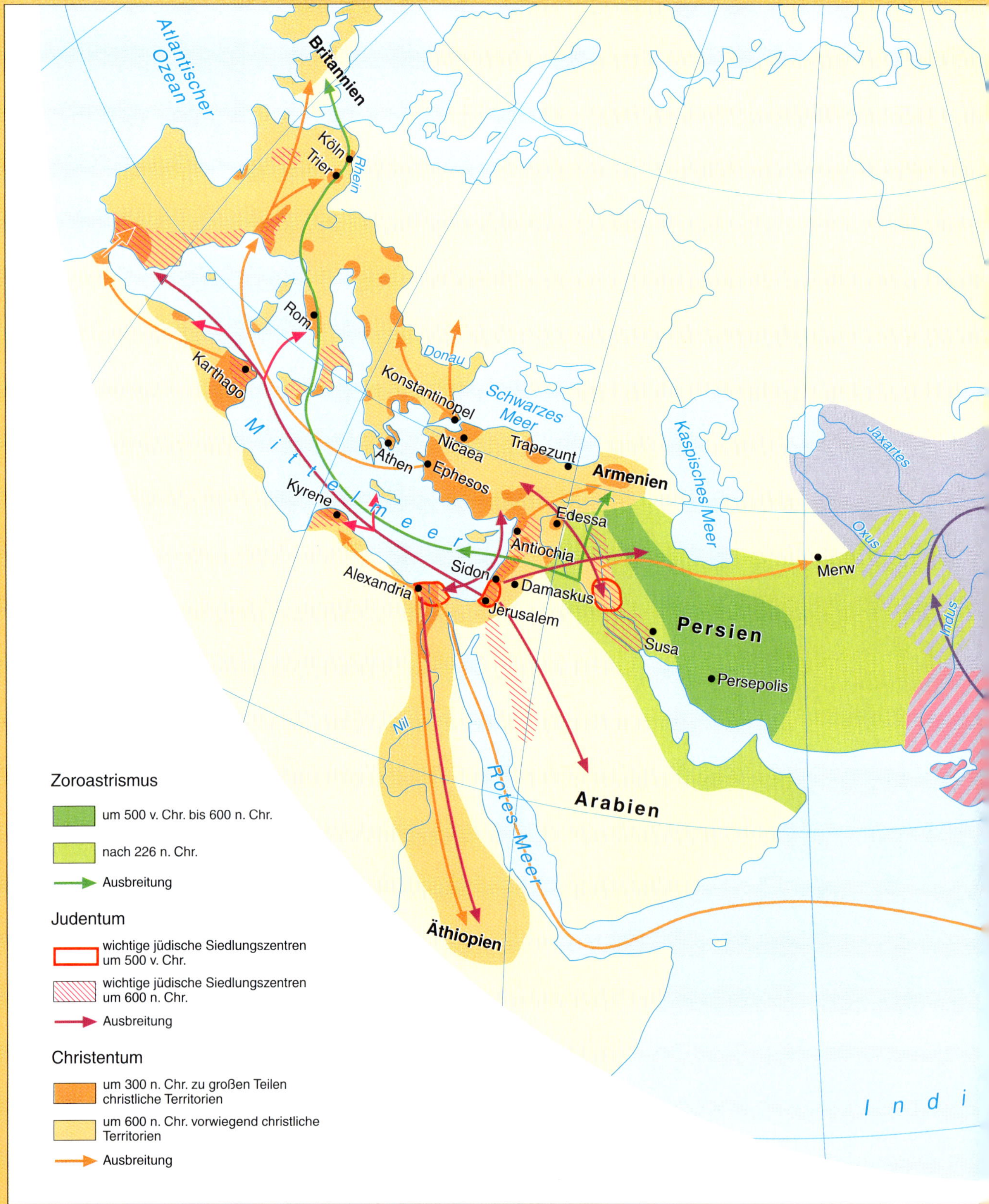

im Altertum voneinander?

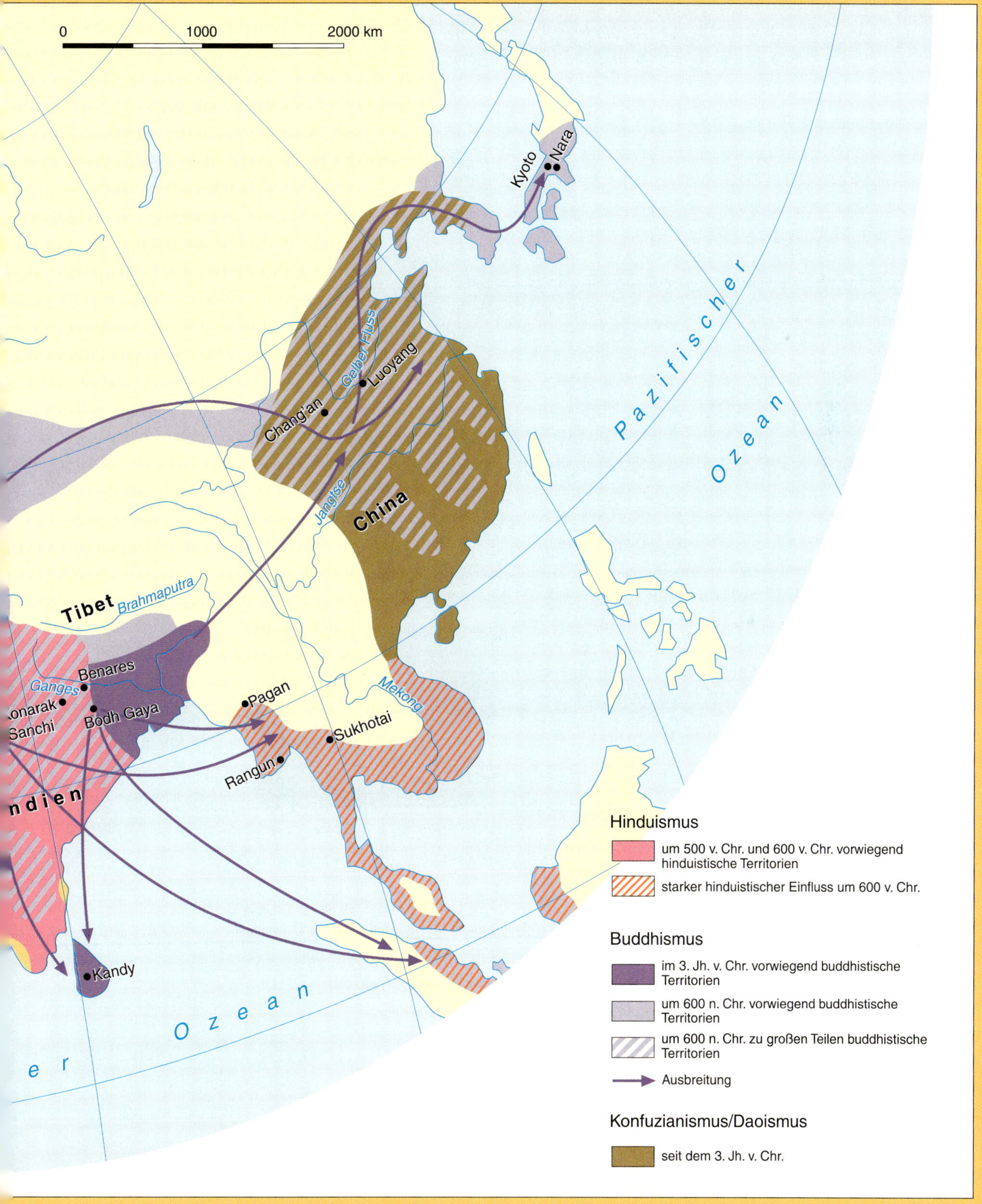

Ferne Kulturen hören erstmals voneinander

Was zeigt die Karte? Zwischen 600 v. Chr. und 600 n. Chr. entstanden oder festigten sich die großen Weltreligionen. Alle haben ihren Ursprung in Asien, drei davon, nämlich Judentum, Christentum und Islam, sogar in einem vergleichsweise eng begrenzten Gebiet im Westen Asiens. Die Karte (s. S. 136f.) zeigt keine Reiche zu einem bestimmten Zeitpunkt, sondern stellt die Kulturkreise und Wirtschaftszonen der Antike vor: Das Römische Reich rund um das Mittelmeer, das Reich der Perser, dazu Indien, China und Japan. Auf der Karte fehlt die islamische Welt. Der Islam entstand im 7. Jh. christlicher Zeitrechnung. Seine Entstehung und Ausbreitung wird im zweiten Band dieses Lehrwerks behandelt.

In der Antike erfuhren erstmals Menschen weit entfernter Reiche voneinander. Entdecker zu Wasser und zu Lande, Händler und Soldaten brachten Kunde von „den Anderen". Mit den direkten Nachbarn standen diese Reiche alle in Kontakt; die Begegnungen konnten friedlich oder kriegerisch sein. Von den Kulturen Amerikas, Australiens, der Südsee oder Afrikas südlich der großen Wüste Sahara wusste noch niemand etwas.

Es waren vor allem die Denkweisen der neu entstehenden Weltreligionen, durch die die Menschen mit anderen Sichtweisen und einem oft vollkommen verschiedenen Alltags- und Sozialleben in Berührung kamen. Diese Unterschiede, z. B. bei Speisevorschriften, im sozialen Verhalten und im Denken über Natur und Technik, sind oft bis heute spürbar.

Die bunten Pfeile auf der Karte zeigen die jeweiligen Richtungen der Ausbreitung an. Auf diesen Wegen gelangten Händler, Soldaten, Priester und Pilger in entfernte Welten. Grabungsfunde erlauben heute eine gesicherte Einzeichnung dieser Routen. Dazu zwei Beispiele: An Rhein, Mosel, Donau und bis nach Nordengland fanden Archäologen zahlreiche Heiligtümer von Mithra, dem altpersischen Gott des Rechts, dessen Kult bei römischen Soldaten beliebt war. In Ostasien können Forscher die Verbreitung des Buddhismus nach China längs der „Seidenstraße" genau datieren. Die Pfeile für das Judentum geben keine Kulturkontakte wieder, sondern die Vertreibung des jüdischen Volkes durch die Römer aus Palästina nach gescheiterten Aufständen 70 und 132–135 n. Chr.

Was lernst du in diesem Kapitel? Am Ende dieser Einheit wirst du Antworten zu den folgenden Fragen geben können:

- Welche Beziehungen ergaben sich zwischen Kulturen und Reichen der Antike? Welche Rolle spielten dabei Entdeckergeist, Handel und Religion?
- Aus welchen Gründen machten sich Entdecker, Händler und Pilger in entfernte Welten auf?
- Welche Folgen hatte die Kolonisation der Griechen und Phöniker für den Mittelmeerraum?
- Wann und unter welchen Bedingungen wurde die „ganze Welt" griechisch?
- Welche Gemeinsamkeiten gab es zwischen den großen Imperien der Antike, Rom und China?
- Wie veränderten die Kulturkontakte in der Antike das griechisch-römische Weltbild?

M1 Der Hinduismus

Der Hinduismus (= zum Indus gehörend) ist ein Sammelbegriff für die 4000 Jahre alten religiösen Strömungen Indiens. Alle Menschen werden in eine bestimmte Kaste (Schicht) geboren: als Krieger, Priester (Brahmane), Bauer, Unterworfener oder als Unberührbarer (Paria).

Hinduisten glauben an die Wiedergeburt (Seelenwanderung); einen Missionsauftrag gibt es nicht. An der Spitze unzählig vieler Gottheiten finden wir den Schöpfergott Brahma, den Welterhalter Vishnu und den Weltzerstörer Shiva.

Das „Rad des Lebens" (Darstellung an der Schwarzen Pagode in Konarak, Bengalen/Indien, 13. Jh.)

M2 Der Zoroastrismus

Der altpersische Prophet Zoroaster oder Zarathustra wirkte um 600 v. Chr. oder früher. Das heilige Buch des Zoroastrismus heißt Avesta; oberster Gott der monotheistischen Religion ist Ahura Masda. Diese Religion kennt ein Jüngstes Gericht und die Auferstehung von den Toten.

Der geflügelte Gott Ahura Masda (Behistun/Iran).

M3 Der Buddhismus

Lehrender Buddha (Mogao Grotten bei Dunhuang, China, 7./8. Jh.)

Der Religionsgründer Siddharta Gautama, ein Adliger aus dem Nordosten Indiens, wurde um die Wende vom 6. zum 5. Jh. v. Chr. geboren. Er verließ seine Familie und zog als Wanderprediger durch das Land auf der Suche nach einem Weg, alle menschlichen Leiden zu überwinden. Als alle hinduistischen Praktiken der Selbstaufopferung und des Fastens ihm nicht zur Erleuchtung verhalfen, verlegte er sich auf die Meditation, eine Form langen, intensiven Nachdenkens. Unter einem Bodhi-Baum in der Stadt Bodh Gaya soll der „Erleuchtete" (= Buddha) seine Lösung gefunden haben und weitere 40 Jahre in Indien gelehrt haben. Der indische König Ashoka (268–232 v. Chr.) sandte buddhistische Mönche nach Ceylon (Sri Lanka) und Südostasien, sodass sich dort der Buddhismus parallel zum Hinduismus ausbreitete. Der Buddhismus erreichte China im 1. und 2. Jh. n. Chr., Korea im 4. Jh. und Japan im 6. Jh.

M4 Der Konfuzianismus

Kong Fu Zi oder lateinisch Konfuzius stammte aus verarmtem Adel und soll 551–479 v. Chr. in China gelebt haben. Er zog als Wanderlehrer umher und suchte nach dem idealen Menschen. Der Konfuzianismus ist eigentlich keine Religion, sondern eine strenge Morallehre, die in den heutigen Gesellschaften Ostasiens hoch angesehen ist. Auch der einfachste Mensch kann zum edlen Menschen werden, wenn er die Regeln der Rechtschaffenheit, Treue und Weisheit in Familie und Staat beachtet.

(Statue im Konfuzius-wald in Qufu, China)

M5 Der Daoismus

Der Daoismus geht auf den Philosophen Laozi (Lao Tse = Alter Meister) und seine Lehren im Werk Dao De Jing (Tao Te King) zurück. Nach der Legende wurde er 604 v. Chr. in der chinesischen Provinz Henan geboren. Lao Zi verkündete Regeln zum richtigen Leben im Einklang mit dem Weltall und der Natur. Die Lebensenergie (Qi) gewinnt der Einzelne durch Ausgleich der gegensätzlichen Kräfte Yin und Yang.

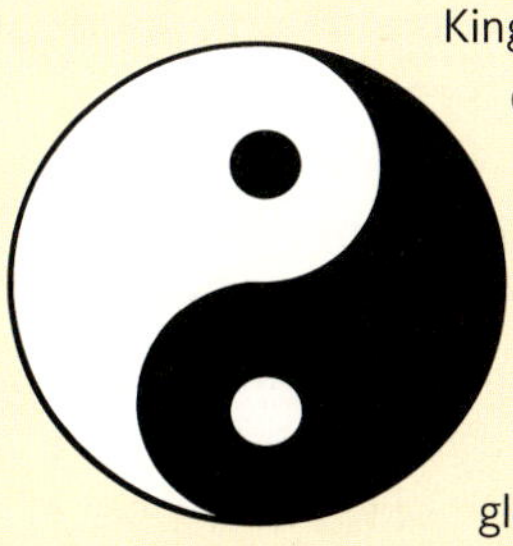

Yin-Yang-Zeichen

M6 Das Judentum

Der siebenarmige Leuchter (Menora) als Kriegsbeute der Römer auf dem Titusbogen in Rom (81. n. Chr.)

Das zahlenmäßig kleine Volk praktizierte einen strengen Monotheismus als Glauben an den einzigen Gott Jahwe, der einen Bund mit Noah und Abraham geschlossen hatte. Moses erhielt auf dem Berg Sinai die grundlegenden Lehren (Thora). Das Judentum ist eine Schriftreligion. Als Jude wird man geboren und kann es nach strenger Auslegung nicht werden. Der Anspruch, auserwähltes Volk Gottes zu sein, führte nach der „Zerstreuung in alle Welt" zu gesellschaftlichen Abgrenzungen gegenüber den Völkern, in denen sich Juden ansiedelten.

1 Die Kurztexte lassen viele Fragen offen. Schreibt solche Fragen auf und versucht eine Beantwortung durch eigene Suche in Religionsbüchern oder im Internet.
2 Nimm die Seiten 130–131 und verfasse selbst einen Kurztext zum Christentum.
3 Suche nach Beispielen, wo die hier genannten kulturellen Besonderheiten, wie Speisevorschriften oder Denkweisen, bis heute spürbar sind.
4 Warum steht eine solche Doppelseite über die Weltreligionen in einem Geschichtsbuch? Was spricht deiner Meinung dafür, was dagegen?

Frühe Kulturen treten im Mittelmeerraum in Kontakt

Wohlstand durch Fernhandel. Ein Grund, der Menschen immer wieder dazu bewog, in weit entfernte Gebiete aufzubrechen, war der Erwerb von seltenen und daher kostbaren Gütern. Dies konnten Luxusgegenstände für den Alltagsgebrauch der Führungsschicht sein oder Metalle, die für die Produktion von Waffen und Gerätschaften unentbehrlich waren. Die Ausrüstung eines Schiffes oder einer Karawane lohnte sich nur für solche Waren, die extrem selten und entsprechend teuer waren. Im östlichen Mittelmeerraum und im Zweistromland (Mesopotamien) zählten dazu z. B. Elfenbein von Elefanten oder Nashörnern, Ebenholz aus dem Inneren Afrikas, Glas, seltene Steine wie Lapislazuli aus Afghanistan, Perlen, kostbare Muscheln, Bergkristalle oder Bernstein. Die begehrtesten Metalle nach Gold und Silber waren Zinn und Kupfer; letztere benötigte man zur Bronzeherstellung. Töpfereierzeugnisse waren sowohl Handelsgut (s. S. 76), als auch Aufbewahrungsmittel in großen Amphoren für Wein, Olivenöl, Harz und Gewürze.

Die Entstehung diplomatischer Beziehungen. Alle Kulturen des Altertums legten besonderen Wert auf den Austausch von Geschenken. Dieser Austausch fand zwischen adligen Familienclans ebenso wie zwischen Königreichen statt. Gesandtschaften wurden immer dann reich mit Geschenken ausgestattet, wenn Hochzeiten eingefädelt oder Kriege verhindert werden sollten.

M1 Barren aus Kupfer, Zinn und Ochsenhaut

Türkische Archäologen hoben von 1984 bis 1994 vor der Südküste ihres Landes ein Schiff und seine Ladung, das dort vor 3300 Jahren sank.

Großreiche um 1400 v. Chr. Während der Zeit der größten Ausdehnung des alten Ägypten gab es in seiner Nachbarschaft weitere Hochkulturen, die in stetigem Austausch miteinander standen. Für die europäische Geschichte ist die Palastkultur der Minoer auf Kreta von besonderer Bedeutung. Sie erhielt ihren Namen nach dem König Minos, einem sagenhaften Sohn des Gottes Zeus und seiner Mutter Europa. Zeus soll die wunderschöne Königstochter aus Phönikien an der Küste der heutigen Staaten Libanon und Syrien nach Kreta entführt haben (s. S. 132/M1). Aus diesen Sagen können wir ableiten, dass im 2. Jahrtausend v. Chr. politische und Handelsbeziehungen im östlichen Mittelmeerraum bestanden. Auch über die Kultur von Mykene (ab 1600 v. Chr.) auf dem griechischen Festland erfahren wir aus Sagen. Von mächtigen Burgen aus beherrschte eine Adelsschicht das Bauernvolk. Von hier aus sollen die Griechen unter Führung von König Agamemnon, Menelaos' Bruder, zum Kampf gegen Troja aufgebrochen sein (s. S. 59).

M2 Handelsschiff der Kreter
Eine der ältesten Schiffsdarstellungen aus dem ägäischen Raum (Wandmalerei aus Thera/Santorin, 1300 v. Chr.)

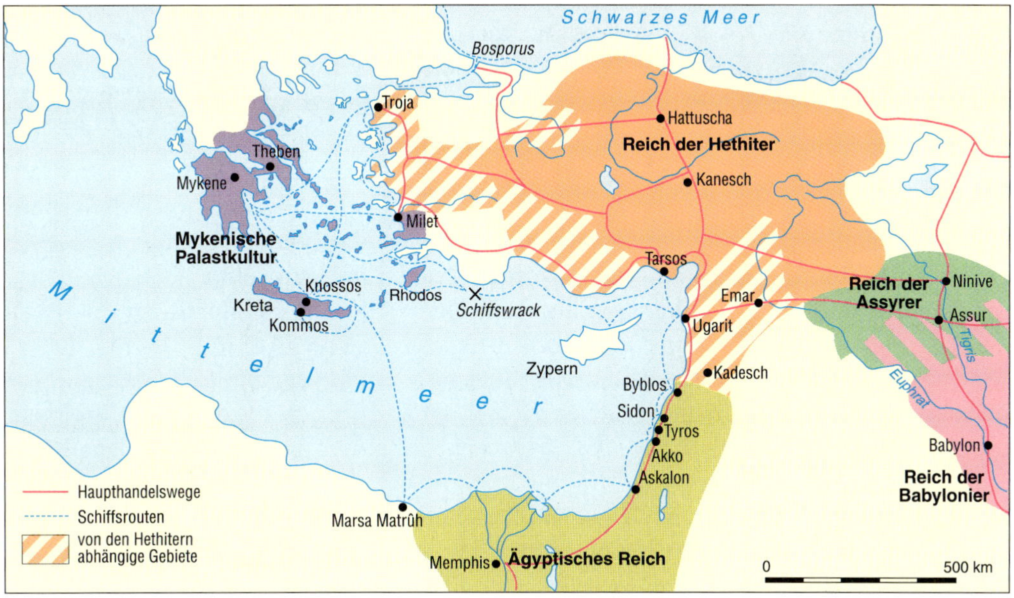

M3 Der östliche Mittelmeerraum *(um 1300 v. Chr.)*

M4 Diplomatische Beziehungen zur Zeit des Pharaos Echnaton

Im Jahre 1887 fand eine Bäuerin in den Schuttresten der ehemaligen Hauptstadt von Echnaton und Nofretete (s. S.48f.) zahlreiche Tontafeln. Es handelte sich dabei um „Briefe“ von Königen benachbarter Reiche an den Pharao. Diese „Amarna-Briefe“ in Keilschrift waren in Akkadisch, der damaligen Sprache für „internationale“ Kontakte, geschrieben.

a) Hethiter-König Suppiluliuma aus Hattuscha an Echnaton: Du hast nun, Bruder, den Thron deines Vaters bestiegen, und wie dein Vater und ich Geschenke austauschten, so seien auch wir, du und ich, gute Freunde.

b) König Rib Adda von Byblos an Echnaton:
Ribb Adda spricht zu dem König der Länder, der vielen Länder, zum großen König, dem König, meinem Herrn. Ich werfe mich meinem Herrn, dem Sonnengott, zu Füßen, sieben Mal. Die Stadt Byblos, die treue Magd des Königs, rüstet sich gegen seine Feinde. Und ich bin in großer Not. Siehe, der Pharao hält nicht mehr die schützende Hand über die große Stadt, die treu zu ihm hält. Möge der Pharao die Länder all derer zerschmettern, die ihn berauben wollen.

c) König Assurubalith aus Assur (Assyrien) an Echnaton:
Die Goldsendungen aus deinem Land, die früher zum großen König gelangten, haben nun aufgehört. Ruhen deine Augen nicht mehr gnädig auf ihm? Wenn dein Angesicht noch gnädig ist, schicke doch wieder Gold und gib dem Überbringer dieser Botschaft das Nötige mit. Erlaube umgekehrt, dass Gaben von uns an dich geschickt werden.

d) König Burnaburiasch von Babylon an Echnaton:
Siehe, die Assyrer marschieren gegen mich auf. Habe ich dich nicht wissen lassen, was die Assyrer über dein Land denken? Warum wenden sie sich nun wieder gegen mich? Wenn du Mitleid mit mir hast, wird so etwas nie geschehen. Ich habe dir Edelsteine und fünfzehn Paar Pferde für fünf Streitwagen aus Holz geschickt.
Zitiert nach: Margaret Oliphant: Atlas der Alten Welt, München (Orbis) 2000, S. 25. Übers. von Konrad Dietzfelbinger.

1 Betrachte die Karte M3 genau: Nenne große Reiche, die es um 1300 v. Chr. im östlichen Mittelmeerraum gab (M3). Welche Kontakte fanden damals zwischen den Staaten statt und was war der Grund dafür? Beziehe M1, M2 und M4 sowie den Autorentext mit ein.
2 Als Tschati (Wesir) ordnest du die eingegangenen Briefe (M4) nach Wichtigkeit, erstattest dem Pharao Bericht über den Inhalt und schlägst vor, wie im Interesse Ägyptens geantwortet werden soll. Spielt die Unterredung der Klasse vor. Entwerft kurze Antwortschreiben an die vier Herrscher.
3 Was verstehen wir heute unter „diplomatischen Beziehungen“ zwischen Ländern?

Kolonien im Mittelmeerraum – Griechen und Phöniker

Warum gründen die Griechen Kolonien? Die landschaftlichen Voraussetzungen ließen in Griechenland nur kleinräumige Ansiedlungen zu (s. S. 94f.). Der karge Boden bot der wachsenden Bevölkerung keine ausreichende Grundlage für die Ernährung. Daher sandten zahlreiche Poleis zwischen dem 8. und dem 6. Jh. v. Chr. Expeditionen zur See aus, um an fernen Küsten freies Siedlungsland in Besitz zu nehmen und dort eine Siedlung zu gründen. Solche neu gegründeten Städte nannte man Tochterstädte oder ▸ Kolonien. Allein das kleinasiatische Milet soll mehr als 90 Kolonien gegründet haben. Neben der fehlenden Lebensgrundlage waren das Streben nach Landbesitz und Macht Hauptgründe für die Auswanderung. So besiedelten seit dem 8. Jh. v. Chr. Griechen auch entlegene Ecken der ihnen bekannten Welt. Vom Kaukasus im Osten bis zum Felsen von Gibraltar im Westen saßen die Griechen nach der Schilderung des Philosophen Sokrates rund um das Schwarze Meer und das Mittelmeer „wie die Frösche um einen Teich". Im 5. Jh. v. Chr. lebten bereits vier bis fünf Millionen Griechen in den Neugründungen – so viele wie im Mutterland. Sie blieben ihren Mutterstädten eng verbunden.

Wer sind die Phöniker? Der Begriff „Phöniker" als Sammelbezeichnung für die Händler von den Küsten des heutigen Syrien, Libanon und Israel stammt von den Griechen. Ab 800 v. Chr. tauchten diese Händler in griechischen Gewässern und Häfen auf. Die Phöniker selbst nannten sich nach ihren Herkunftsstädten die Sidonier (aus Sidon), Tyrer (aus Tyrus) oder Gibliter (von Gubla, dem orientalischen Namen für Byblos). Die phönizischen Stadtkulturen entstanden bereits um 1800 v. Chr. Mit ihren stabilen Handelsbooten wagten die Phöniker als erste die Ost-West-Querung des gesamten Mittelmeeres. Dabei waren sie stets auf der Suche nach Absatzmärkten für ihr hoch entwickeltes Kunsthandwerk. Zur Herstellung benötigten sie jedoch Bodenschätze, über die sie zu Hause nicht verfügten. Die Kupferinsel Zypern, Malta (Melita), das erzreiche Sardinien und besonders die Silbervorkommen im Hinterland von Gades (heute: Cádiz) in Südspanien waren regelmäßig Anlaufstationen und Siedlungsgebiete der Phöniker. Eine Gründung besonderer Art war die Stadt Karthago, der spätere Gegner Roms. Nur dort entstand ein größerer Flächenstaat, der die phönizische Seefahrertradition fortsetzte.

M1 Siedlungsgebiete der Griechen, Phöniker und Etrusker *(700 – 500 v. Chr.)* Foto: *Phönizisches Handelsschiff*

M2 Griechischer Tempel für den Gott Poseidon in Paestum *(Süditalien, um 400 v. Chr.)*

M3 Die Gründung einer Kolonie

Der Historiker Herodot lebte im 5. Jh. v. Chr. Er berichtet hier über Ereignisse, die sich etwa 200 Jahre vorher abspielten, als die Bewohner der Insel Thera, heutiges Santorin, 631 v. Chr. in Nordafrika die Stadt Kyrene gründeten:

Sieben Jahre lang war der Regen auf Thera ausgeblieben und alle Bäume der Insel waren verdorrt. Da befragte der König der Insel das Delphische Orakel. Pythia gab den Rat, eine Expedition nach Libyen zu entsenden und dort eine Kolonie zu gründen. Die Bürger Theras waren nicht begeistert, befolgten aber den Spruch. Die vom König einberufene Versammlung beschloss, dass aus allen Familien der Insel jeweils ein Sohn auswandern sollte. Die ausgewählten Söhne durften sich nicht weigern; andernfalls erwartete sie die Todesstrafe. Auch durften sie nach Thera nur dann zurückkehren, wenn sich das Unternehmen trotz hartnäckiger Bemühungen nach fünf Jahren als völliger Fehlschlag erweisen sollte. Zum Anführer der Expedition wurde Battos bestimmt. Auf zwei Schiffen richteten sich die etwa 200 Auswanderer ein und verließen den Hafen. Ungünstige Winde ließen sie jedoch nach Thera zurückkehren. Die Inselbewohner aber schossen auf sie und verhinderten ihre Landung. So mussten sie endgültig mit Kurs auf Kreta losfahren. Dort nahmen sie einen kretischen Steuermann in ihre Dienste und setzte nach Libyen über. Sie landeten an der Ostküste der Kyrenaika auf einer unwirtlichen kleinen Insel. Diese schien ihnen ein sicherer Ausgangspunkt für Streifzüge auf dem Festland zu sein. Aber in den folgenden zwei Jahren ging es ihnen auch hier schlecht. Sie fuhren erneut nach Delphi, doch der Gott Apollo bestand auf ihrer Ansiedlung in Libyen. Daraufhin ließen sie sich für sechs Jahre vorläufig im Osten der Kyrenaika nieder, dann siedelten sie sich endgültig in der Landesmitte an. Dazu wählten sie eine günstige Stelle mit einer ergiebigen Quelle. Dort war der Boden gut bewässert und eignete sich für den Ackerbau.

Herodot, Historien IV, 150ff. Vom Verfasser nacherzählt.

M4 Der Pharao braucht Holz aus dem Libanon

Ein ägyptischer Holzeinkäufer berichtet dem Pharao über seine Verhandlungen mit den Phönikern:

Der König von Byblos, Zaker-Baal, sagte zu mir: „Mit welchem Auftrag bist du gekommen?" Da sagte ich zu ihm: „Ich bin gekommen wegen des Bauholzes für das große, herrliche Schiff des Amun-Re, des Götterkönigs. Dein Vater hat den Auftrag ausgeführt, dein Großvater hat ihn ausgeführt, und du wirst ihn auch ausführen." So sagte ich zu ihm. Er sagte zu mir: „Sie haben ihn in der Tat ausgeführt, und wenn du mir dafür etwas gibst, dass ich ihn auch ausführe, dann werde ich ihn auch ausführen. Fürwahr, die Meinen haben diesen Auftrag ausgeführt, nachdem der Pharao – er lebe, sei heil und gesund! – sechs Schiffe gegeben hatte, die mit den Reichtümern Ägyptens beladen waren. Du aber – was hast du mir mitgebracht?"

Zitiert nach: Hans Georg Niemeyer: Ein Volk von Händlern – die Phöniker. In: Frühe Hochkulturen (= Theiss Illustrierte Weltgeschichte), Mannheim 1997, S. 273.

1 Suche auf der Karte M1 die auf dieser Doppelseite genannten griechischen und phönikischen Städte. Wo siedelten Griechen, wo Phöniker? Nenne die heutigen Länder.

2 Wodurch unterschieden sich die Ziele griechischer und phönikischer Expeditionen (Autorentext)?

3 Nenne heutige Küstenstädte im Mittelmeerraum, die auf die griechische Kolonisation zurückgehen. Warum besuchen Touristen heute diese Stätten (M2)?

4 Verfolge auf der Karte M1 die Fahrten der Aussiedler aus Thera, die in M3 beschrieben sind. Welche Phasen des Unternehmens lassen sich unterscheiden? Nenne Gründe, die für die Auswanderung im Text genannt werden. Welche weiteren Ursachen vermutest du? Wie beurteilst du das Verhalten der Siedler und das der Zurückbleibenden auf Thera?

5 Warum war das Holz für die Ägypter so wichtig (M4)? Entwirf ein Antwortschreiben des Pharaos an König Zaker-Baal.

Das persische Weltreich – Brücke zwischen West und Ost

Der „König der Könige". Im Jahre 539 v. Chr. eroberte der persische König Kyros II. Babylon. Diese reiche und prächtige Stadt war Hauptstadt bedeutender Staaten gewesen und wurde nun dem neuen persischen Großreich einverleibt. Mit den Eroberungen unter Kyros II. (559–530 v. Chr.) erlangte das aus vielen Völkern bestehende Perserreich eine gewaltige Ausdehnung. Es reichte vom Indus bis nach Ägypten und von Afghanistan bis ins nordgriechische Thrakien. Ältere Großmächte wie Ägypten und Mesopotamien wurden Teil des Reichs; in Ägypten zählen die Perserkönige als 27. Dynastie. Noch nie in der Weltgeschichte hatte es ein so ausgedehntes Reich gegeben. „König der Könige", „Großkönig" und „König der Völker" lauteten die Titel des Kyros und seiner Nachfolger.

Die Verwaltung des Vielvölkerstaates. Die um 1000 v. Chr. in die Regionen des heutigen Iran eingewanderten Perser fanden als Erste in der Geschichte ein Modell, wie unterschiedlichste Völker zum Nutzen aller unter einer zentralen Herrschaft zusammenleben konnten. Unterworfene Völker durften ihre Religion und ihre Landessitten bewahren. Unter Dareios I. (522–486 v. Chr.) wurde das ganze Land in Steuer- und Verwaltungsbezirke (Satrapien) eingeteilt. Jeder Bezirk musste einen jährlichen Steuerbetrag in Edelmetall aufbringen und bei Bedarf bestimmte Dienste leisten. Der Großkönig ließ Maße und Gewichte vereinheitlichen und Goldmünzen prägen. Im Zentrum des Landes entstand auf Geheiß von Dareios die neue Hauptstadt Persepolis. Daneben dienten die Städte Ekbatana und Susa – Hauptstädte eroberter Reiche – als Residenzen des Königs. In Susa war die Zentralverwaltung untergebracht. Ein für die Zeit ausgezeichnetes Straßennetz ermöglichte rasche Truppentransporte und regelmäßigen Postverkehr. Eine 2700 Kilometer lange Königsstraße verband Sardes mit Persepolis. Zwischen Susa und Persepolis konnten durch Boten Nachrichten in der Rekordzeit von sieben Tagen übermittelt werden. Ein Kanal verband den Nil mit dem Roten Meer. Das gute Wegenetz begünstigte den Handel und den Austausch aller Arten von Informationen zwischen dem Mittelmeerraum und Indien. Griechische Söldner, Baumeister und Gelehrte arbeiteten im Perserreich. Die am meisten benutzte Sprache war Aramäisch, in dem auch Teile des Alten Testaments verfasst wurden.

Die Religion. Die Perserkönige betrachteten sich nicht als Götter. Sie leiteten ihre Herrschaft als von der Gottheit Ahura Masda gegeben ab: „Durch den Willen Ahura Masdas bin ich König, mir hat Ahura Masda die Herrschaft verliehen", lautet eine Inschrift des Dareios. Ahura Masda war oberster Gott der Religion Zarathustras, der Zoroastrier (s. S. 138). Jüdische und griechische Quellen zeichnen trotz der grausamen Kriegführung ein positives Bild des Eroberers Kyros II. Denn bald nach der Eroberung Babylons erlaubte der neue Herrscher allen zwangsweise ins Babylonische Reich verschleppten Menschen die Rückkehr in ihre Heimat. Darunter waren auch die Juden, die nach 70-jährigem Exil („Babylonische Gefangenschaft") nach Israel zurückkehren durften.

M1 Das Persische Reich
(530–486 v. Chr.)

M2 Dareios I. gewährt eine Audienz
(Relief aus Persepolis, 5. Jh. v. Chr.)

M3 Herodot über Griechen und Perser

Über die Sitten der Perser kann ich Folgendes mitteilen: Es ist nicht Sitte bei ihnen, Götterbilder, Tempel und Altäre zu errichten. Wer das tue, sei töricht, sagen sie. Offenbar stellen sie sich die Götter nicht wie die Griechen als menschenähnliche Wesen vor. Dem Zeus pflegen sie oben auf den Gipfeln der Berge zu opfern, und zwar bezeichnen sie mit dem Namen Zeus das ganze Himmelsgewölbe. Sie opfern auch der Sonne, dem Mond, der Erde, dem Feuer, dem Wasser und den Winden ... Weder Altäre werden gebaut, noch Feuer angezündet. Weder Weingenüsse noch Flötenspiel sind üblich. Der Opfernde darf sein Gebet nicht auf sich allein beschränken; er betet für alle Perser und den König. In dies Gebet ist er ja selbst mit einbegriffen ...

Brot wird wenig gegessen, viel Zukost, und zwar in mehreren Gerichten. Darum sagen sie auch, die Griechen ständen hungrig von der Mahlzeit auf, denn nach dem Hauptgericht würde nichts Rechtes mehr gereicht. Den Wein lieben sie sehr. In Gegenwart anderer sich erbrechen oder Wasser zu lassen ist nicht Sitte. Darin also sind sie streng ...

Bei den Persern genießen die nächsten Nachbarn die höchste Achtung nach ihnen selber, dann kommen die entfernteren, und so geht es schrittweise abwärts. Am wenigsten gelten ihnen die Völker, die am entferntesten wohnen. Sie selber halten sich nämlich für die allervorzüglichsten Menschen ...

Kein Volk ist fremden Sitten so zugänglich wie das persische.

Herodot, Buch I, 131-32. Zitiert nach: Haussig: a. a. O., S. 62f.

M4 Dareios I. über seine Völker

Aus einer Inschrift:

Dies ist der Palast, den ich in Susa gebaut habe. Von weit her sind die Baumaterialien gebracht worden ... Dass die Erde in die Tiefe ausgehoben, Schotter aufgeschüttet und Ziegel gestrichen wurden, das haben die Babylonier besorgt. Das Zedernholz für den Dachstuhl wurde durch Assyrer vom Libanon nach Babylon und von dort durch Jarer und Ioner nach Susa gebracht. Das Palisanderholz wurde aus Gandhara und Kerman herbeigebracht. Das hier verarbeitete Gold wurde aus Lydien und Baktrien gebracht, der hier verarbeitete Lapislazuli und Karneol-Stein aus Choreasmien. Silber und Edelholz holte man aus Ägypten, die Farbe für die Bemalung der Burgmauer aus Ionien, das Elfenbein aus Nubien und Indien. Die Steinmetzen waren Ionier und Lyder, die Goldschmiede Meder und Ägypter, die Männer der Holzbearbeitung waren Lyder und Ägypter. Die das Ziegelwerk machten, waren Babylonier und die Burgmauer bemalten Meder und Ägypter.

Zitiert nach: Rüdiger Schmitt: Die erste Weltmacht – das Perserreich. In: Frühe Hochkulturen (= Theiss Illustrierte Weltgeschichte), Leipzig/Mannheim (Brockhaus) 1997, S. 314.

1 Welche Staaten liegen heute ganz oder teilweise auf dem Gebiet des antiken Perserreichs (M1 und Atlas)?

2 Verfolge auf der Karte die Herkunft der Baumaterialien und der Handwerker für den Palast in Susa (M4).

3 Vergleiche M2 mit den Herrscherdarstellungen auf den Seiten 46f. und 116f. Welche Unterschiede und welche Gemeinsamkeiten fallen dir auf?

4 Wie beschreibt Herodot die Perser? Was könnte ein Perser ihm antworten (M3)?

5 Ein griechischer Handwerker kehrt aus Susa in seine Polis zurück. Worüber kann er erzählen?

6 Der Aufstand der griechischen Städte in Ionien war der Auftakt zu den „Perserkriegen“ (s. S. 98f.). Es gibt keine persischen Quellen über die „Griechenkriege“. Wiederhole dein Sachwissen über die Perserkriege aus griechischer Sicht (Gründe, Verlauf und Ergebnisse).

7 Finde heraus, warum Juden unter Zwang aus Palästina nach Babylon gebracht wurden und welches Vorhaben sie nach ihrer Rückkehr verwirklichten.

Wird die ganze Welt griechisch?

Makedonien wird Griechenlands Vormacht. König Philipp II. (359–336 v. Chr.) von Makedonien in Nordgriechenland gelang es dank seines schlagkräftigen Heeres, nach und nach die bedeutendsten Stadtstaaten Griechenlands unter seiner Führung zu vereinen. Philipp plante einen gemeinsamen Feldzug gegen die Perser. Doch mitten in den Vorbereitungen wurde er ermordet.

Sein Sohn Alexander trat 336 v. Chr. mit gerade einmal 20 Jahren die Nachfolge an. Der Philosoph Aristoteles war sein Lehrer gewesen. Alexander kannte die Sagen Homers und wollte es den Helden Achill und Herakles gleichtun. Die Machtpolitik seines Vaters setzte er konsequent fort. Rivalen und persönliche Feinde ließ er bedenkenlos umbringen; den Bund mit den griechischen Stadtstaaten erneuerte er. Theben widersetzte sich und wurde zur Strafe zerstört, die Bevölkerung versklavt; nur die Tempel blieben verschont. Das einst so mächtige Athen konnte sich nur durch rechtzeitige Unterwerfung retten.

Alexander: Pharao und persischer Großkönig. Im Jahre 334 v. Chr. brach Alexander mit einem gewaltigen Heer nach Asien auf. Obgleich die persische Armee weitaus stärker war, wurde sie in zwei großen Schlachten am Fluss Granikos und bei Issos 333 v. Chr. vernichtend geschlagen; der Großkönig Dareios III. entkam nur mit knapper Not. In diesen Kämpfen riskierte Alexander oft sein Leben und begeisterte so seine Soldaten, die ihm bedingungslos folgten. Durch die unzähligen Siege galt er vielen als göttlich. Nach der Eroberung Ägyptens feierte ihn die Bevölkerung wie einen Pharao. Als er in der Oase Siwa das Heiligtum des Zeus-Amun besuchte, begrüßten ihn die Priester als Sohn des obersten Gottes (s. S. 46f.).

Nach Alexanders Sieg bei Gaugamela 331 v. Chr. konnte Dareios wieder entkommen; kurz darauf wurde er jedoch ermordet. Alexander ließ seinen Gegner ehrenvoll bestatten, dessen Mörder aber hinrichten. Die Königsstädte Babylon, Susa und Persepolis standen Alexander nun offen. In Persepolis ließ er den Königspalast als Rache für die Zerstörung der griechischen Heiligtümer durch die Perser im Jahre 480 niederbrennen. Damit war das Ziel des Krieges erreicht. Alexander herrschte nun über ein riesiges Gebiet und fühlte sich als Erbe der persischen Großkönige. Er trug persische Kleidung. Seine Untergebenen mussten sich vor ihm zu Boden werfen – die persische Art der Verbeugung vor dem Herrscher. Dies missfiel sowohl seinen griechischen als auch makedonischen Soldaten.

M1 Alexanderschlacht *(um 70 v. Chr., 1831 in Pompeji gefundenes Fußbodenmosaik; 313 x 582 cm)*
Bei diesem (teilweise beschädigten) Mosaik handelt es sich um eine römische Kopie des verlorenen griechischen Originals. Es zeigt den entscheidenden Augenblick der Schlacht: Alexander trifft auf Dareios.

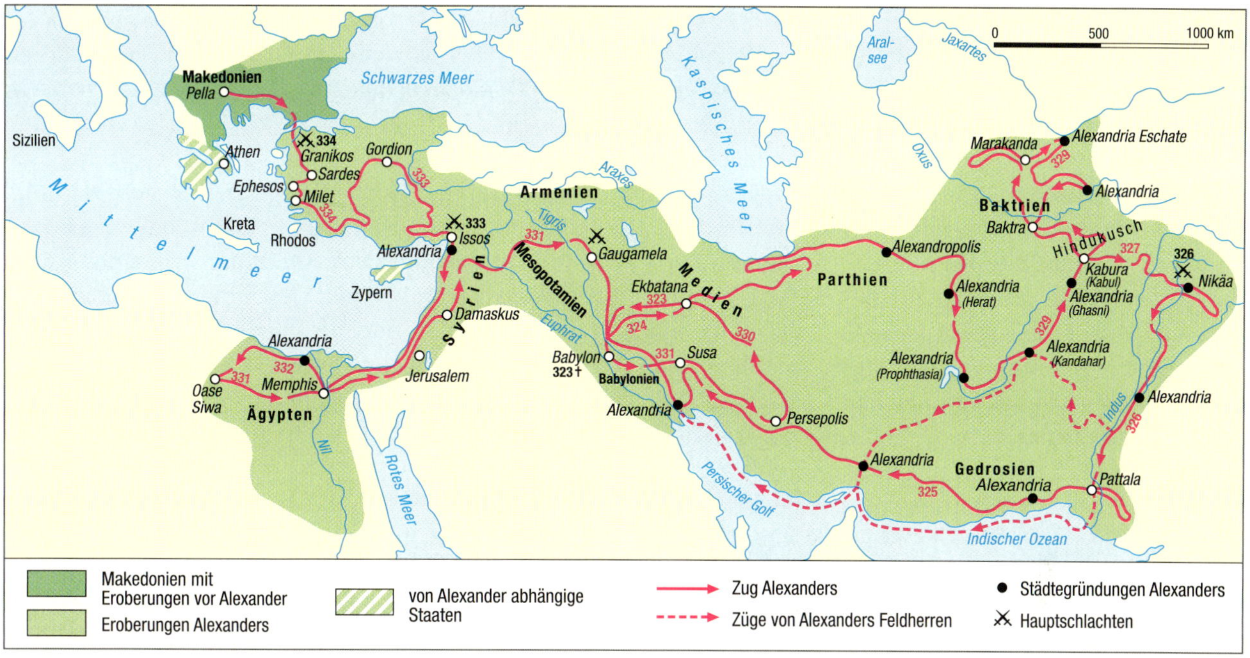

M2 Die Feldzüge Alexanders des Großen und die Ausdehnung seines Reichs

Bis ans Ende der Welt? Alexander begnügte sich nicht mit der Herrschaft über das Perserreich. Er dachte an ein Weltreich, wie es aufgrund damaliger Kenntnis von der Gestalt und Größe der Erde möglich schien. Deshalb richtete er seinen Blick auf Indien, ans Ende der damals bekannten Welt. Sein Zug dorthin war Militäraktion und Forschungsreise zugleich. Unter unvorstellbaren Strapazen kämpften sich seine Soldaten durch Salz- und Sandwüsten, durch Steppen und Gebirge, überwanden reißende Ströme und die schneebedeckten Pässe des afghanischen Hochlandes, litten unter extremer Hitze und Kälte, Hunger und Durst. Aber das Vorbild Alexanders riss die Soldaten immer wieder mit. Er teilte alle Entbehrungen mit ihnen und beflügelte sie zu kaum vorstellbaren Leistungen. In Indien geriet das Heer 326 n. Chr. in den alles aufweichenden Monsunregen. Als noch immer kein Ende der Strapazen in Sicht war, weigerte sich das Heer weiterzumarschieren und verlangte den Rückzug. Enttäuscht musste Alexander umkehren. Mit dem Großteil des Heeres fuhr er auf neu gebauten Schiffen den Indus hinab zum Indischen Ozean. Während die Flotte in den Persischen Golf verlegt wurde, führte Alexander auf dem Rückweg das Heer zwei Monate durch Wüstengebiet. Nur etwa ein Viertel der Armee kehrte zurück.

Alexanders Ende. 324 v. Chr. wurde in Susa die Heimkehr des Königs gefeiert. Doch schon kurz darauf endete die Weltherrschaft des makedonischen Königs jäh. 323 v. Chr. starb Alexander, erst 32 Jahre alt, an einer schweren fiebrigen Erkrankung. Als es keine Hoffnung mehr gab, verschafften sich seine makedonischen Soldaten Zutritt in den Palast. Mann für Mann – so wird berichtet – seien sie an dem Sterbenden vorbeigezogen, um Abschied zu nehmen.

1 Beschreibe möglichst genau das Geschehen auf dem Schlachtfeld (M1). Was drücken die Gesichter von Dareios (Bildmitte) und Alexander (links) aus?
2 Lege eine Übersicht über den Alexanderzug in Tabellenform an. Trage Jahreszahlen, bedeutende Schlachtorte und eroberte Gebiete ein. Berechne die Gesamtstrecke der Feldzüge seines Heeres (M2).
3 Verfolge den Feldzug auf einer Karte im Erdkundeatlas. Benenne die Staaten, die heute auf Alexanders Herrschaftsgebiet liegen, sowie den südlichsten, westlichsten und östlichsten Punkt seines Reichs.
4 Warum ließ Alexander so viele Städte mit seinem Namen gründen?
5 Diskutiert darüber, ob Alexander den Beinamen „der Große“ zurecht erhalten hat. Erarbeitet, was für und was gegen diesen Namen spricht.

Der Hellenismus – eine Mischkultur?

Griechisch als Weltsprache und Weltkultur. Nach seiner Rückkehr aus Indien wollte Alexander Makedonen und Perser enger miteinander verschmelzen. In Susa ließ er 10 000 seiner Landsleute Perserinnen heiraten und nahm selbst Roxane, eine Tochter des Dareios, zur zweiten Frau. Immer mehr Perser machte er zu Soldaten, Offizieren und Statthaltern. Er nutzte die von den Großkönigen aufgebaute Verwaltung. Eine einheitliche Währung begünstigte den Handel. Die griechische Sprache diente als Amtssprache und zur Verständigung zwischen den vielen Völkern des riesigen Reichs.
Griechen gaben nun bis in die Zeit von Christi Geburt im Orient und in Ägypten den Ton an. Sie kamen als Soldaten, Händler, Verwaltungsbeamte oder Kolonisten und ließen sich vor allem in den Städten nieder. Dort entwickelten sie sich zu einer Oberschicht, deren Sprache und Lebensart allmählich von den Einheimischen übernommen wurden. Ob Theater, Sport, Literatur, Musik oder auch Kunst – am griechischen Vorbild orientierten sich alle. Deshalb wird diese Zeitspanne auch ▸ Hellenismus genannt.
Alexander hinterließ keinen Erben. So kam es nach seinem Tod zu einem Kampf um die Vorherrschaft, der einige Jahrzehnte dauerte. Schließlich konnten sich drei griechische Gefolgsleute durchsetzen, die Herrschergeschlechter bildeten: Antigonos in Makedonien, Seleukos im ehemaligen Perserreich und Ptolemäus in Ägypten. Diese Königsgeschlechter nannte man die „Nachfolger" (griech. Diadochen). Wie schon Alexander wurden sie wie Gottkönige verehrt.

M 1
Ptolemaios VII.
(um 145 v. Chr.)

Alexandria – eine moderne Weltstadt. Im Zeitalter des Hellenismus (ca. Mitte 4. Jh.–1. Jh. v. Chr.) wurden in den Diadochenstaaten viele neue Städte gegründet. Sie waren im Gegensatz zu den verwinkelten alten griechischen Städten großzügig und zweckmäßig geplant mit breiten Straßen in geometrischer Ordnung. Das eindrucksvollste Beispiel einer hellenistischen Stadt war Alexandria im Mündungsgebiet des Nils in Ägypten, die Hauptstadt des Ptolemäerreiches. Um 100 v. Chr. sollen dort an die 100 000 Ägypter, Griechen und Juden gelebt haben. Wahrzeichen der Stadt war der Leuchtturm von Pharos mit einer Höhe von etwa 120 Metern, eines der sieben Weltwunder der Antike. Er wurde 280 v. Chr. erbaut und erfüllte 1 000 Jahre lang seine Aufgabe, bis er nach einem Erdbeben einstürzte. In der Stadtmitte befanden sich die Verwaltungsgebäude, die Warenspeicher und andere öffentliche Bauten. Es gab auch schon mehrstöckige Mietshäuser. Die großartigste Straße Alexandrias war 30 Meter breit. Ein Kanal versorgte die Stadt mit Nilwasser, das über Rohrleitungen in unterirdische Behälter geleitet wurde. Berühmt war Alexandria für sein Museion. Der Name leitet sich ab von den Schutzgöttinnen der Kunst und Wissenschaft, den Musen. Wissenschaftler, Philosophen und Künstler konnten dort ungestört arbeiten. Für ihren Lebensunterhalt sorgte der jeweilige Herrscher. Die Wissenschaftler kamen dabei zu Ergebnissen, die teilweise bis heute noch ihre Gültigkeit haben. Zum Museion gehörte eine riesige Bibliothek, in der mehrere hunderttausend Schriftrollen aus Papyrus aufbewahrt wurden. Schriften aus allen damals bekannten Ländern und in vielen Sprachen wurden dort gesammelt und untersucht. Die Bibliothek von Alexandria war die größte der Antike.

Wissenschaftler und Erfinder. Zwischen dem 4. und 1. Jh. v. Chr. gab es viele bedeutende Erfindungen, ohne die die moderne Zeit kaum vorstellbar ist. Ein Beispiel dafür sind die Erkenntnisse des Archimedes von Syrakus, der von 282–212 v. Chr. lebte und wesentliche Grundlagen der Mathematik und der Physik entwickelte. Nach seiner Methode führen wir heute noch Flächenberechnungen durch, bestimmen z. B. den Umfang und die Fläche des Kreises. Er entdeckte u. a. den Schwerpunkt, das Hebelgesetz und die schiefe Ebene.

M2 Stadtplan von Alexandria

Die Stadt wurde 331 v. Chr. von Alexander dem Großen gegründet.

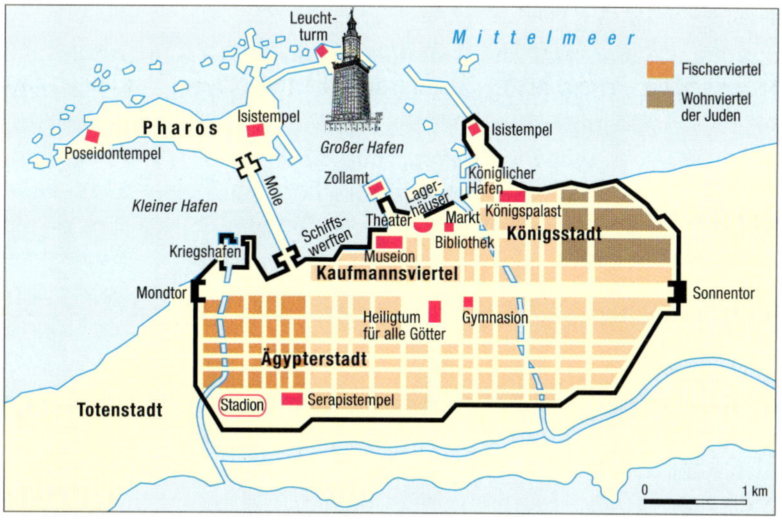

M3 Eine heutige Wertung des Zusammenlebens in Alexandria

Insgesamt war die Zusammensetzung der Bevölkerung des Nillandes ziemlich bunt. Generell gilt, dass die Griechen die sozial und politisch dominierende Gruppe waren. In Alexandria bildeten sie die eigentliche Bürgerschaft der Polis, und auf dem Land besetzten sie die führenden Positionen in Verwaltung und Wirtschaft. Wenn es Spannungen zwischen den einzelnen Bevölkerungsgruppen gab, dann lag das weniger an Unterschieden zwischen den Völkern, sondern am sozialen Gefälle und der damit einhergehenden Ausbeutung. Das Zusammenleben der unterschiedlichen Gruppen war relativ eng und überwiegend friedlich. Griechische Institutionen wie Bäder, Symposien (Trinkgelage) und Sport wurden auch von den Ägyptern geschätzt. Umgekehrt wirkte die ägyptische Religion stark auf die Griechen. In Alexandria öffneten sich die Juden sehr stark dem Griechischen, ohne ihre Identität preiszugeben. So wurden im 3. Jahrhundert v. Chr. die Heiligen Schriften aus dem Hebräischen ins Griechische übersetzt. Natürlich gab es überall Mischehen und intensive wirtschaftliche und soziale Kontakte. Dennoch hat es keine wirkliche Vermischung der Bevölkerungsgruppen gegeben. Hellenismus heißt nicht „Verschmelzung"; es war eine Epoche des friedlichen Zusammenlebens.

Zitiert nach: Hans-Joachim Gehrke und Helmuth Schneider: Geschichte der Antike. Ein Studienbuch, Stuttgart (Metzler) 2000, S. 226f.

M4 Archimedische Schraube

Archimedes konstruierte eine Maschine zum Wasserheben. Mit der archimedischen Schraube konnte Wasser durch Menschenkraft in eine Höhe von 2–4 m befördert werden. Auch heute noch verwendet man solche Geräte in verschiedenen Ländern Afrikas, Südamerikas und Asiens.

1 Der Herrscher Ptolemaios VII. zeigt sich auf M1 von verschiedenen Kulturen beeinflusst. Was ist ägyptisch, was griechisch an diesem Bildnis?

2 Viele Athener schickten im 3. Jh. v. Chr. ihre Söhne zur Ausbildung in die Weltstadt Alexandria. Schreibe aus der Sicht eines dieser Söhne einen Brief an seine Eltern, indem du aufzeigst, was einem Griechen in Alexandria fremd und was ihm bekannt ist.

3 Vergleiche Alexandria mit einer heutigen Großstadt. Was ist gleich, was fehlt, was ist anders (M2)?

4 Im Zeitalter des Hellenismus war Griechisch Weltsprache. Welche Sprachen gelten heute als Weltsprachen?

5 Wie beschreiben und beurteilen die Historiker Gehrke und Schneider das Zusammenleben verschiedener Völker in Alexandria (M3)?

6 Beschreibe die Funktionsweise der Maschine von M4.

China – das Weltreich im Osten

Die Entstehung Chinas. Forscher haben den Anbau von Reis und Hirse im Zentralbecken des Flusses Huang He ab 6 000 v. Chr. nachgewiesen. Da China keine Eiszeit kannte, überdauerten dort Kulturpflanzen, die im eiszeitlichen Europa ausstarben; dazu zählen Ginko, Apfelsine, Pfirsich, Kirsche, Rhabarber, Ingwer und Spinat. Die chinesische Hochkultur begann um 1500 v. Chr.; seit 1300 v. Chr. entwickelte sich die chinesische Schrift. Fürsten vieler kleiner Reiche kämpften um die Vorherrschaft.

Der erste Kaiser von China. Die Einigung der verschiedenen Fürstentümer Chinas gelang erstmals im Jahre 221 v. Chr.: Ein 22-jähriger Fürst aus dem Teilreich Qin (sprich: tchin) ging als Sieger aus einer Epoche hervor, die von den Historikern als die Zeit der „Streitenden Reiche" oder der „Kämpfenden Staaten" bezeichnet wird. Der erste Kaiser nannte sich Qin Shi Huangdi: Erster Erhabener Kaiser der Qin oder Erster Gottkaiser. Mit brutaler Härte setzte der Kaiser die Einigung Chinas durch: Zunächst entmachtete er den alten Adel. Über 120 000 Adelsfamilien wurden gezwungen, sich in der Nähe der Hauptstädte Chang'an und Luoyang niederzulassen (s. S. 153); fast vier Millionen Menschen betraf die Zwangsumsiedlung. Was an Büchern und Schriften an die vorigen chinesischen Staaten und Gesellschaften erinnerte, wurde verbrannt. Gesetze, Maße, Gewichte und Spurbreiten der Wagen ließ der Kaiser vereinheitlichen. Bauern, Schuldsklaven und Kriegsgefangene mussten Straßen, Kanäle, Deiche, Poststationen und Reisspeicher im ganzen Land anlegen. Private Sklaven wie in der europäischen Antike hat es in China nie gegeben. Gelehrte wurden angewiesen, die Schrift zu vereinheitlichen. Auch wenn – bis heute – die chinesischen Schriftzeichen in den verschiedenen Provinzen völlig anders ausgesprochen wurden, konnte doch jeder Schriftkundige ihre Bedeutung lesen.

Die Verwaltung des Landes. Gebildete Beamte besetzten alle wichtigen Ämter in den 36 Bezirken des Landes. Diese Posten wurden nach Eignung vergeben. Die Kandidaten mussten eine Empfehlung nachweisen und ein teures Studium in chinesischer Sprache und Literatur finanzieren. Großfamilien und Dorfgemeinschaften „sponserten" ihre Kandidaten. Wer die mehrtägigen Eignungs- und Auswahlprüfungen bestand, konnte Ansehen und Wohlstand als Beamter des Kaisers erwerben.
Alle Baumaßnahmen, die Ausgaben des Hofes, der Verwaltung und des Heeres wurden aus Steuern bezahlt. Den größten Anteil dieser Abgaben trugen die freien Bauern. Die Quellen belegen, dass die Höhe der Steuern in den Jahren vor dem Tod des Gottkaisers auf ein unerträgliches Maß anstiegen.

M1 Grab von Qin Shi Huangdi

Chinesische Bauern fanden 1974 bei Xian die riesige Grabanlage, die Qin Shi Huangdi im Alter von 27 Jahren in Auftrag gab. Dort fanden die Archäologen Tausende von lebensgroßen Soldaten aus Ton und über 50 Tonpferde. Das eigentliche Grab wurde bislang noch nicht gefunden.

Links: Blick in die überdachte Grabanlage; rechts: ein Bogenschütze.

M2 Qin Shi Huangdi

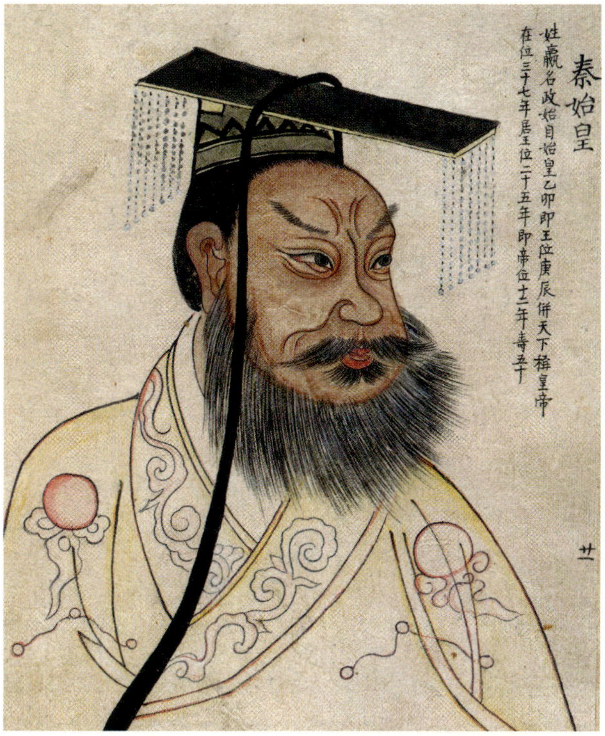

M3 China auf Chinesisch: Das „Reich der Mitte"
Zhong (sprich: dschung = Mitte). Guo = Reich, Staat

M4 Der Anspruch des Kaisers

Auf fünf ausgedehnten Reisen lernte Qin Shi Huangdi sein Land kennen und ließ an Felswänden Inschriften wie die folgende auf dem Berg Yi einmeißeln:

Der vom Kaiser gegründete Staat
Ist der vollkommenste seit alters her
Er hat Chaos und Aufruhr erstickt
Mit seiner Autorität, die bis in die vier Ecken der Welt reicht
Nachdem er den Gipfel des Bergs Yi erklommen
Das Beamtengefolge sich ihm angeschlossen hat
Erinnern sich alle an das Zeitalter des rebellischen Aufruhrs
Als das Land zersplittert war in Einzelstaaten
Als Überfälle und Krieg an der Tagesordnung waren
Und die Ebenen von Blut überströmt
Heute hat der Kaiser aus uns eine Familie gemacht
Die Waffen werden nicht mehr gegeneinander erhoben
Naturkatastrophen und von Menschen verursachtes Leid sind verschwunden
Das chinesische Volk lebt gesund und in Frieden
Die Erträge des Landes und sein Reichtum sind unerschöpflich.

Zitiert nach: Atlas of China, Oxford (Oxford Ltd.) 1982, S. 80. Übers. vom Verfasser.

M5 Der Historiker Sima Qian *(145-86 v. Chr.)*

Sima Qian war Hofastrologe der Han-Dynastie in Chang'an und besaß daher Zutritt zu allen Archiven. Er war der erste Historiker, der die zu seinen Lebzeiten bereits 2000 Jahre währende chinesische Geschichte zusammenfasste:

Der König von Qin ist ein Mann mit vorspringender Nase, großen Augen und der Brust eines Raubvogels; er hat die Stimme eines Schakals, sein Herz ist das eines Tigers oder eines Wolfes. Solange er in seiner Macht beschränkt ist, fällt es ihm leicht so zu tun, als sei er den Menschen unterlegen. Hat er erreicht, was er will, fällt es ihm ebenso leicht, sie zu verschlingen.

Zitiert nach: Catherine Chadefaud und Michel Tarride: Die großen Weltreiche, Stuttgart (Union Verlag) [2]1991, S. 59. Übers. von Hannelore Ganslandt.

1 Vergleiche die Reichseinigung und die hier genannten Merkmale der chinesischen Hochkultur (Autorentext) mit dem Ägypten der Pharaonen (s. S. 32ff.). Welche Gemeinsamkeiten und welche Unterschiede kannst du feststellen?

2 Die Chinesen nannten ihr Land „Reich der Mitte" (M3). Finde heraus, warum.

3 Beschreibe Kleidung und Haltung des Herrschers in M2. Chinesische Kaiser nannten sich auch „Söhne des Himmels". Woran wird das in der Abbildung deutlich?

4 Wie sah Qin Shi Huangdi sich selbst (M4 und Autorentext)? Vergleiche Auftreten und Titel des Kaisers von China mit anderen Herrscherpersönlichkeiten aus diesem Band (z. B. Pharaonen S. 46, Augustus S. 114ff. oder Alexander S. 146).

5 Welche Kritik übte der Geschichtsschreiber Sima Qian (M5)? Woran kannst du erkennen, dass Sima Qian einem späteren Kaiser diente?

6 Informiere dich über den Stand der Ausgrabung der „Terrakotta-Armee" des ersten Kaisers (M1).

Roms Gegenpol in Fernost – China zur Zeit der Han-Dynastie

Die Han-Kaiser. Aufstände gegen die brutale Unterdrückung und hohe Steuern beendeten nach nur 14 Jahren die Herrschaft der Qin. Von 206 v. Chr. bis 220 n. Chr. beherrschten die Kaiser der Han-Dynastie von der neuen Hauptstadt Chang'an aus China. Sie übernahmen von ihrem Vorgänger das Hofzeremoniell und die Verwaltung des Landes durch ausgewählte Beamte. Die Kaiser sahen sich als „Söhne des Himmels“ und sollten ihr Volk zum Nutzen aller weise und vorausschauend regieren. Diese Ansicht stützte sich vor allem auf die Lehre des Konfuzius, der eine gute kaiserliche Herrschaft wie die Fürsorge eines Vaters für seine Familie betrachtete. Bedeutendster Han-Kaiser war Wudi (141–87 v. Chr.) Mit 15 Jahren kam er auf den Thron und umgab sich mit fähigen Beratern. Wichtige Verwaltungsposten besetzte er mit Anhängern des Konfuzius, dessen Lehre unter Wudi zur Staatsphilosophie wurde (s. S. 139).

Abgrenzung und Ausbreitung. Bereits in den Jahrhunderten vor dem ersten Kaiser hatten chinesische Fürsten mit dem Bau von Lehmwällen und Mauern an den offenen Nord- und Westgrenzen Chinas begonnen. Unter den Qin und den Han wuchsen diese Wälle zu einer Tausende von Kilometern langen Abwehrmauer zusammen. Millionen von Menschen arbeiteten unter unsäglichen Bedingungen auf den Großbaustellen; Hunderttausende starben dabei. Die heute zu bewundernde große Chinesische Mauer aus Stein ersetzte im 15. Jh. die Lehmmauern aus älterer Zeit.
China war im Altertum eine Bauernkultur, die von Hirtennomaden im Norden und Westen umgeben war. Besonders die Xiongnu, zu deren Verwandten die später in Europa gefürchteten Hunnen (s. S. 129) gehörten, richteten durch ihre Raubzüge immer wieder großen Schaden an. Die chinesischen Kaiser vertrauten nicht allein auf die Mauer: Mit Verträgen und Karawanenladungen von Geschenken sicherten sich die Han-Kaiser Ruhe vor Überfällen. Nach heutigen Schätzungen wurde ein Drittel der Einnahmen aus dem Seidenhandel für kostbare Geschenke an die Nomadenherrscher wieder ausgegeben. Während der Herrschaft der Han dehnte sich China bis nach Korea und in die Tropengebiete Südostasiens bis Vietnam aus. Japan wurde nie von Chinesen erobert, übernahm aber die chinesische Schrift.

M1 Chinesische Mauer heute

Rom und China. Der Vergleich beider Großmächte zeigt eine Reihe von Ähnlichkeiten: Die Volkszählung des Jahres 2 n. Chr. in China ergab mit 57 Millionen Menschen annähernd die gleiche Bevölkerungszahl wie die Schätzungen für das Römische Reich in jener Zeit. Beide Reiche waren in etwa gleich groß und verfügten über ein ähnlich langes Straßennetz. Im Römerreich gab es mehr Großstädte, während China in Agrartechnik und Eisenverarbeitung weit voraus war. Beim Eisenguss verwendeten die Chinesen bereits Formen für die Serienproduktion von Hacken, Pflügen, Beilen und Messern.
In beiden Großreichen lag die ausführende Gewalt in der Hand eines dem Gottkaiser ergebenen Amtsadels. Nicht religiöse Überzeugungen, sondern auf den Schriften von Philosophen beruhende moralische Lehren bildeten die Grundlage für das Denken und Handeln der Oberschichten in Rom und China. Der Untergang Han-Chinas und Roms begann im 3. Jh. Beide Reiche brachen allmählich unter dem Ansturm von Nomaden zusammen. Erlöserreligionen breiteten sich in den Übergangszeiten mit großer Schnelligkeit aus: im Römerreich das Christentum und in China der Buddhismus.

M2 China zur Zeit der Han-Dynastie

Besondere Bedeutung erlangte die später sogenannte Seidenstraße, auf der römische und persische Reisende bis nach China und chinesische Waren ins Römische Reich gelangten. Kamelkarawanen durchzogen auf einem nördlichen und einem südlichen Weg die riesigen Wüsten Turkestans. Offizielle Kontakte hat es zwischen Rom und China nicht gegeben.

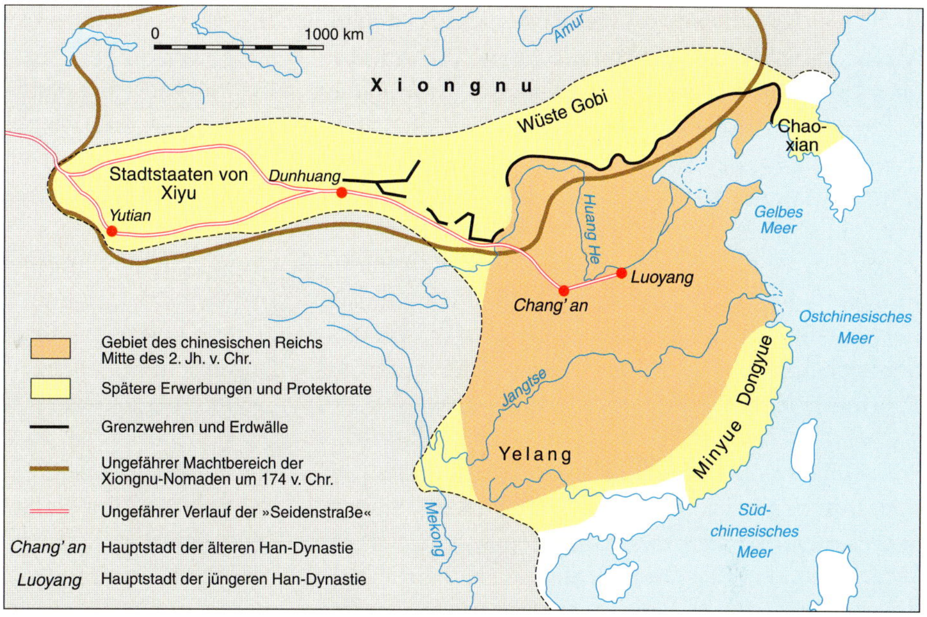

M3 Sind die Römerinnen verrückt nach Seide?

a) Der Naturforscher und Schriftsteller Plinius (c. 23–79 n. Chr):

Die Serer (Chinesen) sind berühmt für eine wollartige Substanz, die sie aus den Wäldern gewinnen. Nach dem Einweichen ins Wasser schaben sie das Weiße von den Blättern ab. Von so weit her kommen die Produkte ihrer Arbeit und ihrer Weltreligion, um römischen Mädchen zu ermöglichen, in der Öffentlichkeit mit durchsichtiger Kleidung zu protzen.

Plinius d. Ä., Naturalis Historia VI,54. Übers. vom Verfasser.

b) Der Schriftsteller Seneca (ca. 4 v. Chr. –65 n. Chr.):

Ich kann Seidenkleider sehen, die weder Körper noch Anstand verbergen und bei denen man sich fragen muss, ob sie überhaupt Kleider genannt werden können. Ganze Mädchenscharen bemühen sich, dass ein Ehemann genau so viel Kenntnis vom Körper seiner Frau hat wie irgendein Fremder.

Seneca, De beneficiis 7,9. Übers. vom Verfasser.

1 Verfolge auf der Karte die Ausbreitung Chinas von der Qin- zur Han-Zeit (M2). Vergleiche mit den Etappen der Ausbreitung Roms (s. S. 104f.).

2 Welche Klage führten Plinius und Seneca (M3)? Plinius stellte Vermutungen über die Herstellung von Seide an. Wie wird Seide in Wirklichkeit hergestellt?

3 Erstelle eine Tabelle der Gemeinsamkeiten zwischen Rom und China (Autorentext).

M4 Die Frage der Handelsbilanz: Wer verdient am Fernhandel?

Der Handel Europas mit Asien war damals in beiden Richtungen ein Geschäft mit Luxusgütern ... Erst durch die „Transportrevolution" des 19. Jh. lohnte sich auch der Export von sperrigen und weniger wertvollen Gütern, was vorher nicht rentabel war. Das Römische Reich importierte Gewürze, insbesondere Pfeffer und Zimt aus Indien. Vor allem ging es um die bisweilen mit Gold aufgewogene Seide; schließlich unbearbeitete Edelsteine, Perlen, Elfenbein, Pelze und Metallwaren. Ungelöst ist das Problem der Handelsbilanz. Der römische Schriftsteller Plinius klagt: In jedem Jahr saugt Asien (Indien und China) 40 Millionen Sesterzen (= ca. 2 900 kg Gold) vom Wohlstand unseres Reichs ab und liefert uns dafür Waren zum Hundertfachen des Erzeugerpreises. Das war etwa die Jahresproduktion der römischen Goldbergwerke in Spanien. Die im Römischen Reich vorhandene Goldmenge wurde vermutlich jährlich um einen höheren Betrag vermehrt als abfloss.

Zitiert nach: Wolfgang Reinhardt: Geschichte der europäischen Expansion, Bd. 1: Die Alte Welt, Stuttgart (Kohlhammer) 1983, S. 14f.

4 Verfolge auf einem Atlas den Verlauf der Seidenstraße (M2).

5 Welche Kritik übte Plinius? (M4). In welchen Bereichen sprechen wir heute von einer „Handelsbilanz"?

Entdecker, Händler und Pilger prägen das Bild von fernen Ländern

Beginn des Welthandels? In diesem Kapitel haben wir mehrere Beispiele für Handel kennengelernt, der weit über die Grenzen des eigenen Kultur- oder Sprachraums erfolgte. Die Karte unten fasst die wichtigsten Reisen von Seefahrern und Entdeckern der Antike zusammen. Im Auftrag eines ägyptischen Pharaos umsegelten phönikische Seefahrer vermutlich schon um 600 v. Chr. den afrikanischen Kontinent. Aus der phönikischen Gründung Karthago schaffte es ein Seefahrer namens Hanno bis in die Gegend des heutigen Kamerun und hinterließ einen detaillierten Fahrtbericht. Bis heute sind sich die Forscher nicht einig, wann genau und bis wohin diese Reisen tatsächlich stattgefunden haben – für den Fernhandel mit dem Innern Afrikas blieben sie ohne Folgen. Schätze aus den frühen afrikanischen Reichen, wie Ghana oder Mali, gelangten mit Kamelkarawanen durch die Sahara bis zu den Provinzen des Römischen Reichs im Norden des Kontinents.

Die Entdeckung des Seewegs nach Indien. Alle Expeditionen zur See aus Europa und Nordafrika Richtung Fernost endeten in Aden an der Südspitze der Arabischen Halbinsel. Erst einem kühnen Seefahrer namens Eudoxos aus Alexandria gelang 117 oder 116 v. Chr. in nur 40 Tagen eine Fahrt über den Indischen Ozean an die Westküste Indiens. Dies war keine Fahrt entlang der Küste, sondern eine Hochseefahrt unter Ausnutzung der Monsunwinde in östlicher – und nach entsprechender Wartezeit – in die Gegenrichtung nach Hause. Diese Route wurde bald zu einer regelrechten „Rennstrecke" nach Indien. Die Quellen berichten übereinstimmend, dass zur Zeit des Kaisers Augustus jeweils zu Beginn der Monsunwinde über hundert Schiffe nach Indien in See stachen. Jedes Schiff konnte 600 bis 1000 Tonnen Ladung transportieren. Kam es beladen zurück, waren märchenhafte Gewinne durch den Verkauf der Waren zu erzielen.

M1 Seefahrer, Entdecker und Händler des Altertums *(2. Jh. n. Chr.)*

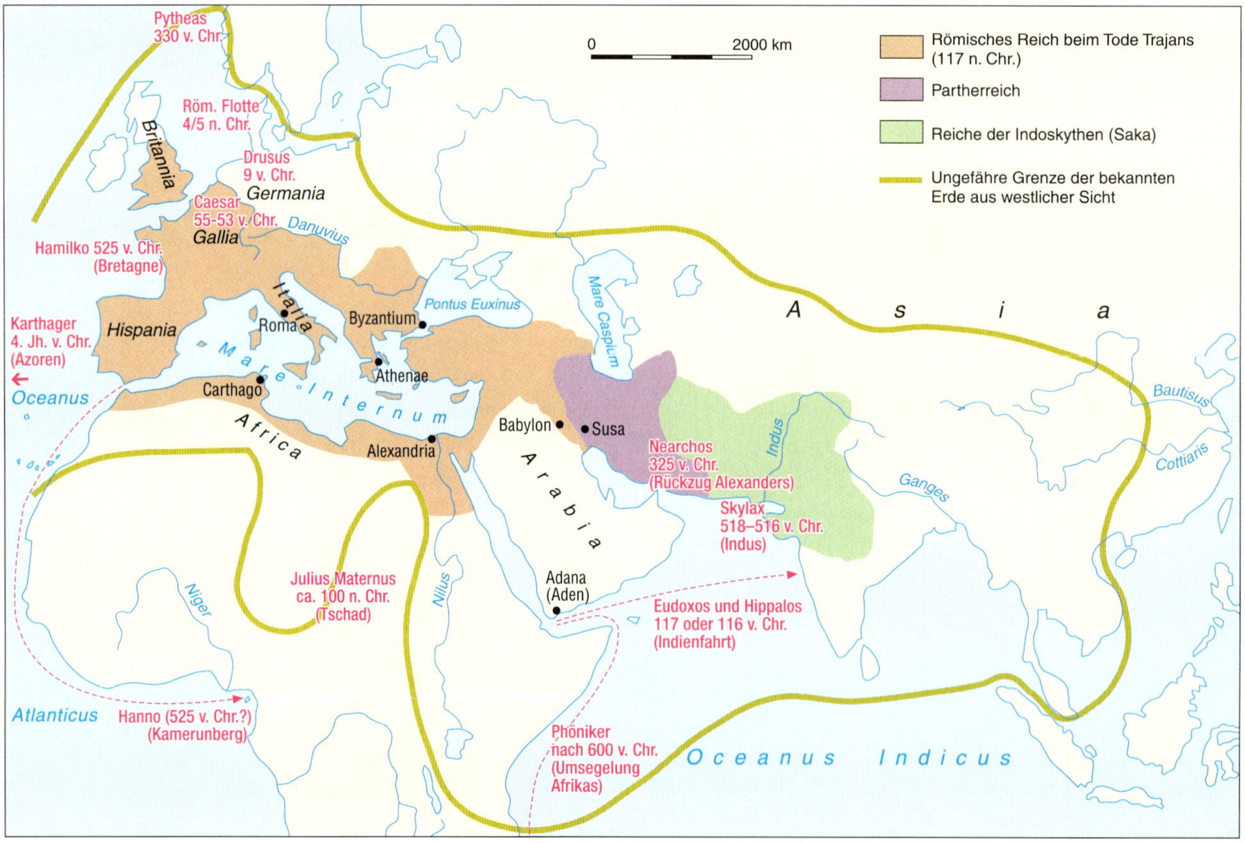

M2 Zu Schiff von Arabien nach Indien

Aus dem Fahrtenbuch (Periplus) des Eudoxos:

Das ganze Land Indien hat viele Flüsse und die Unterschiede zwischen Ebbe und Flut sind so groß, dass da, wo gerade noch Schiffe segelten, nun für Stunden das Land trocken ist. Kommt die Flut, läuft das Wasser weit in die Flüsse hinein und ist stärker als die Strömung der Flüsse. Daher sind Einfahrt und Ausfahrt der Schiffe aus den Ankerplätzen extrem schwierig und gefährlich für diejenigen, die sich nicht auskennen. Große Schiffe laufen oft auf Felsen auf, kleine kentern durch Wellengang und Strudel.

Im Innern des Landes wohnen zahlreiche Völker. Im Norden leben die Baktrier unter ihrem König. Dort findet man noch viele griechische Inschriften und handelt mit griechischen Drachmen (Münzen) aus der Zeit Alexanders des Großen.

Nach Indien nehmen wir mit: Wein, Kupfer, Zinn und Blei, Koralle und Topas, Glas, Gold, Silber und Baumwollstoffe der allerfeinsten Qualität. Aus Indien exportiert werden Elfenbein, Seide und Pfeffer.

Zitiert nach: Lionel Casson: The Periplus Maris Erythraei, Princeton (Univ. Press) 1989, S. 48f. Übers. vom Verfasser.

M3 Zu Fuß von Spanien nach Syrien

Eine spanische Nonne namens Egeria unternahm im 4. Jh. eine mehrjährige Reise von über 9 000 Kilometern auf den Spuren von Jesus Christus:

Zu Fuß gelangten wir in ein großes Tal von außerordentlicher Schönheit und am Ende dieses Tals erblickten wir den Sinai, den heiligen Berg Gottes. Unsere Führer wiesen uns darauf hin, dass wir beim ersten Anblick des Berges zum Beten verweilen sollten. Das taten wir. Nun wanderten wir weiter durch dieses Tal, in dem einst die Kinder Israels 40 Tage und 40 Nächte warteten und Moses den Berg bestieg ... Spät am Sabbat kamen wir an die Pforten des dortigen Klosters und die Mönche empfingen uns mit ausgesuchter Höflichkeit. Wir blieben über Nacht und begannen am nächsten Tag den Aufstieg in Begleitung einiger Mönche. Um die vierte Stunde erreichten wir den Gipfel, wo Moses die Zehn Gebote erhielt ... Nach längerer Zeit in Jerusalem machte ich mich in Begleitung einiger Mönche und eines Priesters auf nach Arabien. Nach einigen Tage erreichten wir eine winzige Kirche auf dem Berg Nebo. Die dort lebenden heiligen Mönche fragten uns, ob wir die Orte sehen wollten, die im Buch Mose erwähnt werden. Wir sagten freudig zu; man führte uns um die Kirche herum an einen Aussichtspunkt und von dort sahen wir, wie tief unten der Jordan ins Tote Meer mündet. In der Ferne war Jericho zu erkennen. So sahen wir einen großen Teil des Verheißenen Landes, Palästina, zu unseren Füßen. Links von uns lag einst die Stadt Sodom, von der nur Asche und Ruinen blieben. Man zeigte uns die Stelle, an der Lots Frau zur Salzsäule erstarrte, aber, liebe Mitschwestern, die Säule selbst kann man nicht mehr sehen, sie soll vom Toten Meer überschwemmt worden sein ...

Zitiert nach: M. L. McClure/C. L. Feltoe (Ed.): The pilgrimage of Etheria, New York (Macmillan) 1919, S. 3 und S. 11. Übers. vom Verfasser.

M4 Auf Kamelen von China nach Rom

Zwischen 138 und 126 v. Chr. unternahm eine Gesandtschaft Kaiser Wudis eine Reise in den fernen Westen. Der Anführer Zhang Qian hinterließ einen langen Bericht über seine Reise bis nach Persien. Das Ziel des „Großen Reichs" (chin. Daqi = Rom) wurde nie erreicht. Die Wandmalerei zeigt die Verabschiedung der Gesandtschaft durch Kaiser Wudi (Mogao Grotten, China, 7. Jh.).

1 Nicht alle Expeditionen der Karte M1 sind im Autorentext beschrieben. Gib die fehlenden Namen in eine Suchmaschine ein und schreibe einige Sätze zu den Entdeckungen und möglichen Folgen heraus.

2 Aus welchen unterschiedlichen Gründen gehen Menschen in den Quellen M2–M4 auf Reisen? Welche Strecken legen sie zurück? Lohnte sich deiner Meinung nach die ungeheure Mühe?

3 Du möchtest Geldgeber davon überzeugen, ein Schiff mit Waren nach Indien zu chartern. Halte eine kurze Rede.

Das Bild von der Welt – die ersten wissenschaftlichen Karten

2000 – 1400 v. Chr.	Palastkultur der Minoer auf Kreta
1600 – 1100 v. Chr.	Hochkultur von Mykene
ca. 1100 – 600 v. Chr.	Westfahrten und Kolonisationen der Phöniker
ca. 750 – 550 v. Chr.	griechische Kolonisation
um 500 v. Chr.	Entstehung des Buddhismus (Indien), Lehren des Konfuzius (China)
539 – 330 v. Chr.	Weltreich der Perser
334 – 323 v. Chr.	Alexander der Große erobert das Perserreich
4. Jh. – 1. Jh. v. Chr.	Zeitalter des Hellenismus
221 v. Chr.	Reichseinigung Chinas unter den Qin
bis 272 v. Chr.	Rom erringt Vorherrschaft in Italien
206 v. Chr. – 220 n. Chr.	Han-Dynastie in China

Antike Weltkarten. Es waren griechische Wissenschaftler, die als Erste ein möglichst genaues geografisches Bild der Erde beschrieben und zeichneten. Alle Originale sind verloren gegangen. Die drei „griechischen" Karten auf dieser Doppelseite sind eine Rekonstruktion von Wissenschaftlern aus unserer Zeit, die zur Nachzeichnung alle zugänglichen Informationen aus den verschiedensten Quellen zusammengetragen haben.
Dazu sammelten die Geografen alle schriftlichen und mündlichen Berichte von Seefahrern, Soldaten und Händlern. Besondere Probleme bereitete die Darstellung weit entfernter Gebiete, die nur vom Hörensagen bekannt waren (wie z. B. die Insel Ceylon/Sri Lanka oder die malaysische Halbinsel). Dennoch bemühte sich z. B. Ptolemaios auch hier um eine „richtige" Zeichnung.

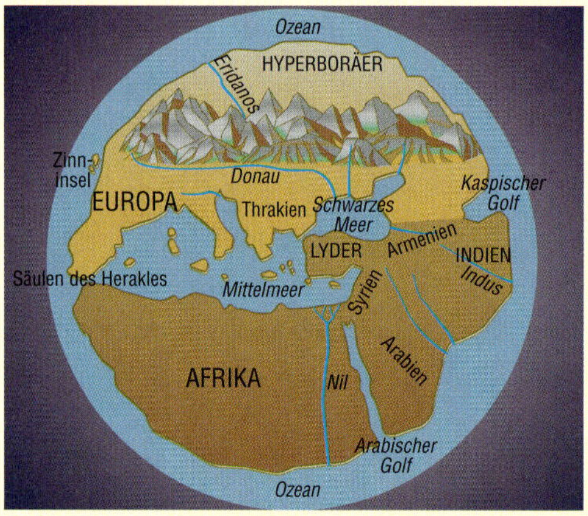

M1 Weltkarte des Hekataios *(um 500 v. Chr.)*
Die älteste Weltkarte stammt von Anaximander von Milet. Hekataios (560–485 oder 475 v. Chr.), der ebenfalls aus Milet stammte, unternahm ausgedehnte Reisen im östlichen Mittelmeerraum. Die Vorstellung einer von Ozeanen umgebenen kreisrunden Erdscheibe übernahm Hekataios aus den Schriften Homers.

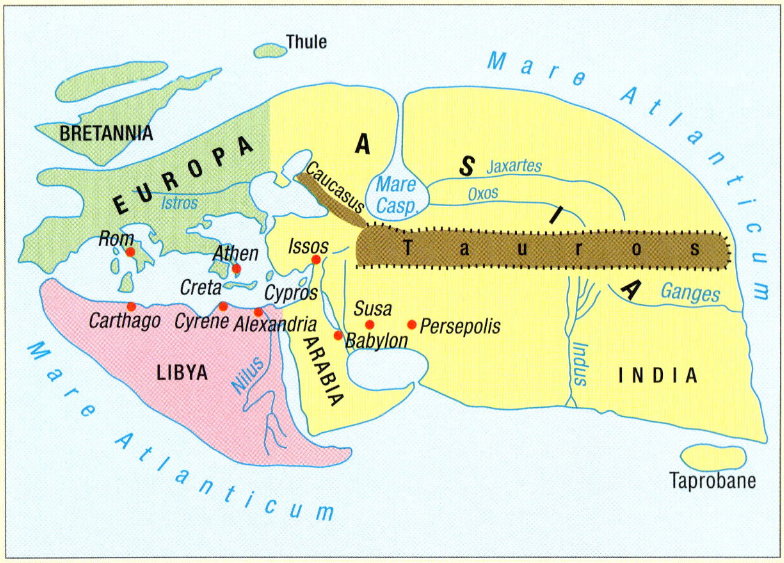

M2 Karte des Eratosthenes aus Kyrene/Libyen *(um 250 v. Chr.)*
Zwischen M1 und M2 liegen die Feldzüge Alexanders des Großen. Eratosthenes (285–205 v. Chr.) vertritt die neue Lehre von der Kugelgestalt der Erde. Als Erster berechnete Eratosthenes den Erdumfang und kam auf 39 690 Kilometer (tatsächlich 40 070 km).

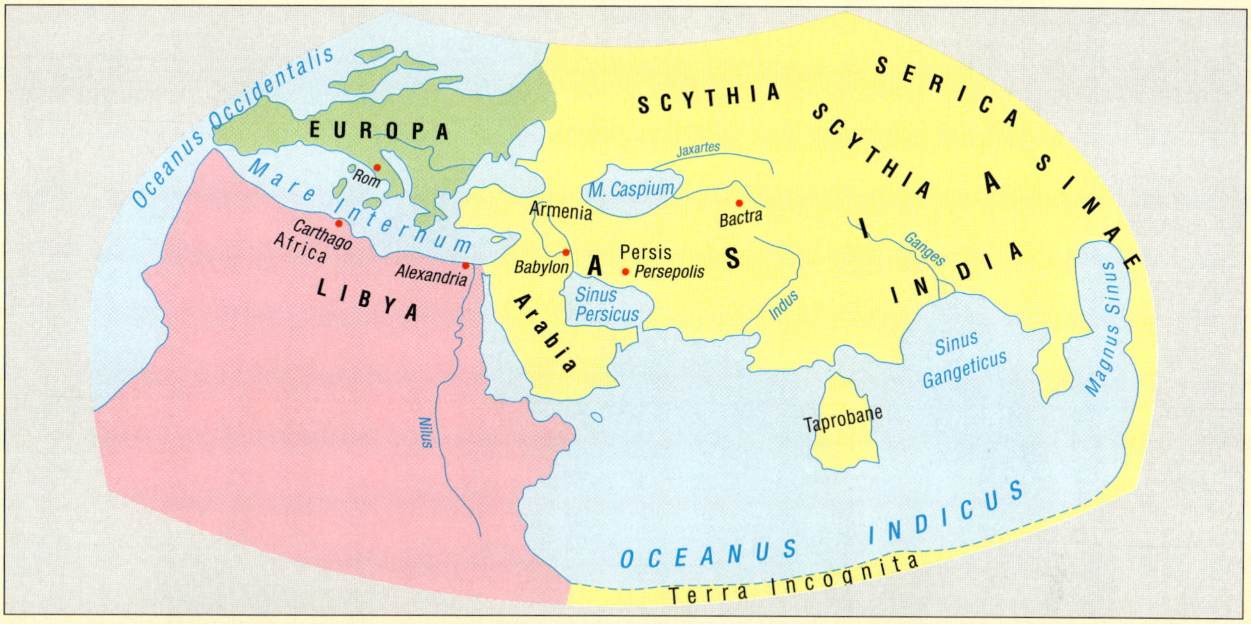

M3 Karte des Ptolemaios *(150 n. Chr.)*

Der in Alexandria geborene Grieche Klaudios Ptolemaios verfasste eine Weltkarte mit über 8 000 Ortsangaben. Einige seiner Karten wurden von arabischen Wissenschaftlern gerettet. In Europa wurden sie im 15. Jh. wieder entdeckt und bildeten die Grundlage für die Entdeckungsfahrten der Portugiesen und Spanier.

M4 Die chinesische Weltsicht

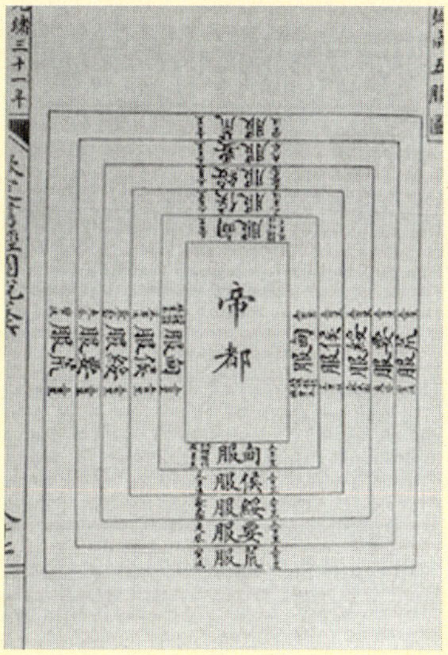

Alte chinesische Weltkarten geben ein bestimmtes Schema der Weltsicht wieder.
Man stellte sich die Welt als eine Reihe von Rechtecken vor. Das innerste Rechteck ist der Hof des Kaisers. Dann folgen das Land im kaiserlichen Besitz und die Ländereien der Fürsten. Weiter außen befinden sich die „befriedete Zone“ und die „Paktzone“ (Länder, mit denen China Verträge unterzeichnet hat). Ganz außen liegt die Zone der Wildnis oder das unbekannte Land.

1 Schreibe Namen und Alter der griechischen Weltkarten (M1–M3) als Tabelle in dein Heft.
2 Beschreibe genau die dargestellten Erdteile auf jeder der Karten. Wo liegen deutliche Abweichungen von der tatsächlichen Gestalt der Erde vor? Wo sind die Karten „richtig“?
3 Welche Veränderungen von Karte zu Karte stellst du fest? Nenne Entdeckungsfahrten oder Kriegszüge, die eine immer genauere Darstellung der tatsächlichen Gestalt der Erde erlauben. Fülle dazu die Vergleichstabelle aus.
4 Was zeigt die chinesische Karte (M4)? Erläutere sie mithilfe des Textes daneben.

Mittelalterliche

Lebenswelten

Was ist das – Mittelalter? Was ist „das Mittelalter"?

Bilder einer Epoche. Die beiden Bilder auf der vorangehenden Doppelseite sind über 600 Jahre alt und stammen aus dem späten Mittelalter. Es handelt sich um kostbare Malereien aus einem Gebetbuch, das von den Brüdern Paul und Jean von Limburg aus der niederländischen Stadt Nijmegen am Niederrhein in mehr als zweijähriger Arbeit geschaffen wurden. Auftraggeber dieses „Stundenbuches" war Herzog Jean de Berry (1340–1416), Sohn des französischen Königs Johann II. und einer der reichsten Männer seiner Zeit. Ein Stundenbuch enthielt Gebete für unterschiedliche Tageszeiten mit kunstvoller Illustration. Die Auftraggeber solch teurer Werke gaben den Künstlern genaue Anweisungen zu Inhalt und Art der Darstellung. Als heutige Betrachter stellen wir Fragen: Sah das Alltagsleben der in Sichtweite eines Schlosses arbeitenden Bauern tatsächlich so idyllisch aus? Vergnügten sich Adlige vor allem bei Ausritten zur Jagd? Wie die Lebensbedingungen von Bauern und Adligen im Mittelalter tatsächlich aussahen, werden wir in diesem Kapitel aus dem Vergleich vieler Quellen herausarbeiten.

Welches Mittelalter begegnet uns heute? Im Sprachgebrauch benutzen wir manchmal den Satz „Das ist ja mittelalterlich!". Damit wollen wir auf Rückständigkeit hinweisen. Auf der anderen Seite lassen viele Menschen sich in den Bann des Mittelalters ziehen. An zahlreichen Orten in Europa sind Ritterturniere, Burgfeste und Märkte ein Publikumsmagnet. Wurden die Akteure in geschmiedeten Rüstungen, Kettenhemden und Leinenkleidern vor Jahren noch als kindlich geblieben belächelt, wächst ihre Fan-Gemeinde heute rasant. Man gibt sich mittelalterliche Namen und campiert im Schutze von Burgmauern in Zelten, die aus dem Mittelalter stammen könnten. Historisch korrekt – ohne Plastik, Cola-Dosen und Handy, dafür mit Holzschemeln und Tonkrügen. Das kommt offenbar gut an. Bis zu 4000 Touristen zieht es pro Tag in die Eifel, wenn auf Burg Satzvey zweimal im Jahr Ritterturniere stattfinden. Doch was haben diese „mittelalterlichen" Touristenattraktionen mit dem „Mittelalter" zu tun? Ist es nur die Sehnsucht der Menschen nach alten Zeiten und nach der Einfachheit des mittelalterlichen Lebens? Oder ist solch ein Spektakel mit Heerlagern, Händlern, Künstlern und Turnieren lebendiger Geschichtsunterricht?

Gesellschaftsaufbau und Begriffsbedeutung. Grundlegend für die Gesellschaft des Mittelalters war die Idee der drei ▸ Stände oder der drei Ordnungen wie es der Dichter Freidank im 13. Jh. formulierte: „So hat Gott die Welt geschaffen, aus Bauern, Rittern und aus Pfaffen". Die Einteilung der Gesellschaft in Krieger, Geistliche und Bauern wird uns in diesem Kapitel immer wieder begegnen. Anders als heute hatte jeder Mensch von Geburt an seinen festgelegten Platz in der Gesellschaft und eine Auflehnung gegen diese Ordnung war nicht vorstellbar.
Das Wort „Mittelalter" wurde von Gelehrten des 15. und 16. Jh. erfunden. Diese bezeichneten damit die „Mitte" zwischen der griechisch-römischen und ihrer eigenen Zeit. Seitdem hat sich der Begriff zur Benennung der Jahrhunderte zwischen 500 und 1500 eingebürgert.

Was lernst du in diesem Kapitel? Am Ende dieser Einheit wirst du vieles über Ritter und Burgen wissen, aber auch Antworten zu folgenden Fragen geben können:
- Wie und wann setzte sich das Christentum als bedeutende Kraft in Mitteleuropa durch?
- Welche langfristigen Folgen hatte das Bündnis der Frankenkönige mit dem ▸ Papst?
- Wie sah das Alltagsleben von Bäuerinnen und Bauern, Adligen, Mönchen und Nonnen aus?
- Welche Bedeutung hatten die ▸ Klöster?
- Warum kam es zum Machtkampf zwischen Kaiser und Papst?
- Worin unterschied sich das Leben der Stadtbewohner von dem der drei zuvor genannten Stände?

1 Beschreibe die Bilder auf den Seiten 158 bis 159. Woran kannst du erkennen, dass es sich um idealisierte („geschönte") Darstellungen handelt?
2 Sieh dir die Fotos rechts genau an. Was hältst du für mittelalterlich?
3 Unter www.burgsatzvey.de oder unter www.flachsmarkt.de kannst du mehr Informationen über mittelalterliche Feste und Turniere einholen. Welche Gründe haben Veranstalter und Zuschauer, solche Spektakel zu veranstalten?

M1 Burg Satzvey

M3 St. Michael zu Hildesheim

M2 Vorführung während eines Stadtfests

M4 Schlafsaal der Mönche im Kloster Eberbach

König Chlodwig und der Aufstieg des Frankenreichs

Eine germanische Staatsgründung von Dauer. Die Germanenreiche der Völkerwanderungszeit bestanden mit einer Ausnahme nicht sehr lange. Das Wandalenreich in Afrika und das Ostgotenreich in Italien wurden ab 534 von oströmischen Armeen vernichtet. Das Westgotenreich in Spanien unterlag 711 dem Ansturm der Araber (s. S. 128f.). Das Reich der Franken in Nordgallien hingegen entwickelte sich um 500 zu einer neuen Großmacht. In ihm prägten sich Lebensverhältnisse und Herrschaftsformen aus, die viele Jahrhunderte lang Bestand hatten. Die Franken waren nicht nur Erben Roms wie andere Germanenstämme auch, sondern sie wurden gleichzeitig Wegbereiter des mittelalterlichen Europa.

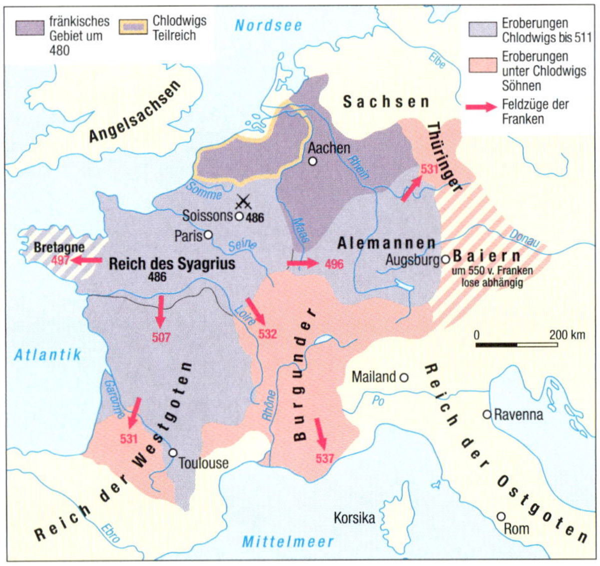

M1 Ausdehnung des Frankenreichs unter den Merowingern

Chlodwig setzt sich durch. Die Reichsbildung der Franken ist eng verbunden mit der Gestalt eines energischen und skrupellosen Königs, Chlodwig (482–511), aus dem Geschlecht der Merowinger. Er war zunächst nur einer von mehreren fränkischen Kleinkönigen im Gebiet zwischen Rhein und Somme. Ihm gelang es nach und nach, den größten Teil Galliens zu erobern und die anderen fränkischen Kleinkönige zu beseitigen. Dabei ging Chlodwig mit einer Tücke und Brutalität vor, die selbst für die damalige Zeit außergewöhnlich erschienen: Vor Bestechung, falschen Versprechungen, ja selbst dem eigenhändigen Mord an seinen Gegnern schreckte er nicht zurück.

Mit dem Sieg über die Westgoten 507 erhielt Chlodwig die gewünschte Anerkennung: Der oströmische Kaiser erkannte die neuen Gegebenheiten ausdrücklich an und schickte ihm die Amtstracht eines Konsuls, die Chlodwig in der Kirche des heiligen Martin in Tours feierlich anlegte. „Von diesem Tag an wurde er Konsul und Augustus genannt", berichtet sein Biograf, Bischof Gregor von Tours.

Chlodwig wird Christ. Die vielleicht entscheidende Grundlage für seinen Erfolg hatte Chlodwig schon Jahre zuvor gelegt: 496 ließ er sich in Reims katholisch taufen, 3000 seiner Krieger mit ihm. Gregor stellt den Vorgang so dar, als hätten Glaubensüberlegungen den König zu diesem Schritt veranlasst. Sicherlich gab es dafür vor allem politische Gründe. In den anderen Germanenreichen war der Gegensatz zwischen arianischen Germanen (für die Jesus Christus nur Mensch, nicht auch Gott war) und katholischen Römern ein Grund ihrer inneren Schwäche. Im Frankenreich aber wurde die religiöse Kluft zwischen den fränkischen Herren und der Masse ihrer gallorömischen Untertanen durch den gemeinsamen katholischen Glauben überbrückt. Sie konnten allmählich zu einem Volk verschmelzen, auch wenn nach Chlodwigs Tod sein Reich nach fränkischem Brauch unter seinen Söhnen aufgeteilt wurde.

M2 Taufe Chlodwigs *(Ausschnitt aus einem Buchdeckel, Elfenbein, 10. Jh.)*

M3 Chlodwigs Übertritt zum Christentum

Der Geschichtsschreiber und Biograf Gregor von Tours (um 540–594) schreibt:

Die Königin (Chrodechilde) aber ließ nicht ab in ihn zu dringen, dass er den wahren Gott erkenne und ablasse von den Götzen. Aber auf keine Weise konnte er zum Glauben bekehrt werden, bis er schließlich mit den Alemannen in einen Krieg geriet. Als die beiden Heere zusammenstießen, kam es zu einem gewaltigen Blutbad, und Chlodwigs Heer war nahe daran, völlig vernichtet zu werden. Als er das sah, erhob er seine Augen zum Himmel, sein Herz wurde gerührt, seine Augen füllten sich mit Tränen und er sprach: „Jesus Christ, Chrodechilde sagt, du seiest der Sohn des lebendigen Gottes, Hilfe sollst du den Bedrängten, Sieg geben denen, die auf dich hoffen – ich flehe dich demütig an um deinen mächtigen Beistand. Gewährst du mir jetzt den Sieg über diese meine Feinde, so will ich an dich glauben und mich taufen lassen auf deinen Namen. Denn ich habe meine Götter angerufen, aber sie haben mich mit ihrer Hilfe verlassen. Ich meine daher, sie haben keine Macht. Dich nun rufe ich an, und ich verlange an dich zu glauben. Nur entreiße mich erst aus der Hand meiner Widersacher." Und da er solches sprach, wandten sich die Alemannen zur Flucht und als sie sahen, dass ihr König getötet worden war, unterwarfen sie sich Chlodwig.

Darauf ließ die Königin heimlich den Bischof von Reims, den heiligen Remigius, rufen und bat ihn, er möchte das Wort des Heils dem Könige zu Herzen führen. (Chlodwig) aber sprach: „Gern höre ich dich, heiligster Vater, aber eins macht mir noch Bedenken: Das Volk, das mir folgt, duldet nicht, dass ich seine Götter verlasse. Doch ich gehe und spreche mit ihm nach deinem Wort." Als er darauf mit den Seinigen zusammentrat, rief alles Volk zur selben Zeit, noch ehe er den Mund auftat, denn die göttliche Macht kam ihm zuvor: „Wir verlassen die sterblichen Götter, gnädiger König, und sind bereit zu folgen dem unsterblichen Gott, den Remigius predigt." Solches wurde dem Bischof gemeldet, und er befahl hoch erfreut das Taufbad zu bereiten. Mit bunten Decken wurden nun die Straßen behängt, der Taufstein in Ordnung gebracht, Wohlgerüche verbreiteten sich. Zuerst (ging) der König, ein neuer Konstantin, zum Taufbade hin. Als er aber zur Taufe hintrat, redete ihn der Heilige Gottes also an: „Beuge still deinen Nacken, Sicamber, verehre, was du verfolgtest, verfolge, was du verehrtest."

(Sicambren: germanischer Kleinstamm am Niederrhein, der sich mit den Franken verbunden hatte.)

Gregor von Tours II, 30–31. Zitiert nach: Rudolf Buchner: Gregor von Tours. Zehn Bücher fränkischer Geschichten, Bd. 1, Darmstadt (Wissenschaftliche Buchgesellschaft) 1955/56.

M4 Fränkischer Reiter
(um 530 n. Chr.)

1 Stelle zusammen, welche Gebiete Chlodwig eroberte und welche unter seinen Söhnen zum Fränkischen Reich kamen (M1).

2 Gregor von Tours' Erzählung (M3) ist kein historischer Bericht. An welchen Einzelheiten kannst du das erkennen?

3 Arbeite aus M2 und M3 heraus, welche Vorteile sich Chlodwig von seinem Übertritt zum Christentum versprach. Lege seine Einstellung dar.

4 Stelle aus dem Autorentext zusammen, welche langfristigen Folgen die Taufe Chlodwigs hatte.

5 Beschreibe die Bewaffnung des fränkischen Reiters (M4).

Europas Mitte wird christlich

Die Anfänge der Mission. Obwohl sich der Frankenkönig Chlodwig hatte taufen lassen und mit ihm etwa 3 000 Gefolgsleute, war das ganze Frankenreich noch lange nicht christlich. Es fehlte eine Unterweisung in der christlichen Lehre. Nicht aus Rom, das von den Wirren der Völkerwanderung arg in Mitleidenschaft gezogen worden war, sondern aus Irland und Schottland kamen die ersten christlichen Missionare nach Mitteleuropa. Irland war im 5. Jh. durch den Briten Patrick zum Christentum bekehrt worden. Der irische Mönch Columban, begleitet von 12 Gefährten, missionierte im Frankenreich. Ihm folgte sein Schüler Gallus, der in der heutigen Schweiz ein Kloster gründete: Sankt Gallen. Ebenfalls aus Irland stammte Kilian, der in Bayern missionierte.

Eine zweite Missionswelle. Unter Gregor I., der 590 Papst wurde, waren die Angelsachsen im heutigen England von römischen Mönchen zum Christentum bekehrt worden. Zahlreiche angelsächsische Mönche predigten die christliche Lehre fortan im Gebiet der Franken und Sachsen. Der Mönch Willibrord reiste nach Friesland. Mit ihm missionierte Bischof Suidbert, der später im Rheinland wirkte und 695 ein Kloster in Kaiserswerth (heute zu Düsseldorf) gründete. Winfrid (672/675–754), der sich später Bonifatius nannte, missionierte vor allem in Hessen und Thüringen.

M1 Bonifatius spendet einem Germanen die Taufe (links) und erleidet den Märtyrertod (rechts) *(Ausschnitt aus einer Buchmalerei, um 1020).*

Bonifatius als Missionar und Organisator. Anders als seine Vorgänger begnügte sich Bonifatius nicht nur mit Klostergründungen. Er erkannte die Bedeutung einer funktionierenden Verwaltung und Organisation für den dauerhaften Erfolg seiner Mission. Bonifatius reiste zunächst nach Rom (722). Mit der päpstlichen Erlaubnis zur Mission versehen, wandte er sich an die fränkischen Hausmeier (oberste Verwalter des Königsgutes). Mit deren Hilfe gründete Bonifatius 744 das Kloster Fulda, das zum Zentrum seiner Missionstätigkeit werden sollte. Die bereits christianisierten Gebiete teilte er nach Vorbild des Römischen Reichs in Verwaltungsbezirke ein. Als Leiter dieser Bistümer oder Diözesen setzte er fähige Männer ein, die ihm treu ergeben waren, und weihte sie zu Bischöfen. So entstand eine klar gegliederte und gut funktionierende Kirchenordnung. Bonifatius folgten zahlreiche weitere angelsächsische Mönche ins Frankenreich, die von neu gegründeten Klöstern seine Mission weiterführten und ausbauten.

Das Martyrium des Bonifatius. Im Alter von 80 Jahren brach Bonifatius noch einmal zu einer Missionsreise nach Friesland auf. Bei Dokkum (heutige Niederlande) überfielen ihn heidnische Friesen und erschlugen ihn. Bonifatius wurde in seiner wichtigsten Klostergründung Fulda beigesetzt und als Märtyrer verehrt. Hier treffen sich bis heute alljährlich die deutschen katholischen Bischöfe zu einer Vollversammlung.

M2 Europa wird christlich *(7./8. Jh.)*

M3 Empfehlungsschreiben Papst Gregors II. für Bonifatius *(722):*

Wir sind von großer Besorgnis erfüllt, weil wir erfahren haben, dass einige Stämme in Germanien östlich des Rheins umherirren und sich gleichsam unter dem Scheine christlichen Glaubens der Götzenverehrung hingeben. Andere wiederum besitzen weder die Erkenntnis Gottes noch sind sie im Wasser der heiligen Taufe gebadet worden. Wir haben daher notwendigerweise beschlossen, den Überbringer dieses Schreibens, unseren verehrungswürdigen Bruder Bischof Bonifatius, in diese Gegenden zu entsenden, damit er den Germanen das Wort des Heils verkünde und dadurch ihnen zum ewigen Leben verhelfe. Wenn er erfährt, dass irgendwer irgendwo vom Pfade des rechten Glaubens abgewichen ist, so soll er diesen durch seine Belehrung zum Hafen des Heils zurückbringen. Wir fordern alle auf, ihm in allem mit ganzer Kraft beizustehen und ihn in Jesu Christi Namen aufzunehmen und ihn überdies mit dem Nötigen zu versorgen. Gebt ihm Begleiter für seine Reise mit, gebt ihm Speise und Trank und was er sonst braucht. Jeder, der ihm Zustimmung und Unterstützung gewährt, der soll auf Fürbitte der Apostelfürsten die Gemeinschaft mit den heiligen Märtyrern Jesu Christi erlangen. Wer aber versucht, seine Arbeit durch Widersetzlichkeiten zu behindern und der ihm übertragenen Tätigkeit entgegenzuwirken, der soll nach dem Richterspruch Gottes vom Bannfluch getroffen ewiger Verdammnis verfallen. Lebt wohl.

Briefe des Bonifatius, Nr. 17. Zitiert nach: Ausgewählte Quellen zur deutschen Geschichte des Mittelalters, Bd. 4b, hrsg. von Rudolf Buchner, Darmstadt (Wissenschaftliche Buchgesellschaft) [2]1988.

M4 Die „Bonifatius-Eiche"

Einige (Hessen) opferten heimlich Bäumen und Quellen, andere taten das ganz offen. Einige wiederum betrieben Seherei und Wahrsagerei, Losdeuten und Zauberwahn, andere befassten sich mit Amuletten und Zeichendeuterei ... Bonifatius unternahm es, eine ungeheure alte Eiche zu fällen. Die große Menge der anwesenden Heiden verwünschte ihn als einen Feind ihrer Götter. Als er jedoch nur ein wenig den Baum angehauen hatte, wurde sofort die gewaltige Masse der Eiche von höheren göttlichen Wehen geschüttelt und stürzte mit gebrochener Krone zur Erde. Sie zerbarst sofort in vier Teile ... Als dies die vorher fluchenden Heiden sahen, wurden sie umgewandelt, ließen von ihren Lastern ab, priesen Gott und glaubten an ihn.

Briefe des Bonifatius, Nr. 101. Zitiert nach: Buchner a. a. O., S. 49f.

1 Betrachte das Bild (M1) genau. Achte auf die Gesichtsausdrücke und Haltungen. Woran erkennst du zusammengehörende Personengruppen? Bringe das Bild zum Sprechen, indem du für jede Personengruppe eine passende Sprechblase verfasst.
2 Gib anhand der Karte (M2) folgende Informationen in eine Tabelle ein: Wo war welcher Missionar wann tätig? Schreibe die wichtigsten Lebensdaten eines Missionars deiner Wahl auf (Lexikon, Internet).
3 Arbeite die Aufgaben und Vollmachten heraus, die der Papst an Bonifatius übertrug (M3).
4 Wie werden die Hessen in M4 beschrieben? Fasse zusammen, welchen Herausforderungen die Missionare im Frankenreich gegenüberstanden (M2–M4).

Pippin und der Papst verbünden sich

Wer soll im Frankenreich herrschen? Fast 250 Jahre nach dem energischen Chlodwig saßen immer noch Merowinger auf dem fränkischen Thron. Aber wie hatten sich die Zeiten geändert! Der Thron war nur ein einfacher Holzstuhl. Der König hatte keine Macht mehr. Die Merowinger waren nur deshalb Könige, weil man immer noch glaubte, ihre Sippe besäße das „Königsheil", eine magische Kraft, die sie aus den übrigen Menschen heraushob. Das Zeichen dafür war ihr langes Haupthaar und ihr ungeschorener Bart. Die wirkliche Macht aber lag in den Händen ihrer obersten Verwalter oder „Hausmeier": Sie trafen alle wichtigen Entscheidungen und führten die fränkischen Heere in den Kampf. Lag es da nicht nahe, dass sie auch die Königskrone trugen?

751 kam der Hausmeier Pippin zu dem Entschluss, dass die Zeit reif sei. Wie aber konnte er das Königsheil ersetzen, das ihm und seiner Familie fehlte? Pippin und seine Anhänger beschlossen, auf die Kirche zurückzugreifen und sich ihres Segens zu vergewissern. So fragte er bei Papst Zacharias an, wer König sein solle: der, der das Königsheil besitze oder der, der die Macht habe. Der Papst gab die gewünschte Antwort. Dem letzten Merowingerkönig wurden die langen Haare und der Bart abgeschnitten. Man verbannte ihn in ein Kloster. Pippin wurde nach biblischem Vorbild zum König gesalbt. Dadurch sollte für alle deutlich werden, dass der neue Herrscher seine Stellung durch den Willen und die Gnade Gottes erlangt habe (Gottesgnadentum).

Der Papst in Bedrängnis. Da der Herrscher in Byzanz all seine Kräfte zur Verteidigung der Ostgrenze gegen die Muslime brauchte, konnte er den Papst nicht beschützen. Bereits Zacharias suchte nach einem anderen Schutzherrn. Als die Langobarden, die Nord- und Mittelitalien kontrollierten, Ravenna besetzten und Rom bedrohlich näher rückten, zog der neue Papst Stephan 753 in seiner Not über die Alpen ins Frankenreich. Er wiederholte an Pippin und dessen Söhnen die Königsweihe und verlieh ihnen den Titel „Patricius Romanorum" (= Schutzherr der Römer). Zugleich bat er um militärische Hilfe gegen seine Feinde. Pippin erfüllte die Erwartungen Stephans: Zweimal zog er mit einem Heer nach Italien, vertrieb die Langobarden aus dem Gebiet von Ravenna – und schenkte es dem Papst.

M1 Pippin und Zacharias *(Ausschnitt aus dem Reliquienschrein des Klosters Prüm, Eifel)*
Papst Zacharias schenkte Pippin eine Reliquie mit Teilen der Sandalen Christi, die Pippin wiederum der Abtei Prüm überließ.

Langfristige Folgen. Das Bündnis des Frankenherrschers mit dem Papst brachte beiden Seiten Vorteile und veränderte die Kräfteverhältnisse in Europa:

Die römischen Päpste wandten sich dauerhaft den neuen Mächten im Norden zu, erst den Frankenherrschern, später den deutschen Königen, und lösten sich so aus der Oberhoheit des byzantinischen Kaisers. Auf dessen Kosten konnten sie sich einen eigenen weltlichen Herrschaftsbereich in Mittelitalien sichern, den später so genannten „Kirchenstaat", den sie 1 200 Jahre lang behaupteten. Sie betonten immer deutlicher, dass sie als Nachfolger des Apostels Petrus Bischöfe der ehemaligen Hauptstadt der Welt waren. Daher fühlten sie sich nicht mehr nur für ihr römisches Bistum zuständig, sondern zunehmend für das ganze christliche Europa. Sie wollten die oberste geistliche Autorität über die ganze Kirche sein.

Pippin konnte mithilfe des Papstes die Stellung des neuen Königsgeschlechts der Karolinger absichern. Unter diesem gelangte das Frankenreich auf den Höhepunkt seiner Macht und Größe.

M2 Aus den Jahrbüchern des Fränkischen Reichs

Reichsannalen sind Jahrbücher, die von Mönchen in Klöstern geschrieben wurden. Sie berichten über wichtige Ereignisse im Frankenreich:

(751) Bischof Burkhard von Würzburg und Kaplan Folrad wurden zu Papst Zacharias gesandt, um wegen der Könige in Franzien (Frankenreich) zu fragen, die damals keine Macht als Könige hatten, ob das gut sei oder nicht. Und Papst Zacharias gab Pippin den Bescheid, es sei besser, den als König zu bezeichnen, der die Macht habe. Um die Ordnung nicht zu stören, ließ er kraft seiner apostolischen (= päpstlichen) Autorität den Pippin zum König machen.

(751/752) Pippin wurde nach der Sitte der Franken zum König gewählt und gesalbt von der Hand des Erzbischofs Bonifatius. Hilderich aber, dem Scheinkönig, schor man die Haare und schickte ihn ins Kloster.

(753) In demselben Jahr kam Papst Stephan (nach Franzien = Frankenreich) zu König Pippin und bat, ihn und die römische Kirche vor der Feindschaft der Langobarden zu schützen.

(754) Der erwähnte Papst Stephan bestätigte Pippin durch die heilige Salbung als König, und mit ihm salbte er auch seine beiden Söhne Karl und Karlmann zu Königen.

Annales Regni Francorum 749–754. Zitiert nach: Reinhold Rau: Quellen zur Karolinigischen Reichsgeschichte I (= Freiherr vom Stein-Gedächtnisausgabe), Darmstadt (Wissenschaftliche Buchgesellschaft) 1955.

M3 Papst Stephan II. an den fränkischen Adel *(753)***:**

Bischof Stephan, an die ruhmreichen Männer, unsere Söhne, die gesamten Führer des Volkes der Franken:

„Wir hegen das Vertrauen, dass ihr euren Beschützer Petrus, den Fürsten der Apostel, liebet und auf unsere Beschwörung hin in voller Hingabe Mitarbeiter und Helfer zur Wahrung seines Nutzens sein werdet. Darum beschwören wir euch feierlichst, unserem Sohne, dem gottgeschützten König Pippin, dabei zu helfen, den Nutzen des seligen Apostelfürsten Petrus zu wahren. Gebet acht, o Söhne, bemühet euch eifrig, teilzunehmen an dem, was wir begehren! Denn wisset: Wer immer auf die andere Seite tritt, der wird ausgeschlossen sein vom ewigen Leben."

MG Epp. III, 8, 5. Zitiert nach: Wolfgang Lautemann: Mittelalter (= Geschichte in Quellen, Bd. 2, hrsg. von Wolfgang Lautemann und Manfred Schlenke), München (bsv) ³1989, S. 57f. In weiterer Folge abgekürzt: GiQ 2.

M4 Pippin „schenkt" dem Papst Gebiete

Pippin versprach, dem Papst Gebiete in Italien zu übertragen, die eigentlich dem byzantinischen Kaiser gehörten. Der Papst konnte eine Urkunde vorzeigen, in der stand, schon Konstantin habe jene Teile Italiens den römischen Bischöfen übergeben. Erst am Ende des Mittelalters fand man heraus, dass dieses Dokument eine Fälschung war:

(756) Als nun aber Pippin, der Frankenkönig, die Stadt Pavia belagerte, da sah sich (der Langobardenkönig) Aistulf genötigt, die Städte, die schon in einem früheren Vertrag bezeichnet waren, herauszugeben. Und über diese ganze Schenkung stellte Pippin eine Urkunde aus, die noch im Archiv unserer Kirche aufbewahrt wird.

(Im Auftrag Pippins) begab sich nun der Abt Fulrad mit den Bevollmächtigten des Königs Aistulf nach dem Exarchat (Gebiet des byzantinischen Statthalters) und ließ sich die einzelnen Städte der Pentapolis und der Provinz Aemilia ausliefern und Geiseln von ihnen stellen. Er kehrte dann mit den angesehensten Einwohnern und den Schlüsseln der verschiedenen Städte nach Rom zurück. Hier legte er die Schlüssel und die von seinem König ausgestellte Schenkungsurkunde beim Grab des heiligen Petrus nieder und übertrug dessen Stellvertreter, dem Papst und allen seinen Nachfolgern auf dem römischen Stuhl für ewige Zeiten, den Besitz der nachfolgenden Städte: (Es folgt eine Aufzählung von 23 Städten und Burgen zwischen Ravenna und Rom).

Liber pontificalis Stephan II., cap. 46–50. Die Chronik Fredegars und der Frankenkönige, übers. von Otto Abel, 3. neu bearb. Auflage, Leipzig (Dyk) 1888.

1 Informiere dich im Neuen Testament über Stellung und Auftrag des Apostels Petrus (Mt. 16, 13–19).

2 Petrus starb den Märtyrertod in Rom und soll dort begraben sein. Welchen Anspruch leitet der Bischof von Rom, der Papst, daraus ab?

3 Erstelle eine Chronik der Ereignisse 751–756 (M1–M4).

4 Suche die in M4 genannten Orte und Gebiete in einem Geschichtsatlas. Beschreibe die politische Situation in Italien nach 756.

5 Nenne die Vorteile, die Papst und Frankenkönig jeweils aus ihrer Zusammenarbeit zogen. Beurteile, wer von beiden den größeren Nutzen hatte.

6 Was bedeutet es, dass die Schenkung eine Fälschung ist?

Der Frankenkönig wird Kaiser

Karl „der Große“. Der Sohn Pippins trug in der lateinisch-französischen Übergangssprache der Zeit den Beinamen „le magne“, der Ältere, um ihn von seinem jüngeren Bruder Karlmann zu unterscheiden. Später wurde daraus eine Ehrenbezeichnung, „Charlemagne“, „Carolus magnus“, Karl der Große. Er regierte das Frankenreich von 768 bis 814. Unter seiner Herrschaft erreichte es seine größte Ausdehnung und erlangte weltgeschichtliche Bedeutung.

Eroberungen. Karl führte fast jedes Jahr Krieg – gegen die Muslime im Südwesten, Wikinger und Dänen im Norden, Awaren im Osten. Zwei seiner Kriege sind besonders hervorzuheben: 774 eroberte er nach einem Hilferuf des Papstes in einem einzigen Feldzug das mächtige Langobardenreich in Nord- und Mittelitalien. Damit rückte Karls Machtbereich ganz nahe an den Papst in Rom heran. Von nun an nannte er sich „König der Franken und Langobarden“ und „Schutzherr der Römer“. Der zweite dieser Kriege dauerte fast dreißig Jahre und ging gegen die germanischen Sachsen im heutigen Westfalen und Niedersachsen. Sie wurden schließlich blutig unterworfen und unter Zwang zu Christen gemacht. Ihre Einbeziehung in das Reich Karls hatte für die deutsche Geschichte tief greifende Folgen.

Karls Kaisertum. 799 überfielen römische Adlige Papst Leo III. während einer Prozession; im letzten Augenblick konnte er fliehen. Seinem Hilferuf folgte Karl bereitwillig, hatte er doch selber Pläne, seine Stellung als Herrscher zu erhöhen, wozu er die Hilfe des Papstes gut gebrauchen konnte. Am Weihnachtstag des Jahres 800 begab er sich nicht in fränkischer Tracht, sondern gekleidet wie der oströmische Kaiser in die Peterskirche. Während der Messe setzte ihm der Papst eine Kaiserkrone aufs Haupt.
Karl wurde durch die Krönung „Imperator Augustus“, Erbe der weströmischen Kaiser, sein Reich das erneuerte Römerreich. Sein neuer Titel verband das Neue mit dem Hergebrachten: „Karl, der von Gott gekrönte Kaiser, der das Römische Reich regiert und der auch König der Franken und Langobarden ist.“ Er war also König über Volksstämme und auf einer höheren Ebene zugleich Kaiser über das einheitliche Herrschaftsgebiet – ein gewaltiges Reich, das einen Großteil Europas umfasste und gleichrangig neben dem Byzantinischen Reich stand. Gott selbst, nicht der Papst hat ihm nach damaliger Überzeugung seine Stellung verliehen. Er sollte wie ein neuer Konstantin für die Verbreitung des Glaubens Sorge tragen. Der Kaiser galt als Vorkämpfer und Anführer aller Christen im Westen und in der Mitte Europas.
Zwar zerfiel das Großreich schon wenige Jahre nach Karls Tod. Aber kulturell und geistig blieb das Gefühl der Gemeinsamkeit erhalten, weil die Völker sich ihrer Einheit unter dem ersten mittelalterlichen Kaiser erinnerten. Insofern ist Karl der Große bis heute, was ein Schriftsteller zur Zeit seiner Kaiserkrönung über ihn schrieb: „pater Europae“, der Vater Europas.

M1 Das Reich Karls des Großen

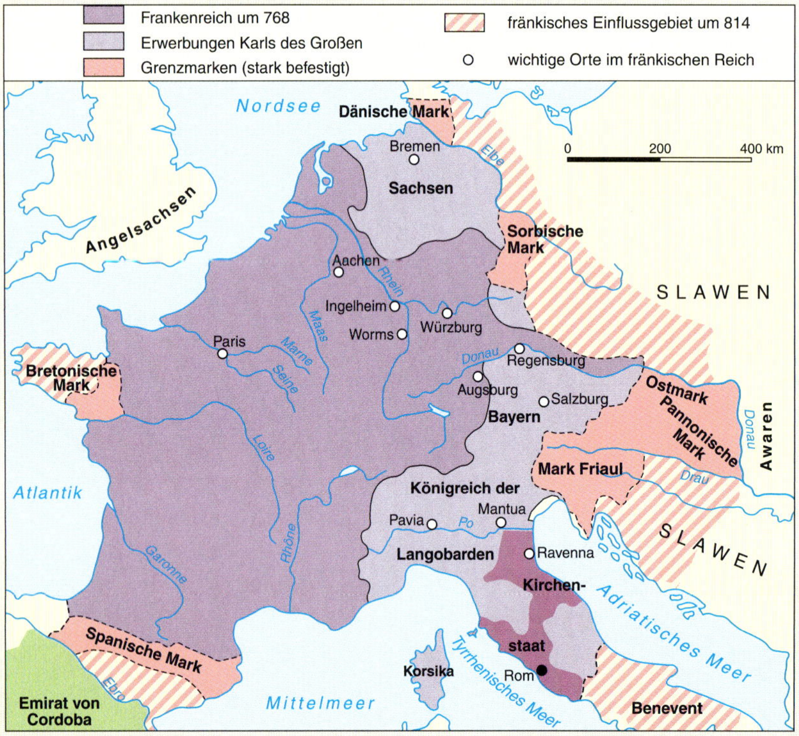

M2

Die folgende Quelle stammt aus der Feder von Einhard. Er lebte am Hof Karls des Großen und kannte den Herrscher sehr gut. Nach dessen Tod verfasste er 833 eine ausführliche Lebensbeschreibung Karls:

Seine letzte Reise nach Rom hatte mehrere Gründe. Die Römer hatten Papst Leo schwer misshandelt, ihm die Augen ausgestochen und die Zunge ausgerissen, sodass er sich gezwungen sah, den König um Schutz zu bitten. Daher begab sich Karl nach Rom, um die verworrenen Zustände der Kirche zu ordnen. Das dauerte den ganzen Winter. Bei dieser Gelegenheit erhielt er den Kaiser- und Augustus-Titel, der ihm anfangs so zuwider war, dass er erklärte, er würde die Kirche selbst an jenem hohen Feiertage (Weihnachten, 25. Dezember 800) nicht freiwillig betreten haben, wenn er die Absicht des Papstes geahnt hätte. Die Eifersucht der oströmischen Kaiser, die ihm die Annahme der Titel schwer verübelten, ertrug er dann allerdings mit erstaunlicher Gelassenheit. Er überwand ihren Widerstand durch seine Großmut – denn in dieser Beziehung stand er weit über ihnen – und indem er ihnen zahlreiche Botschaften sandte und sie in den Briefen immer als Brüder anredete.

Einhard: Das Leben Karls des Großen, übers. von Evelyn Scherabon Firchow, Stuttgart (Reclam) 1995, S. 53.

M3 Reiterstatuette Karls des Großen *(französische Bronze, um 870, ca. 25 cm hoch)*

Methode: Textquellen auswerten

Wir wissen genau, wann Karls Kaiserkrönung stattgefunden hat, weil mehrere Textquellen darüber berichten. Schwieriger ist es zu erkennen, wie das Ereignis genau abgelaufen ist. Denn Quellen berichten nie ganz sachlich. Vielmehr betonen oder verschweigen die Autoren bestimmte Einzelheiten. Es kommt darauf an, ob sie dem Frankenherrscher, dem Papst oder gar dem byzantinischen Kaiser nahe gestanden haben. Deshalb dürfen wir Textquellen nicht einfach wörtlich nehmen, sondern müssen gezielt vorgehen, wenn wir Informationen aus ihnen erhalten wollen. Dabei wertet man in folgenden Schritten aus:

1. Schritt: Die Quelle und ihren Autor einordnen

An welchem Ort und zu welchem Zeitpunkt fand das Ereignis statt? Wer ist der Verfasser der Quelle? War er bei dem Geschehen, von dem er berichtet, selbst anwesend? Stand er einer der Personen in seinem Bericht (hier dem Papst oder Karl) besonders nahe?

2. Schritt: Tatsachen erfassen

Über welches Ereignis oder welche Zustände wird berichtet? Welche Einzelheiten werden dabei genannt? Wie kann man die Aussage des Texts in einem Satz zusammenfassen? Auf welche möglichen Fragen gibt der Text Antwort, auf welche nicht?

3. Schritt: Information und Meinung unterscheiden

Welche Textteile berichten von Fakten, welche enthalten Wertungen? Womit kann man diese Unterscheidung begründen? Für wen oder was ergreift der Verfasser Partei? Wen oder was kritisiert er? Gibt es einen Zusammenhang zwischen der Meinung und dem, was wir vom Verfasser wissen (vgl. Schritt 1)?

1 Nenne die Gebiete, die Karl seinem Reich hinzufügte. Zähle die heutigen Staaten auf, die das Fränkische Reich umfasste (M1).
2 Werte Einhards Text (M2) in den oben beschriebenen Schritten aus. Finde eine Überschrift.
3 Suche in M3 die Herrschaftszeichen Karls. Charakterisiere Karls Ausdruck und seine Haltung.

Mitteleuropa um das Jahr 1000

Land und Leute. Riesige Wälder bedeckten um das Jahr 1000 die Nordhälfte Europas von England bis nach Polen. Wie Inseln im Meer lagen die Lichtungen mit Dörfern und Feldern inmitten des Waldes. Einst blühende Römerstädte wie Köln waren zwischen dem 6. und 9. Jh. verfallen. In jenen Jahrhunderten nach der Völkerwanderung (s. S. 128f.) wurden Nord- und Mitteleuropa im Vergleich zum Byzantinischen Reich zu materiell und kulturell rückständigen Gebieten. Um das Jahr 1000 arbeitete 95 % der Bevölkerung in der Landwirtschaft. Brot war das Hauptnahrungsmittel. Fleisch kam sehr selten in den Kochtopf. Was Jäger, Hirten und Fischer zur Nahrungssuche beisteuerten, reichte nie zu einer ausgewogenen und reichlichen Ernährung aus. Entsprechend gering war die Lebenserwartung; sie lag durchschnittlich bei etwa 40 Jahren. Der Boden konnte nur wenige Jahre für den Ackerbau genutzt werden; dann war er erschöpft. Durch Abbrennen von Waldgebieten (Brandrodung) wurde neues Ackerland gewonnen.

Denken und Weltbild. Bis zum 10. Jh. war durch intensive Missionstätigkeit (s. S. 164f.) das Christentum überall in Mitteleuropa verbreitet. Dennoch pflegten die Menschen weiterhin heidnische Bräuche und glaubten an Dämonen, Kobolde, Wassermänner und Nixen. Heutige Forscher nennen dies „magisches Denken“ im Gegensatz zu unserem vernunftorientierten Denken. Viele Märchen bewahren noch diese Ängste und Sichtweisen unserer Vorfahren. Die Menschen des Mittelalters griffen zum Amulett oder zum geweihten Wasser, um sich gegen die Welt der Dämonen zu schützen. Teufelsfratzen und Hufeisen an alten Gemäuern erinnern bis heute daran.

Neue Techniken, mehr Menschen. Klima und Bevölkerungszahlen wandelten sich ab dem Jahr 1000. Eine neue Form der Bodenbewirtschaftung (▸ Dreifelderwirtschaft) ermöglichte höhere Ernteerträge und mehr Viehzucht. Zur Anlage neuer Siedlungen mussten Wälder gerodet, Sümpfe trockengelegt sowie Flüsse und Küsten eingedeicht werden. Um 1200 lebten auf dem Gebiet des heutigen Deutschland schon vier- bis fünfmal so viele Menschen wie zur Zeit Karls des Großen um 800. Viele von ihnen brachen auf, um neues Siedlungsland zu erschließen. Eine verstärkte Eisenproduktion erlaubte eine höhere Produktion von Äxten, Hufeisen und Pflügen. Die wichtigsten Erfindungen dieser Zeit waren der neue, mit Eisen beschlagene Streichbrettpflug, der Lastkarren mit Deichsel und die Schubkarre. Durch die Erfindung des Kummets, eines mit Leder gepolsterten Halskragens für Pferde, konnten diese jetzt die doppelte Last ziehen.

Aufbruch dank neuer Energienutzung. Wassergetriebene Mühlen waren seit der Antike bekannt. Ab dem Ende des 10. Jh. wurden überall in Europa Wassermühlen, bald auch Windmühlen gebaut. Für das Jahr 1086 zählt eine englische Quelle bereits 5624 Wassermühlen in nur 3000 Dörfern Englands. Die Mühlen erleichterten vielfach den Arbeitsalltag der Menschen, da man sie zum Mahlen, Zerstampfen, Drehen, Filtern und Pumpen einsetzen konnte. Blasebälge von Schmelzöfen, Schmiedehämmer und Schleifsteine wurden so angetrieben. Doch die Muskelkraft von Mensch und Tier stand weiterhin an erster Stelle bei der Erledigung anstehender Arbeiten. Die massive Nutzung von Wasser- und Windenergie und die damals unbegrenzte Verfügung über den Rohstoff Holz waren die Grundlage für den Aufschwung: Die Forscher sprechen von der „Aufbruchepoche Europas“.

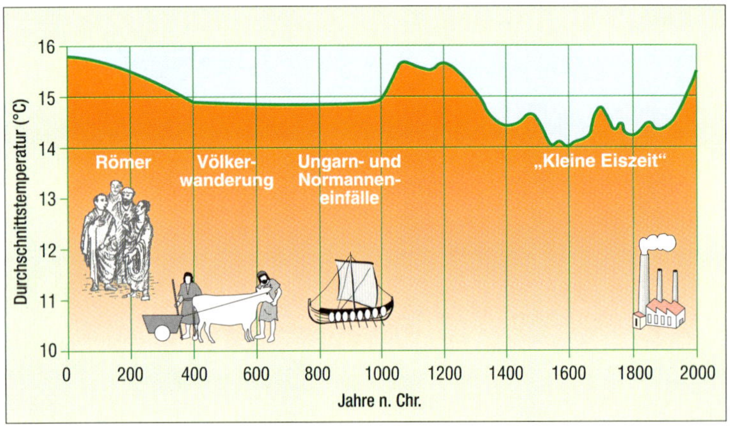

M1 Temperaturentwicklung auf der nördlichen Halbkugel in den letzten 2000 Jahren *(Durchschnittstemperatur während der Sommermonate)*

M2 Bodenbestellung im 9. Jh. und im 14. Jh.

M3 Von der Zweifelder- zur Dreifelderwirtschaft

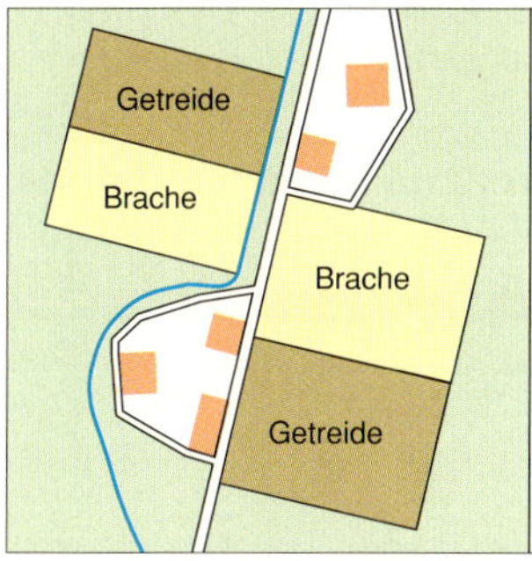

	Feld 1	Feld 2
1. Jahr	Getreide	Brache
2. Jahr	Brache	Getreide
3. Jahr	Getreide	Brache

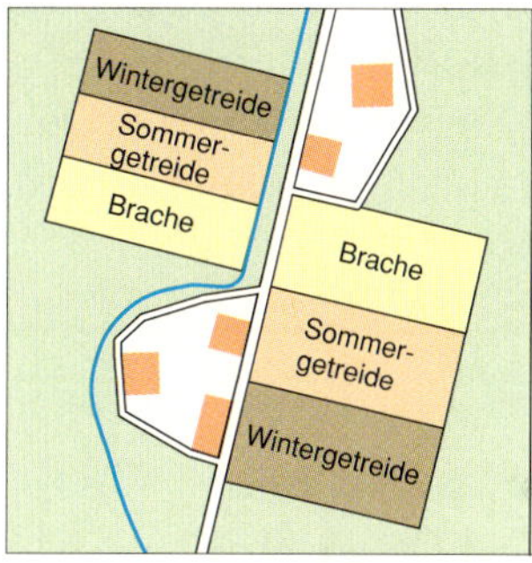

	Feld 1	Feld 2	Feld 3
1. Jahr	Winter-getreide	Sommer-getreide	Brache
2. Jahr	Sommer-getreide	Brache	Winter-getreide
3. Jahr	Brache	Winter-getreide	Sommer-getreide

Ein großes Feld wurde meist in mehrere Streifen aufgeteilt und von mehreren Bauern genutzt. Die Bauern mussten sich auf den Anbau einer Frucht festlegen. Sommergetreide waren Hafer und Gerste, Wintergetreide Weizen und Roggen. Nach der Ernte ließ man das Feld ungepflügt. Die Brache nutzte man auch als Viehweide.

M4 Bevölkerungsentwicklung *(1347–1353: Die Pest forderte Millionen von Todesopfern in ganz Europa.)*

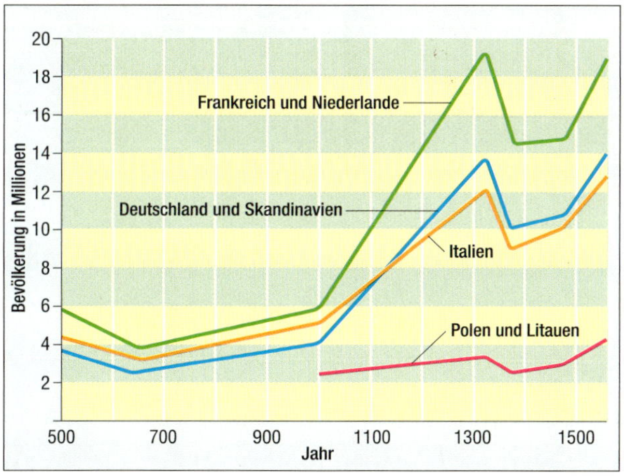

1 Wiederhole, was du im Erdkundeunterricht über die Ermittlung der Durchschnittstemperatur gelernt hast. Beschreibe die Temperaturentwicklung des letzten Jahrtausends (M1). Wann gab es wärmere, wann besonders kalte Abschnitte? Stelle Verbindungen zum Begriff „Aufbruchepoche" her.

2 Zeige an den Bildern von M2 den Fortschritt in der Bodenbearbeitung. Schlage nach unter den Wörtern „Hakenpflug" und „Beetpflug".

3 Welche Bedeutung hatte der Übergang von der Zweifelder- zur Dreifelderwirtschaft (M3)? Erkläre beide Wirtschaftsformen.

4 Verfasse einen kurzen Lerntext zum Stichwort „Die Aufbruchepoche Europas" (M1–M4 und Autorentext).

Über 1000 Jahre Grundherrschaft

Schutz gegen Freiheit. Ursprünglich bebauten die freien Bauern im Reich der Franken ihr Ackerland selbst und ritten für den König in den Krieg, wenn sie gerufen wurden. Denn der Kriegsdienst für den König war Pflicht und Ehre des freien Mannes. Jedoch Pferd, Rüstung und Gefolge zu bezahlen war teuer, der Kampf gefährlich. Außerdem mussten die Freien noch für Helfer aufkommen, die während ihrer Abwesenheit den Hof weiter bewirtschafteten. Viele freie Bauern verarmten und unterstellten sich deshalb dem Schutz eines reichen Grundherrn: Sie übergaben ihr Land, z. B. einem Abt oder einem Grafen, und wurden dadurch zu unfreien ▸ Hörigen dieser Herren. So hatten sie zwar Dienste und Abgaben zu leisten, mussten aber für den König nicht mehr in den Krieg ziehen. Der Grundherr stellte Krieger für die Leute, die nun unter seinem Schutz standen, und rüstete sie aus. Außerdem vertrat der Grundherr die Hörigen bei Gericht und richtete über sie.

Dieses System der ▸ Grundherrschaft hatte in verschiedenen Ausprägungen über 1000 Jahre Bestand. Erst im 19. Jh. wurde es beseitigt.

Herrschaft über Land und Leute. Grundherren, die über viel Land verfügten, ließen es von eigenen Leuten bearbeiten. Diese Leibeigenen galten als „Zubehör" zum Boden. Wer den Boden besaß, dem gehörten also die Menschen, die auf ihm arbeiten mussten. Die, die immer schon Leibeigene gewesen waren, und die Freien, die Hörige geworden waren, ließen sich bald nicht mehr unterscheiden. Unfreie durften das Land nicht verlassen und auch nicht ohne Zustimmung des Grundherrn heiraten. So bedeutete die Grundherrschaft, Herr und Richter über „Land und Leute" zu sein.

Familiennamen, die jeder kennt, stammen aus der Grundherrschaft: Einen Bauernhof, der eine Familie ernährte, nannte man eine „Hufe" (lat. huoba). Der Bauer, der auf einer „huoba" saß, war deshalb ein „Huber". Mehrere Höfe oder ganze Dörfer eines Grundherrn wurden von einem Fronhof aus verwaltet; das war der „dem Herrn gehörende" Hof. Als Verwalter wohnte und arbeitete dort ein „maior domus". Dieser „Haus-Meier" hatte darauf zu achten, dass die „Huber" ihre Abgaben leisteten und die Leibeigenen richtig arbeiteten, aber auch versorgt wurden.

M1 Bauern bei der Fronarbeit, der Grundherr oder Meier überwacht sie *(Buchmalerei, 14. Jh.).*
Das Wort Frondienst leitet sich vom mittelhochdeutschen „frô" = Herr ab.

M2 Abgaben und Leistungen

Der Bauer Widrad hatte an das Kloster Prüm in der Eifel Folgendes abzuliefern bzw. zu leisten. Aus einer Urkunde aus dem Jahre 893 n. Chr.:

Widrad gibt an das Kloster jedes Jahr 1 Eber, 1 Pfund Garn, 3 Hühner, 18 Eier. Er fährt 5 Wagenladungen von seinem Mist auf unsere Äcker, bringt 5 Bündel Baumrinde für die Beleuchtung und fährt 12 Wagenladungen Holz zum Kloster. Dieses Holz dient im Winter zum Heizen. Ferner liefert Widrad dem Kloster jährlich 50 Latten und 100 Schindeln für Dachreparaturen.

Sein Brot bäckt Widrad in unserem Backhaus und das Bier braut er in unserem Brauhaus. Hierfür zahlt er an das Kloster eine Gebühr. Eine Woche in jedem Jahr verrichtet er den Hirtendienst bei unserer Schweineherde im Wald. Er bestellt drei Morgen Land, das ganze Jahr hindurch, jede Woche drei Tage. Das bedeutet: Er muss bei der Einzäunung unserer Äcker und Weiden helfen, zur rechten Zeit pflügen, säen, ernten und die Ernte in die Scheune bringen.

Bis zum Dezember, wenn das Getreide gedroschen wird, muss er es zusammen mit anderen Hörigen bewachen, damit es nicht von Brandstiftern angezündet wird. Wenn Widrad 15 Nächte den Wachdienst verrichtet, das Heu geerntet und auf unseren Äckern gepflügt hat, erhält er in einem guten Erntejahr Brot, Bier und Fleisch; in anderen Jahren erhält er nichts. Die Frau Widrads muss leinene Tücher aus reinem Flachs anfertigen, 8 Ellen lang und 2 Ellen breit. Sie fertigt daraus Hosen für die Mönche an.

Zitiert nach: Günther Franz: Quellen zur Geschichte des deutschen Bauernstandes im Mittelalter, Darmstadt (Wissenschaftliche Buchgesellschaft) 1967, S. 83ff.

M3 Abgaben im Laufe des Jahres

(aus einer mittelalterlichen Handschrift, 14. Jh.)
Der Zehnt war der zehnte Teil der Ernte, der an den Grundherrn zu bestimmten Tagen abgeliefert werden musste.

Walpurgistag – Lämmerzehnt/Tag des heiligen Urban – Obst- und Weinzehnt/Johannistag – Fleischzehnt/Tag der heiligen Margarethe – Kornzehnt/Mariä Himmelfahrt – Gänsezehnt/Tag des heiligen Bartholomäus – Geld, Eier und Getreide

1 Erfinde ein Gespräch, in dem ein freier Bauer sich einem Herrn „ergibt“, um sein Höriger zu werden.

2 Erläutere den Begriff „Fronarbeit“ anhand von M1. Gib den dargestellten Personen je einen Sprechblasentext.

3 Ordne die Pflichten Widrads (M2) nach a) Abgaben und b) Diensten.

4 M3 zeigt die unterschiedlichen Abgaben und gibt auch die Übergabetage an. Erstelle die Abgabetermine mit heutigen Daten. Schlage in einem Heiligenlexikon nach (Bibliothek, Internet).

Das Leben und Arbeiten auf dem Dorf

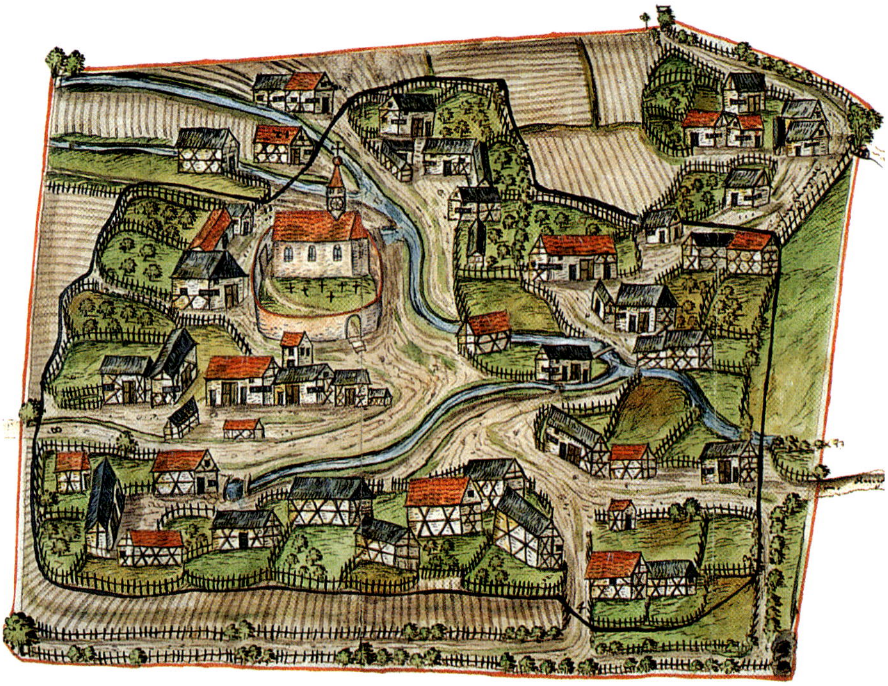

M1 Heudorf um 1576 *(Kreis Konstanz)*

Ein Rundgang. Wir gehen durch ein mittelalterliches Dorf. Hier wohnen etwa 100 Menschen. Jeder der 20 Höfe ist von einem Garten umgeben. Das Dorf wird von einem Zaun, dem Etter, eingefasst. Die Felder ringsum sind eingeteilt in drei „Gewanne". Die Flurstücke der einzelnen Bauern liegen nebeneinander in den Gewannen. Sie werden gemeinsam in Form der Dreifelderwirtschaft bebaut. Das bedeutet, Sommergetreide, Wintergetreide und Brache folgen aufeinander. Es gibt auch Wiesen und Viehweiden, welche die Dorfgemeinschaft gemeinsam besitzt, die „Allmende". Die Bauern müssen zuerst Wald und Buschwerk roden, um die Flächen als Äcker und Weiden nutzen zu können. Bei dieser schweren Rodungsarbeit fällt das Holz für den Hausbau an. Aus dem Wald holen sich die Dorfbewohner Brennholz, Früchte und Kräuter aller Art. Er dient auch als Weide für die Schweine. Zum Dorf gehören ein Bach und eine Mühle. Bauern, die kleinere Höfe betreiben und davon nicht leben können, arbeiten noch als Handwerker. Der Wagner baut und repariert Karren und alle Geräte aus Holz. Der Hufschmied ist mit der Herstellung und Reparatur der Pflüge, Kessel, Hacken und Spaten beschäftigt. Der Sattler im Dorf erledigt die Lederarbeiten, etwa am Zaumzeug der Pferde.

Gemeinschaft und Ordnung im Dorf. Die Kirche mit dem Pfarrhaus und der Platz, auf dem das Wirtshaus und die Dorflinde standen, waren wichtige Versammlungsorte. Gemeinsam musste der Zaun in Stand gehalten werden, der das Dorf umgab, und die Wege angelegt und ausgebessert werden. Die Bauern mussten Gewanne, Wälder und Wiesen gemeinsam nutzen; außerdem die Verteilung des Bachwassers regeln. Sie mussten zur selben Zeit auf ihren Äckern pflügen, säen, ernten oder düngen. Um das alles gerecht zu regeln, gaben sie sich Dorfordnungen und bestimmten einen Dorfältesten oder Schultheißen. Sie richteten unter der Linde über Dorfbewohner, die die Ordnung übertraten.

Fast alles, was ein Bauer und seine Familie erwirtschafteten, brauchten sie zum Leben und um die Abgaben zu leisten. Mit Spinnen von Flachs zu Leinwand, mit Weben, Stricken oder Schnitzen verdienten sie sich im Winter etwas hinzu. War die Ernte gut, konnten sie etwas davon auf dem Markt in der Stadt verkaufen. War die Ernte schlecht, hungerten sie, wenn die Vorräte knapp wurden. Es ist kein Zufall, dass die kirchlichen Fastenzeiten in das Winterhalbjahr fallen. Die sehr harte Arbeit und die mangelhafte Ernährung machten die Menschen anfällig für Krankheiten und führten zum frühen Tod.

Ereignisse und Feste des Kirchenjahres, an denen man sich richtig satt essen und einmal über den Durst trinken konnte, zählten zu den freudigen Höhepunkten im Leben der Bauern. Kirchweih, Jahrmärkte, Erntedank- und Schlachtfeste waren eine willkommene Abwechslung im eintönigen, durch sich ständig wiederholende Tätigkeiten gekennzeichneten Leben der Bauern.

M2 Bäuerliche Arbeiten im Laufe eines Jahres *(um 1480)*

M3 Vom Hunger bedroht

Der Mönch Radulf Glaber aus dem Kloster Cluny berichtet über die Jahre 1032 bis 1034:

Die Hungersnot griff mit ihren Verheerungen immer weiter um sich, sodass das Auslöschen des ganzen Menschengeschlechts zu befürchten stand. Es herrschte eine so ungünstige Witterung, dass man keine geeignete Zeit zum Säen fand und dass es vornehmlich wegen der Überschwemmungen unmöglich war, eine Ernte einzubringen ... Unablässige Regenfälle hatten das Erdreich derart aufgeweicht, dass man drei Jahre lang keine Furchen ziehen konnte, die die Saat hätten aufnehmen können. Zur Erntezeit waren die Felder ganz von Unkraut und der verderblichen Tollgerste überwuchert. Ein Mud (= Hohlmaß) Saatgut trug im günstigsten Fall einen Sester (= kleineres Hohlmaß), und ein Sester wiederum warf kaum eine Handvoll ab. Fand man glücklich Nahrung zum Verkauf feilgeboten, so konnte der Verkäufer jeden beliebigen Wucherpreis dafür fordern. Nachdem die Menschen die wilden Tiere und die Vögel verzehrt hatten, begannen sie, Aas und Dinge, die kaum zu benennen sind, zusammenzutragen, um sich daran zu sättigen. Manche sammelten, um dem Tode zu entgehen, im Walde Wurzeln und in den Flüssen das Wasserkraut. Entsetzen erfasst jeden, der von den Verirrungen vernimmt, die damals das Menschengeschlecht befielen. Ach und Weh! In ihrem wütenden Hunger verschlangen die Menschen sogar das Fleisch von ihresgleichen.

Zitiert nach: Jacques Le Goff: Kultur des europäischen Mittelalters, München/Zürich (Artemis) 1970, S. 401. Übers. von Gerda Kurz und Siglinde Summerer.

1 Zeichne das Dorf (M1) im Grundriss und trage die wichtigen Einrichtungen ein.

2 Erstelle aus den Bildern von M2 einen Jahresplan bäuerlicher Arbeiten. Welche Arbeiten fehlen?

3 Bauer Hans Unold hält sich nicht an die Dorfordnung. Wogegen kann er verstoßen (Autorentext)?

4 Schreibe als Anwalt für die Bauern eine Bittschrift an den Grundherrn, in der ihre Nöte (M3) vorgetragen werden.

5 Untersuche, welche Haltung der Verfasser in M3 den Bauern gegenüber einnimmt.

Das Kloster – eine Welt für sich

Was ist ein Kloster? Das deutsche Wort ▸ „Kloster“ leitet sich vom lateinischen Wort „claustrum“ ab, was etwa so viel wie „abgeschlossener Bezirk/Raum“ bedeutet. Damit bezeichnet man den von der weltlichen Umgebung abgetrennten Wohnort für die Gemeinschaft der dort lebenden Nonnen oder Mönche. Das Mönchtum hat einen entscheidenden Anteil in der kulturellen Entwicklung Europas genommen. Auch heute noch gibt es diese Lebensform.

Rückzug aus der Welt. Schon immer waren Menschen verschiedenster Religionen des geschäftigen Lebens in der Welt mit ihrem Streben nach Macht und Reichtum überdrüssig und sehnten sich nach einem einfachen Dasein jenseits aller irdischen Güter. So auch im frühen Christentum. Jesu Leben und Worte und die Schriften des Neuen Testaments wurden so gedeutet, dass ein Leben ohne Besitz und Familie (Askese = Übung zum Verzicht) als wahre Nachfolge Jesu angesehen wurde. Einzelpersonen, aber auch ganze Gruppen von Menschen zogen sich zurück, um ein Leben ganz in Konzentration auf Gott und nur auf die täglich notwendige Arbeit zu führen. „Ora et labora“ – bete und arbeite – wurde zu ihrer Lebensgrundhaltung. Solche Menschen nannte man ▸ „Mönche“ (griech. monachos = Einsiedler) bzw. „Nonnen“ (weibl. Form von lat. nonnus = Mönch).

M1 In der Schreibstube *(Buchmalerei, 11. Jh.)*

Da die meisten Leute weder Lesen noch Schreiben konnten, war es etwas Besonderes, schreibend abgebildet zu werden.

M2 Nonnen beim Chorgesang
(aus einem Psalmenbuch, um 1430)

Mönchsgemeinschaften entstehen. Als Urvater des abendländischen Mönchtums gilt Benedikt von Nursia (480–547). Er stellte in dem von ihm 529 gegründeten Kloster Monte Cassino (südlich von Rom) eine Regel auf, die von zahllosen weiteren Klöstern übernommen wurde. Die Mönche und Nonnen, die nach dieser Regel leben, nennen sich „Benediktiner“ bzw. „Benediktinerinnen“. Die Klosterordnung des heiligen Benedikt regelt fast alle Fragen des Alltags, vom Aufstehen über die Arbeit und das tägliche Gebet bis hin zur Einhaltung der Nachtruhe. Vor allem aber verlangt sie drei Gelübde:

1. lebenslange Bindung an die Klostergemeinschaft,
2. Eigentumsverzicht und Ehelosigkeit,
3. unbedingter Gehorsam gegenüber dem Abt (lat. abbas = Vater).

Wer nach dieser Ordnung (lat. ordo) lebte, gehörte zum „Orden“, d.h. zur Mönchsgemeinschaft. Später spalteten sich vom Orden der Benediktiner weitere ab, wie der Zisterzienserorden. Neue Mönchsgemeinschaften entstanden, z.B. die Franziskaner. Auch Frauen gründeten Orden.

M3 Klosterplan von St. Gallen

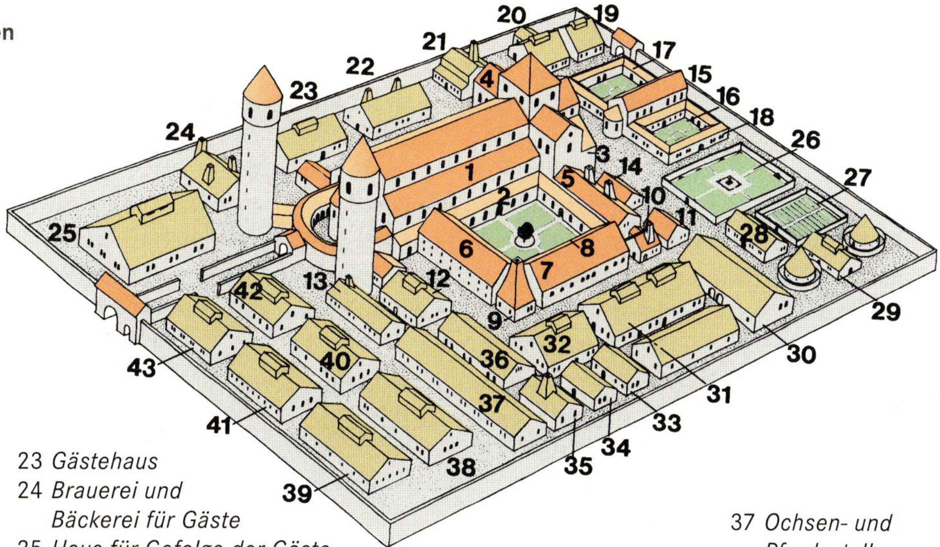

1 *Klosterkirche*
2 *Kreuzgang*
3 *Sakristei*
4 *Schreibstube/Bibliothek*
5 *Schlafsaal*
6 *Wein- und Bierkeller*
7 *Speisesaal (Refektorium)*
8 *Klostergarten*
9 *Küche*
10 *Badehaus*
11 *Latrinen*
12 *Pilgerherberge*
13 *Brauerei und Bäckerei für Pilger*
14 *Badehaus*
15 *Spital- und Novizenkirche*
16 *Kreuzgang*
17 *Spital*
18 *Novizenschule*
19 *Ärztehaus und Apotheke*
20 *Haus für Aderlässe*
21 *Abtshaus*
22 *Schulhaus*
23 *Gästehaus*
24 *Brauerei und Bäckerei für Gäste*
25 *Haus für Gefolge der Gäste*
26 *Friedhof und Obstgarten*
27 *Gemüsegarten*
28 *Gärtnerhaus*
29 *Geflügelhaus*
30 *Kornscheuer*
31 *Handwerkerhaus*
32 *Brauerei*
33 *Mühle*
34 *Bäckerei*
35 *Malzlager*
36 *Kornhaus und Küferei (Bau von Holzfässern)*
37 *Ochsen- und Pferdestall*
38 *Kuhstall*
39 *Stutenstall*
40 *Ziegenstall*
41 *Schweinestall*
42 *Schafstall*
43 *Gesindehaus*

M4 Aus der Klosterregel des Benedikt:

Kapitel 4. Die Werkzeuge der geistlichen Kunst: Vor allem: Gott, den Herrn lieben ... Ebenso: Den Nächsten lieben wie sich selbst. Nicht falsch aussagen. Alle Menschen ehren. Und keinem anderen antun, was man selbst nicht erleiden möchte ... Den Leib in Zucht nehmen. Das Fasten lieben. Arme bewirten. Kranke besuchen. Tote begraben. Bedrängten zu Hilfe kommen. Trauernde trösten. Sich dem Treiben der Welt entziehen. Der Liebe zu Christus nichts vorziehen. Den Zorn nicht zur Tat werden lassen. Der Rachsucht nicht einen Augenblick nachgeben ...

Kapitel 23. Es kommt vor, dass ein Bruder trotzig oder ungehorsam oder hochmütig ist oder dass er murrt und in einer Sache gegen die Heilige Regel und die Weisungen seiner Vorgesetzten handelt. Wenn er sich so als Verächter erweist, werde er nach der Weisung unseres Herrn einmal und ein zweites Mal im Geheimen von seinen Vorgesetzten ermahnt. Wenn er sich nicht bessert, werde er öffentlich vor allen zurechtgewiesen. Wenn er sich aber auch so nicht bessert, treffe ihn die Ausschließung, falls er einsehen kann, was diese Strafe bedeutet. Wenn er es aber nicht versteht, erhalte er eine körperliche Strafe.

Zitiert nach: Die Benediktusregel lateinisch/deutsch, hrsg. im Auftrag der Salzburger Äbtekonferenz, Beuron 1992, Kap. 23 und 30, S. 141 und 151.

Auf diesem einzigartigen Klosterplan haben die Benediktiner aufgezeichnet, wie sie sich ein ideales Kloster vorstellten. In der Mitte der Anlage liegen die Kirche und das Kloster mit dem Kreuzgang. Die Kirche ist Zentrum des Gottesdienstes und Begräbnisstätte für die Stifter. Auf dem Weg zwischen der Kirche und dem Kloster benutzen die Mönche regelmäßig den Kreuzgang. Rings um dieses Viereck im Inneren liegen vier Randbereiche, die klar erkennbare Aufgaben haben.

1 Zeichne nach M3 einen einfachen Grundriss der Kirche und des Klosters.

2 Ordne um diesen Grundriss herum die Gebäude den vier Aufgaben des Klosters zu: Ernährung – Handwerk – Dienstleistung – Bildung. Du kannst diese Aufgabe mithilfe einer Mindmap erledigen.

3 Stelle dir vor, du bist der Pförtner. Beschreibe einem Novizen, also einem ganz jungen Mönch, den Weg zu seiner Schule. Oder beschreibe einem Klosterbauern den Weg zu den Mühlen, damit er dort sein Korn abgeben kann.

4 Vergleiche diesen Plan mit der Anlage einer Römerstadt (s. S. 127/M5) und einer Stadt aus dem frühen Mittelalter (s. S. 204/M1). Welche Gemeinsamkeiten, welche Unterschiede stellst du fest?

In Armut leben und dennoch reich werden

Wie wurde man Mönch oder Nonne? Im Gegensatz zu heute traten im Mittelalter die Menschen oft nicht aus freien Stücken einer Klostergemeinschaft bei. Meist noch als Kinder wurden sie von ihren Eltern mit sechs oder sieben Jahren feierlich einem Kloster übergeben. Viele adlige Eltern versuchten so, ihre Kinder standesgemäß zu versorgen und gleichzeitig für ihr eigenes Seelenheil Vorsorge zu treffen. Auch die zum Teil großzügigen Stiftungen an die Klöster hatten zumeist diesen Hintergrund.
Im Kloster wurden die Kinder im Singen und Beten, aber auch im Lesen und Schreiben, Rechnen und in Latein unterrichtet, damit sie die Bibel sowohl lesen als auch abschreiben konnten. Mit etwa 16 Jahren legten die Schüler (lat. Novize = Neuling) ein feierliches Gelübde ab, das sie für immer an die Mönchsgemeinschaft band.

M1 Florus übergibt seinen Sohn einem Kloster
(Buchmalerei, 11. Jh.)
Die Übersetzung des lateinischen Textes lautet: „Florus übergibt seinen Sohn. Es kommt zu einer Zusage. Er (Florus) übergibt Grundbesitz."

Adlige stiften Klöster. Die führenden Familien wollten „in den Himmel kommen" und ewiges Heil erlangen. Dafür sollten an ihren Gräbern Ordensleute für alle Zeiten beten und singen. Das dauernde Chorgebet der Mönche und Nonnen galt als wichtiger religiöser Dienst für die Seelen der Verstorbenen. Der Adel gründete daher Klöster und beschenkte sie mit Land. Viele Klöster wurden so im Laufe der Zeit durch Beten reich, obwohl die Benediktregel persönliche Armut vorschreibt. Benedikt hatte in seinen Regeln festgelegt, dass jedes Kloster für seinen Lebensunterhalt selbst sorgen sollte, um nicht von fremder Hilfe abhängig zu sein.
Für Mönche und Nonnen bedeutete dies, dass sie neben ihren Gebetspflichten auch Handarbeit zu leisten hatten. Damit setzten sie ein weiteres Zeichen dafür, dass sie es mit Demut und Gehorsam ernst meinten. Bei Griechen und Römern war Arbeit mit den Händen eine Sache für Unfreie, für Sklaven – bestenfalls für Handwerker. Mönche und Nonnen trugen so dazu bei, dass die Handarbeit größeres Ansehen erhielt.

Klöster als Vorreiter neuer Techniken. Dass Mönche Bücher abgeschrieben und ausgemalt, Bier gebraut und Wein angebaut haben, ist auch heute noch den meisten bekannt. Benediktiner und vor allem Zisterzienser haben früh erkannt, wie man Wasserkraft nutzen kann. So betrieben sie damit mechanische Mühlen, Hammer- und Sägewerke. Sie bauten Bewässerungsanlagen für ihre Gärten, Felder und Wiesen; Unrat und Abfall wurden mithilfe einer Kanalisation aus dem Kloster geschwemmt. Vom Wasserbau mussten die Mönche auch etwas verstehen, um Fischteiche anzulegen. Denn die Regeln erlaubten nur selten, das Fleisch von vierfüßigen Tieren zu essen. Man aß deshalb im Kloster häufig Fisch, nicht nur in der Fastenzeit.
Mönche haben Wälder gerodet und Sümpfe trocken gelegt. Dass aus einer Wildnis fruchtbare, blühende Landschaften wurden, ist den Mönchen und ihren Laienbrüdern zu verdanken. Die Mönche brachten den Bauern verbesserte Anbaumethoden bei und vermittelten neuere Kenntnisse, u. a. im Bereich der Viehhaltung.
Heilkundige Mönche benutzten das aus antiken Büchern erworbene Wissen, um als Ärzte und Apotheker auch für die Menschen außerhalb des Klosters zu wirken und diese Kenntnisse weiterzugeben.

M2 Geschichte erzählt

Ein Tag im Leben des Novizen Burckhard

Burckhard hat gerade einmal vier Stunden geschlafen, da weckt ihn die Glocke. Es ist eine Stunde nach Mitternacht, als er sich zusammen mit den anderen Mönchen zum Nachtgottesdienst begibt. Danach sinkt er nochmals in einen tiefen, aber kurzen Schlaf. Denn schon um kurz vor fünf Uhr muss er wieder in der Klosterkirche sein – die Laudes, die Lobgesänge auf Gott, stehen bevor und enden erst mit Tagesanbruch. Und schon folgt – bei mittlerweile vollem Tageslicht – das eigentliche Morgengebet, die Prim. Jetzt ist es 6.00 Uhr. Burckhard muss während der drei Psalmen, die von den Mönchen gesungen werden, immer wieder an das Frühstück denken, so hungrig ist er mittlerweile. Um 7.30 Uhr, so weiß er, versammeln sich die Mönche noch einmal zur Terz, bevor jeder seiner Arbeit nachgeht. Der eine arbeitet in der Landwirtschaft, der andere prüft die Verwaltungsakten, der dritte geht zur Gärtnerei, andere in die Schreibstuben, um die Bibel abzuschreiben. Burckhard besucht mit den anderen Novizen die Novizenschule. Um 12.00 Uhr ruft dann die Glocke alle zur Sext zusammen. Der Choral, der jetzt angestimmt wird, zeigt, dass der Tag der Mönche seinen Höhepunkt erreicht hat. Kurz nach 12.00 Uhr dann endlich Mittagessen. Schweigend sitzen die Mönche zusammen und lauschen im Refektorium (= Speisesaal) der Lesung aus der Bibel. Von 13.00 bis 14.00 Uhr ist Mittagsruhe. Die braucht Burckhard jetzt auch dringend. Danach kehrt er mit den anderen Mönchen wieder an seine Arbeitsstelle zurück. Um 15.00 Uhr wird gemeinsam die Non gebetet. Abermals wird gearbeitet, bis um 18.00 Uhr die Mönche aus allen Richtungen zur Vesper zusammenströmen. Die beruhigenden Gesänge leiten die Abendruhe ein. Im Refektorium wartet bereits das Abendbrot. Jetzt folgen für Burckhard und die Mönche die erholsamsten Momente. Die Mönche bewegen sich schweigend im Kreuzgang des Klosters, der Tag neigt sich dem Ende zu. Um 21.00 Uhr ruft die Glocke zur Komplet, dem Abendgebet. Todmüde sinkt Burckhard danach in sein Bett im Schlafsaal. Beim Einschlafen geht ihm schon wieder der nächste Tag mit seinem festgelegten Ablauf durch den Kopf.

Verfassertext

M3 Zisterziensermönche *(Buchmalerei 13. Jh.)*

1 Betrachte die dargestellten Personen (M1) genau. Achte besonders auch auf ihre Haltung bzw. ihren Gesichtsausdruck. Beschreibe, was dir alles auffällt. Versetze dich in die Rolle der Eltern, der Mönche und des Kindes.

2 Setze den Tagesablauf des Burckhard (M2) in ein Kreisschema mit 24 Stunden grafisch um. Markiere dabei farbig die Phasen des Betens, des Arbeitens, des Essens und des Ruhens.

3 In welchen Bereichen waren die Mönche und Nonnen tätig? Welche Berufsgruppen konnten von ihnen lernen (M2, M3 und Autorentext)? Beziehe die Abbildungen auf Seite 176 und 177 mit ein.

4 Stelle Gründe dafür zusammen, dass viele Klöster im Laufe der Zeit sehr wohlhabend wurden.

5 Man sagt, die Mönche haben „rational" gewirtschaftet. Kläre, was dieser Begriff heute bedeutet.

GESCHICHTE AKTIV/KREATIV

Projektidee: „Kloster einst und heute"

- Recherchiert im Internet unter verschiedenen Stichworten zum Begriff Kloster, z. B. Benediktiner, Zisterzienser, Franziskaner, Ursulinen. Formuliert einen Katalog von Fragen, die euch interessieren. Sucht im Internet Antworten darauf. Ihr könnt beginnen mit: www.orden.de oder www.benediktiner.de
- Sucht in eurer Nähe: Welche Klöster gibt es heute noch? Wie alt sind sie? Welchen Orden gehören sie an? Was machen ihre Bewohner heute? Kann man sie besuchen? Berichtet darüber in der Klasse.

Gut reiten, schießen und tanzen – die Ritter

Die Erziehung zum ▸ Ritter. Noch heute bezeichnen wir eine Person, die sich zu benehmen weiß, als „ritterlich" und „höflich". Das heißt, sie beherrscht die Umgangsformen, die im Mittelalter von einem Ritter erwartet wurden. Das Vorrecht, eine ritterliche Erziehung zu erhalten, hatten nur Adlige. Ritter waren Berufskrieger. Die Ausbildung zum Ritter begann ein Junge im Alter von sieben Jahren. Als Page lernte er an einem fremden Hof mit Lanze und Schwert zu kämpfen. Man brachte ihm die Regeln bei, die im Turnier, dem ritterlichen Kampfspiel, galten, sowie gute Manieren. So war es zum Beispiel unhöflich, sich beim Essen ins Tischtuch zu schnäuzen. Die adligen Mädchen lernten dagegen meist nur Lesen und Schreiben . Mit 14 Jahren wurde der Page zum Knappen erhoben. Nun musste er seinen Herrn zu Turnieren begleiten und mit ihm in die Schlacht ziehen. Hatte sich der Knappe bewährt, wurde er als etwa Zwanzigjähriger feierlich in den Kreis der Ritter aufgenommen: Er erhielt den Ritterschlag oder es wurde ihm das Schwert angelegt, ein Ritual, das man Schwertleite nannte.

Der Minnedienst. Für das gesellschaftliche und kulturelle Leben hatte der Minnedienst große Bedeutung: In Liedern pries der Ritter die Schönheit und Tugend einer verheirateten adligen Dame. Häufig handelte es sich bei ihr um die Burgherrin, die dem Werben des Ritters jedoch nicht nachgeben durfte. Vielmehr wurde von ihr Zurückhaltung erwartet, vom Ritter aber, dass er der enttäuschenden Zurückweisung zum Trotz den Minnedienst freudig fortsetzte. Dadurch sollte er Beständigkeit, Selbstbeherrschung und maßvolles Verhalten lernen.

Der Ritterstand. Waffen, Pferde und Rüstungen waren sehr teuer. Bauern konnten sich auf Dauer diese Ausgaben nicht leisten. So beauftragten Herrscher und Adlige zunehmend unfreie Dienstmannen, die Ministerialen, mit dem Ritterdienst. Zur Finanzierung ihrer Aufgaben übergaben bzw. überließen sie ihnen ein Lehen.
Im späten Mittelalter verarmten viele Ritter. Zudem erwiesen sich die mit Armbrust und langen Spießen bewaffneten Fußtruppen den Panzerreitern überlegen. So verlor das Rittertum zu Beginn der frühen Neuzeit seine Bedeutung.

M1 Der Ritter und Dichter Wolfram von Eschenbach
(Manessische Liederhandschrift, um 1300)

Seinen Körper schützte der Ritter mit einem Schild und einem Kettenhemd, das aus vielen miteinander verbundenen Eisenringen bestand. Auf dem Kopf trug er einen Topfhelm. Im späten Mittelalter wurden die Rüstungen immer aufwändiger. Da der Ritter vom Scheitel bis zur Sohle in Metall gehüllt war, konnte er nur an seinem Wappen oder an der Helmzier erkannt werden.

M2 Wolfram von Eschenbach: Parzival *(ca. 1200/1210)*
Der junge Parzival wird am Hofe des Adligen Gurnemanz mit den Tugenden eines Ritters vertraut gemacht:
Ihr habt eine schöne Gestalt und seht gut aus, Ihr könnt wohl ein Herrscher werden. Doch auch, wenn Ihr von hoher Geburt seid ..., so sollt Ihr doch stets Erbarmen mit den Not Leidenden haben. Bekämpft ihre Not mit Großherzigkeit und Güte; seid immer bereit, anderen zu dienen ...
Ihr sollt das rechte Augenmaß behalten, ob Ihr nun arm oder reich seid. Verschwendung steht einem Herrn ebenso wenig an wie das Anhäufen von Schätzen; auch das ist unehrenhaft. Haltet immer das rechte Maß.
Wolfram von Eschenbach: Parzival 170,21–172,16. Übertragen von Wilhelm Hertz, hrsg. von Walther Hofstaetter, Stuttgart (Reclam) 1934/2001.

M3 Turnier *(Manessische Liederhandschrift, um 1300)*

M4 Höfisches Paar
(Manessische Liederhandschrift, um 1300)

M5 Raubritter überfallen ein Dorf
(zwischen 1460 und 1480)

Im späten Mittelalter sanken die Einnahmen der Ritter. Manche versuchten, als Raubritter ihren Lebensstandard zu halten.

1 Stell dir vor, du wärst im Mittelalter der Knappe eines Ritters gewesen und bekämst Besuch von deiner Schwester: Entwirf ein Gespräch, in dem du sie über deine Ausbildung zum Ritter informierst (M1–M4 und Autorentext).

2 Benenne die Bestandteile der Ritterausrüstung, die du auf dem Bild erkennen kannst (M1).

3 Stelle die Aufgaben eines Ritters zusammen (M1–M4 und Autorentext).

4 Erkläre, wie die Ritter im Turnier gegeneinander kämpften. Beschreibe die Funktion der übrigen Figuren im Zusammenhang eines Turniers (M3).

5 Beschreibe die in M4 gezeigte Szene. Achte dabei besonders auf die Gestik der Figuren. Begründe unter Berücksichtigung des Autorentextes, inwiefern das Bild den Minnedienst veranschaulicht.

6 Vergleiche M5 mit M2 und arbeite heraus, welche Tugenden die Raubritter verletzten.

Die Welt des Adels – das Leben auf der Burg

Burgen als Zeichen adliger Macht. Ursprünglich hatte nur der König das Recht, Burgen zu bauen. Die Schwächung der Macht des Königs (s. S. 198f.) brachte eine Stärkung der Fürstenmacht mit sich. Sichtbarer Ausdruck dafür waren nicht zuletzt die Burgen, die die Fürsten und andere Adlige nun in großer Zahl bauen ließen.

Welche Bedeutung die Burg für das Selbstverständnis der adligen Familien besaß, erkennt man daran, dass sich viele von ihnen nun nach ihren Burgen nannten. Der Name der Burg wurde somit zum Familiennamen. Ließ ein adliger Herr seine Burg auf einem Berg errichten, so nicht nur deshalb, um sich vor Angreifern wirksamer zu schützen. Vielmehr zeigte er den ihm untertänigen Bauern auf diese Weise auch, wer in der Ordnung der Gesellschaft „oben" stand und wer „unten". Mancher Fürst besaß mehrere Burgen, die er allerdings nicht alleine verwalten konnte. Ritter wurden als deren Verwalter eingesetzt.

M1 Marksburg *(14. Jh.)*
Die Marksburg ist die einzige nie zerstörte mittelalterliche Wehranlage am Mittelrhein zwischen Bingen und Koblenz. Sie wurde auf den Fundamenten einer früheren Burg erbaut.

Burgen als Wohnsitz und Verteidigungsanlage. Burgen dienten der Verwaltung der umliegenden Ländereien. In Abwesenheit des Burgherrn übernahm diese Aufgabe häufig seine Frau. Zudem war eine Burg der Wohnsitz adliger Familien mit ihren Bediensteten, denen er Schutz vor Angriffen bot. Dies spiegelte auch die Bauweise der Burg wider. Das herrschaftliche Wohngebäude, der so genannte Palas (Palast), enthielt meist einen großen Saal, in dem Feierlichkeiten abgehalten wurden. Daneben standen Schlafräume zur Verfügung. Meist gab es jedoch nur einen Raum, der beheizbar war. Ihn nannte man Kemenate (lat. caminata = Kamin). Bei großer Gefahr konnten sich die Burgbewohner in den Bergfried zurückziehen, der meterdicke Mauern und einen Eingang hatte, den man nur mithilfe von Leitern erreichen konnte. Auch die abhängige Bevölkerung suchte Schutz hinter den Burgmauern.

M2 Angriff auf eine Burg *(Buchmalerei aus der Manessischen Handschrift, einer Sammlung von Werken von über 100 Dichtern mit bildlichen Darstellungen, um 1300).*

M3 Höfisches Festmahl
(aus einer Handschrift, 14. Jh.)
Ein solches Festessen war für einen Ritter die Ausnahme. Es fand statt, wenn z. B. der König zu Besuch kam.

M4 Der Burgenbau
In dieser Erzählung lässt ein mittelalterlicher Dichter einen Ratgeber seinem adligen Herrn begründen, warum er eine Burg bauen solle:

Erweitert eure Macht! Habt ritterlichen Wagemut, unterwerft euch Menschen und Besitz in dieser Gegend, wem sie auch gehören, und lasst keinen aus. Es kommt sehr schnell an den Punkt, dass sie es als ihre höchste Freude betrachten, eure Huld zu gewinnen ... Die Reichen fürchten eure Macht, die Armen müssen euch dienen. Mit geeigneten Maßnahmen können wir die Leute leicht dazu bringen, dass sie euch Tag für Tag aus freien Stücken dienen ... Sie werden nicht wagen, sich zu widersetzen; so müssen sie auf immer Abgaben leisten.

Der Stricker, Die Gäuhühner. Zitiert nach: Joachim Bumke: Höfische Kultur. Literatur und Gesellschaft im hohen Mittelalter Bd. 1, München (dtv) ^{3}1986, S. 163.

M5 Lebenswirklichkeit des niederen Adels
Der Ritter Ulrich von Hutten (1488–1523) schildert in einem Brief das Leben auf einer Burg:

Gleichgültig, ob eine Burg auf einem Berg oder in der Ebene steht, so ist sie auf jeden Fall doch nicht für die Behaglichkeit, sondern zur Wehr erbaut, ... innen von bedrückender Enge, zusammengepfercht mit Vieh- und Pferdeställen, voll gepfropft mit schweren Büchsen, Pech, Schwefel und allen übrigen Waffen und Kriegsgerät. Überall stinkt (es), und der Duft der Hunde und ihres Unrates ist auch nicht lieblicher ... Und welch ein Lärm! Da blöken die Schafe, brüllt das Rind, bellen die Hunde, auf dem Felde schreien die Arbeiter ... und bei uns zu Hause hört man die Wölfe heulen.

Zitiert nach: Wolfgang F. Schuerl: Burgen und Städte des Mittelalters, Wiesbaden (Ebeling) 1977, S. 92f.

1 Betrachte M1. Diskutiere mit deinen Mitschülern, bei welchen Gebäudeteilen es sich um den Palas und den Bergfried handeln könnte. Begründet eure Entscheidung. Beschreibt weitere Gebäudeteile der Burg und überlegt, welche Funktion sie gehabt haben könnten. Bezieht M2–M5 mit ein.

2 Erläutere, mit welchen Mitteln die Angreifer versuchen, die Burg zu stürmen, und wie sich deren Bewohner verteidigen (M2).

3 Lies Ulrich von Huttens Brief (M5) und formuliere ein Antwortschreiben, in dem du dich auf die Szene beziehst, die M3 darstellt.

GESCHICHTE AKTIV/KREATIV
Projektidee: „In einem Rollenspiel zu einer Entscheidung gelangen"

Erec, der älteste Sohn eines adligen Burgherrn, ist ein tapferer Ritter und ein frommer Christ. Deshalb überlegt er, ob er in ein Kloster eintreten soll, anstatt einst das Erbe seines Vaters anzutreten. In einem Gespräch mit seinem Verwandten, dem Mönch Gallus, versucht Erec zu einer Entscheidung zu kommen.

- Überlege mit deinem Sitznachbarn, welche Argumente Erec und Gallus austauschen könnten. Beziehe dabei auch die Kenntnisse ein, die du über die Klöster im Mittelalter erworben hast.
- Tragt in einem Rollenspiel die Argumente vor. Welche Entscheidung trifft Erec?

Die Ottonen – deutsche Könige und römische Kaiser

Die Zahl acht. Nach der Aufteilung des Reichs Karls des Großen entwickelten sich aus dem Westteil das spätere Frankreich (s. S. 202f.) und aus dem Ostteil das Reich der Deutschen. Die im Deutschen Reich herrschenden Ottonen wollten das römische Kaisertum erneuern. Die Krone des Reichs, „daz rîche“ genannt, ist schon von ihrer Form her etwas Besonderes: Sie besteht aus zweimal vier goldenen Teilen. Vier Platten zieren große Perlen und Edelsteine; vier zeigen bunte Bilder in Emailarbeit. Für sich genommen, bilden diese vier Seiten je ein Quadrat. Wir kennen das Quadrat als Grundriss von Kastellen und Kaiserpalästen Roms. Das Achteck, das sich ergibt, wenn zwei Quadrate ineinander geschoben werden, ist das Zeichen für Vollendung und Ewigkeit. Acht Ecken – ein Oktogon – finden wir wieder im Felsendom von Jerusalem und im Grundriss der Pfalzkapelle von Aachen. In Letzterer ließen sich fast alle deutschen Herrscher zu Königen krönen.

M1 Die Reichskrone *(10. Jh.)*
Auf den Emailplatten steht: König David: „Der ehrenhafte König liebt das gerechte Urteil.“ – König Salomo: „Fürchte Gott und meide das Böse.“ – Christus als Weltenherrscher: „Durch mich regieren die Könige.“ – Christus zum kranken König Ezechias: „Ich will deiner Lebenszeit noch 15 Jahre hinzufügen.“

Eine Stadt aus Perlen und Edelsteinen. Die große Stirnplatte der Krone trägt zwölf Edelsteine. Sie stehen für die Grundsteine des „neuen“ Jerusalem. Die Perlen symbolisieren die zwölf Tore dieser ewigen Stadt, wie die Bibel schreibt. Die vier Bildplatten zeigen die Könige David und Salomo, den kranken König Ezechias und Christus als Herrscher über die Welt. Überragt wird die Stirnplatte der Krone von einem Kreuz. Ein Bügel überwölbt die Krone von vorne nach hinten.
In der Sprache der Symbole heißt das: Der deutsche König versteht sich als Nachfolger der römischen Cäsaren, als Kaiser eines Weltreichs, das von Rom ausgeht. Sein Königtum ist von Gott geheiligt, seine Vorbilder sind die Herrscher des Volkes Israel in Jerusalem. Als König beherrscht er mit göttlichem Segen die deutschen Stämme. Als Kaiser herrscht er im Auftrag Christi über die Welt, bis an deren Ende das himmlische Jerusalem kommt.

Träger des Königsheils. Die Symbole der Herrschaft waren durch Form, Material und Wert ausgezeichnet. Sie wurden als Dinge verstanden, die Heil und Erfolg brachten. Ein König musste die heiligen Gegenstände besitzen und sich mit ihnen dem Volk zeigen. Sie verliehen seiner Herrschaft die Rechtmäßigkeit.

1 Nenne die Eigenschaften, die ein König/Kaiser nach M1 haben muss.
2 Zähle, z.B. in einer Mindmap, auf, wodurch Otto nach M5 rechtmäßiger deutscher König wurde.
3 Stelle in einer Tabelle zusammen, was an der Herrschaft des Königs/Kaisers a) germanischen, b) römischen, c) christlichen und d) jüdischen Ursprungs war.

M2 Das Schwert *(11. Jh.)*
Das Reichsschwert steckt in einer Scheide, die mit 14 Goldblechplatten verziert ist. Herrscher von Karl dem Großen bis Heinrich III. sind darauf abgebildet. Bei der Krönung wurde es dem König vorangetragen. Es zeigte, dass er sich als Verteidiger der Christenheit verstand.

M4 Reichsapfel
(11. Jh.)

Er stellt die Weltkugel dar.

M3 Die heilige Mauritiuslanze *(10. Jh.)*
Im Lanzenblatt war in einer Öffnung ein Nagel vom Kreuz Christi eingelassen.

Als Zeichen der Barmherzigkeit sollte die Lanze dem König Heil bringen.

M5 Wahl und Krönung König Ottos I. 936
Widukind von Corvey (925–973) berichtet in seiner Sachsengeschichte:

Nachdem also der Vater des Vaterlandes und der größte wie beste König Heinrich gestorben war, wählte sich das gesamte Volk der Franken und Sachsen seinen Sohn Otto, der bereits vorher vom Vater zum König auserwählt worden war, als Herrscher aus. Als Ort der allgemeinen Wahl nannte und bestimmte man die Pfalz Aachen ... Und als man dorthin gekommen war, versammelten sich die ▸ Herzöge und obersten Grafen mit der übrigen Schar vornehmster Ritter in dem Säulenhof, der mit der Basilika Karls des Großen verbunden ist, setzten den neuen Herrscher auf einen dort aufgestellten Thron, huldigten ihm, gelobten ihm Treue, versprachen ihm Unterstützung gegen alle seine Feinde und machten ihn nach ihrem Brauch zum König ... Er (der Erzbischof von Mainz) wandte sich zum Volk und sagte: „Seht, ich bringe euch den von Gott erwählten und von dem mächtigen Herrn Heinrich einst erwählten, jetzt aber von allen Fürsten zum König gemachten Otto; wenn euch diese Wahl gefällt, zeigt dies an, indem ihr die rechte Hand zum Himmel emporhebt.“ Da streckte das ganze Volk die Rechte in die Höhe und wünschte unter lautem Rufen dem neuen Herrscher viel Glück. Dann schritt der Erzbischof mit dem König, der nach fränkischer Sitte mit einem eng anliegenden Gewand bekleidet war, hinter den Altar, auf dem die königlichen Insignien lagen: das Schwert mit dem Wehrgehänge, der Mantel mit den Spangen, der Stab mit dem Zepter und das Diadem ... Auf der Stelle wurde er mit dem heiligen Öl gesalbt und mit dem goldenen Diadem gekrönt ... Und nachdem die rechtmäßige Weihe vollzogen war, wurde er von ... Bischöfen zum Thron geführt ..., dass er von da aus alle sehen und selbst von allen gesehen werden konnte. Nachdem man dann das Lob Gottes gesungen und das Messopfer feierlich begangen hatte, ging der König hinunter zur Pfalz, trat an die marmorne, mit königlicher Pracht geschmückte Tafel und nahm mit den Bischöfen und dem ganzen Adel Platz; die Herzöge aber taten Dienst. Der Herzog der Lothringer, Giselbert, zu dessen Machtbereich dieser Ort gehörte, organisierte alles; Eberhard kümmerte sich um den Tisch, der Franke Hermann um die Mundschenken, Arnulf sorgte für die Ritterschaft sowie für die Errichtung des Lagers ...

Zitiert nach: Deutsche Geschichte in Quellen und Darstellung, Band 1: Frühes und Hohes Mittelalter 750–1250, hrsg. von Wilfried Hartmann, Stuttgart (Reclam) 1995, Nr. 33, S. 143f.

Otto III. – ein Bild von Macht und Herrschaft

Der thronende Herrscher. Mönche auf der Klosterinsel Reichenau im Bodensee haben kurz vor dem Jahr 1000 die Bilder rechts in ein Gebetbuch gemalt. Es zeigt den deutschen König Otto III., umgeben von den Mächtigen seines Reichs. Er war damals etwa 18 Jahre alt. Er regierte das später sogenannte ▸ Heilige Römische Reich Deutscher Nation von 996 bis 1002. Otto III. war zugleich römischer Kaiser.
Schon im Sitzen ist der Herrscher größer als die Männer zu seiner Rechten und Linken. Würde er aufstehen, wäre er ein Riese, an die drei Meter groß. Auf diese Weise haben Maler im Mittelalter die Bedeutung eines Menschen dargestellt. Otto ist in eine Tunika gehüllt, ein langes, festlich besticktes Gewand. Auf dem Kopf trägt er eine Krone; in den Händen hält er die Weltkugel mit dem Kreuz und einen Stab mit einem Adler darauf. Dies sind die Zeichen seiner Macht: Er ist König und Kaiser, um dem ganzen christlichen Erdkreis den Frieden zu sichern.

Die Helfer des Königs. Rechts vom Thron stehen zwei Adlige, links zwei Priester, deren Haar nach Art der Mönche zu einer Tonsur geschoren ist. Sie sind Erzbischöfe, sehr hohe Geistliche. Das erkennt man an dem Pallium, dem weißen Wollstreifen mit aufgestickten Kreuzen um ihre Schultern. Ihre Aufgabe ist Gebet und Gottesdienst und darüber hinaus alles, was die Kunst des Schreibens erfordert. Der Geistliche links vom Thron legt die Hand auf das Sitzkissen des Kaisers; der Adlige auf der anderen Seite stützt dessen Hand mit der Weltkugel. Auf diese Weise kommt zum Ausdruck, dass der Herrscher auf den Adel und die Geistlichkeit angewiesen ist.

Das Reich. Von links nähern sich dem Herrscher vier Frauengestalten in demütiger Haltung. Zusammen stellen sie das Reich dar, über das Otto gebot. „Roma" steht für die Stadt des Papstes und der Kaiser, aber auch für das nördliche und mittlere Italien. „Gallia" vertritt die Gebiete des römischen Gallien, die bei der Teilung des Frankenreichs an das Ostreich fielen. „Germania" verkörpert die germanischen Stämme zwischen Alpen und Nordsee. Im 11. Jh. begann man sie mit dem Wort „theodisk" zu bezeichnen, woraus sich „deutsch" entwickelte. Das lateinische „theodiscus" bedeutete „Sprache des Volkes" im Unterschied zum Lateinischen. Volkssprachlich waren die einzelnen Dialekte der Völker auf der Karte, wie etwa Alemanisch, Sächsisch, Baierisch und Ostfränkisch. „Sclavinia" schließlich steht für die Völker Ostmitteleuropas. Die Slawen zwischen Elbe und Oder wurden in zahllosen Kriegen von den deutschen Königen unterworfen und christianisiert. Andererseits suchte vor allem Otto III. zu den Herrschern von Polen und Ungarn ein freundschaftliches Verhältnis. Als römischer Kaiser wollte er die Fürsten und Völker Europas im Zeichen des Christentums unter seiner Führung einen.

M1 Das Heilige Römische Reich um 1000

M2 Otto III. *(Miniatur aus dem Evangelienbuch, Bamberg, um 1000).*

M3 Theophanu, die Mutter Ottos III. – die mächtigste Frau des Abendlands

Es ist das Jahr 972, als die 12-jährige Theophanu, Nichte des Kaisers von Konstantinopel, nach Rom aufbricht. Hier soll sie die Frau von Otto II., dem Sohn Ottos des Großen, werden. Die Ehe ist ein politisches Geschäft des byzantinischen Kaisers im Osten mit dem aufstrebenden Herrscher des Westens. Ihr Bündnis soll beider Macht stärken. In Rom heiratet Theophanu Otto II. und wird selbst zur Mitkaiserin gesalbt. Sie bekommen zunächst vier Töchter; 980 kommt der Thronfolger Otto zur Welt. Schon 983 wird er zum König gekrönt.

Schön ist Theophanu und machtbewusst, eine glänzende Erscheinung am „barbarischen“ Hof der Ottonen. Die elegante und gebildete Orientalin bringt Kultur und Kunst nach Mitteleuropa. Ihr Einfluss verändert sogar die Mode: Sie führt die Tunika als Kleidung bei Hofe ein.

Doch nicht ein Leben in Luxus erwartet Theophanu, sondern der tägliche Kampf um die Macht. Nach einer verlorenen Schlacht gegen die Araber, dem plötzlichen Tod ihres Gemahls im Jahre 983 und einem zeitgleich ausbrechenden Aufstand der Slawen steht das Reich kurz vor der Katastrophe.

Der Bayernherzog Heinrich „der Zänker“, ein Vetter des verstorbenen Kaisers, will selbst König werden. Er nutzt die Gunst der Stunde und bringt den Thronfolger in seine Gewalt. Doch er hat die Rechnung ohne Theophanu gemacht. Sie schmiedet ein Bündnis gegen den Aufständischen. 984 gelingt es ihr, ihren vierjährigen Sohn den Fängen Herzog Heinrichs zu entreißen. Sie zwingt den „Zänker“, Otto III. ewige Treue zu schwören. Jetzt übernimmt sie die Vormundschaft über den minderjährigen König und führt die Regierungsgeschäfte. 989 zieht sie mit kleinem Gefolge über die Alpen nach Rom und gewinnt den Papst für die noch ausstehende Kaiserkrönung ihres Sohnes. Von dort aus knüpft sie Kontakte nach Osteuropa – nach Böhmen, Russland, Ungarn und Polen. Theophanu schafft so erste Grundlagen für eine Art europäisches Staatensystem, auf welchem Otto III. später aufbauen kann. Als König und später Kaiser in einem starken Reich in der Mitte Europas wird Theophanus Sohn wegen seiner Bildung und seines politischen Geschicks gerühmt. Er kommt eben nach der Mutter.

Theophanu, fünffache Mutter, Kaiserin, eine der bedeutendsten weiblichen Herrschergestalten im Mittelalter, stirbt 991 mit nur 31 Jahren und wird in Köln beigesetzt. Byzanz hat sie nie wieder gesehen.

Zitiert nach: Astrid Klinge und Judith Krötz: Kaiserin Theophanu, Februar 2005.
http://www.mdr.de/geschichte/filme/

1 Ordne die vier Frauengestalten von M2 dem jeweiligen Reichsteil (M1) zu.
2 Beschreibe und deute die Anordnung der Figuren und die Größenverhältnisse in M2.
3 Zeige, wie Theophanu die Herrscherstellung ihres Sohnes Otto vorbereitet hat (M3 und Autorentext).
4 Erläutere, warum es zwischen dem westlichen Kaisertum und Byzanz zu Spannungen kommen konnte (M3).

Reisekönigtum – Sattel statt Thron

Wer an der Macht ist, macht sich auf die Reise. Die mittelalterlichen Könige regierten ihr Reich nicht von einer Hauptstadt, sondern „vom Sattel“ aus. Bereits Karl der Große wird reitend mit den Insignien seiner Macht dargestellt (s. S. 169). Es gab keine Hauptstadt. Um die Herrschaft auszuüben und seine Macht zu behalten, musste der König zu seinen Untertanen kommen. Regierung bedeutete, politische und rechtliche Entscheidungen vor Ort zu treffen. Da der Herrscher aber nicht überall zu gleicher Zeit sein konnte, setzte der König Stellvertreter ein, die in seiner Abwesenheit für Recht und Ordnung in seinem Reich sorgten.

Wer an die Macht will, muss gewählt werden. Mit Spannung wurde das Treffen der Mächtigen des Reichs Anfang September 1024 in der Nähe von Oppenheim am Rhein verfolgt. Alle waren angereist, um den neuen Kaiser zu wählen, weil Heinrich II. im Sterben lag und keinen Nachfolger bestimmt hatte. Unter beiden zur Wahl stehenden Kandidaten konnte kein Wahlsieger ermittelt werden, sodass der Erzbischof die Entscheidung, wer in Zukunft regieren solle, in die Hände der Kandidaten selbst legte. Die beiden Anwärter auf den Thron einigten sich. Der Franke Konrad wurde als neuer Herrscher in Mainz gesalbt und zum König gekrönt.

Unterwegs und doch zu Hause. Nach den Feierlichkeiten brach Konrad II. auf, um sich im Reich vorzustellen und seinen Pflichten als Herrscher nachzukommen. Mit ihm reiste sein gesamter Hofstaat, der im kleinen Kreis etwa 150 Personen zählte, aber auf bis zu 1 000 Krieger und Gefolgsleute anwachsen konnte. Vor Ort führte er die Regierungsgeschäfte aus. Neben seiner Familie wurde der König von Schreibern und Geistlichen begleitet, die ihn bei seiner Arbeit unterstützten, indem sie ihn berieten und die notwendigen Schriftstücke (Urkunden) verfassten. Auf welchen Wegen sich der Tross Konrads II. mit all seinen schwer bepackten Ochsenkarren und Reitern bewegte, ist heute schwer zu sagen. Soweit die Straßen noch vorhanden waren, wird er die alten Römerstraßen benutzt haben, um an sein Ziel zu gelangen. Die Aufenthaltsorte Konrads sind indes gut belegt, weil sie in Urkunden genannt werden, die er an seinen Aufenthaltsorten ausstellen ließ. Für die besuchten Städte, Pfalzen und auch Klöster bedeutete ein „Besuch“ des Hofstaates weniger eine Freude als eine enorme Belastung, da der König nicht nur standesgemäß untergebracht sein wollte, sondern mit seinen Gefolgsleuten auch bewirtet werden musste. Der Quartiermeister reiste voraus und sorgte dafür, dass Lebensmittel ebenso herbeigeschafft wurden wie Brennholz zur Beheizung der Räume. Enorme Mengen mussten bereitgestellt werden. Für einen Aufenthalt von zehn Tagen mussten die besuchten Grafen oder Bischöfe für die bis zu 1 000 Personen zählende Begleitmannschaft des Königs ungefähr je 20 000 kg Fleisch und Getreide sowie 30 000 l Wein zur Verfügung stellen. Diese große finanzielle Belastung der Gastgeber machte es nötig, dass der König nach ein paar Tagen oder Wochen wieder in den Sattel stieg und weiterzog. Das Winterquartier des Königs musste sich allerdings auf eine mehrmonatige Verweildauer des Hofes einstellen.

M1 Alpenüberquerung *(aus dem Codex Balduini, 14. Jh.) Auch die Königin reitet im Herrensitz.*

M2 Der Umritt Konrads II. *(1024/25)*
(Die Aufenthaltsdauer ist nicht vollständig belegt.):

Mainz	Bischofssitz (= B), 6.–11. Sept.
Köln	B, 11. Sept.
Aachen	Pfalz, 23. Sept.
Lüttich	B, 2. Okt.
Dortmund	Pfalz, Dez.
Minden	B, Weihnachten
Paderborn	B, Neujahr
Corvey	Kloster, Epiphanias (6. Jan.)
Hildesheim	B, 18. Jan.
Goslar	Pfalz, 22. Jan.
Halberstadt	B, Jan.
Quedlinburg	Kloster, Jan.

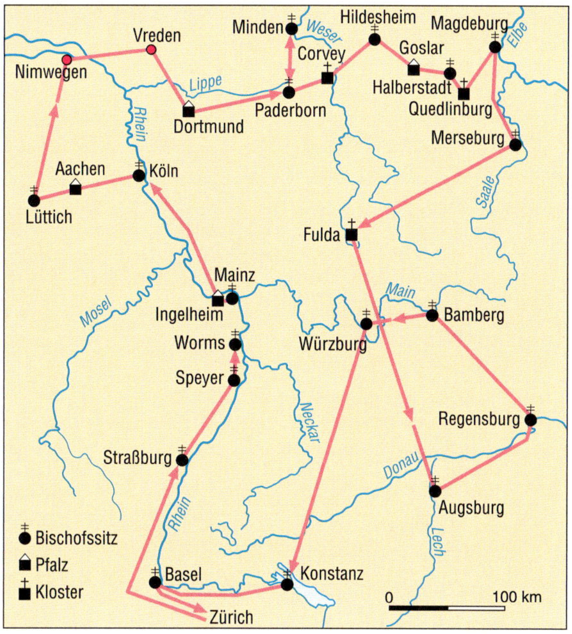

Magdeburg	B, Mariä Reinigung (2. Febr.)
Merseburg	B, 8. Febr.
Fulda	Kloster, 29. Mrz.
Augsburg	B, Ostern
Regensburg	B u. Herzogssitz, Mai
Bamberg	B, Mai
Würzburg	B, Mai
Konstanz	B, Juni
Basel	B, 14. Juni
Zürich	Festung, Juni
Straßburg	B, 8. Juli
Speyer	B, 14. Juli
Worms	B, 18. Juli

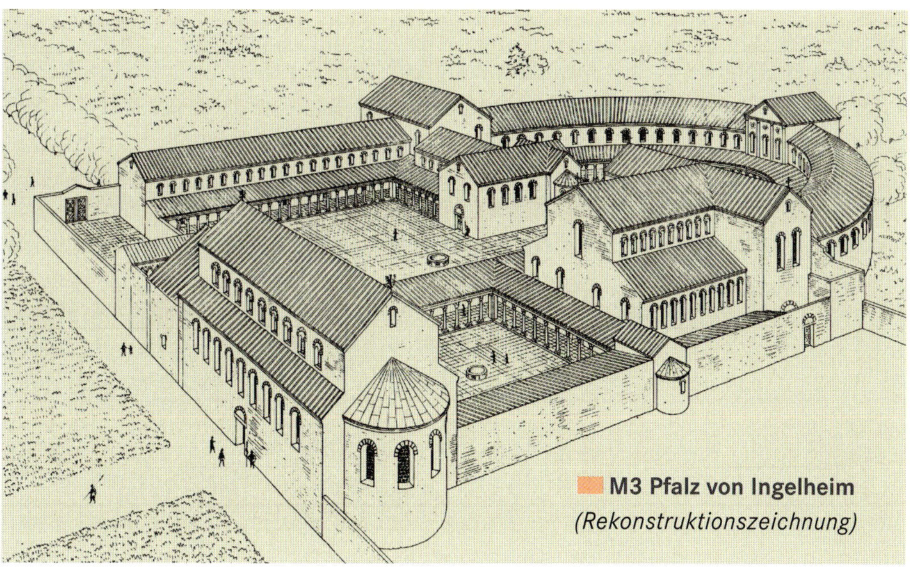

M3 Pfalz von Ingelheim
(Rekonstruktionszeichnung)

Ingelheim war eine der Königspfalzen im Heiligen Römischen Reich. Das Wort „Pfalz" leitet sich ab vom lateinischen „palatium" und steht für den Regierungs- und Wohnsitz des römischen Kaisers auf dem Palatin, einem der sieben Hügel Roms. Für die umherziehenden Herrscher boten Pfalzen sehr große Annehmlichkeiten. Weitere wichtige Pfalzen gab es in Aachen, Gelnhausen und Goslar.

1 Was sagen die einzelnen Personen in M1? Füge jeder eine Sprechblase mit einem Satz hinzu.

2 Berechne die Länge des Weges, die Konrad II. in den Jahren 1024 bis 1025 auf seinem Umritt zurückgelegt hat (M2). Nimm einen Atlas zu Hilfe.

3 Zähle die Gründe auf, warum Konrad II. diese Reisen auf sich nahm (Autorentext).

4 Informiere dich über eine der genannten Pfalzen im Internet, indem du den Namen der jeweiligen Pfalz als Suchbegriff eingibst. Notiere dir Wesentliches.

Die Helfer des Königs – der Adel

Der König braucht Krieger. Im Mittelalter besaßen die Könige kein eigenes Heer zur Verteidigung ihres Reichs. Im Kriegsfall mussten sie sich auf ihre Untertanen verlassen. Das Waffenhandwerk war allerdings ein kostspieliges Unterfangen, allein der Panzer für einen berittenen Krieger kostete so viel wie ein Bauernhof. Da jeder Kämpfer für seine Ausrüstung aufkommen musste, konnte es sich nur eine kleine Schicht vermögender Grundbesitzer leisten, dem König beizustehen. Aber die Herrscher brauchten viel mehr Männer in Waffen, um Aufstände, z. B. in Italien, niederzuwerfen oder um die rebellischen Sachsen und die muslimischen Sarazenen zu bekämpfen.

Der Kriegsdienst zahlt sich aus. Um die Schar der Krieger zu erhöhen, rüsteten neben dem König auch der Adel und reiche Kirchenmänner unvermögende Männer aus ihrer Gefolgschaft für den Kriegsdienst aus. Diese unfreien Dienstmannen (Ministerialen) kamen dank ihres Herrn als Krieger zu Ansehen und versprachen ihm, neben lebenslangem Dienst, Gehorsam und Treue. Über mehrere Generationen war es so im Mittelalter möglich, allein durch Leistung zu gesellschaftlichem Ansehen zu gelangen und in die Schicht des waffentragenden Adels aufzusteigen.
Auch für den Adel zahlte sich der Kriegsdienst aus. Als Stellvertreter des Königs bereits an der Regierung des Landes beteiligt, gewährte ihnen der König ein besonderes Bündnis. Er überließ verdienten Adligen ein Stück Land, eine Burg oder ein besonderes Recht (z. B. Stadt- oder Marktrecht) zur Nutzung. Diese Leihgabe nennt man ▸ Lehen. Im Gegenzug für das Lehen erhielt der König von dem adligen Vasallen (= Lehnsmann) das Versprechen, dass er im Kriegsfall auf seiner Seite kämpfen würde. In einer feierlichen Zeremonie leistete er dem König die so genannte „Mannschaft", indem er seine gefalteten Hände in die Hände des Herrn legte, seit dem 13. Jh. in kniender Haltung. Der König als Lehnsherr gab dabei ebenfalls ein Treueversprechen ab.

Jeder dient jedem. Durch den Treueid gingen Lehnsherr und Lehnsmann ein Bündnis ein. Beide Seiten zogen ihre Vorteile daraus. Der Lehnsherr sicherte sich durch den Eid treue Verbündete im Kampf und politische Berater. Der Lehnsmann erhielt von ihm Schutz und ein Lehen. Jeder Vasall konnte einen Teil seines empfangenen Lehens wieder an Untervasallen weiterverleihen und somit selbst Lehnsherr sein. Diese persönlichen Bindungen sind ein wichtiges Kennzeichen der Herrschaft im Mittelalter. Da ein Herrscher mithilfe von Menschen regierte, die ihm persönlich verpflichtet waren, spricht man bei dieser Herrschaftsform von einem Personenverbandsstaat.

M1 Ein Lehnsmann bittet den Lehnsherrn um Verlängerung seines Lehens *(Illustration aus dem Sachsenspiegel, 13. Jh.). Die römischen Zahlen deuten auf die Frist von Jahr und Tag. Da der Lehnsmann mit beiden Händen die „Mannschaft" leistet, hat der Zeichner eine dritte Hand hinzugefügt, mit der er die hinter ihm stehenden Männer zu Zeugen des Geschehens macht.*

Aus der Leihgabe wird Besitz. Der Lehnsherr suchte sich seine Lehnsmänner aus und verlieh ihnen ein Lehen als besonderen Beweis seines Vertrauens. Starb ein Vasall, fiel es wieder zurück an den Herrn. Der traditionsbewusste Adel strebte danach, Lehen auf Dauer zu erhalten, um sie den nachfolgenden Generationen vererben zu können. Den Herrschern gefiel dieser Wunsch nicht, denn das Lehen war ein Teil ihrer Machtgrundlage. Brach ein Vasall die Treue, konnte der Herr ihm das Lehen wieder entziehen. Dieses Druckmittel war ein wichtiger Pfeiler ihrer Macht, den die Herrscher nicht gern aus der Hand geben wollten. Allerdings waren auch die Vasallen zu Macht und Einfluss gelangt. Sie verfügten über kampfbereite Untervasallen, die dem Herrscher gefährlich werden konnten. Um die eigene Macht zu sichern, machten die Herrscher Zugeständnisse. Sie sicherten dem Adel im 13. Jh. die Erblichkeit der Lehen zu.

M2 Das Lehnswesen

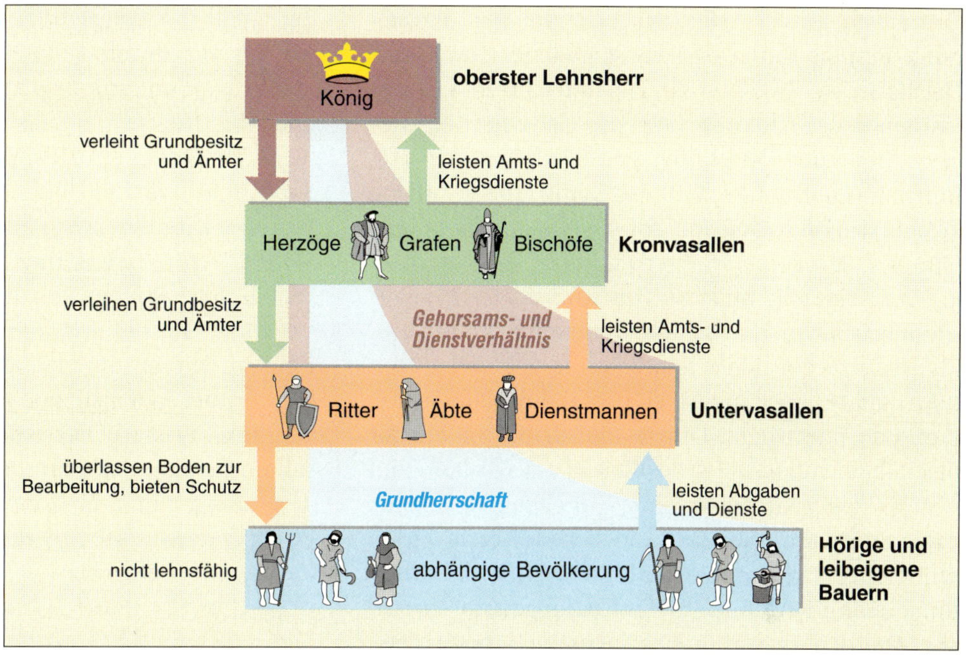

M3 Der König verleiht Lehen an einen Bischof und an einen Fürsten *(aus dem Sachsenspiegel, einem mittelalterlichen Rechtsbuch, 13. Jh.).*

Er überreicht ihnen als Zeichen Zepter und Fahne.

M4 Gegenseitiges Treueversprechen

Am 7. April (des Jahres 1127) wurde dem Grafen (von Flandern) mehrmals Mannschaft geleistet. Sie wurde mit dem Ziel, Treue und Sicherheit herzustellen, auf folgende Weise vollzogen: Als Erstes leisteten sie (die neuen Vasallen) die Mannschaft, wobei der Graf fragte, ob der neue Vasall vollständig sein Mann sein wolle und dieser antwortete: „Ich will"; und mit gefalteten Händen, umschlossen von den Händen des Grafen, gaben sie sich den Kuss und vereinten sich im Bündnis. Als zweiten Akt leistete jener, der die Mannschaft vollzogen hatte, dem Grafen in diesen Worten den Treueid: „Ich gelobe und gebe mein Wort, dass ich dem Grafen von Flandern in Zukunft getreu sein werde und ihm Mannschaft leisten werde gegen jedermann in fester Treue und ohne List." Dieser Eid erfolgte über den Reliquien der Heiligen. Hierauf übergab der Graf mit einer Rute, die ein Vertrauter in der Hand hielt, allen, die durch dieses Bündnis Sicherheit, Mannschaft und zugleich den Eid geleistet hatten, ihre Lehen.

Zitiert nach: Galbert von Brügge, Geschichte und Ermordung Karl des Guten, Graf von Flandern, hrsg. von Henri Pirenne, 1891, S. 89. Übers. von Stefan Weinfurter.

1 Erkläre die Grafik M2. Benutze dabei die Fachbegriffe. Beziehe M1, M3 und M4 mit ein.

2 Beschreibe die Abbildung M3. Begründe, wer Lehnsherr und wer Lehnsmann ist. Welcher Art sind die Lehen, die hier vergeben werden?

3 Notiere dir stichwortartig die Punkte, die sich Lehnsherr und Lehnsmann gegenseitig versprechen (M4) und spiele zusammen mit einem Partner die Szene der Belehnung vor. Du kannst auch die Darstellung in M1 wiedergeben.

Helfer des Königs – die Geistlichkeit

Der König als Herr über die Kirche. Seit der Salbung Pippins durch den Papst galt der fränkische Herrscher als Gesalbter des Herrn und Stellvertreter Christi; denn „Christos" heißt im Griechischen „der Gesalbte". Auch Otto I. ließ sich 936 bei seiner Krönung salben. Damit erhielt der König eine geistliche Weihe, wie Widukind von Corvey berichtet (s. S. 187). Otto I. hatte seine Herrschaft zuerst auf die Mitglieder seiner Familie stützen wollen. Aber weder seine Brüder noch seine Schwiegersöhne waren ihm als Herzöge der deutschen Stämme gehorsam, sondern erhoben sich mehrfach gegen ihn. Nach vielen Kämpfen übertrugen Otto I. und seine Nachfolger deshalb wichtige Ämter des Reichs auf Bischöfe und Äbte (▸ Reichskirchensystem). Der König berief sich dazu auf seine Hoheit über die Kirche. Wurde ein Bischof oder ein Abt gewählt, so lag die Entscheidung beim König. Auch die Einsetzung in das geistliche Amt, die Investitur (lat. investire = bekleiden), geschah durch den König, der seinem Kandidaten den Bischofsstab und den Ring feierlich überreichte. Mit dem Amt waren Grundbesitz und Hoheitsrechte verbunden, die der König damit an Vertreter der Kirche gab. Seinen Bruder Brun machte Otto I. nicht nur zum Erzbischof von Köln, sondern auch zum Herzog von Lothringen.

Dienste für Reich und König. Als Gegenleistung für Amt und Besitz verlangten die Könige von den Bischöfen und Äbten des Reichs die Erfüllung vieler Aufgaben. Auf ihrem Umritt durch das Reich machten sie oft in Klöstern oder in Bischofstädten Station, wo sie mit ihrem Gefolge bewirtet und untergebracht werden mussten. Außerdem hatten Bischöfe und Äbte Bewaffnete zu schicken und auszurüsten, wenn der König ein Heer aufstellte. Mancher Mann der Kirche verstand es, mit dem Schwert für das Reich zu kämpfen. Auch als Gesandte des Königs, als Stellvertreter bei seiner Abwesenheit oder als Erzieher der Prinzen wurden Bischöfe eingesetzt. Da sie zwar Geistliche waren, aber aus hochadligen Häusern stammten, brachten sie die Voraussetzungen für diese Dienste von Hause aus mit. Sie lebten wie ihre Standesgenossen aus dem Adel, allerdings sollten sie unverheiratet sein. Das war ein Vorteil für den König, denn er konnte nach dem Tod eines Bischofs dessen Amt wieder mit einem Mann seines Vertrauens besetzen.

Die Hofkapelle. Geistliche waren auch deshalb immer am königlichen Hof, um für den Herrscher und seine Begleitmannschaft festliche Gottesdienste zu feiern. An den hohen Festen der Kirche, an Weihnachten oder Ostern, dienten die Hochämter der glanzvollen Darstellung christlicher Herrschaft des Königs und Kaisers. Jede königliche Pfalz hatte für diesen Zweck eine Kapelle. Die Priester und Bischöfe, die solche geistlichen Dienste versahen, bildeten zusammen die Hofkapelle. Da ihre Mitglieder Latein konnten und die Kunst des Schreibens von Urkunden beherrschten, waren sie zugleich die Kanzlei des Königs. Der Vorsteher der Hofkapelle und Kanzler des Reichs hatte damit eine sehr wichtige und einflussreiche Position inne. Da der König die Geistlichen, die ihn auf seinen Reisen begleiteten, gut kannte, wählte er oft den Nachwuchs unter diesen Mitgliedern aus. Viele Bischöfe des Reichs hatten im Hofdienst ihre Karriere begonnen.

M1 Otto II. setzt Adalbert von Prag in sein Amt ein *(Detail einer Bronzetür am Dom von Gniezno/Gnesen, um 1120).*

M2 Kaiser Otto III. reist im Jahr 1000 nach Polen

Kaiser Otto hatte von Wundern gehört, die Gott durch den Märtyrer Adalbert von Prag wirkte. Also brach er auf, um an Adalberts Grab in Gnesen zu beten. In der Stadt Zeitz wurde er vom dortigen Bischof ehrenvoll aufgenommen. Schnell reiste Otto weiter nach Meißen. Auch dort wurde er feierlich vom Bischof empfangen. Sein weiterer Weg führte ihn durch das Milzener Land. Bei Sprottau traf er mit dem Polenherzog Bolesław Chrobry zusammen. Der Herrscher der Polen freute sich über den Besuch des Kaisers und begleitete ihn durch sein Land bis nach Gnesen. Als Otto die Burg Gnesen von weitem sah, lief er barfuß wie ein demütiger Pilger ihr entgegen. Dort wurde der Kaiser vom Bischof von Posen ehrfürchtig empfangen und in die Kirche geleitet. Am Grab des Adalbert kniete Otto nieder und bat unter Tränen, dass der Heilige für ihn bei Gott Fürbitte leiste. Dann erhob der Kaiser Gnesen zum Erzbistum und machte den Bruder des heiligen Adalbert zum ersten Erzbischof in Polen. Die Bischöfe von Kolberg, Krakau und Breslau unterstellte Otto dem neuen Erzbistum.

Zitiert nach: Thietmar von Merseburg, Chronik (= Freiherr-von-Stein-Gedächtnisausgabe), Darmstadt (Wissenschaftliche Buchgesellschaft) [4]1970, S. 161f. Vom Verfasser nacherzählt.

M3 Kirchenmänner im Dienst von Reich und Kirche

a) König Heinrich I. ernannte mich zum Bischof. Ich habe meine Stadt 955 militärisch verteidigt. Damit habe ich Otto I. zu einem großen Sieg verholfen. Wie heißt meine Stadt? Wer waren ihre Feinde? Wann bin ich gestorben? (U. v. A.)

b) Ich habe von der Reise Kaiser Ottos III. nach Polen berichtet. Die Chronik über mein Bistum vollendete ich 1018. Für die Kaiser aus Sachsen bin ich einer der wichtigsten Geschichtsschreiber gewesen. Hier seht ihr den Dom meiner Stadt, dessen Bischof ich war. Sie liegt an der Saale. Wie ist mein Name? Wer hat mein Bistum gegründet? (Th. v. M.)

c) Theophanu machte mich 987 zum Hofkaplan und Erzieher des jungen Königs Otto III. 993 nahm ich die Wahl zum Bischof an. Otto III. schenkte mir ein Stück Holz vom heiligen Kreuz. Am Dom meiner Stadt gibt es auch berühmte Bronzetüren. Sie sind eine Bilderbibel für das Volk, das damals ja nicht lesen konnte. Wie ist mein Name? Wo liegen mein Bistum und mein Dom? (B. v. H.)

1 Beschreibe und erkläre, wie das Verhältnis König und Bischof in M1 dargestellt wird.

2 Erarbeite aus M2–M3: Was macht der König für die Kirche? Was tun die Bischöfe für ihn?

3 Versuche herauszufinden, wer die drei Bischöfe sind, die sich in M3 vorstellen. Das „Heiligenlexikon" im Internet hat viele brauchbare Hinweise. Die Abkürzungen in den Klammern helfen dir, die richtige Lösung zu finden.

4 Überlege, was heute die Kirche für den Staat und der Staat für die Kirche tut.

Die Kirche gegen die Welt des Adels

Simonie – Handel mit geistlichen Ämtern. Der Adel gründete nicht nur Klöster, sondern stiftete auf eigenem Land auch Kirchen. Für diese „Eigenkirchen" durfte ein Adliger die Geistlichen selbst einsetzen. Da mit einer Pfarrei, insbesondere mit dem Amt eines Abts oder Bischofs, Grundbesitz und Einkünfte verbunden waren, kam es zum Handel mit kirchlichen Ämtern. Hochadlige Familien hatten Interesse, ihre zweitgeborenen Söhne und ihre Töchter standesgemäß zu versorgen, indem sie ihnen eine Stelle als Bischof, Abt oder Äbtissin kauften. Und hatte man sich kirchliche Ämter und Land teuer gekauft, dann wollte man sie auch weiter vererben. So entsprach es der Gewohnheit. Besonders in Frankreich verlor die Kirche dabei viel Land. In Rom waren die Zustände noch bedenklicher. Amt und Würde bzw. der Besitz des Kirchenstaates waren hier das Ziel der rivalisierenden Familien des städtischen Adels. Mit Gewalt und Geld suchten sie sich den Thron des Papstes zu erkämpfen. Dabei kam es zu Doppelwahlen, da jede Partei ihren Kandidaten als Papst durchsetzen wollte.

Widerstand gegen Simonie und Fehde. Vor allem unter den Mönchen des Klosters Cluny in Burgund regte sich Widerstand gegen diese Zustände. Sie meinten, wer für ein geistliches Amt bezahle, lade die Sünde der Simonie auf sich. Sie setzten sich für die „Freiheit der Kirche" ein. Das bedeutete: Laien, also Menschen ohne geistliche Weihen, durften sich in geistliche Dinge nicht einmischen und keinesfalls kirchliche Ämter kaufen, verkaufen oder vererben. Wer Priester wurde, gehörte damit nicht mehr zur Familie. Am Adel kritisierten die Mönche von Cluny auch, dass er ständig sein Fehderecht ausübte. Es bestand darin, dass jeder freie Herr zu den Waffen greifen durfte, um sich sein Recht zu erstreiten. Unzählige Kleinkriege zum Schaden der Untertanen waren die Folge. Ein „Gottesfrieden" sollte die dauernden Fehden eindämmen.

Clunys Ausstrahlung. Die Ideen zur Erneuerung der Kirche hatten großen Erfolg. Mönche aus Cluny reformierten viele Klöster, z. B. Gorze in Lothringen und Hirsau im Schwarzwald. Anhänger der Reform beachteten wieder die Regel des heiligen Benedikt (s. S. 177) und sorgten für strenge Disziplin und bessere Bildung hinter Klostermauern. Das Zölibat, ein Leben ohne Ehepartner, sollte nicht nur für Mönche, sondern für alle Geistlichen Pflicht sein. Die meisten Priester und Bischöfe waren damals verheiratet. Der Klerus sollte sich aber seinen geistlichen Pflichten – ohne Rücksicht auf Besitz und Familie – widmen. Das erneuerte Leben in Armut und Gehorsam begeisterte viele. Neue Orden wurden gegründet, welche die Benediktiner in ihren Idealen noch übertreffen wollten. Die Zisterzienser siedelten sich an einsamen Orten an, wo sie durch harte Handarbeit die Wildnis urbar machten. Ihre Kirchen bauten sie völlig ohne Schmuck.

Könige auf der Seite der Reform. Die Könige Heinrich II. und Heinrich III. unterstützten die Reform der Kirche im Reich. Heinrich II. gründete 1007 das Bistum Bamberg und setzte dort einen Bischof ein. Mit Papst Benedikt VIII. traf er sich 1022 in Pavia/Norditalien, wo sie gemeinsam ein Dekret (Verordnung) zur Reform der Kirche erließen. Heinrich III. mischte sich noch stärker in kirchliche Dinge ein. Drei Päpste, die der römische Adel in Konkurrenz erhoben hatte, setzte er auf einer Synode in Sutri/Mittelitalien 1046 ab. Er ernannte deutsche Bischöfe zu Päpsten. Mit ihnen hielten die Ideen aus Cluny Einzug in der römischen Kirche.

M1 Kaiser Heinrich III. und seine Helfer
(Buchmalerei, 11. Jh.)

M2 Blick auf die Klosteranlage von Cluny, wie sie um 1150 ausgesehen haben mag *(Rekonstruktionszeichnung). Mit einer Länge von 187 m war die Klosterkirche die größte im Abendland. Der mächtige Bau sollte auch den Vorrang der Kirche vor der weltlichen Macht ausdrücken.*

M3 Über das Mönchstum im 10. Jh.

Der Mönch und Geschichtsschreiber Lampert von Hersfeld berichtet:

Und in der Tat, nicht ohne Grund hat der Herr über die Mönche unseres Landes Verachtung ausgeschüttet. Denn die persönliche Schändlichkeit einiger Pseudomönche hatte das Mönchtum in sehr üblen Ruf gebracht, denn sie kümmerten sich nicht mehr um göttliche Dinge, sondern beschäftigten sich ausschließlich mit Geld und Gewinn. Sie bestürmten die Ohren der Fürsten ungestüm nach Abteien und Bistümern und bemühten sich um kirchliche Würden nicht wie unsere Vorfahren auf dem Wege der Tugenden, sondern suchten sie sich ... mit ihren übel erworbenen Geldern zu ergattern. Selbst um ein kleines Amt zu erkaufen, versprachen sie täglich goldene Berge und schlossen weltliche Käufer durch ihr übermäßig hohes Angebot aus; und der Verkäufer wagte nicht so viel zu fordern, wie der Käufer zu zahlen bereit war. Die Welt fragte sich staunend, wieso Privatleute solche Schätze hätten anhäufen können, und noch dazu gerade solche Menschen, die ... den Ehrentitel der Armut als Aushängeschild benutzten und vorgaben, außer einfacher Nahrung und Kleidung nichts zu besitzen.

Lamperti Monachi Hersfeldensis Annales, 1071: Zitiert nach: GiQ 2, S. 232f. Übers. von Adolf Schmidt.

M4 Aus den Bestimmungen des Gottesfriedens von Arles in Südfrankreich *(um 1040):*

Von der Vesper (Abendgebet) des Mittwochs bis zum Sonnenaufgang am Montag sollen zwischen allen Christen ... fester Frieden und unverbrüchliche Waffenruhe herrschen, sodass in diesen vier Tagen und Nächten alle Christen zu jeder Stunde sicher seien und alles tun können, was nützlich ist, frei von aller Furcht vor Feinden und sicher in der Ruhe dieses Friedens und Waffenstillstandes. Alle, die diesen Frieden und diese Gottesruhe beachten und sicher halten, sollen ... von ihren Sünden losgesprochen sein. Wer aber den Frieden versprochen hat und ihn wissentlich bricht, der sei ... exkommuniziert, verflucht und verwünscht ... Wer an diesen Tagen des Gottesfriedens einen Menschen tötet, werde verbannt und aus seiner Heimat verjagt. Er soll nach Jerusalem wallfahren und dort ein langes Exil erleiden. Wer auf andere Weise den oben beschriebenen Gottesfrieden bricht, der werde nach den weltlichen Gesetzen abgeurteilt und soll sich entsprechend seiner Schuld lösen. Nach den heiligen Kanones (den Bestimmungen des Kirchenrechtes) aber werde er mit einer doppelten Buße belegt.

MG Constt. I, Appendix III, Nr. 419, S. 596f. Zitiert nach: GiQ 2, S. 234. Übers. von Wolfgang Lautemann.

1 Beschreibe und deute das Bild M1. Erkläre, warum der Kaiser zwischen zwei Geistlichen steht.

2 Ein Mönch des 11. Jh. kommt erstmalig nach Cluny. Schildere, was ihn besonders beeindruckt haben könnte (M2).

3 Zähle aus M3 die Missstände auf, die unter den Geistlichen beklagt werden. Vergleiche mit M5/S. 33.

4 Erläutere, mit welchen Mitteln der Gottesfrieden durchgesetzt werden sollte (M4).

5 Stelle aus dem Autorentext und den Quellen die Unterschiede gegenüber, die Adel und Klerus nach der Reform voneinander trennten.

Der Machtkampf zwischen Kaiser und Papst

Vom Mönch zum Reformpapst. Der Mönch Hildebrand lernte in einem römischen Kloster den Kampf gegen Simonie und Priesterehe kennen. Mit Eifer unterstützte er Papst Gregor VI., nach dessen Absetzung durch Kaiser Heinrich III. 1046, auch den nachfolgenden Papst Leo IX. Unter ihm bekamen Anhänger der Kirchenreform hohe Posten als Bischöfe und Kardinäle. Auf einem Konzil in Rom beschlossen sie 1059, dass nur Kardinäle, d.h. die höchsten kirchlichen Würdenträger, den Papst wählen dürfen. Außerdem wurden jetzt alle Priester aus der Kirche ausgeschlossen, die mit Frauen zusammenlebten. Als 1073 wieder Papstwahl war, sollen Kardinäle und römisches Volk gerufen haben: „St. Peter will Hildebrand als Papst!" Er nannte sich nun Gregor VII. und setzte seine Pläne sogleich um. Bischöfe, die seinen Befehlen nicht folgten, schloss er aus der Kirche aus. Im „Dictatus papae" (= Leitsätze des Papstes) formulierte er seine Vorstellungen von den Rechten des Papstes. Er beanspruchte damit den Primat, die Oberherrschaft über alle Kirchen in allen Ländern.

Der ▸ Investiturstreit. Zum Machtkampf zwischen Kaiser Heinrich IV. und Papst Gregor VII. kam es 1075. In Mailand sollte ein neuer Erzbischof eingesetzt werden. Heinrich IV. investierte nach Gewohnheit seinen Kandidaten in dieses Amt und ernannte weitere Bischöfe in Italien. Gregor protestierte dagegen und verlangte Gehorsam. Kaiser Heinrich sollte seine Investituren zurücknehmen und Buße tun; sonst würde er aus der Kirche ausgeschlossen werden. Heinrich IV. reagierte wütend. Er versammelte 1076 die deutschen Bischöfe in Worms, wo sie die Absetzung des Papstes beschlossen. Heinrich III. hatte 1046 drei Päpste absetzen können; aber diesmal konnte sich der Kaiser nicht durchsetzen. Gregor VII. sprach nämlich den Bann über Heinrich IV. aus, der so aus der Kirche ausgestoßen wurde. Damit standen die Untertanen vor einer schwierigen Entscheidung: Entweder sie waren dem Kaiser treu – oder sie gehorchten dem Papst.

Der Gang nach Canossa. Kaiser Heinrich verlor als Gebannter seine Gefolgschaft. Bischöfe und Fürsten, die Herzöge Welf von Bayern, Rudolf von Schwaben und Berthold von Kärnten, fielen von ihm ab. Sie drohten, den Kaiser nicht mehr anzuerkennen, wenn er nicht vor dem Papst Buße tun würde. Da zog Heinrich IV. mit Gemahlin und seinem zweijährigen Sohn nach Italien. Vor der Burg Canossa, wo der Papst zu Besuch weilte, erschien er im Januar 1077 an drei Tagen im Bußgewand. Dann löste ihn der Papst vom Bann. Der Kaiser hatte sich damit dem Oberhaupt der Kirche demütig unterworfen. Aber er war dadurch immerhin in seinem Amt geblieben.

Spaltung von Kirche und Staat. Der Kampf zwischen Kaisern und Päpsten zog sich noch lange hin. Erst 1122 gelang ein Kompromiss. Im Wormser Konkordat einigte man sich darauf, dass der König in Deutschland die Wahl eines Bischofs mit beeinflussen konnte; die Einsetzung mit Ring und Stab ging an die geistliche Macht über. Bischöfe und Äbte blieben aber Vasallen des Königs. Im Kampf um Investitur, Simonie und Zölibat hatte sich allerdings ein Riss zwischen Kirche und Staat gebildet.

M1 *Dieses Bild aus dem Sachsenspiegel zeigt zweimal das Verhältnis von Kaiser und Papst.*

M2 „Dictatus Papae" von Papst Gregor VII. *(1075):*

I. Dass die römische Kirche vom Herrn allein gegründet worden sei.

II. Dass allein der römische Bischof zu Recht als universal bezeichnet werde.

III. Dass ausschließlich jener Bischöfe absetzen oder in den Schoß der Kirche wieder aufnehmen könne.

IV. Dass sein Gesandter allen Bischöfen auf einem Konzil übergeordnet sei ...

V. Dass der Papst Abwesende ihres Amtes entheben könne.

VIII. Dass er allein kaiserliche Insignien benutzen könne.

IX. Dass alle Fürsten allein des Papstes Füße küssen sollen.

X. Dass allein sein Name in den Kirchen verlesen werde.

XI. Dass dieser Name einzigartig ist in der Welt.

XII. Dass es jenem erlaubt sei, Kaiser abzusetzen.

XVI. Dass keine Synode (Kirchenversammlung) ohne seine Anweisung als allgemein bezeichnet werden darf.

XIX. Dass er selbst von niemandem gerichtet werden dürfe.

XXII. Dass die römische Kirche niemals geirrt hat und nach dem Zeugnis der Schrift auch in Zukunft niemals irren wird.

XXVII. Dass er Untertanen vom Treueid gegen unbillige (Herrscher) entbinden kann.

Zitiert nach: Johannes Laudage (Hrsg.): Der Investiturstreit. Quellen, Dokumente, Materialien (= Böhlau Studienbücher), Köln 1989, S. 57ff. (leicht vereinfacht).

M3 „Steige herab ...!"

Brief Heinrichs IV. an Gregor VII. (1076):

Heinrich ... durch Gottes gerechte Anordnung König, an Hildebrand, nicht mehr den Papst, sondern den falschen Mönch. Auch mich, der ich ... zum Königtum gesalbt worden bin, hast du angetastet, mich, von dem die Überlieferung der heiligen Väter lehrt, dass ich nur von Gott gerichtet werden darf, und versichert, dass ich wegen keines Verbrechens abgesetzt werden darf, ich wiche denn vom Glauben ab, was ferne sei ... Selbst der wahre Papst, der heilige Petrus, ruft aus: „Fürchtet Gott und ehret den König"; du aber entehrst mich, weil du Gott, der mich eingesetzt hat, nicht fürchtest. ... So steige du denn, der du durch ... das Urteil aller unserer Bischöfe und unser eigenes verdammt bist, herab, verlasse den Apostolischen Stuhl, den du dir angemaßt hast. Ein anderer steige auf den Thron des heiligen Petrus, einer, der Gewalttat nicht mit Frömmigkeit bemäntelt, sondern die reine Lehre des heiligen Petrus lehrt.

Ich, Heinrich, durch die Gnade Gottes König, sage dir zusammen mit allen meinen Bischöfen: „Steige herab, steige herab!"

Zitiert nach: Die Briefe Heinrichs IV., hrsg. von Carl Erdmann, MGH: Deutsches Mittelalter. Kritische Studientexte 1, Leipzig (Hiersemann) 1937, Nr. 12, S. 15ff.

Methode: Textquellen im Vergleich

Im Zusammenhang mit der Kaiserkrönung Karls des Großen (s. S. 168f.) haben wir uns schon einmal mit Textquellen beschäftigt. Der Investiturstreit führt erneut zum Thema „Kaiser und Papst". Und wieder sind es schriftliche Quellen, die uns darüber etwas sagen. Da es sich um einen Streit handelt, scheint es sinnvoll, die Quellen zu vergleichen. Folgende Schritte können dir dabei helfen:

1. Schritt: Halte fest, wer zu wem in den Quellen spricht, und welche Form er dabei gewählt hat.

2. Schritt: Stelle in zwei oder drei kurzen Sätzen gegenüber, a) was der Verfasser über sich sagt und b) was er von seinem Gegner behauptet.

3. Schritt: Schreibe auf, wie die Behauptungen beider begründet sind.

4. Schritt: Abschließend solltest du dir noch überlegen: Welche Partei überzeugt dich mehr? Begründe deine Meinung.

1 Bearbeite M2 und M3 in den oben angegebenen Schritten.

2 Beschreibe und erkläre, was die doppelte Darstellung von Kaiser und Papst in M1 bedeutet.

3 Ergänze M1 durch Sprechblasen, in denen die Figuren sagen, was sie tun.

4 Zähle Rechte auf, die Papst Gregor in M2 für das Papsttum allgemein beansprucht.

5 Versetze dich in die Situation eines Mönchs zu dieser Zeit. Wie erlebt er den Kampf zwischen König bzw. Kaiser und Papst?

Der Machtkampf zwischen dem Kaiser und den Fürsten

Die Staufer erlangen die Krone. Nicht nur mit dem Papst fochten die Kaiser des Heiligen Römischen Reichs einen Kampf aus – auch mit den Fürsten kam es zu Konflikten. 1125 starb der letzte Herrscher aus dem Geschlecht der Salier, Heinrich V., kinderlos. Wer sollte das Reich nun führen? Ein heftiger Streit entbrannte unter den beiden mächtigsten Adelsgeschlechtern, den Welfen und den Staufern. Die Welfen waren Herzöge von Sachsen und Bayern, die Staufer hatten die Herzogswürde von Schwaben inne und waren erst im Jahrhundert zuvor zu den führenden Adelsgeschlechtern des Reichs aufgestiegen. 27 Jahre stritten beide Familien um die Krone, bis es 1152 zum Ausgleich kam: Die Fürsten wählten Friedrich I. Barbarossa (ital. barba rossa = Rotbart) zum König. Er hatte einen staufischen Vater und eine welfische Mutter.

Barbarossa kämpft um Italien. Unter Friedrich I. (1152–1190) erlebte das Reich eine kulturelle Blüte. Das größte Interesse zeigte Barbarossa jedoch an Italien: Fünfzehn Mal nahm er den im Vergleich zu heute beschwerlichen Weg über die Alpen auf sich, um für das Reich die Oberherrschaft über Italien zu sichern. Die Gründe dafür waren zum einen der immense Reichtum der norditalienischen Städte, die rege Handelsbeziehungen zum Orient unterhielten, zum anderen aber auch, dass er als „römischer Kaiser“ die Herrschaft über Norditalien beanspruchte. Nach vielen Kriegen kam es 1186 zu einer Einigung: Die Städte der Lombardei erkannten den Kaiser als ihren Oberherrn an, durften sich aber weitgehend selbst verwalten.

Cousins als Rivalen. Der Welfe Heinrich der Löwe, der Cousin Friedrich Barbarossas, herrschte als Herzog über Bayern und Sachsen. Er hatte Friedrichs Wahl zum König nur zugestimmt, nachdem dieser ihm freie Hand über den Nordosten des Reichs zugesagt hatte. Dafür versprach Heinrich seinem Vetter, ihm bei der Durchsetzung seiner kaiserlichen Interessen in Italien zu unterstützen. 1176 brach die Rivalität zwischen beiden offen aus. Als sich Kaiser Friedrich bei Chiavenna in Norditalien in einer militärischen Notlage befand, weigerte sich Heinrich der Löwe, ihm neue Truppen zu schicken. Ein Gesandter Heinrichs soll dem Kaiser mitgeteilt haben: „Habt acht, dass Euch die Kaiserkrone nicht vor die Füße fällt!“ Ein Herzog hatte also dem Kaiser ganz offen das verweigert, was er ihm zuvor zugesichert hatte. Wie viel Macht hatte der Kaiser dann aber noch?

Der Ausbau der Landesherrschaft. Im Konflikt mit Heinrich konnte sich Friedrich Barbarossa noch einmal behaupten. 1180 wurde Heinrich vor das Reichsgericht zitiert, dort wegen Treuebruchs als Lehnsmann verurteilt und nach England verbannt. Dieses Urteil war aber nur möglich, weil die anderen Reichsfürsten den Kaiser unterstützten, da ihnen inzwischen Heinrich der Löwe zu mächtig geworden war; aus eigener Kraft wäre es Friedrich nicht möglich gewesen, seinen Vetter zu verbannen.

In der Folgezeit gelang es den Fürsten zusehends, innerhalb des Reichs ihre Herrschaft auszubauen. Ihre Herzogtümer vergrößerten sie durch Verträge oder Kriege und wandelten sie von Lehen, die sie nach ihrem Tod an den Kaiser hätten zurückgeben müssen, in vererbbaren Familienbesitz um. So entstand die „Landesherrschaft“; ein Herzog oder Graf herrschte über sein Gebiet (Territorium) beinahe wie ein König. Der Kaiser hatte zwar über das gesamte Reich die Oberhoheit, konnte sich jedoch in die Regierung dieser neuen Landesherren nicht wirksam einmischen und wurde letztlich von diesen abhängig, weil er ihre Hilfe, z. B. bei Kriegszügen, brauchte.

1232 rangen die Fürsten Friedrich II. weitere wichtige Rechte ab: So durfte fortan niemand mehr außer dem Fürsten selbst – nicht einmal der König – auf dem Gebiet eines Landesherrn eine Burg oder eine Stadt errichten oder eine neue Münze einführen.

Nach dem Tod des letzten Stauferherrschers im Jahre 1268, gelang es keinem Kaiserhaus mehr, die Macht der Landesfürsten dauerhaft zu schmälern. Dies fand auch in der „Goldenen Bulle“ von 1356 Ausdruck: Mit dieser Urkunde ließen sich die sieben mächtigsten Fürsten des Reichs, die ▸ Kurfürsten, das Recht verbriefen, den deutschen König zu wählen (küren = wählen) und bei der Regierung mitzuentscheiden.

M1 Heinrich der Löwe und seine Frau Mathilde werden von Gott gekrönt *(Buchmalerei aus dem Evangeliar Heinrichs des Löwen, 1175). Links vom Herzog stehen dessen Eltern und der welfische Kaiser Lothar III. Rechts von der Herzogin sieht man die englische Königsfamilie, aus der Mathilde abstammt.*

M2 Die „Goldene Bulle" von 1356

Die „Goldene Bulle" ist eines der wichtigsten Gesetze des Heiligen Römischen Reiches. Sie erhielt ihren Namen von dem goldenen Siegel (aurea bulla):

... Wenn nun die Kurfürsten diesen Eid geleistet haben, sollen sie zur Wahl schreiten und fortan die Stadt Frankfurt nicht verlassen, bevor die Mehrzahl von ihnen der Welt oder der Christenheit ein weltliches Oberhaupt gewählt hat, nämlich einen römischen König und künftigen Kaiser.

... Wir bestimmen ferner, dass, wer zum römischen König gewählt worden ist, sogleich nach vollzogener Wahl, bevor er in irgendwelchen anderen Angelegenheiten oder Geschäften aus Vollmacht des Heiligen Reichs seine Tätigkeit beginnt, allen Kurfürsten ihre Privilegien, Rechte, Freiheiten und Vergünstigungen, alte Gewohnheiten und auch Würden und alles, was sie vom Reich bis zum Tage seiner Wahl empfangen und besessen haben, ohne Verzug durch seine Briefe und sein Siegel bestätigen und bekräftigen soll.

Wir verordnen daher, dass von jetzt an künftig auf ewige Zeiten die berühmten und mächtigen Fürstentümer die Länder, Gebiete, Lehen- und Vasallitätsverhältnisse und alles, was zu ihnen gehört, nicht getrennt oder zersplittert werden dürfen, sondern es soll der erstgeborene Sohn in ihnen nachfolgen, und ihm allein soll Recht und Herrschaft zustehen.

Zitiert nach: Quellen zur Neueren Geschichte, hrsg. vom Historischen Seminar der Universität Bern, Heft 25 (1957), bearbeitet von Konrad Müller, Bern (Lang Verlag).

1 Nach dem Streit von Chiavenna 1176 verliert Kaiser Friedrich eine wichtige Schlacht. Kurz darauf stellt er seinen Cousin Heinrich zur Rede. Verfasse einen Dialog zwischen den beiden Herrschern.

2 Erkläre anhand des darstellenden Textes, auf welche Weise die Landesfürsten ihre Herrschaft vergrößern konnten.

3 Beschreibe die Darstellung der Krönung Herzog Heinrichs des Löwen (M1). Überlege, welche Funktion die Umstehenden wahrnehmen, wer die Malerei in Auftrag gegeben hat und welche Absicht dahinter stand.

4 Diskutiert anhand von M2, ob nach dieser Abmachung der Kaiser oder die Fürsten mehr Macht besaßen.

König und Adel in England

Ein Normanne wird König von England. Im Sommer 1066 entluden Hunderte von Drachenschiffen eine Armee von rund 7 000 Mann unter Führung ihres Herzogs Wilhelm an der englischen Südküste. Wilhelm war Nachfahre der Wikinger oder „Nordmänner", die im 9. Jh. Beutezüge entlang der Küsten Westeuropas und die großen Flüsse stromaufwärts unternommen hatten. Um den dauernden Angriffen Einhalt zu gebieten, hatte der französische König ein großes Gebiet an der Mündung der Seine als Lehen an die Eindringlinge vergeben, die später sogenannte Normandie. Im Laufe der Zeit übernahmen die Normannen den christlichen Glauben und die französische Sprache und Kultur. Als es auf der anderen Seite des Kanals zu Adelsstreitigkeiten um die englische Thronfolge kam, griff der Herzog der Normandie ein. In der Schlacht von Hastings 1066 besiegte Wilhelm den englischen König Harold. Seither trägt er den Beinamen „der Eroberer". Wilhelm benötigte weitere sechs Jahre zur Niederschlagung aller Aufstände seiner Gegner, deren Landbesitz der neue König einkassierte und normannischen Gefolgsleuten als Lehen übergab.

M1 Szene aus dem Wandteppich von Bayeux *(um 1077)*

Der Teppich ist ca. 70 m lang und 50 cm hoch. Er entstand im Auftrag des Bischofs Odo von Bayeux, einem Halbbruder des normannischen Herzogs und war im Chor dieser Kathedrale aufgehängt. Einige Szenen werden durch kurze Sätze erläutert. Oben: „Hier überquert Herzog Wilhelm in einem großen Schiff das Meer.", rechts: „(Hier ist) König Harold getötet worden."

Der erste Verwaltungsstaat Europas. Im Gegensatz zum Deutschen Reich konnten die englischen Könige ein flächendeckendes Lehnssystem durchsetzen, in dem alle Adligen ihrem König die Treue schwören mussten. Grundbesitz und Lehnsverhältnisse wurden ab 1086 nach Grafschaften ins „Domesday Book", eine Art Grundbuch für ganz England, eingetragen. Aus dem vormaligen „Danegeld" („Dänengeld" = Tributzahlungen an die Normannen) wurde eine allgemeine Staatssteuer. In den einzelnen Grafschaften übten Sheriffs die Herrschaft über die Finanzverwaltung und das Justizwesen mit Geschworenengerichten aus.

Adel und Krone. Als die Normannenherrscher ausstarben, regierten Könige aus dem Haus Plantagenet England. Die Plantagenets waren durch ihre Besitzungen auf dem Kontinent zugleich Vasallen des französischen Königs. In der Regierungszeit König Johanns I. (1199–1216) wehrten sich die Kirche und der Adel Englands gegen die Abgabenlast und den Vormachtanspruch des Königs. Den Franzosen gelang in der Schlacht von Bouvines (1214) die Rückeroberung weiter Teile des englischen Besitzes auf dem Kontinent. Die englischen Fürsten und Bischöfe nutzten die zeitweilige Schwäche des Königs, um sich in der „Magna Charta Libertatum" („Große Urkunde der Freiheiten") weitgehende Rechte auf Kosten des Königtums zu sichern. Die „Magna Charta" gilt heute als Grundstein für die Entwicklung hin zu einer modernen Verfassung.

M2 Auszug aus der „Magna Charta Libertatum", dem „Großen Freiheitsbrief", von 1215

14. Steuern sollen vom Großen Rat des Königs beschlossen werden, zu dem wir die Erzbischöfe, Bischöfe, Äbte, Grafen und großen Barone ... einladen, außerdem werden wir insgesamt alle einladen, die von uns Lehen haben ...

38. Kein Amtmann soll in Zukunft jemanden allein auf seine eigene Anklage hin und ohne die Beibringung glaubwürdiger Zeugen vor Gericht stellen.

39. Kein freier Mann soll verhaftet oder eingekerkert oder um seinen Besitz gebracht oder geächtet oder verbannt oder sonst in irgendeiner Weise ruiniert werden, und wir werden nicht gegen ihn vorgehen oder vorgehen lassen, es sei denn aufgrund eines gesetzlichen Urteils von Standesgenossen oder gemäß dem Gesetz des Landes ...

61. Die Barone sollen unter ihren Standesgenossen im Königreich fünfundzwanzig auswählen ... Falls wir oder einer unserer Amtsleute sich in irgendeiner Sache gegen irgendjemanden vergehen ..., so sollen diese fünfundzwanzig dann zusammen mit der Gemeinde des ganzen Landes uns auf jede mögliche Weise pfänden und bedrängen, durch Wegnahme unserer Schlösser und Länder und Besitzungen ..., bis die Sache nach ihrer Ansicht ins Reine gebracht ist, wobei aber unsere eigene Person und die der Königin und unsere Kinder ausgenommen sind.

Zitiert nach: Udo Margedant: Englands Weg zum Parlamentarismus (= Arbeits- und Quellenhefte für die Sekundarstufe II), Frankfurt a. Main (Hirschgraben) 1977, S. 23.

M3 „Löwe und Lilie"

Englands König Eduard III. (1327–1377) leistet dem französischen König Philipp VI. (1328–1350) den Vasalleneid (frz. Miniatur, 14. Jh.).

M4 England und Frankreich *(11.–14. Jh.)*

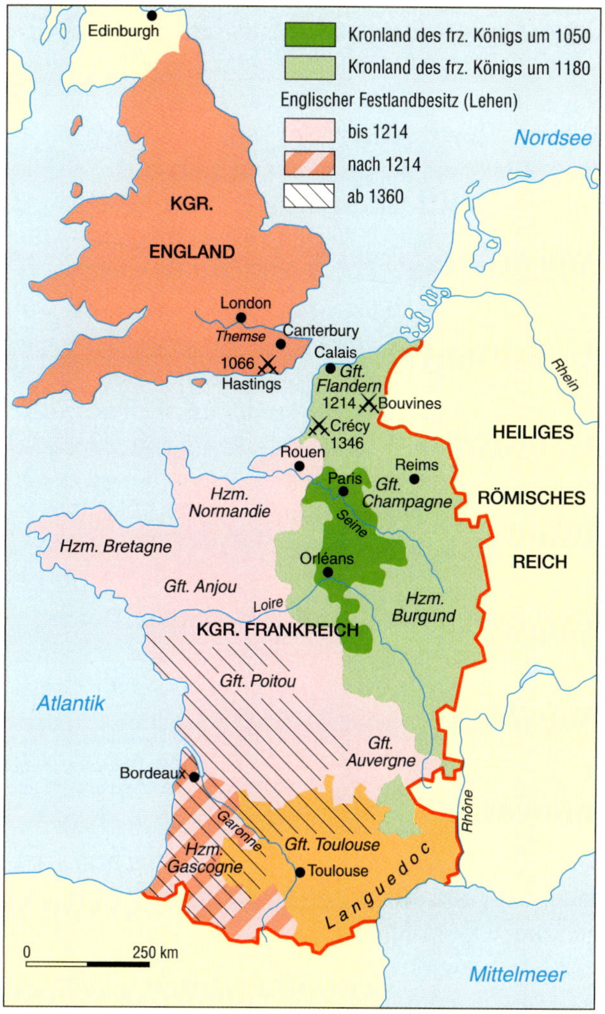

1 Beschreibe die beiden Szenen auf dem Wandteppich von Bayeux (M1).

2 Fasse die einzelnen Artikel aus der „Magna Charta" mit eigenen Worten zusammen. Welche Rechte erhielten die Adligen und die Bischöfe? Welche modernen gesetzlichen Regelungen lassen sich hier bereits finden?

3 Löwe gegen Lilie: Beschreibe die Szene in M3. Warum konnte es jederzeit zu einer militärischen Auseinandersetzung zwischen England und Frankreich kommen?

4 Welche Besitzungen auf dem Kontinent hatten die Engländer vor und nach der Schlacht von Bouvines (M4)?

Frankreich: Die Herausbildung eines modernen Nationalstaates

Der Aufstieg Frankreichs. Das Reich Karls des Großen (s. S. 168) zerfiel nach seinem Tod in eine westliche und eine östliche Hälfte. Im Westreich starb der letzte Karolinger im Jahre 987. Sein Nachfolger wurde Hugo Capet, mit dem die Herrschaft der Könige aus dem Geschlecht der Kapetinger begann. Ab dieser Zeit kann man von einer getrennten Entwicklung zu einem „französischen" Reich im Westen und einem „deutschen" Reich im Osten sprechen. Während im Osten die Kaiser gewählt wurden, setzte sich im Westen die Erbfolge durch. Doch wie klein war dieses Westreich geworden! Das Kronland der Kapetinger beschränkte sich auf die Landschaft Île de France um Paris und die Gegend um die Stadt Orléans (s. S. 201/M4). In allen anderen Gebieten des späteren Frankreichs herrschten Fürsten, die zwar Vasallen des französischen Königs waren, aber weitgehend unabhängig regierten.

Ein zentral verwalteter Staat entsteht. Durch geschickte Heiratspolitik, Kriege, Schenkung oder Ankauf wuchs das Reich der Kapetinger auf die Größe des heutigen Nordfrankreich an. Starb eine Fürstenfamilie aus, wurde ihr Besitz nicht neu als Lehen vergeben, sondern der Krone zugeschlagen. Ort der Krönung war Reims; als Grabstätte wählten die französischen Könige die Kirche von Saint Denis am Nordrand von Paris, wo bereits Merowinger und Karolingerkönige beerdigt wurden. Lange blieb der Fluss Loire die Südgrenze des Reichs. Auf Geheiß des Papstes führten die französischen Könige ab Anfang des 13. Jh. blutige Kreuzzüge gegen die in Südfrankreich vorherrschende christliche Lehre der Katharer durch und eigneten sich „nebenbei" große Teile des Südens an, vor allem das Gebiet der mächtigen Grafen von Toulouse. Mit dieser Eroberung Südfrankreichs siegte die Sprache des Nordens (langue d'oïl) gegen die Sprache des Südens (langue d'oc); die erstere wird heute als Schulfach Französisch unterrichtet.

Ab dem 13. Jh. entstand ein königliches Zentralgericht (Parlement), dessen Urteile im ganzen Land gültig waren. Beamte überwachten das Funktionieren der Verwaltung und organisierten ein für die Krone einträgliches Steuersystem in den neu geschaffenen Verwaltungsbezirken.

Der Hundertjährige Krieg (1337–1477). Im 14. und 15. Jh. brach der englisch-französische Konflikt erneut aus. Nach dem Tod des letzten Kapetingers 1328 erhob der englische König Edward III. Ansprüche auf den französischen Thron. Auch die Sicherung der Absatzmärkte für englische Wolle im nordfranzösischen Flandern war ein Grund für das militärische Eingreifen Englands. Es folgten Jahrzehnte des Krieges und der Zerstörungen. In der Schlacht von Crécy 1346 richteten die Engländer mit ihren Langbögen ein furchtbares Blutbad unter den schwer gepanzerten französischen Rittern an. Erstmals besiegten leicht bewegliche Fußkämpfer die Ritter mit Lanze und Schwert. In der Folgezeit schien der Fortbestand Frankreichs mehrfach gefährdet.

Die Wende in der langjährigen Auseinandersetzung kam 1429: Das 17-jährige Bauernmädchen Jeanne d'Arc aus Lothringen führte das französische Heer siegreich in die entscheidenden Schlachten gegen die Engländer. Karl VII. wurde in Reims gekrönt und die englischen Truppen mussten sich nach und nach zurückziehen. In England, wo seit Wilhelm dem Eroberer Französisch die Sprache der Oberschicht und des Rechtswesens war, setzte sich fortan die Volkssprache Englisch offiziell durch.

M1 Englische Bogenschützen in der Schlacht von Crécy 1346 *(französische Buchmalerei, 15. Jh.)*

Geübte Bogenschützen feuerten rund 12 Pfeile in der Minute ab, deren Durchschlagskraft tödlich war.

M2 Jeanne d'Arc – Joan of Arc – Johanna von Orléans

Beim Begriff „la Pucelle" (das Mädchen) ist französischen Schülerinnen und Schülern sofort klar, wer damit gemeint ist: Johanna von Orléans, eine der bekanntesten Personen der Weltgeschichte. Um 1410 im Dörfchen Domrémy in Lothringen geboren, gab sie später an, im Alter von 12 Jahren Stimmen gehört zu haben, die ihr befahlen, Frankreich von den Engländern zu befreien und den Thronanwärter Karl zum König zu machen. Es gelang ihr, bei Karl vorzusprechen und eine Kommission aus Adligen und Theologen von ihrer Mission zu überzeugen. Schwer bewaffnet und in Männerkleidung wirkte sie maßgeblich an der Befreiung der von den Engländern belagerten Stadt Orléans mit. Diese Befreiung wurde zum Wendepunkt des Krieges. Jeanne geleitete Karl nach Reims zur Krönung und setzte den Kampf gegen die Engländer fort. Sie geriet in englische Gefangenschaft und wurde als Hexe am 30. Mai 1431 auf dem Marktplatz von Rouen verbrannt. Obwohl von vielen verehrt, griff der französische König nicht zu ihrer Rettung ein. Das abgepresste Geständnis wurde von der Kirche 1456 aufgehoben. In den folgenden zwei Jahrhunderten geriet Jeanne in völlige Vergessenheit. Erst im 19. Jahrhundert bemächtigten sich französische Parteien verschiedener Ausrichtung und die katholische Kirche Frankreichs „ihrer" Jeanne und versuchten, sie für ihre Zwecke einzusetzen. 1920 wurde Jeanne heilig gesprochen und zur zweiten Patronin Frankreichs erklärt. In Orléans begeht man alljährlich am 8. Mai ein Fest zur Erinnerung an „la Pucelle".

Verfassertext

M4 Die Kathedrale von Reims, Krönungsort der französischen Könige. *In Nordfrankreich entstanden die ersten Kathedralen im „gotischen" Stil.*

Gekrönt wurden die französischen Könige durch die Bischöfe von Reims mit heiligem Salbungsöl, dem eine besondere Heilkraft zugesprochen wurde.

1 Beschreibe die Entwicklung Frankreichs zu einem Staat (S. 201/M4 und Autorentext).
2 Als überlebender Augenzeuge der Schlacht von Crécy (M1) berichtest du auf einer französischen Burg von den englischen Wunderwaffen. Wovon musst du die Ritter überzeugen?
3 Suche weitere Informationen und Bewertungen zu Jeanne d'Arc (Lexikon, Internet).
4 Finde heraus, was den Baustil der Gotik von der Romanik unterschied (M4). Siehe auch S. 214f.

◀ **M3 Jeanne d'Arc-Denkmal von Emmanuel Frémiet, 1889** *(Paris, Place des Pyramides).*
Das Denkmal besteht aus Bronze, wurde vergoldet und ist 2 m hoch.

Städte im Mittelalter

Gewachsene und gegründete Städte. Städte als Siedlungsform kennst du bereits aus den alten Kulturen. Mit dem Anstieg der Bevölkerung während der Aufbruchepoche Europas (s. S. 170f.) wurden in Mitteleuropa zwischen 1000 und 1400 über 4000 Städte gegründet. Diese Neugründungen entstanden an Flussübergängen, an den Kreuzungen der Fernstraßen oder in der Nähe von Pfalzen, Bischofssitzen und Klöstern. Wo Kaufleute sich niederließen, kamen bald auch Handwerker hinzu und produzierten für den örtlichen Markt. In den Dörfern waren die Bauern Selbstversorger, d. h. sie stellten alles zum Leben Notwendige, wie Nahrungsmittel, Kleidung und Werkzeuge, selbst her. Städtegründer waren der König und die hohen Adligen. Märkte bedeuteten für die Städtegründer mehr Wohlstand und die Einnahme von Steuern. Die Städte erkämpften sich im Laufe der Zeit eine große Unabhängigkeit und konnten Gesetze, Steuern und Handelsbeziehungen selbst bestimmen. Sie lockten Einwohner mit besonderen Vergünstigungen und rechtlichen Vorteilen an.

Welche besonderen Rechte hatten Städte? Die Städte des Mittelalters besaßen das Recht, über die Art der Befestigungen zu entscheiden, Münzen zu prägen und Zölle zu erheben. Die Einwohnerzahl in den neu gegründeten Städten wuchs rasch an, weil die Städte eine hohe Anziehungskraft auf die Landbevölkerung ringsum ausübten. Auch diese hing mit den unterschiedlichen Rechten von Land- und Stadtbewohnern zusammen: Die Bürger einer Stadt waren zwar nicht sozial gleichgestellt, genossen aber alle das gleiche Recht, Eigentum zu erwerben und zu vererben. Vor allem aber waren die Stadtbewohner von keinem Grundherrn abhängig und mussten daher auch nicht die vielen Einschränkungen im Privatleben, wie z. B. Ehebeschränkungen, hinnehmen. Wem es als Landbewohner gelang, seinem Grundherrn zu entfliehen, und nach „Jahr und Tag" nicht aufgespürt und zurückgebracht worden war, wurde als Bürger einer Stadt aufgenommen. Die Flucht in die Städte bot zwar keine Garantie für ein besseres Leben, doch bestand auf der Grundlage von harter Arbeit die Möglichkeit zur Verwirklichung eigener Ideen und privaten Glücks.

M1 Rekonstruktionszeichnung einer mittelalterlichen Stadt um 1100

Stadtansichten aus dem Hochmittelalter sind nicht vorhanden. Die Wissenschaftler stützen sich bei ihren Untersuchungen in erster Linie auf die Funde der Stadtarchäologen.

M2 Siegel der Stadt Freiburg

Freiburg besaß seit 1218 ein Siegel. Die hier abgebildete Form ist seit 1255 unverändert geblieben. Sie zeigt:
– ein zinnenbewehrtes Stadttor mit drei Türmen,
– zwei Wächter, die auf den Außentürmen ins Horn blasen,
– eine Lilie und vier Sterne.

M3 Die Gründung der Stadt Freiburg

Freiburg im Breisgau gehört zu den ältesten Gründungsstädten. Die folgende Urkunde wurde daher Vorbild für viele Stadtgründungen im 12. Jh. Darin verlieh der Herzog von Zähringen den Bürgern des Marktortes die folgenden Rechte:

Kund sei allen, den Zukünftigen wie den Gegenwärtigen, dass ich, Konrad, in meinem Ort Freiburg einen Markt gegründet habe im Jahr 1120 nach der Geburt des Herrn. Mit den von überallher zusammengerufenen und angesehenen Kaufleuten habe ich in einer Vereinbarung, die von allen beschworen wurde, beschlossen, dass Kaufleute die Marktsiedlung beginnen und ausbauen sollen. Daher habe ich jedem Kaufmann in der geplanten Marktsiedlung ein Grundstück zugeteilt, auf dem er sein eigenes Haus bauen kann. Ich habe verfügt, dass mir und meinen Nachfolgern von jedem Grundstück jedes Jahr am Martinstag ein Schilling Zins bezahlt wird. Es sei daher jedermann kund, dass ich auf ihr Bitten den Kaufleuten folgende Vorrechte bewilligt habe:

1. Ich verspreche Frieden und sichere Reise in meinem Machtbereich und Herrschaftsgebiet allen, die meinen Markt aufsuchen. Wenn einer von ihnen auf dieser Strecke beraubt wird, werde ich dafür sorgen, dass die Beute zurückgegeben wird, sonst zahle ich selbst.

2. Wenn einer meiner Bürger stirbt, soll seine Frau mit ihren Kindern alles bekommen, was ihr Mann hinterlassen hat.

3. Allen Marktsiedlern verleihe ich die Grundrechte meines Volkes; sie dürfen insbesondere Weiden, Wasserläufe, Gehölze und Wälder frei nutzen.

4. Allen Kaufleuten erlasse ich den Zoll ...

6. Niemals werde ich meinen Bürgern einen neuen Vogt (leitet die Verwaltung und spricht Recht) oder einen neuen Priester geben, den sie nicht selbst gewählt haben.

7. Wenn sich unter meinen Bürgern Streit ergibt, soll er nicht nach meinem Belieben, sondern gerichtlich verhandelt werden, wie es Gewohnheit unter den Kaufleuten ist, besonders aber derer von Köln.

8. Jeder, der in diese Stadt kommt, darf sich hier frei niederlassen, wenn er nicht Leibeigener eines Herrn ist. Wer ein Jahr und einen Tag in der Stadt gewohnt hat, genießt dann sicher die Freiheit.

9. Jede Frau wird dem Mann gleichgesetzt und umgekehrt.

33. Die Bürger sind nicht verpflichtet, bei einem Kriegszug den Herrn länger als eine Tagesreise weit zu begleiten, sodass sie in der nächsten Nacht wieder in die Stadt zurückgelangen können ...

40. Bürger dieser Stadt ist, wer freies Erbeigentum in Höhe von mindestens einer Mark Wert besitzt ...

Bis Punkt 7 zitiert nach: Karl Kroeschell: Deutsche Rechtsgeschichte I, Wiesbaden (Westdeutscher Verlag) [11]1999, S. 162f.; ab Punkt 8: Vom Verfasser übersetzt.

1 Beschreibe Lage und Befestigung der Stadt (M1). Wie ist das Verhältnis von Holz- zu Steinbauten?

2 Suche die in der Legende genannten Elemente des Stadtsiegels auf der Abbildung M2. Ordne diesen Elementen folgende Bedeutungen zu: a) steht für die Wachsamkeit der Bürger und die Verteidigung der Stadt, b) steht für Anlage und Befestigung, c) steht für die Gerichtsbarkeit der Stadt. Hat dein Heimatort ein Siegel oder ein Wappen? Welche Zeichen sind darauf zu sehen?

3 Du hast dich als Händler in Freiburg niedergelassen und willst einen Freund brieflich überzeugen, ebenfalls dorthin zu ziehen und ein Geschäft zu eröffnen. Welche Argumente aus M3 sind für deinen Brief besonders wichtig?

4 An welche Bevölkerungsgruppen richten sich die einzelnen Artikel der Gründungsakte (M3)?

5 „Stadtluft macht frei." Suche den entsprechenden Abschnitt aus M3 heraus und erkläre das Zitat.

Graben, Mauer und Tor umgeben eine andere Welt

Leben innerhalb der Mauern. Der Mauerring um eine mittelalterliche Stadt, oft ergänzt durch einen Wassergraben, war ein wichtiges Zeichen der städtischen Macht und Freiheit. Innerhalb der Mauern galten andere Regeln als auf dem Land. Die Stadtbewohner achteten sehr genau auf den Erhalt ihrer Vorrechte. Nur durch die befestigten Tore konnte das Innere der Stadt betreten werden. Die Tore wurden rund um die Uhr bewacht; nachts blieben sie geschlossen. Trotz des Wohnens auf engstem Raum, trotz lichtloser und stark verschmutzter Gassen und der ständigen Bedrohung durch Feuer und Seuchen übte die Stadt aufgrund ihrer „Freiheiten“ eine große Anziehungskraft aus.

Welche sozialen Gruppen bewohnen die Stadt? Bei den Einwohnern der Stadt unterschied man zunächst nach Bürgern und Nichtbürgern. Nichtbürger waren alle diejenigen, die noch kein Bürgerrecht besaßen, weil sie z. B. als Hörige entlaufen waren und zunächst „binnen Jahr und Tag“ ohne Rückforderung des Grundherrn überstehen mussten. Auch diejenigen, deren Vermögen zu gering war, erhielten kein Bürgerrecht. In Städten, wie Frankfurt und Augsburg, besaßen zwei Drittel der Einwohner kein Bürgerrecht, weil sie vermögenslose kleine Handwerker, Bettler oder Tagelöhner waren.

Die Stadtbürger unterschied man nach Ständen, denen man durch Geburt oder den ausgeübten Beruf angehörte. Die Oberschicht der Patrizier kontrollierte die Wirtschaft und Politik der Stadt. Nur Patrizier durften Pelze, Kleidung aus Samt und Seide sowie Goldschmuck tragen. Sie kopierten den Lebensstil der Adligen, führten ein Familienwappen oder ein Siegel und trachteten danach, ihre Töchter mit Rittersöhnen zu verheiraten. Die zahlenmäßig größte Gruppe in der Stadt bildeten die Handwerker. Je nach Beruf gab es sehr gut verdienende Handwerker, z. B. Goldschmiede und Kürschner. Wollweber und Leinenweber blieben dagegen arm. Vom Vermögen und Beruf hing auch die Wohnung ab: Am Markt standen die Häuser der reichen Kaufleute, die Handwerker eines Gewerbezweigs wohnten meist im gleichen Straßenzug zusammen, die Ärmsten hausten im Schatten der Stadtmauer. Zu den unehrlichen Berufen zählten Totengräber, Henker und Prostituierte. Keine Rechte besaßen die Scharen von Bettlern, die vor Kirchen und Klöstern um Almosen baten und für den Spender Gebete sprachen. Während des gesamten Mittelalters war das Spenden für Arme und Bedürftige eine Selbstverständlichkeit. Aus dem 15. Jh. sind uns Bettelordnungen überliefert, die zeigen, dass Betteln nur aus Armut, Krankheit oder Schwäche erlaubt war; bei Missbrauch drohten Geldstrafen.

M1 Eine Patrizierfamilie, ein Handwerker mit seiner Familie und ein Tagelöhner mit seiner Frau
(Gemälde von Jean Bourdichon, 15. Jh.)

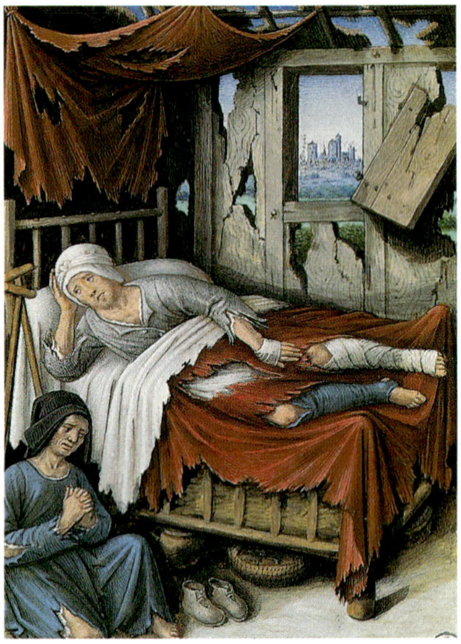

M2 Hinrichtung vor dem Stadttor *(Altarbild, um 1490)*

Dieser Ausschnitt aus einem Altarbild in Nürnberg zeigt die Enthauptung von Johannes dem Täufer. Die biblische Szene wird vom Maler in eine Stadt seiner Zeit verlegt. Die Zuschauer tragen die Mode des Bürgertums; an der Kleidung des Henkers wird deutlich, dass er einen ehrlosen Beruf ausübt.

1 Erkläre mithilfe der Darstellung auf S. 206 den Unterschied zwischen einem Bürger und einem Nichtbürger in einer mittelalterlichen Stadt.

2 Wähle einen der in M2 abgebildeten Zuschauer aus und lasse ihn die Szene beschreiben.

M3 Nürnberg im Mittelalter

a) Soziale Schichtung:

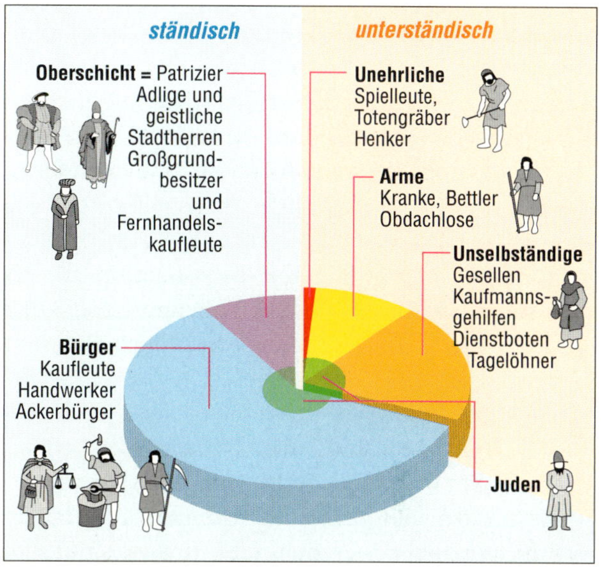

b) Volkszählung 1449/1450:

1. Bürgerliche Personen (3 753 Bürger, 4 383 Bürgerinnen, 6 173 Kinder, 3 274 Knechte und Mägde)	17 583
2. Juden	150
3. Geistliche	446
4. Sonstige Nichtbürger	1 986
5. Bäuerliche Personen (Bäuerinnen und Bauern, Mägde und Knechte, Kinder)	10 032
Anwesende Personen (1.–5.)	30 197
Einwohner „nach Jahr und Tag“ (1.–4.)	20 165

** Ab dem 12. Lebensjahr galten Kinder als Erwachsene.*

Zusammengestellt nach: Gisela Möncke: Quellen zur Wirtschafts- und Sozialgeschichte mittel- und oberdeutscher Städte im Spätmittelalter, Darmstadt (Wissenschaftliche Buchgesellschaft) 1982, S. 319.

3 Welche Bevölkerungsgruppen lebten in der Stadt? Fertige eine Tabelle an und füge zu jeder Gruppe die sie charakterisierenden Merkmale hinzu. Beziehe M1 mit ein.

4 Beschreibe die Zusammensetzung der Bevölkerung Nürnbergs (M3). Aus den beiden Quellen in M3 kannst du unterschiedliche Informationen herauslesen. Versuche die in M3b genannten Gruppen 1.–5. dem Schaubild M3a zuzuordnen.

Auf dem Marktplatz

Kaufleute oder Wucherer? „Wir brauchen die Kaufleute, denn sie schaffen die Dinge herbei, die wir benötigen, von einem Land ins andere", predigte der Mönch Berthold von Regensburg im 13. Jh. In seiner Predigt griff der Mönch ein viel diskutiertes Thema seiner Zeit auf: Einerseits sicherten die Fernhändler die Versorgung der Bevölkerung mit Waren, die der lokale Markt nicht anbot und belieferten hohe Geistliche und Adlige mit Luxusgütern aus aller Welt. Zugleich wurden sie aber Zielscheibe der Kritik: Wie viel verdienten die Händler an den Waren? Waren sie nicht eher Wucherer und Betrüger? Verstießen sie nicht andauernd gegen das kirchliche Gebot, keine Zinsen erheben zu dürfen? In der alltäglichen Praxis akzeptierte aber auch die Kirche den Gewinn aus Handel und Geldverleih, wenn er maßvoll war und dem öffentlichen Wohl diente.
Wie aber sah der Alltag der Händler aus? Reisen waren während des gesamten Mittelalters mühsam, Transporte wegen der Überfälle gefährlich. Die zahlreichen Zollstellen an Wegen und Flüssen verteuerten die Waren. Die Landstraßen waren unbefestigt und holprig, sodass die Karren leicht umkippten. Billiger und schneller war der Transport auf Flüssen. Während der oft Wochen und Monate dauernden Abwesenheit der Händler führten deren Frauen das Geschäft selbstständig weiter.

Die Kaufleute schlossen sich in Gilden zusammen, um besser ihre Interessen in der Stadt vertreten zu können. Sie leisteten sich aber auch gegenseitig Hilfe.

Märkte und Messen. An den Markttagen schienen die Städte aus allen Nähten zu platzen. Schon beim Morgengrauen brachten die Bauern aus dem Umland ihre frischen Erzeugnisse auf den Markt. Die Handwerker der Stadt boten ihre Produkte an: Kleidung, Haushaltsgegenstände aller Art, Werkzeuge, Fässer und vieles mehr. Auf dem Viehmarkt wechselten Reitpferde, Zugochsen, Ziegen und Geflügel den Besitzer. Von weither kamen Käufer angereist um zu sehen, welche erlesenen Waren die Fernhändler, z. B. aus den nordfranzösischen Messestädten oder aus dem entfernten Venedig, mitgebracht hatten. Informationen wurden ausgetauscht, Geschäfte abgewickelt, Bestellungen aufgegeben, Heiratspläne besprochen und Todesfälle betrauert. Viele Schaulustige umlagerten Spielleute, Erzähler und Gaukler. Bettler und Diebe warteten auf die besten Gelegenheiten.
Weil die Zusammenkunft so vieler Menschen auch ein Sicherheitsrisiko bedeutete, achtete die städtische Verwaltung auf genaueste Einhaltung der Marktregeln. Die Vielzahl wertvoller Waren erforderte einen besonderen Rechtsschutz und eine Friedensgarantie durch den Stadtherrn. Oft mussten nicht nur die Verkäufer, sondern auch die Besucher den Marktzoll als Abgabe entrichten.

M1 Wichtige Handelsstraßen und Handelszentren am Ende des 13. Jh.
Die Hanse war ein norddeutscher Kaufmanns- und Städtebund.

M2 Der Marktplatz in Augsburg *(Ausschnitt aus einem Gemälde nach Jörg Breu d. Ä., um 1530)*
Die Stadt Augsburg gab eine Serie von Jahreszeiten-Bildern in Auftrag, von denen wir hier das Bild für die Monate Oktober bis Dezember sehen. Das Gemälde hat eine Größe von 225 x 348 cm.

M3 Marktordnung in Landshut *(1246):*

1. Wir verbieten, Schwerter und Dolche innerhalb der Stadt zu tragen. Werden Leute mit Schwertern angetroffen, müssen sie der Stadt sechs Schillinge und dem Richter 60 Pfennige zahlen. (Ein Schilling entsprach 30 Pfennigen.) Wenn ein Schwertträger kein Geld zahlen kann, wird ihm die Hand abgeschlagen.

4. Wucherer erklären wir für rechtlos.

5. Wir verordnen, dass 2,5 Pfund Rindfleisch und Hammelfleisch einen Schilling und drei Pfund Ziegenfleisch auch einen Schilling kosten dürfen. Verkäufer, die sich nicht an diese Preise halten, müssen der Stadt sechs Schillinge und dem Richter 60 Pfennige bezahlen.

10. Keine Waren dürfen außerhalb des öffentlichen Markts verkauft werden.

20. Lotterleute aller Art und fahrende Schüler mit langem Haar (= Studenten) halten wir fern. Wer solche Leute länger als eine Nacht beherbergt, zahlt ein Pfund Strafe.

Zitiert nach: Monumenta Germaniae Historica, Constitutiones II, Nr. 439.

1 Zeige anhand der Karte M1 die wichtigen Fernhandelswege. Wo lagen die bedeutenden Messestädte?

2 Die Auftraggeber der Augsburger Monatsbilder (M2) wollten auf den Bildern nicht das Alltagsleben in der Stadt malen lassen, sondern in erster Linie sich selbst als die Führungsschicht der reichen Kaufleute darstellen. Beschreibe die einzelnen Elemente des Bildes und zeige, in welchen Szenen der Maler die Auftraggeber zufrieden stellte.

3 Schreibe einen Brief über den Besuch des Augsburger Marktes.

4 Gib mit eigenen Worten die Marktordnung in Landshut (M3) wieder.

Zünfte regeln das Leben der Handwerker

Was sind Zünfte? In den mittelalterlichen Städten Europas bildeten Handwerker die wichtigste Bevölkerungsgruppe. Während der Jahrzehnte der Stadtgründungen zogen viele Frauen und Männer, die im bäuerlichen Leben keine Zukunft mehr sahen, in die Städte und übten dort einen „ehrbaren" Beruf als Handwerker aus. Man arbeitete in familiären Kleinbetrieben. Dazu gehörten der Meister und die Meisterin, deren Kinder und Eltern, alle unverheirateten Familienmitglieder sowie die Lehrlinge und Gesellen. Ab dem 12. Jh. schlossen sich Handwerker zu Verbänden zusammen, die man ▸ Zünfte nannte. In einigen Städten bildeten auch Handwerkerinnen eine Zunft, vor allem im Tuchgewerbe und als Hebammen. Wer kein Bürgerrecht besaß, wie die Juden, konnte kein Mitglied einer Zunft werden. Die Mitgliedschaft war Pflicht, man spricht vom Zunftzwang. Die Zünfte regelten bis ins Detail alle Fragen von der Produktion bis zum Verkauf der Waren. Wie viele Meter Leinen durfte eine Weberin weben? Wie viel durfte ein Bäcker für sein Brot nehmen? Hauptaufgabe der Zünfte war es dafür zu sorgen, dass die Gesamtzahl der Meister, Gesellen und Lehrlinge einer Berufsrichtung so blieb, dass jeder von seiner Arbeit leben konnte. Auswärtige Bewerber und Gesellen mit einer abgeschlossenen Ausbildung hatten daher oft auf Jahre hinaus keine Chance, einen eigenen Handwerksbetrieb zu eröffnen. Anders als unser heutiges Wirtschaftsdenken, nach dem die Konkurrenz und die Qualität die Grundlage für gute Geschäfte sind, waren die mittelalterlichen Zünfte in erster Linie dazu da, Konkurrenz auszuschalten und jedem Mitglied einen angemessenen Teil am Verkauf der Waren zu garantieren.

Ausbildung und Alltagsleben. Ein Bewerber auf eine Lehrstelle musste nachweisen, dass er ehelicher Geburt war. Im Alter von zwölf Jahren begann die Lehre, die nach zwei bis sechs Jahren Lehrzeit mit der Gesellenprüfung endete. Um Meister zu werden, mussten dann Jahre der Wanderschaft als Geselle nachgewiesen und ein teures „Meisterstück" angefertigt werden. Viele Gesellen konnten nur durch Heirat der Witwe eines Meisters zu einem Betrieb kommen. Jede Zunft regelte die Fragen der Vererbung des Betriebes, die Hilfe bei Krankheit eines Mitglieds und die Fürsorge für die Hinterbliebenen, wenn ein Meister starb. Als christliche Bruderschaft hatte jede Zunft ihre Kapelle oder einen eigenen Altar in einer der Kirchen der Stadt. Bei Prozessionen trugen die Zünfte ein Bild oder eine Statue ihres Schutzheiligen durch die Straßen der Stadt.

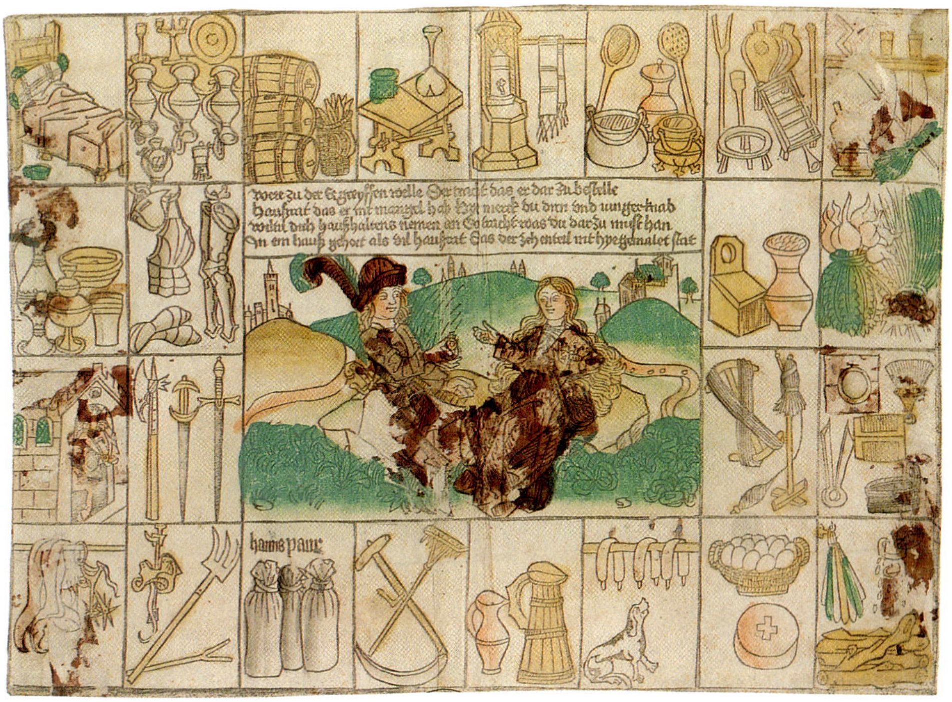

M1 Welche Dinge benötigte ein junges Ehepaar?
(Gemälde von Hanns Paur, 1475)

M2 Böttcher bei der Arbeit
(Gemälde, um 1500)

M3 Was bestimmt eine Zunftordnung?
Die Straßburger Tuchmacher in einem Antwortbrief an die Wollweber Schweinfurts:
Zum Ersten haben wir eine gemeinsame Stube, Haus und Hof, die uns zur Verfügung stehen. In dieser Stube kommen wir zusammen, um miteinander zu essen und zu trinken. Dort empfangen wir auch unsere Gäste ...
Fünf Meister schwören, alle Tuche genau zu prüfen. Die guten, die keine Fehler aufweisen, erhalten ein Siegel. Diejenigen, die kleine Fehler aufweisen, erhalten ein besonderes Siegel und den fehlerhaften Tuchen wird ein Siegel verwehrt ...
Jede Nacht geht ein Zunftmitglied mit einfacher Rüstung und einem Gewehr zusammen mit den Abgesandten anderer Zünfte auf Wache ... Wir sind für Schutz und Erhalt eines bestimmten Abschnitts der Stadtmauer verantwortlich. Will jemand das Handwerk des Tuchmachers ausüben, so muss er die Zunftmitgliedschaft erwerben und dafür den erforderlichen Beitrag entrichten. Das Geld wird zum Nutzen der ganzen Zunft verwendet. Der Sohn eines Meisters braucht die Mitgliedschaft nicht zu erwerben. Wenn ein Aufruhr in der Stadt ausbricht, sind wir verpflichtet, unter unserem Banner und gerüstet auf den Platz zu den anderen Zünften zu ziehen ... und dort auf unsere Bürgermeister zu warten. Bei Feuer sind wir zum Löschen verpflichtet. Im Münster lassen wir etliche Kerzen auf unsere Rechnung von Karfreitag bis Ostern brennen. Am Fronleichnamstage nehmen wir an der feierlichen und heiligen Prozession zum Münster teil. Als Erste gehen die Maurer, dann die Ölmüller, die Müller, die Tuchscherer, die Weber, dann die Gerber und die Flickschneider ...
Zitiert nach: Peter Ketsch und Gerhard Schneider: Handwerk in der mittelalterlichen Stadt, Stuttgart (Klett) 1985, S. 10f.

M4 Die Kölner Seidenmacherinnen
Die Goldspinnerei war in Köln immer Frauensache. Blattgold brauchten die Künstlerinnen in der Malerei, im Möbel-, Leder- und Buchgewerbe. Die Fäden gingen in Brokate, kirchliche Gewänder und Stickereien.
Die Lehrzeit betrug viele Jahre. Die Hauptseidenmacherin hatte ihre Werkstatt im eigenen Haus, wo sie eigene Töchter und fremde Mädchen ausbildete. Auch die fremden Lehrtöchter wohnten bei ihr und waren bei ihr in Kost. Jede Hauptfrau durfte vier Lehrtöchter haben, eigene Kinder nicht eingerechnet. Die Seidenmacherinnen wählten jedes Jahr zwei Frauen zu Zunftmeisterinnen und zwei Männer zu Zunftmeistern. Eheleute durften nicht gleichzeitig Zunftmeister sein. Voraussetzung für die Wählbarkeit war die eheliche Geburt. Der Zunftvorstand tagte alle 14 Tage. Er konnte Verstöße gegen die Amtsordnung mit Bußgeldern ahnden. Häufig waren die Ehemänner der Seidenmacherinnen für den Absatz der Waren zuständig. Zwischen 1347 und 1504 haben 126 Seidenmacherinnen in Köln einen Gewerbebetrieb unterhalten.
Zitiert nach: Edith Ennen: Die Frau in der mittelalterlichen Stadt. In: Bernd Herrmann: Mensch und Umwelt im Mittelalter, Frankfurt (Fischer TB) 1990, S. 45. © Deutsche Verlags-Anstalt, Stuttgart 1986.

1 Nenne Dinge, die laut M1 zur Grundausstattung eines jungen Ehepaares gehörten? Bei welchen Handwerkern mussten sie bestellt werden? Welche Gegenstände werden sie vom Böttcher (M2) gekauft haben?
2 Schreibe alle Bereiche, die durch die Zünfte geregelt wurden, aus M3 heraus. Ergänze mithilfe des Autorentextes. Welche Rechte hatten Frauen als Handwerkerinnen (M4)?
3 Fasse in eigenen Worten zusammen, warum die Zünfte Konkurrenz verhinderten, und ziehe Vergleiche zu unserer heutigen Wirtschaftsordnung.

Wer regiert im Rathaus?

Vom Stadtherrn zum Bürgermeister. Die Städte unterstanden im frühen Mittelalter einem weltlichen oder einem geistlichen Stadtherrn. Sie übten ihre Herrschaft nicht persönlich aus, sondern beauftragten einen in der Stadt ansässigen Burggrafen oder Vogt als ihren Bevollmächtigten. Dieser Burgherr regelte alle Fragen der Politik und des Alltags. Außerdem trieb er die Steuern ein. Während des 11. und 12. Jh. rebellierten in vielen deutschen Städten die Patrizier und die wohlhabenden Handwerker gegen die Stadtherren. Sie kritisierten deren Alleinherrschaft und wollten selbst die Geschicke der Stadt in die Hand nehmen, Gericht halten und die Regeln des Alltagslebens festsetzen. Am Ende dieser Auseinandersetzungen verfügten die meisten Städte über einen Stadtrat als Stadtregierung. Ratsmitglieder waren Patrizier, aus deren Mitte der Bürgermeister gewählt wurde.

Patrizier gegen Handwerker. Während des 14. Jh. forderten die Berufsverbände der Handwerker, die Zünfte, eine angemessene Beteiligung an der Macht. Zusammen mit den Patriziern hatten sie einst die Stadtherren entmachtet. Die Handwerker zahlten einen erheblichen Teil an Steuern, organisierten Brandschutz und Feuerwehr. Im Kriegsfall bildeten sie die größte Gruppe bei der Verteidigung der Stadt. So erschien es den Handwerkern nur gerecht, auch mehr politische Mitsprache zu fordern und Sitze im Rat zu verlangen, in dem die Patrizier unter sich blieben.

M1 Versammlung des Rates der Stadt Augsburg
Vertreter der Zünfte überbringen die Forderung nach Mitregierung. Links sitzen der Stadtschreiber und sein Gehilfe. Auf dem Kissen liegen die Stadtschlüssel, das Stadtrechtsbuch und das Stadtsiegel (Buchmalerei, 16. Jh.).

M2 Entwicklung der städtischen Verwaltung vom 11. bis zum 14. Jh.

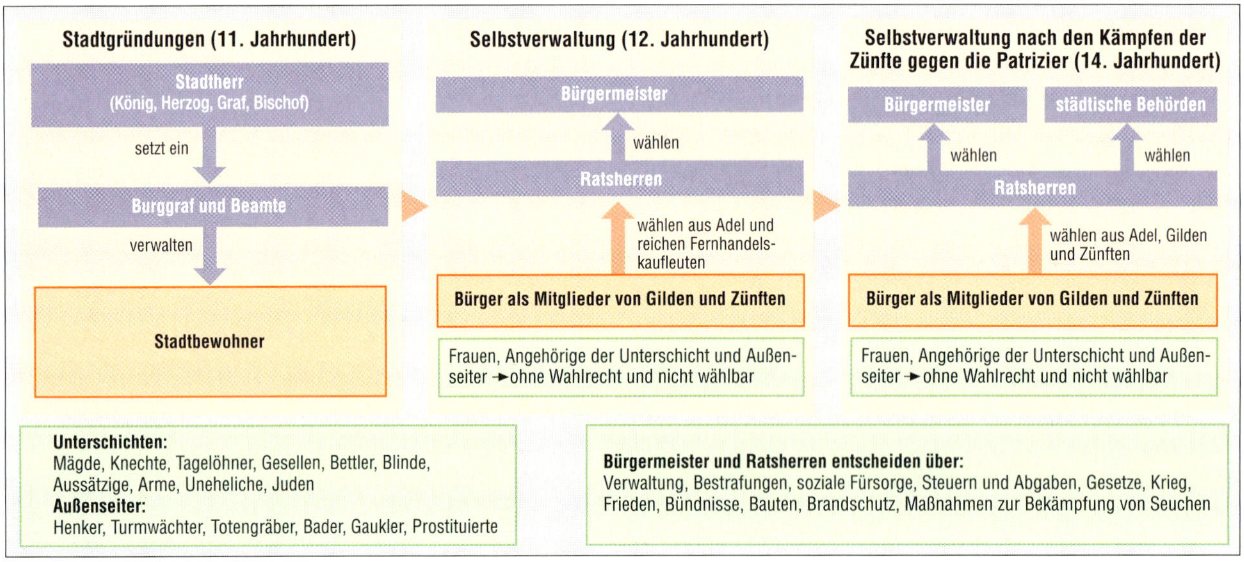

M3 Geschichte erzählt

Erhebung gegen den bischöflichen Stadtherrn

Im Jahre 1074 kam es in Köln zum Konflikt zwischen dem Stadtherrn Bischof Anno und Kölner Bürgern. Abt Lampert von Hersfeld berichtet:

Der Erzbischof feierte mit dem Bischof von Münster das Osterfest in Köln. Als nun die Ostertage vorüber waren und der Bischof von Münster abreisen wollte, erhielten die Bediensteten des Erzbischofs von Köln den Auftrag, ein geeignetes Schiff für die Reise zu suchen. Nach eingehender Besichtigung beschlagnahmten sie ein Schiff, das einem reichen Kaufmann gehörte, ließen die Waren entladen und es für den Bischof von Münster herrichten. Der Sohn des Schiffseigentümers kam aber mit seinen Knechten herbei gerannt und verjagte gewaltsam die Diener des Bischofs. Auch der Stadtvogt konnte den jungen Mann nicht überzeugen, das Schiff herauszurücken. Als man den Erzbischof benachrichtigte, dass ein schwerer Aufruhr tobe, war dieser voll Zorn und drohte mit der Bestrafung der Aufrührer bei der nächsten Gerichtssitzung ... Die Aufständischen aber lobten die kühnen Taten der Wormser, die ihren Bischof, als er sich allzu übermütig benahm, aus der Stadt vertrieben hatten ...

Am Abend, als der Erzbischof an einem belebten Platz mit dem Bischof von Münster zu Abend speist, greifen die Aufrührer ihn an, werfen Steine, die einige seiner Diener töten. Der Erzbischof kann seine Leute mit Mühen aus den Geschossen heraushauen und in die Kirche des Heiligen Petrus flüchten, die mit Riegel und Querbalken sowie einigen Steinen gesichert wird. Draußen rasen und wüten die Anhänger des Teufels voll des Weines, plündern die Kirchenschätze, zerschlagen die Weinfässer und die heiligen Gefäße des Altars in der Kapelle des Erzbischofs. Man umstellt die Petruskirche und will eine Bresche in die Mauer schlagen, um den Erzbischof zu töten. Im Schutze der Dunkelheit kann der Erzbischof durch einen Geheimgang in den Schlafsaal der Mönche fliehen und gelangt von dort ins Haus eines Domherren. Dieses Haus verfügt über eine Geheimtür in der Stadtmauer. Vier Pferde stehen für den Erzbischof und dessen Begleiter bereit. Auf dem Weg nach Neuss trifft er auf den Bischof von Münster. Sie setzen gemeinsam den Weg fort.

Die Aufständischen schicken einige rüstige Männer mit allergrößter Eile zum König, damit dieser so schnell wie möglich kommen und die herrenlose Stadt anstelle des Erzbischofs zu seinem eigenen Vorteil verwalten solle ...

Als im Land bekannt wurde, dass die Kölner ihren Erzbischof mit Schimpf und Schande verjagt hatten, entsetzte sich das Volk über dieses ungeheure Verbrechen. Seine große Freigebigkeit gegenüber den Armen hatte den Erzbischof beliebt gemacht. Laut ruft die Landbevölkerung, ihnen sei selbst Schmach angetan worden durch die Taten der Kölner. So rufen sie zu den Waffen, um die Stadt für den Erzbischof zurückzuerobern. Wenn die Kölner den Erzbischof nicht unverzüglich aufnähmen, würden sie Feuerbrände legen, die Mauern zertrümmern und ihn über Haufen von Erschlagenen auf seinen Bischofsstuhl zurückbringen.

Am vierten Tag nach seiner Flucht rückte der Erzbischof vor die Stadt. Als die Kölner das sahen, waren sie eingeschüchtert und schickten Boten, baten um Frieden, indem sie sich schuldig bekannten und sich bereit erklärten, jede Strafe auf sich zu nehmen ...

In dieser Nacht flohen mehr als sechshundert vornehme Handelsherren aus der Stadt, um beim König sein Einschreiten gegen das Wüten des Bischofs zu erbitten. Der Erzbischof wartete drei Tage auf das Erscheinen der übrigen mit Vorschlägen zur Genugtuung. Doch niemand erschien. Diese Missachtung ertrugen die Mannen des Erzbischofs nicht. Sie griffen zu den Waffen, plünderten und töteten in ungezügelter Rache. Und so verödete Köln, die volkreichste der gallischen Städte, und schauriges Schweigen herrschte an der Stelle der Lust und Genüsse.

Lampert von Hersfeld, Annalen, 1074. Zitiert nach: Wolfgang Lautemann (Bearb.): Mittelalter (= Geschichte in Quellen, Bd. 2, hrsg. von Wolfgang Lautemann und Manfred Schlenke), München (bsv) ³1989, S. 717ff. Übers. von Adolf Schmidt.

1 Beschreibe das Bild M1. Erkundige dich, welche Bedeutung Stadtsiegel und Stadtschlüssel haben.

2 Zeige mithilfe der Grafik M2 die Entwicklung der Stadtherrschaft auf. Wo liegen die Hauptunterschiede zwischen den drei dargestellten Epochen? Welche Gruppen hatten keine Teilhabe an der Macht?

3 Lege dar, warum die Zünfte im 14. Jh. Sitze im Rat forderten.

4 Auf welcher Seite steht der Verfasser der Quelle M3? Begründe deine Meinung anhand einiger Textzitate.

5 Als Kaufmannssohn bist du Augenzeuge der Ereignisse in M3. Du schreibst einen Brief an deinen Vater, der auf einer Messe in Nordfrankreich weilt und warnst ihn vor einer zu raschen Rückkehr.

Was weißt du vom Mittelalter?

496	*Taufe des Frankenkönigs Chlodwig*
529	*Ordensregel Benedikts von Nursia*
754	*Märtyrertod des Bonifatius*
800	*Krönung Karls des Großen*
919	*Ostfrankenreich wird selbstständig Beginn einer eigenständigen Entwicklung zu den späteren Staaten Frankreich und Deutschland*
962	*Otto I. wird Kaiser des Heiligen Römischen Reichs*
um 1000	*Aufbruchepoche in Europa Bevölkerungswachstum, neue Agrartechniken, Nutzung von Wind- und Wasserkraft*
1077	*Heinrich IV. in Canossa*
1122	*Wormser Konkordat – Vorschriften zur Investitur von Geistlichen*
ab 1200	*Städte verwalten sich selbst*
1356	*„Goldene Bulle“ – Regelung zur Kaiserwahl*
14. Jh.	*Zünfte erkämpfen Teilnahme an der Stadtherrschaft*

Sicherung wichtiger Kompetenzen

- **Eigene Dateien**
  - **Geschichte**
    - **Mittelalterliche Lebenswelten**
      - **Methoden**
        - Textquellen auswerten
        - Textquellen im Vergleich
      - **Fachbegriffe**
        - Adel
        - Papst
        - Grundherrschaft
        - Patrizier
        - Investiturstreit
        - Ritter
        - Kaiser
        - Stände/-gesellschaft
        - Kloster
        - Zunft
        - Lehnswesen

Ein Dom als Symbol für das Verhältnis weltlicher und geistlicher Macht im Mittelalter. Das Foto zeigt die mächtigen Türme des 1061 festlich eingeweihten Doms von Speyer. Kaiser und Könige des 11. und 12. Jh. sind mit ihren Frauen dort begraben. Nach zweimaliger Zerstörung im 17. und 18. Jh. baute man den Dom im 19. Jh. als Symbol für das untergegangene Heilige Römische Reich wieder auf. Er wurde nicht nur als Kirche, sondern – ungewöhnlich für uns heute – als Versammlungsort, als Markt- und Gerichtshalle genutzt. Auch seine Architektur gibt Rätsel auf: So fragt sich der Betrachter beim Anblick dieser Kirche, wo vorn und wo hinten ist. Beide Seiten sind durch Kuppeln und Türme betont. Man betritt die Kirche durch das Westwerk (im Bild links), einen mächtigen Querriegel, der wie eine Burg an die Kirche angebaut ist. Vorbild dieser Bauform ist die königliche Gerichtshalle. Im Chor gegenüber (im Bild rechts) steht der Altar, hier ist der Platz des Bischofs und der Priester. Westwerk und Chor sind durch das Langhaus, den Raum der Gemeinde, verbunden. Abgetrennt vom weltlichen Geschehen im westlichen Teil der Kirche hielten hier die Geistlichen ihre Gottesdienste auf Latein ab. Durch eine Absperrung konnte das einfache Volk aus der Entfernung den religiösen Handlungen zusehen. Kaum jemand verstand die lateinischen Texte. Gegenüber im Eingangsbereich, dem Westwerk, hatte der Kaiser seinen Thron, wenn er an Gottesdiensten teilnahm oder Gerichtssitzungen abhielt.

Weltliche und geistliche Macht begegnen sich im Dom zu Speyer und waren für die Menschen im Mittelalter offensichtlich. Beide Mächte kommen von Gott und dienen ihm. Das wird deutlich durch die beiden Türme, die jeweils im Osten und im Westen in den Himmel ragen. Der Kaiser im Westwerk steht für den Schutz gegen die Gefahren der Welt, die Kirche für den Schutz des Seelenheils. Der kirchliche Teil des Gebäudes weist mit dem Chor nach Osten auf Jerusalem und auf Christus, symbolisiert im Sonnenaufgang. Nicht mit einem Schloss, wie spätere Herrscher, sondern mit einem großen Kirchenbau wollten die Kaiser des Mittelalters ihre Stellung und ihre Aufgabe darstellen – nämlich gemeinsam mit der Kirche den Erdkreis zu lenken.

M1 Der Kaiserdom zu Speyer *(Länge 134 m, Höhe der Türme 65 m bzw. 71 m)*

M2 Mittelalterlicher „Ständebaum“ *(französische Buchmalerei, 15. Jh.)*

1 Erkläre in eigenen Worten, welche Bauteile des Doms zu Speyer die geistliche und welche die weltliche Macht zum Ausdruck bringen (M1 und Autorentext).

2 Der Dom lässt geistliche und weltliche Macht als eine Einheit erscheinen. Das Verhältnis dieser beiden wichtigen Säulen des Mittelalters zueinander hat sich immer wieder geändert. Zeige anhand je eines Beispiels auf, a) wie beide Seiten voneinander profitieren (z. B. S. 166 – 169, S. 192 – 193) und b) wie sie sich bekämpften (s. S. 196 – 197). Nenne den Namen des jeweiligen Herrschers und den des Papstes.

3 Über die Einteilung der Gesellschaft in drei Stände (s. S. 160) hast du in diesem Kapitel an mehreren Stellen etwas erfahren. Der „Ständebaum“ (M2) stellt das Thema auf lustige Weise dar. Wie sah die ursprüngliche Aufgabenverteilung der drei Stände aus? Wer befindet sich in M2 oben, wer unten im Baum? Wer ist an seiner Kleidung zu erkennen? Warum passen die Städter nicht in dieses Schema hinein?

4 Hättest du gerne im Mittelalter gelebt? Liste Vor- und Nachteile in einer Tabelle auf. Berücksichtige dabei auch den Einfluss der weltlichen und geistlichen Mächte.

Adel (althochdt. edili = die Edelsten): führender Stand, der durch Abstammung und Grundbesitz besondere Rechte gegenüber der übrigen Bevölkerung beanspruchte; hatte Herrschaft über Land und Leute inne, besaß Steuer- und andere Freiheiten sowie Vorrechte auf die wichtigsten Ämter; beanspruchte traditionell Mitsprache an der zentralen Herrschaft. ▸ Aristokratie

Altsteinzeit: ▸ Steinzeit

Antike (lat. antiquus) oder Altertum: Zeitabschnitt nach der schriftlosen Vor- und Frühgeschichte; beginnend mit den frühen ▸ Hochkulturen (ab ca. 3000 v. Chr.), endend mit dem Zerfall des Weströmischen Reichs (ca. 500 n. Chr.).

Arbeitsteilung: Aufteilung verschiedener Tätigkeiten auf einzelne Personen oder Gruppen; die Ausbildung verschiedener Berufe ist ein Merkmal der frühen ▸ Hochkulturen; in Ägypten kam die genau organisierte Zusammenarbeit (Kooperation) aller Menschen hinzu; nur durch zentrale Lenkung ließen sich die Versorgung des Volkes in Notzeiten sicherstellen und riesige Bauten (Pyramiden, Tempel) vollbringen.

Archäologie: Archäologen erforschen Überreste aus früheren Zeiten, rekonstruieren z. B. Bauten, Gefäße oder Werkzeuge und führen Experimente durch; gewinnen dadurch Erkenntnisse über vergangene Zeiten.

Aristokratie (griech. aristoi = die Besten, kratein = herrschen, d. h. Herrschaft der Besten): Herrschaft einer adligen Minderheit; Staatsform in den griechischen Stadtstaaten (8.–6. Jh. v. Chr.); diese Minderheit hat sich durch Geburt, Reichtum und besondere kriegerische oder politische Tüchtigkeit hervorgetan.

Bürger/-recht: in der Antike freie erwachsene, männliche Bürger, die am politischen Leben teilnehmen durften und das Bürgerrecht besaßen; sie durften wählen bzw. gewählt werden; in Griechenland konnte das Bürgerrecht von der ▸ Volksversammlung auch an auswärtige Personen verliehen werden; in Rom war das Bürgerrecht ebenfalls erblich und galt zunächst nur für die Bürger von Rom; wurde später auf Verbündete (Bundesgenossen) ausgedehnt, seit 212 n. Chr. besaßen alle freien Bewohner des Römischen Reichs das Bürgerrecht.

Demokratie (griech. demos = Volk, kratein = herrschen): in den antiken griechischen Stadtstaaten eine von mehreren gebräuchlichen Herrschaftsformen; alle wahlberechtigten Bürger nahmen an den Beratungen und Beschlussfassungen der Polis teil; heute wählen die Wahlberechtigten in einer Demokratie ihre Volksvertreter in Parlamente.

Diktator: Beamter im Römischen Reich, der in Notzeiten die volle Staatsgewalt für sechs Monate von den beiden Konsuln übertragen bekam; in der Spätzeit der ▸ Republik gab es Diktatoren (Alleinherrscher) auf Lebenszeit (Sulla, Caesar).

Epos/Epen: Heldensage/n der Antike, die bekanntesten sind die „Ilias“ und die „Odyssee“ des Homer.

Expansion (lat. expandere = ausdehnen): Bestreben eines Staates, sein Herrschaftsgebiet mit militärischer Gewalt zu erweitern oder seinen wirtschaftlichen und politischen Einfluss auf andere Länder zu vergrößern.

Frondienst (mittelhochdt. vron = herrschaftlich): unbezahlte Arbeit, die ▸ Hörige für den ▸ Grundherrn leisten mussten; Arbeit bestand aus Handdiensten (z. B. Hilfe bei der Ernte) und Spanndiensten (Bereitstellen von Zugtieren für die Feldbestellung); seit dem 13. Jh. zum Teil auch durch Geldzahlungen ersetzbar.

Geschichtsquellen: in der Geschichtswissenschaft Texte, Gegenstände, Vereinbarungen und Gebräuche (Traditionen), aus denen Kenntnisse über die Vergangenheit gewonnen werden können; man unterscheidet zwischen schriftlichen und mündlichen Quellen sowie Überresten; sie können absichtlich oder zufällig überliefert worden sein.

Grundherrschaft: vorherrschende Wirtschafts- und Sozialform in Europa vom frühen Mittelalter bis in das 19. Jh.; beruhte auf dem Eigentum eines adligen Herrn an Grund und Boden und an den zugehörigen Menschen (▸ Hörige); der Herr gab den Grund an unfreie Bauern zur Bewirtschaftung aus; diese hatten dafür Abgaben und ▸ Frondienste zu leisten; der Grundherr sorgte für den Schutz der Bauern und übte bei einfachen Streitfällen und geringen Straftaten die Rechtsprechung aus.

Hegemonie (griech. Führung): politische, wirtschaftliche und militärische Vorherrschaft eines ▸ Staates über andere Staaten.

Heiliges Römisches Reich Deutscher Nation: Bezeichnung für den Herrschaftsbereich der deutschen Könige und Kaiser vom Mittelalter bis zum Jahr 1806; mit der Bezeichnung „römisch“ knüpfte man an die

Tradition der römischen Kaiser der Antike an, mit dem Zusatz „heilig" wollte man ausdrücken, dass der ▸ Kaiser sich als der von Gott gewollte Herrscher und Beschützer der Christenheit verstand.

Hellenismus: Ausbreitung griechischer Lebensart und Sprache unter und nach Alexander dem Großen im gesamten Mittelmeerraum und Vorderasien; zum Teil kam es zur Vermischung mit einheimischen Kulturen.

Herrschaft: Ausübung von Macht über die Untergebenen und Abhängigen.

Herzog: bei den Germanen gewählter Anführer eines Stammes; unter den Merowingern über mehrere Grafen gesetzter Anführer, insbesondere in militärischer Hinsicht; unter den Karolingern als Markgrafen bekannt; seit Ende des 12. Jh. wurde aus dem Stammesherzog ein Territorialherzog (Landesherr); die Macht der Herzöge war oft der des Königs ebenbürtig.

Hierarchie (griech. hieros = heilig, archein = herrschen): stufenförmig aufgebaute Ordnung, z. B. in Ägypten; Befehle wurden von oben nach unten weitergegeben und mussten von der jeweils niedrigeren Rangstufe ausgeführt werden; dafür erhielten die Untergebenen Schutz.

Hochkultur: ▸ Staaten mit zentraler Verwaltung, Religion, Schrift, Kalender, Großbauten und ▸ Arbeitsteilung; antike Hochkulturen entstanden oft an Flüssen (Ägypten am Nil, China am Huang He).

Hörige: Sammelbegriff für die verschiedenen Gruppen unfreier Bauern im Rahmen der ▸ Grundherrschaft; Hörige bewirtschafteten das ihnen zur Leihe übergebene Land; leisteten dafür Abgaben an den Grundherrn und waren zu ▸ Frondiensten verpflichtet; Hörige wurden mit dem Grund zusammen vererbt oder verkauft; Leibeigene gehörten zum persönlichen Besitz des Herrn; arbeiteten z. B. als Knechte auf dem Hof des Grundherrn.

Imperator (lat. imperare = befehlen): ursprünglich oberster Befehlshaber im Krieg; dann Ehrentitel für siegreichen Feldherrn; seit Augustus Namensbestandteil der römischen ▸ Kaiser.

Imperium: ursprünglich Befehlsgewalt der obersten Beamten (der Konsuln) in der römischen ▸ Republik; später Bezeichnung für die Amtsgewalt eines Statthalters in einer ▸ Provinz; schließlich Bezeichnung für das Römische Reich; in der Neuzeit wird der Begriff übertragen auf alle Großreiche (Weltreiche).

Investitur/-streit (lat. investire = bekleiden): im Mittelalter die feierliche Einführung eines Lehnsträgers in den Besitz eines Lehens; bis zum 11. Jh. führte der König Äbte und Bischöfe in ihr weltliches Amt ein; nach der Kirchenreform des 11. Jh. wollte die Kirche die Investitur allein regeln; es entbrannte ein jahrzehntelanger Machtkampf; im Wormser Konkordat (1122) wurde dieser Konflikt gelöst.

Jungsteinzeit: ▸ Steinzeit, ▸ neolithische Revolution

Kaiser (lat. caesar): der Titel Caesar Augustus wurde Oktavian im Jahre 2 v. Chr. verliehen; mit Augustus begann die römische Kaiserzeit; im Mittelalter war dies der höchste weltliche Herrschertitel in Europa; sein Träger war zugleich Beschützer der Christenheit; Krönung erfolgte durch den ▸ Papst; die mittelalterlichen Kaiser verbanden mit der Kaiserkrone den Herrschaftsanspruch über Italien und die Einflussnahme auf die Kirche.

Kloster (lat. claustrum = Ort der Abgeschlossenheit): Gebäude, in denen eine Gemeinschaft von Mönchen oder Nonnen lebt, betet und arbeitet; Mönche und Nonnen beachten strikt die Ordensregeln, heiraten nicht, verzichten auf jeden persönlichen Besitz und sind ihrer Klosterleitung (Äbtissin oder Abt) gegenüber gehorsam; im Mittelalter waren Klöster Zentren des geistlichen, wirtschaftlichen und kulturellen Lebens.

Kolonie: Neugründung einer Stadt durch Griechen, Phöniker oder Römer; Griechen siedelten sich ab dem 8. Jh. v. Chr. an den Küsten des Mittelmeeres und des Schwarzen Meeres an (Tochterstädte); Römer gründeten Kolonien zur militärischen Sicherung der eroberten Gebiete.

König/-swahl: Herrscher eines Landes; hatte für Recht und Frieden zu sorgen, verfügte – nach mittelalterlichem Verständnis – aufgrund seiner Abstammung über ein besonderes „Heil"; in den meisten europäischen Ländern war das Königtum erblich; der deutsche König wurde von Bischöfen und Fürsten gewählt; die „Goldene Bulle" von 1356 regelte die Königswahl durch sieben ▸ Kurfürsten.

Kurfürsten: sieben (später neun) Kurfürsten wählten („küren" = wählen) den deutschen ▸ König; Kurfürsten waren die Erzbischöfe von Köln, Mainz und Trier, der König von Böhmen, der Pfalzgraf bei Rhein, der Herzog von Sachsen und der Markgraf von Brandenburg, später noch der Herzog von Bayern und der Herzog von Braunschweig.

Lebensweise: in der ▸ Steinzeit wird unterschieden zwischen aneignender Lebensweise der ▸ Nomaden und produzierender Lebensweise der Bauern und Viehzüchter. ▸ Sesshaftigkeit ▸ neolithische Revolution

Lehen/Lehnswesen: der Lehnsherrr übergab ein Stück Land oder ein Amt (Lehen) an seinen Lehnsmann (Vasall); erhielt dafür Abgaben und ▸ Frondienste; der Lehnsherr bot dem Lehnsmann Schutz im Krieg und vor Gericht; beide leisteten den Lehnseid, ein gegenseitiges Treueversprechen; die mittelalterliche Lehnsordnung hatte bis weit in die Neuzeit hinein Bestand.

Leibeigenschaft: ▸ Hörige

Mönche: ▸ Kloster

Monarchie (monos = allein, archein = herrschen): Herrschaft eines Fürsten oder Königs (Monarch), der im Unterschied zu einem ▸ Tyrannen rechtmäßig durch Wahl oder Erbfolge sein Amt ausübte.

Monotheismus (griech. monos = allein, theos = Gott): verkündet den Glauben an einen einzigen Gott, der als höchstes Wesen die Welt erschaffen hat und sie erhält; Judentum, Christentum und Islam sind monotheistische Religionen; im Gegensatz dazu ▸ Polytheismus.

Mythos/Mythen: Erzählung über Götter und andere sagenhafte Gestalten; sie wurden mündlich weitergegeben und ausgeschmückt; Mythen waren in alten Kulturen von großer Bedeutung für die Fragen der Herkunft und des Lebenssinns.

Neolithische Revolution: Übergang vom Dasein als Jäger und Sammler zur ▸ Sesshaftigkeit der Ackerbauern und Viehzüchter; wegen ihrer weitreichenden Folgen neolithische (jungsteinzeitliche) Revolution genannt.

Nomaden/-tum: Jäger und Viehhirten, die keinen festen Wohnsitz haben; bleiben nur so lange an einem Ort, wie Nahrung vorhanden ist; war die bestimmende ▸ Lebensweise in der Altsteinzeit.

Olympische Spiele: seit 776 v. Chr. schriftlich bezeugt, fanden alle vier Jahre in Olympia (Peloponnes) statt; sportliche Wettkämpfe mit feierlichen Kulthandlungen zu Ehren des Gottes Zeus.

Papst (lat. papa = Vater): Oberhaupt der römisch-katholischen Kirche; der Bischof von Rom beanspruchte als Nachfolger des Apostel Petrus den höchsten Rang in der Kirche; konnte diesen Anspruch nur langsam durchsetzen; heute beschränkt sich der Einfluss des Papstes auf Glaubens- und Moralfragen.

Patrizier: im antiken Rom Angehörige des ältesten Adels; in mittelalterlichen Städten die Schicht wohlhabender Bürger; sie stellten ursprünglich die Ratsregierung; musste diese später mit den ▸ Zünften teilen.

Philosophie (griech. philos = Freund, sophia = Weisheit): Philosophen sind dem Wortsinn nach „Freunde der Weisheit“; vertrauen auf den Verstand und erklären die Welt wissenschaftlich; stellen auch Fragen nach dem Sinn des Lebens; berühmte griechische Philosophen waren z. B. Sokrates, Platon und Aristoteles (5./4. Jh. v. Chr.).

Plebejer (lat. plebs = Volk): Angehörige des römischen Volkes, die nicht ▸ Patrizier waren; bildeten die Masse der römischen Bevölkerung (Bauern, Händler, Handwerker), konnten nach den Ständekämpfen mehr politische Mitsprache erreichen.

Polis (griech. Stadt; Mz: Poleis): Stadtstaat im antiken Griechenland; meist auf einem überschaubaren Gebiet im Schutz einer Burg; politisch selbstständig, wirtschaftlich unabhängig, eigenes Rechtswesen; während des 6. und 5. Jh. v. Chr. errangen ihre ▸ Bürger politische Mitbestimmungsrechte; von Polis leitet sich auch das heutige Wort „Politik“ ab.

Polytheismus (griech. polys = viel, theo = Gott): Vielgötterglauben, z. B. in Ägypten, bei den Griechen und Römern.

Prinzipat: Bezeichnung für die durch Augustus 27 v. Chr. geschaffene neue Staatsform der Herrschaft eines Bürgers als „Erster des Senats“ (lat. princeps senatus); nach außen hin eine ▸ Republik, in Wirklichkeit jedoch eine ▸ Monarchie.

Provinz: ein von Rom abhängiges Gebiet außerhalb Italiens; wurde durch Statthalter verwaltet; Provinzbewohner waren bis 212 n. Chr. Untertanen ohne ▸ Bürgerrecht, mussten Steuern zahlen und Getreide abliefern.

Reichskirchensystem: Bischöfe und Äbte wurden im 10. Jh. zu Stützen der Herrschaft; Otto I. regierte mithilfe von Geistlichen, denen er Bistümer und Ländereien zu ▸ Lehen gab; geistliche Fürsten waren weltlichen gleichgestellt; leisteten dem Kaiser dafür Dienste (Verwaltung, Gerichtsbarkeit etc.); nach dem Tod eines Geistlichen fiel das Lehen wieder an den König zurück.

Republik (lat. res publica = öffentliche, gemeinsame Sache): Ausübung der Regierungsgewalt von einer gewählten Regierung; führende Staatsämter werden in der Republik immer nur auf Zeit vergeben.

Ritter: im Mittelalter zu Pferde und in voller Rüstung kämpfende Berufskrieger, die von ursprünglich unfreien Dienstmannen (Ministerialen) zu niedrigen ▸ Adligen aufstiegen; neben Kampf und Schutz der Schwachen bildeten sich höfische Umgangsformen aus, die sich u. a. in Minnesang und Ritterromanen niederschlugen; ritterlich-höfische Kultur breitete sich in ganz Europa aus.

Romanisierung (von lat. romanus = Römer): Übernahme der lateinischen Sprache und Lebensweise der Römer (Städtebau, Ernährungsweisen, Rechtsgrundsätze) durch Völker, die im Römischen Reich lebten.

Senat (lat. senex = alter Mann, Greis): oberstes Beratungsgremium der römischen ▸ Republik; anfangs aus ▸ Patriziern, später auch aus ▸ Plebejern bestehend; verlor unter Augustus an Macht.

Sesshaftigkeit: Übergang vom ▸ Nomadentum zum sesshaften Dasein als Bauern und Viehhirten und zur Gründung von festen Siedlungen. ▸ Lebensweise ▸ neolithische Revolution

Sklave: rechtlose Menschen, die Eigentum ihrer Herren waren und rechtlich als Sache behandelt wurden (Kriegsgefangene, Schuldner); Kinder von Sklaven blieben unfrei; ein Sklave konnte – besonders bei den Römern – durch eine vorgeschriebene Handlung freigelassen werden; wurde dann ▸ Bürger mit eingeschränkten Rechten; erst seine Kinder erhielten das volle ▸ Bürgerrecht; Sklaverei war in vielen Ländern noch bis in das 19. Jh. verbreitet.

Staat und Gesellschaft: antike Hochkulturen wie Ägypten waren die ersten Staaten der Menschheitsgeschichte; gekennzeichnet ist ein Staat durch eine Anzahl von Einrichtungen, die das geordnete Zusammenleben eines Volkes in einem abgegrenzten Raum (Staatsgebiet) ermöglichen; frühe Staaten hatten immer eine hierarchisch gegliederte Gesellschaft. ▸ Hierarchie, ▸ Verfassung

Stände/-gesellschaft: mittelalterliche Vorstellung, nach der Gott die Menschen in drei Gruppen oder Stände aufgeteilt hat: in Betende (Geistlichkeit), in Kämpfende (Adlige) und in Arbeitende (Bauern und Handwerker); allgemein ist ein Stand eine Gruppe von Menschen, die durch gemeinsame Rechte und Vorrechte von anderen Gruppen abgegrenzt sind; meist entschied Geburt über die Zugehörigkeit zu einem Stand; man versuchte, sich durch äußere Kennzeichen (Kleidung) sichtbar zu unterscheiden.

Steinzeit: Abschnitt der Menschheitsgeschichte; wird nach dem Material benannt, das die Menschen damals zu bearbeiten lernten: Werkzeuge und Waffen aus Stein; in der Altsteinzeit (vor ca. 2 Millionen Jahren – 10 000 v. Chr.) lebten die Menschen als Jäger und Sammler, in der Jungsteinzeit (im Vorderen Orient ab 10 000 v. Chr., in Mitteleuropa ab 5 500 bis 2 200 v. Chr.) kamen Ackerbau, Viehzucht, Tauschhandel und neue technische Fertigkeiten hinzu. ▸ Lebensweise, ▸ neolithische Revolution.

Tyrann/-is: Bezeichnung für die unumschränkte Gewaltherrschaft in den antiken griechischen Staaten ohne gesetzliche Grundlage; Hauptziel eines Tyrannen war die Sicherung der eigenen Macht.

Verfassung (Staatsform): regelt die Machtverteilung in einem Staat; legt Pflichten und Rechte der ▸ Bürger fest und bestimmt, wer Bürger ist und wer regiert. Griechen unterschieden u. a. nach drei Staatsformen: ▸ Aristokratie, ▸ Demokratie und ▸ Monarchie.

Volksversammlung: Versammlung aller stimmberechtigten ▸ Bürger eines ▸ Staates, um die Politik zu bestimmen; im demokratischen Athen die höchste politische Instanz; bei den Römern hatten die reichen Bürger das Übergewicht in der Volksversammlung und konnten so die ärmeren Bürger überstimmen.

Zivilisation (lat. civilis = bürgerlich): ursprünglich verfeinerte Lebensart in den Städten im Gegensatz zum bäuerlichen Leben; geschützte Lebensbedingungen eines Volkes oder einer Menschengruppe (Armee, Polizei, Schule, wirtschaftliche Einrichtungen, Verwaltung usw.) im Unterschied zu einfachen Gesellschaften ohne diese Strukturen.

Zunft: alle Handwerker eines Gewerbes mussten der Zunft beitreten; in der Zunftordnung wurde das Zusammenleben der Handwerker und ihrer Familien, die Ausbildung und die Berufsausübung geregelt.

André Malraux (1901–1976)
Französischer Schriftsteller und Politiker

Agora Exavations, American School of Classical Studies, Athen 90; Anthro-Photo, Cambridge/Mass.: 31.3; Archäologisches Freilichtmuseum, Oerlinghausen: 25.2; Archiv für Kunst und Geschichte, Berlin: 11.3, 18, 32.1, 34, 46.2, 48.2, 49, 59, 71, 73.1+2, 74.1,75.2 +3, 83, 86.2, 89.1, 92.2 (Hervé Champollion), 97, 98, 110, 112.2, 113 (Peter Connolly), 116.2, 121, 131.1, 135.3, 139.4, 140.2 (Erich Lessing), 142 (Erich Lessing), 143, 150.2 (Laurent Lecot), 158/159, 161.4 (Bildarchiv Monheim), 164, 169 (Erich Lessing), 172 (Erich Lessing), 180, 181.1, 182.2, 184, 185.1+2+3, 190, 191, 192, 193.2 (Schütze/Rodemann), 196, 199, 200.2, 201 (Jerome de Cunha), 203.1; Atelier Asisi: 122/123; 162; Bayrisches Armeemuseum Ingolstadt (Dr. Dieter Storz): 61.1; Bayrische Staatsbibliothek, München 187; Bergbaumuseum Bochum: 140.1; Bibliothek Apostolica Vaticana, Vatikanstadt: 178; Bibliotheka Jagiellonsko, Krakau: 211; Bildarchiv Preussischer Kulturbesitz, Berlin: 11.2, 41.1+2, (Jürgen Liepe), 43 (Jürgen Liepe), 44+45 (Jürgen Liepe); 46.1 (Jürgen Liepe), 48.1, 65.1+2, 68.2, 70 (wilp), 74.3+4, 77, 81.2, 82, 106, 212 (Lutz Braun); Bridgeman Art Library, Berlin: 51, 67.1, 115, 195; British Museum: 40, 89.2, 100, 176.2; Bodleian Library, Oxford: 215.2; Chaffar-Abdel Dr. Shedid, München S. 38/39; Cinetext, Bildarchiv: 16/17, 57; Cliché no° 16 ministére de la Culture et de la Communication, Direction Régionale des affaires culturelles de Rhone-Alpes. Service regional de l'archèologie: 23; Corbis: 33.2 (Neema, Frederic), 52 (Richard Nowitz), 72.1 (Sandro Vanini), 73.3 (Bettmann), 133.1, 138.1 (Keren Su); Courtesy of Discovery communications inc., London: 21.1; Ddp-Archiv München: 9; Deutsches Historisches Museum, Berlin: 209; Deutsches Museum, München: 91; Dom-Museum, Hildesheim: 193.3; Elsler, Christa, Norderney: 74.2; Filser, Dr. Karl, Augsburg: 27.3, 30.4; Foto Marburg: 181.2; Fotoarchiv des Südtiroler Archäologiemuseums (www.iceman.it): 28.2; Fotolia: 139.3 (pero-design); Friedrich, Alexandra, München: 73.4; Generallandesarchiv Karlsruhe: 174; Germanisches Nationalmuseum, Nürnberg (Gm 1527): 207; Gerster, Dr.: 37; Giraudon, Paris: 206; Hackenberg, Rainer, Köln: 94; Hansmann, Claus, München: 72.2; Hirmer Verlag, München: 112.1, 114; Imago/(zentritxx): 10, 139.2 (xinhua), 161.2 (Rust), 161.3 (imagebroker.met/wothe); Interfoto 61.2, 128, 145 (H. J. Schunk), 193.2 (Toni Schneiders), 202 (Mary Evans), 203.2 (AISA); Intertopics-Viennareport: 28.1; laif/Heeb: 21.2; Kaiserpfalz Ingelheim, Forschungsstelle: 188; Kunsthistorisches Museum, Wien: 185.4; Landesdenkmalamt, Stuttgart: 11.1; Landeshauptarchiv Koblenz, Ko. Best. 1c Nr.1, fol.7a,b: 188; Landesmuseum, Hannover (Klaus Geer, Nürnberg): 27.1; Landschaftsverband Rheinland/Archäologischer Park/Regionalmuseum Xanten: 11.4, 127; Landschaftsverband Rheinland/Rheinisches Landesmuseum, Bonn: 126.3; © 2008 Les Editions Albert René/Coscinny-Uderzo: 58.1, 93; Louvre (Photo RMN-Chuzeville): 78, 148; Medicalpicture, Köln: 133.2; Merz, Beate, München: 60.1; Musée de Picardie, Amiens: 162; Museo Gregoriano, Vatikan: 79; Museo Nationale di Villa Giulia, Rom: 62.1; Museumspädagogisches Zentrum, München: 26; National Geographic Image Collection: S. 32/33; Nationalmuseum, Athen: 76.1; Numismatische Bilddatenbank, Eichstätt: 107, 134.4; Österreichische Nationalbibliothek, Wien: 171.1, 175, 183; Oster, Karlheinz, Mettmann: 152; Palazzo Ducale, Mantova: 81.1; 27.2; picture-alliance: 8.1 (Waltraud Grubitzsch), 8.2, 35, 56/57, 69.1 (akg-images, Pirozzi), 132.2+3, 138.2 (91020/KPA/WHA); Prähistorische Staatssammlung München: 31.1; R. Harding/Picture Library (Robert Hambury, Tennison): 31.2; Reichert, Dr. Ludwig Verlag, Wiesbaden: 176.2, 194; Rheinisches Landesmuseum, Bonn: 25.1; Reader, John/SPL/Focus: 19; Roger Viollet, Paris: 102; Römisch-Germanische Kommission, Frankfurt/Main (J. Bahlo): 27.4; Römisch-Germanisches Museum der Stadt Köln/Rheinisches Bildarchiv: 126.1; Roeting, Thomas/transit: 151.2; Royal Ontario Museum, Toronto, Canada: 68.3; Scala, Florenz: 58.2, 62.2, 66, 67.2, 68.1, 76.3, 85, 87, 96, 132.1, 146, 151.1, 200.1; Schapowalow: 69.2, 92.1, 108, 182.1; Staatliche Antikensammlung, Berlin: 76.2; Staatliche Antikensammlung und Glyptothek, München: 75.1; Staatliche Graphische Sammlung, München: 210; Staatliche Münzsammlung München: 131.2, 134/135 (außer: 135.3 + 134.4); Stadtarchiv Freiburg (M 7092/2662): 205; Sternberg, Oda: 132.4; Superbild: S. 161.1; ullstein (Archiv Gerstenberg): 116.1, 150.1 (imagebroker.net), 215.1 (AP); Universitätsbibliothek Heidelberg: 173, 181; White Star S.r.l.Vercelli, Italien; Vatikanische Museen: 117; Westfälisches Römermuseum, Haltern: 126.2; Wöhrle, Lena, Tübingen: 13; Württembergisches Landesmuseum, Stuttgart: 124; aus: Erich Hornung: Tal der Könige, Artemis Verlag, Zürich/München 1982: S. 47; aus: Marcel Schoch/Andrea Rothe (Hrsg.): Die Helden von Olympia. Mythos, Sport und Archäologie. Katja Peteratzinger, DIGITAL-PUBLISHING, Hünfelden 2004: 60.2; aus: Junkelmann, Marcus: Die Legionen des Augustus, Mainz: 120; www.blinde-kuh.de: 53; Fundstelle: www.römerroute.de: 162.4; Fundstelle: Eine Stadt um 1100. Zeichnung von Fanny Hartmann, Thorbecke Verlag: 204.
Umschlagbilder: von vorne nach hinten: Bildarchiv Preussischer Kulturbesitz; akg-images/British Library; akg-images; akg-images; akg-images; Bildarchiv Preussischer Kulturbesitz; Bildarchiv Preussischer Kulturbesitz.

Trotz entsprechender Bemühungen ist es nicht in allen Fällen gelungen, den Rechteinhaber ausfindig zu machen. Gegen Nachweis der Rechte zahlt der Verlag für die Abdruckerlaubnis die gesetzlich geschuldete Vergütung.

Herausgeber und Autoren:
Dr. Herwig Buntz, Wolfstein
Joachim Cornelissen, Meerbusch
Dr. Martin Ehrenfeuchter, Königsfeld
Dr. Gisbert Gemein, Neuss
Dr. Christoph Henzler, Krumbach
Heike Hessenauer, Nürnberg
Jan Koppmann, Berg
Wolfgang Opel, Sachsen b. Ansbach
Dr. Wolfgang Petz, Kempten
Dr. Stefan Schipperges, Offenburg
Reinhold Schmid, Weingarten
Dr. Manfred Tobisch, Eschenbach/Opf.
Michael Tocha, VS-Pfaffenweiler
Dr. Sabine Wierlemann, Pfinztal
Helmut Winter, Meerbusch

Wissenschaftliche Berater:
Prof. Dr. Peter Funke, Universität Münster
Miriam Sénécheau, M. A. Universität Freiburg
Prof. Dr. Stefan Weinfurter, Universität Heidelberg

Zu den Kapiteleingangsbildern:
S. 16–17: Rekonstruktionszeichnung zur Entwicklung des Menschen
S. 32–33: Arbeiten an einem Felsengrab für einen Pharao (Rekonstruktionszeichnung); links oben: Tal der Könige
S. 56–57: Szenenfoto aus dem Spielfilm „Troja" (2004, Regie: Wolfgang Petersen); Szenenfoto aus dem Spielfilm „Gladiator" (2000, Regie: Ridley Scott)
S. 136–137: Karte „Weltreligionen in der Antike"
S. 158–159: Buchmalereien aus dem Stundenbuch des Duc de Berry, ausgestaltet von den Brüdern Paul und Jean von Limburg (um 1413); linkes Bild: Monat März, rechtes Bild: Monat Mai

Das Papier ist aus chlorfrei gebleichtem Zellstoff hergestellt, ist säurefrei und recyclingfähig.

1. Auflage 2008 R06
Druck 12 11 10 09 08
Die letzte Zahl bezeichnet das Jahr des Drucks.

Alle Drucke dieser Auflage sind untereinander unverändert und im Unterricht nebeneinander verwendbar.

Umschlagkonzept: Mendell & Oberer, München
Umschlaggestaltung und Layoutkonzept: Groothuis · Lohfert · Consorten GmbH, Hamburg
Lektorat: Dr. Karin Friedrich, Margret Bartoli (Assistenz)
Herstellung: Eva Fink
Illustrationen: Lob & Partner, Kleindingharting; Ilse Ross, München; Gisela Vogel, München
Karten und Grafiken: Achim Norweg, München; Ingrid Schobel, München
Satz und Reproduktion: artesmedia GmbH, München
Druck: Himmer AG, Augsburg

ISBN 978-3-486-**00625**-4
ISBN 978-3-637-**00625**-6 (ab 1.1.2009)

150 Jahre
Wissen für die Zukunft
Oldenbourg Verlag